KB117624

Demand

세상의 수요를 미리 알아챈 사람들

디맨드

에이드리언 슬라이워츠키·칼 웨버 지음
유정식 옮김

이 책에 쏟아진 찬사들
이 책에 쏟아진 찬사들

이 책에 쏟아진 찬사들

"현대 기업 경영자들의 큰 고민거리를 명쾌하게 해결해주는 책"

성공 기업의 사례에 대한 수많은 책이 나와 있지만, 이 책처럼 성공 기업의 핵심 원리를 명쾌하게 짚은 책은 없다. 획기적 수요 창조의 6가지 공식을 제시한 이 책은 극단적 불확실성의 시대를 헤쳐 나갈 기업들에게 등대와 같은 역할을 할 것이다. 에이드리언 슬라이워츠키는 『디맨드』를 통해 그의 명저 『수익지대』 이후 다시 한 번 기업 경영자들의 가장 큰 고민거리를 명쾌하게 해결해주었다.

- 김상훈 서울대학교 경영대학 교수

"사람들이 진짜 원하는 것이 무엇인지 찾아내고 싶다면, 이 책을 읽어라!"

위대한 성장 기업들은 불황 속에서도 항상 기업이 생각하는 고객 니즈와 고객의 실제 니즈 사이의 간극을 채움으로써 새로운 수요를 창조해왔다. 이 책은 혁신적으로 수요를 창출해온 놀라운 기업들의 사례를 매우 상세하면서도 체계적으로 분석하고 있다. 불황과 불확실성의 어려운 경영 환경에서 고객의 소리를 경청하고 숨은 수요를 발굴하고자 하는 기업들에게 방향타 역할을 할 것이다.

- 서경배 아모레퍼시픽 대표이사 사장

"경영자와 전 직원이 함께 읽어야 할 책"

반복되는 글로벌 금융위기 속에서도 새로운 수요를 창출하여 경쟁사보다 괄목할 만한 성장을 이뤄낸 우량 기업이 존재한다는 것은, 기업이 새로운 전략적 접근을 통해 위기상황을 충분히 극복할 수 있다는 것을 보여주는 증거라 할 수 있다. 이 책은 고객이 무의식 속에서 느끼는 불편사항들을 파악하여 이를 신규 수요 창출로 연결시키는 체계적 과정을 구체적 사례와 함께 제시하고 있어 국내 기업인들에게 새로운 시각을 제공하고 실전에 활용할 수 있는 가이드 역할을 할 것이다.

- 황창규 지식경제부 R&D 전략기획단장(前 삼성전자 CEO)

『가치 이동』, 『수익지대』, 『프로핏 레슨』 등 전작의 교훈을 집대성한 에이드리언 경영학의 화룡점정과도 같은 책!
- **신우석** 올리버와이만 팀장

강의실에서나 들을 법한 '수요 창조'에 대한 이야기를 이처럼 재미있게 쓴 책이 있을까! 이 책에 나오는 수요 창조자들의 이야기 하나하나가 너무나 생생해서 읽는 동안 머리에서 가슴까지 찌릿한 전율이 온다. 수많은 성공 사례들에 익숙해졌음에도, 이들의 이야기는 또다시 가슴을 뜨겁게 한다. 정말 최고다!
- **김준희** 35세, 회사원, 마케터

이 책은 '올해 가장 좋아했던 것들'의 톱10 중에 가장 확실한 하나가 될 것 같다. 사람들을 열광하게 만드는 수요의 비밀과, 그것을 실행할 구체적인 사례를 제시하는 완벽한 책이다.
- **아마존 독자 서평** (ID:T. Pryor "Pop")

난 정말 이 책을 사랑한다! 맙소사, 내가 비즈니스 분야의 책에 매료될 줄은 정말 몰랐다.
- **아마존 독자 서평** (ID:Book Bandit)

최고의 주제, 최고의 사례를 최고의 필력으로 집필한 최고의 책이다! 제품 개발과 출시, 마케팅에 이르기까지, 무엇이 사람들의 마음을 움직이는지 그 풀리지 않은 비밀을 명쾌하게 풀어놓은 저자의 통찰에 놀라울 따름이다.
- **아마존 독자 서평** (ID:A Central Illinoisian in Chicago)

정말 매력적이고 큰 깨달음을 주는 책이다. 읽다 보면 나도 모르게 빠져들게 되고, 이 책 없이는 성공할 수 없다는 것을 깨닫게 된다. 당신에게 꼭 필요한 책이다. - **로사베스 모스 캔터** 하버드 비즈니스 스쿨

다가올 시대를 예고하는
경영 구루의 통찰을 읽는다

정호석 · 올리버와이만 서울사무소 대표

먼저 저희 올리버와이만의 수석 부사장인 에이드리언 슬라이워츠키의 신작 『디맨드Demand』에 관심을 가져 주신 독자 여러분들께 진심으로 감사의 말씀을 드립니다.

에이드리언 슬라이워츠키는 기업경영에 대한 심도 깊은 통찰력을 바탕으로 전 세계 주요 기업의 최고경영자들에게 깊은 영향을 미친 '다수 경영이론'을 창안해낸 21세기의 대표 경영사상가 중 한 명입니다. 미국의 권위 있는 경제전문지 「인더스트리 위크Industry Week」는 피터 드러커, 잭 웰치 등과 함께 에이드리언 슬라이워츠키를 '금세기 가장 위대한 경영 구루' 중 한 명으로 선정한 바 있습니다.

그간 에이드리언 슬라이워츠키가 출간한 일련의 베스트셀러들을 살펴보면, 그의 저서들이 '다가올 시대를 예고하는' 가이드 역할을 해왔음을 알 수 있습니다. 그가 1990년대 초반에 쓴 『가치이동Value Migration』은

'기업의 내부 자원 및 역량Resource & Capability; R&C' 강화에만 집착하고 있던 다수 기업들에게 진정한 성공의 기회는 바로 '고객을 제대로 이해하는 것'에서 출발한다는 '아웃사이드-인outside-in' 관점의 중요성을 일깨워주었습니다.

이어 『수익지대Profit Zone』를 통해 고객에 대한 이해customer insight를 어떻게 사업 모델로 연결시킬 수 있는지에 대한 명확한 방안을 제시했습니다. 또한 『디지털 시대의 비즈니스 디자인How digital is your business?』에서는 온라인 혁명이 채 모습을 드러내기도 전에 기업들이 어떻게 인터넷 시대에 적응하고 이를 사업 기회로 활용해야 하는지 그 해결책을 선보이기도 했습니다. 2007년에 출간된 『업사이드Upside』에서는 과거 그 어느 때보다 불확실성이 증대된 21세기 경영환경 하에서 기업이 직면하게 되는 다양한 위험요인들을 어떻게 관리해야 하는지 그만의 통찰을 세상에 소개하였습니다. 이 책이 출간된 지 불과 1년 만에 전 세계가 미국 발 금융위기의 직격탄을 맞고 아직까지도 신음하고 있는 것을 볼 때, 그가 『업사이드』를 통해 강조했던 '위험요인'들을 사전에 확실히 관리했더라면 어땠을까 하는 만시지탄(晩時之歎)이 들기도 합니다.

이번에 출간된 『디맨드』는 '기업의 성공은 고객에 대한 명확한 이해에서 비롯된다'는 그의 일관된 주장이 심지어 수 년째 지속되고 있는 글로벌 경제 불황 하에서도 여전히 유효하다는 것을 우리에게 알려주고 있습니다. 에이드리언 슬라이워츠키는 오늘날 전 세계 소비자들의 마음을 사로잡고 있는 애플을 포함하여, 스타벅스를 집안으로 옮겨다 준 네스프레소, '시간 단위 렌트' 개념을 도입한 집카등 불황과 관계없이 탁월한 성과를 창출한 기업들의 사례를 면밀히 분석하여 '성공적인 수요 창출 비결' 여섯 가지를 밝혀냈습니다. 일견 유사점이 없어 보이는 여러 산업의 성공 사례들로부터 '수요 창출 방정식'을 도출해낸 에이드리언의 혜안과 통찰력에 다시 한 번 고개를 끄덕이게 됩니다.

에이드리언의 견해를 따르자면, 불황이 반드시 모든 기업에 부정적인 영향만 주는 것은 아닙니다. 오히려, '불황'이라는 독특한 환경요인과 이로 인한 소비자들의 구매 패턴 변화를 면밀히 관찰하고 이에 부합하는 제품과 서비스를 만들어 낼 수 있는 기업에겐 더 없는 '기회'를 제공해줄 수도 있기 때문입니다. 결국 중요한 것은 '고객이 원하는 것을 정확히 파악하고 이를 구현하여 효과적으로 제공할 수 있는지'의 여부이며, 이에 대한 명쾌한 답이 이 책 『디맨드』 안에 제시되어 있습니다.

오늘 날 글로벌 무한경쟁 시대에 대한민국 경제를 이끌어가는 독자 여러분 모두가 이 책을 통해 '성공적 수요 창출'에 이르는 비법을 터득하고, 이를 바탕으로 우리나라의 기업 경쟁력 강화에 일조할 수 있게 되기를 희망합니다.

길을 잃었다고 생각될 때
곁에 두고 펼쳐봐야 할 교과서

맥도날드는 밀크셰이크의 판매를 늘리기 위해 마케팅 전략을 고심한 적이 있다. 그들은 밀크셰이크 시장을 여러 개의 세그먼트로 나눈 다음, 각 세그먼트에 해당하는 고객들을 초청하여 어떤 밀크셰이크를 좋아하는지를 묻는 통상적인 절차로 마케팅 전략을 수립했다. 맥도날드는 고객들이 걸쭉한 것을 좋아하는지, 얼음이 많이 들어가서 차가운 것을 좋아하는지, 당도가 높은 것을 원하는지 등을 알아내는 것이 전략의 핵심 포인트라고 여겼다. 다시 말해 고객들이 밀크셰이크 자체의 어떤 특성을 좋아하는지 올바로 캐내기만 하면 보다 많은 고객들에게 선택되는 밀크셰이크를 출시할 수 있을 거라 생각했다. 하지만 그런 노력에도 불구하고 밀크셰이크의 판매에는 거의 변화가 없었다.

제럴드 버스텔^{Gerald Berstell}이란 마케터가 하루 종일 매장에 죽치고 앉아 어떤 사람들이 밀크셰이크를 구입하는지 관찰하기 전까지는 아무도 돌파구를 발견하지 못했다. 버스텔은 특이하게도 밀크셰이크 판매의 40퍼센트가 사람들이 출근을 서두르는 이른 아침에 발생한다는 사실을 알아차렸다. 게다가 밀크셰이크를 구입하는 사람들은 '드라이브 쓰루 Drive-thru'(자동차 안에서 음식을 주문하고 받는 서비스)서비스를 이용하거나 매장에서 밀크셰이크를 사가지고 가는 경우가 대부분이었다. '사람들이 왜 하필 이른 아침에 밀크셰이크를 사는 걸까?' 그는 밀크셰이크를 구입하고 나가는 사람들에게 그 이유를 물었다.

고객들은 출근을 위해 먼 거리를 자동차로 달리는 동안, 지루함을 달래거나 아침식사를 대신하기 위해 손에 쥐고 먹을 수 있는 무언가가 필요했다. 버스텔은 밀크셰이크의 특이한 판매 패턴이 밀크셰이크가 운전에 방해되지 않고 옷이나 운전대를 더럽히지 않으며 점심을 먹기 전까지 허기를 달래줄 만한 음식으로 가장 적당하다는 고객의 말을 듣고 무릎을 쳤다. 그는 밀크셰이크라는 제품 자체의 특성에 집중하는 마케팅 전략이 얼마나 어리석고 얼마나 무의미한지 깨달았다. 고객의 관점에서 봐야 한다는 평범한 원칙을 얼마나 망각했는지 새삼 반성했다.

고객의 관점에서 마케팅 전략을 수정한다면 '이른 아침 출근을 서두르는 자가용 승용차 통근자들이 좋아할 만한 밀크셰이크를 출시하는 것'이 전략의 핵심이 되어야 한다. 밀크셰이크에 과일을 첨가한다든지, 밀크셰이크가 쉽게 빨대를 통과하지 않도록 걸쭉하게 만들어서 자동차를 모는 내내 밀크셰이크를 즐기게 한다든지 등을 생각할 수 있다. 또한, 메뉴판에는 똑같이 밀크셰이크라 적혀 있다 해도 아침에 파는 것과 한낮에 파는 것의 특성을 다르게 해야 좋을 것이다. 한낮에는 다른 직업을 가진 사람들(주부, 학생 등)이 밀크셰이크의 주요 대상이기 때문이다.

버스텔처럼 고객에게 다가가 직접 이야기를 듣는 일은 생각하면 아주 간단한 일인데도 우리는 왜 곧잘 잊어버리고 마는 것일까? 저자들은 책의 여러 곳에서 '배짱'이라는 말을 언급한다. 조직의 리더 대부분은 고객의 말에 귀를 기울이는 것이 번거롭거니와 짜증나는 일이라고 여긴다. 고객들은 아무리 잘 해줘도 불만을 표현하기 일쑤이고 지나치게 세부적인 사항에 집중하는 바람에 돈과 시간을 낭비할 뿐이라고 생각하는 사람도 적지 않다. 더욱이 고객의 말은 서로 모순일 때도 많아서 단순함과 간결함을 원하면서도 기능의 다양성을 요구하고, 어떨 때는 품질이 중요하다고 말하다가 어떨 때는 품질 대신 가격을 낮출 것을 바라니까 말이다. 그러니 고객의 말에 귀를 기울이려면 배짱이 있어야 한다는 말이 이해가 된다.

고객의 말을 들으려는 이런 배짱이야말로 수요 창조자가 갖춰야 할 기본기 중 최우선적인 조건으로 꼽을 만하다. 그런 배짱이 전제되어야 저자들이 이 책에서 '위대한 수요 창조자'들이 제품의 수요를 창출하기 위해 준수하는 6단계 프로세스를 실천할 수 있기 때문이다. 고객의 목소리를 경청하는 자들은 제품이 고객을 끌어당기는 힘이 품질이나 가격에 있다고 보지 않는 진정한 배짱이 있다. 수요 창조자들은 미묘하고 형언하기 힘든 매력적인 제품에 온 힘을 기울인다. 자석이 쇳조각을 끌어당기듯 고객을 강하게 끄는 제품을 시장에 내놓을 때까지 만족할 줄 모른다. 매력적인 제품이야말로 고객의 감성을 풍부하게 만들 뿐만 아니라 직원들의 열정에 불을 지필 수 있다는 점을 잘 알기 때문이다. 배짱을 상실하고 적당한 품질과 적당한 가격으로 타협하는 순간, 있으면 좋고 없어도 별로 아쉬울 것 없는 제품으로 인식되고 수요 창조의 꿈은 경쟁사의 것이 되고 만다.

둘째, 수요 창조자들은 고객이 가진 고충에 초점을 맞춘다. 고객이 느끼거나 느끼지 못하는 고충을 한발 앞서 찾아내고 그 고충을 해결하기 위해 흩어진 가치를 한데 모으고 분산된 프로세스를 정렬시키는 일에 집중한다. 상품, 서비스, 정보, 기타 자원 등을 각각의 점으로 인식하고 그것들을 선으로 연결하면서 현재의 고충 지도를 개선된 고충 지도로 다시 그려낸다. 이러한 과정에도 배짱이 필요한데, 기존의 프로세스, 조직, 인력, 기술 등을 제로베이스에서 검토하고 때에 따라서 뒤집어엎어야 하는 자기 부정과 창조적 파괴의 단계를 요구하기 때문이다. 재앙의 수준이라고 비난을 받는 미국의 헬스케어 시장에서 독보적인 영역을 구축한 케어모어를 보면 고객의 고충을 해결하려는 리더의 배짱이 국가적으로도 절실하게 필요한 덕목일 수 있음을 깨닫는다.

셋째, 수요 창조자가 되려면 제품의 배경스토리를 확보하려는 배짱이 있어야 한다. 제품 하나만으로 수요의 물꼬를 트지는 못한다. 배경스토리가 없으면 만들어내야 하는 것이 배짱 있는 리더가 할 일이다. 넷플릭스의 성공이 미국 우편국의 우편 배달 서비스라는 배경스토리에서 가능했고, 애플의 성공은 아이튠즈를 중심으로 한 생태계로부터 잉태된 것이다. 수요 창조를 위해 제품 이외에 무엇을 관여시킬지, 고객에게 최상의 서비스를 제공하려면 어떤 인프라를 구축할지, 그리고 그 인프라를 어떻게 개선할지 끊임없이 묻고 답해야 할 것이다.

넷째, 배짱이 있는 리더들이 수요를 촉발시킬 방아쇠를 마침내 찾아낼 수 있다. 네스프레소의 수요 폭발은 제품 자체보다는 '직접 체험'이라는 고객과의 관계 속에서 나왔다. 이것 역시 고객과 직접 대면하며 방아쇠를 찾아내려는 리더의 두둑한 배짱이 없었으면 불가능했을 것이다. 방아쇠는 쉽게 발견되지 않는다. 네스프레소가 1980년대 중반에 시장에 첫선을 보였지만 '직접 체험'이라는 방아쇠를 찾아내기까지 10년이나 걸린 것만 봐도 그렇다. 결코 실망하지 말아야 하며 방아쇠 탐색을 멈추지 말아야 한다.

다섯째, 제품 출시가 끝이 아니라 새로운 시작임을 명심해야 한다. 대부분의 고객들은 제품의 출시에 무관심하다. 제품이 출시되었다고 해서 제품의 진화를 멈춰서는 안 된다. 시장과 고객으로 둘러싸인 생태계 속에서 제품을 적응시키는 강력한 '진화 프로세스'를 작동하려는 노력이 없다면, 한때 업계를 호령했으나 환경 변화에 적응하지 못해 무너져버린 K마트, 코닥, 폴라로이드 등의 전철을 밟을 수밖에 없을 것이다.

여섯째, 고객들을 '하나의 통'으로 보려는 스스로의 관성을 깨뜨릴 배짱이 있어야 한다. 개별 고객은 모두 각자의 니즈와 고충을 가지고 있다. 공급자의 입장을 견지하는 리더들은 일을 복잡하게 만든다는 이유로 고객들 간의 편차를 싫어하고 '평균적 고객'이란 허황된 개념에 기댄다고 저자들은 꼬집는다. 위대한 수요 창조자들은 이를 당연하게 생각하고 그런 편차를 좋아한다. 또한 수요 창출에 기여하는 고객들에 집중하고 그렇지 못한 고객들은 과감하게 무시한다. 모든 고객을 다 상대하려고 이것도 저것도 아닌 제품을 내놓는 배짱 없는 리더들이 귀담아 들어야 할 내용이다.

　저자들은 수요 창조에 있어 리더와 조직이 실천해야 할 6가지 덕목에 그치지 않고 시각을 확대하여 사회경제적으로 그들에게 훌륭한 '재료'의 공급이 전제되어야 한다고 역설한다. 쇼클리의 트랜지스터가 현대 정보사회의 근간이 됐듯이 기업과 기업 생태계의 혁신은 과학적 탐구라는 '엔진'에 의해 좌우되고, 그 엔진이 국가와 사회의 경제적 미래를 규정하는 데 근본적으로 중요한 요소임을 지적한다. 이 부분을 번역하면서 쓸쓸함과 함께 위기감을 느끼지 않을 수 없었다. 장기적인 연구와 기초 투자를 외면하고 오직 응용기술과 단기적 성과라는 달콤한 열매만 따 먹으려 하는 요즘의 분위기가 우리나라 기업 생태계의 다양성을 훼손하고 결국 세계 시장에서의 적응력을 상실시키지는 않을까 염려되는 까닭이다. 저자들이 과학적 발견이야말로 수요 창조의 거대한 불꽃이라고 표현하며 책의 마지막 장을 할애한 이유를 기업의 리더와 국가 지도자들은 새겨들어야 할 것이다.

　흔히 수요를 창조하려면 리더에게 예술적 기교가 필요하다고 말한다. 이는 저자들이 이 책에서 제시한 수요 창조의 비밀을 읽고 그냥 넘어가는 자들에게는 옳은 말일지 모른다. 하지만 제품 개발 프로세스에 하나씩 적용하면서 배짱과 인내심을 갖고 밀고 나가는 자들에게는 옳지 않은 말이다. 예술적 기교는 타고나는 것이 아니라 몸으로 부딪치며 얻어 내는 선물임을 이 책에 소개된 여러 수요 창조자들이 역사(役事)로 증명하고 있으니 말이다. 저자들은 이 책의 마지막을 거울을 들여다보라는 말로 매듭 짓고 있다. 하지만 그 전에 이 책을 먼저 들여다보라. 수요 창조의 여정에서 길을 잃을 때면 언제나.

수요의 미스터리

당신은 그것을 보자마자 좋아하게 된다. 그것과 관련된 무언가가 당신의 내면에서 깊게 울려 퍼진다. 왜 그런지 확실하게 표현할 수는 없다. 참을 수 없는 것을 접하고 불평을 늘어놓을 때와 마찬가지의 열정으로 당신은 그것에 대해 극찬을 아끼지 않는다. 그런 다음, 당신은 그것을 사기 위해 길게 늘어선 줄을 보고 여기저기서 열의에 찬 대화가 시작된다는 걸 알아차린다. 당신은 곧 당신과 같은 느낌을 가진 수천, 아니 수백만의 사람들이 있다는 것을 깨닫는다. 그러는 동안, 무슨 이유 때문인지 어떤 것들은 똑같이 좋은데도 무관심 속에서 조용히 사라져 버린다.

수요는 특이한 형태의 에너지이다. 그것은 경제에서 시장으로, 시장에서 기업으로, 기업에서 우리의 장바구니에 이르는 크고 작은 많은 바퀴들을 세계의 이곳저곳에서 돌려대는 에너지이다. 모든 것들이 수요에 의존하고 있다. 수요가 없다면 성장은 지체되고 경제는 불안정해지며 진보는 멈춰버리고 만다. 하지만 정작 우리는 수요가 어디에서 나오는지 진정 이해하고 있을까? 또 수요는 창조될 수 있는 것이며 또한 되풀이하여 창조될 수 있는 것인가?

사람들은 보통 더 많은 마케팅, 더욱 뛰어난 광고, 더욱 공격적인 판촉 활동, 쿠폰 배포, 할인 세일 등의 '레버'를 올바르게 잡아당기기만 하면 수요가 창출된다고 생각한다. 물론 이러한 전술적 방법들은 시점과 장소를 잘 맞춰 운용하면 단기적인 성과를 창출할 수는 있다.

그러나 '진정한' 수요는 그러한 전술적 방법들과는 무관하다. 진정한 수요 창조자들은 '사람'을 이해하는 데 자신들의 모든 시간을 쏟아붓는다. 그들은 사람들이 얼마나 기대감에 차 있고 싫증 나 있는지, 얼마나 기이하고 충동적인지, 얼마나 비이성적이고 성미가 급한지, 얼마나 자신만만하고 의심이 많은지, 얼마나 불가사의하고 열광적인지, 얼마나 불만스러워하고 종잡을 수 없는지를 뼛속 깊이 느끼고 있다. 그들은 사람들의 열망을 이해하려고 노력한다. 사람들이 무엇을 원하고 무엇을 싫어하는지, 무엇이 사람들에게 감동을 주는지를 알고자 하며, 가장 중요한 질문인 '사람들이 무엇을 진정으로 좋아할 것인가'에 대한 답을 구하려고 애쓴다. 사람들이 실제로 자신들만의 세계에서 어떻게 행동하는지를 바라봄으로써, 그리고 사람들과 계속 이야기를 나눔으로써, 수요 창조자들은 사람들이 직면하는 크고 작은 고충을 해결할 방법을 규명해내고 사람들의 일상을 좀 더 수월하고 편리하게, 좀 더 생산적이고 흥미롭게 만들어준다. 그들은 사람들이 무엇을 원하는지 미처 깨닫기도 전에 그들이 진짜 원하는 것을 알아차리는 것 같다. 그들은 사람들이 써보고 싶어 조바심을 내고 경쟁자들이 도저히 복제할 수 없는 제품을 창조함으로써 마무리를 짓는다.

하지만 그들 대부분은 한 번에 성공을 거두지는 못한다. 그들은 진정한 수요가 재무적이고 감성적인 비용, 사회 규범, 인프라, 제품 디자인, 의사소통의 패턴 등과 같이 변덕스럽고 항상 뒤바뀌는 여러 가지 요소들 사이의 흩어진 점들을 서로 연결함으로써 창출된다는 점을 잘 알고 있다. 수요는 그러한 종잡을 수 없는 모든 요소들이 직관과 반대되는 방식으로 복잡하게 상호작용하는지를 이해하는 데서부터 나온다. 또한, 수요는 사람들이 무언가를 구매하도록 설득하려는 방식에서 벗어나, 고객의 눈과 감성을 통해 세계를 바라보려는 사고방식으로부터 창출된다. 금고 문이 활짝 열리려면 먼저 여러 개의 실린더들이 '딸깍' 소리를 내며 정확히 들어맞아야 한다. 하지만 일단 그 문이 열리기만 하면, 우리 눈앞에는 놀라운 일들이 펼쳐진다.

이 책에서 우리는 놀라운 수요 창조자들과 그들이 함께 일한 사람들의 이야기를 전하려 한다. 수요 창조의 이야기들은 각각 독특하지만 출발 지점은 모두 같다. '사람', '문제', '아이디어'가 바로 그것이다.

비디오 연체료와 넷플릭스의 탄생

1997년 어느 날, 리드 해스팅스Reed Hastings는 집안을 돌아다니며 오래된 신문들을 꾸러미로 묶고 한편에 가득 쌓인 우편 주문 카탈로그들을 정리하고 있었다. 그러던 중 쓰레기 더미 밑에서 우연히 반갑지 않은 물건을 발견하고는 깜짝 놀랐다. 그것은 〈아폴로 13호^{Apollo 13}〉(톰 행크스 주연의 영화-옮긴이)의 비디오카세트였다. 이 카세트는 6주 전 밤에 아내와 함께 시청하고 나서 어디에 뒀는지 까맣게 잊어버리고 만, 바로 그것이었다.

그는 블록버스터^{Blockbuster}(비디오 대여점-옮긴이)에 카세트를 곧바로 반납해야 한다는 사실에 가슴이 철렁 내려앉았다. 연체료를 계산해보니 무려 40달러였다. 그 빌어먹을 카세트를 사도 될 만큼의 금액이었다. 그것이 해스팅스 자신의 부주의에 대한 벌금이라 생각하니 짜증이 확 밀려들었다.

더욱이 '아내가 뭐라고 할까?'란 생각이 들자 더 골치가 아팠다. 비록 그녀가 아무 말도 하지 않을 거라 해도 상황은 악화될 것이 뻔했다. 해스팅스는 앞으로 어떤 일이 일어날지 불을 보듯 상상이 되었다. 세계 곳곳의 참을성 많은 여느 아내들과 마찬가지로, 그녀는 단순히 그에게 눈알을 굴리며 어이없어 하는 반응을 보일지 모른다. 하지만 그런 반응은 해스팅스의 표현대로 '이제 난 죽었구나'란 의미였다.

많은 사람들이 이런 경험을 한다. 그러나 해스팅스는 그토록 난처한 상황 속에서도 하나의 질문을 스스로에게 던졌다. 그 질문은 바로 비디오 대여 서비스의 '역학'과 그것이 만들어내는 고충에 관한 것이었다.

이 질문은 그날 늦게 해스팅스가 연체료 때문에 짜증이 나 있는 상태에서 헬스클럽으로 가던 중에 갑작스럽게 떠올랐다. '왜 비디오 대여는 헬스클럽처럼 운영되지 않는 거지? 헬스클럽은 가끔 이용하든 자주 이용하든 내는 돈은 똑같은데 말이야.' 그는 이런 질문을 시초로 계속해서 여러 가지 질문들을 파생시켜 나갔다. '비디오 대여 요금을 다달이 일정한 멤버십 요금 체계로 바꾸면 연체료를 없애더라도 비디오 대여점을 잘 운영할 수 있지 않을까? 연체료라는 압박 수단 없이 고객들이 제때 비디오를 반납하도록 할 수는 없을까? 어떻게 하면 고객들이 원하는 영화를 언제든지 빌려 볼 수 있게 항상 충분한 양의 비디오를 비치할 수 있을까? 수지를 맞추려면 어떻게 해야 할까?'

해스팅스는 처음이라 엉성할 수밖에 없는 아이디어지만 종이 위에 끄적거리기 시작했고, 결국 그 아이디어를 현실로 이루어냈다. 이렇게 하여 21세기에 가장 빠르게 성장하는 기업 중 하나인 '넷플릭스^{Netflix}(온라인 DVD 대여업체-옮긴이)'가 탄생했다. [1]

뒤돌아보면, 해스팅스의 아이디어는 지극히 당연하게 느껴진다. 누가 여러 가지 사소한 불편함과 연체료 부과방식(그리고 그로 인한 짜증스러움)을 제거해버린 비디오 대여 시스템을 원하지 않았겠는가? 하지만 비디오 대여업의 강자인 블록버스터의 임원들은 넷플릭스가 19분기 연속으로 성장하며 자기네들의 코앞까지 쳐들어오는 것을 멍하니 바라본 후에야, 넷플릭스의 추격을 따돌리기 위해 부랴부랴 '우편을 통한 비디오 Video by Mail' 서비스를 출시했다. 그러는 동안 넷플릭스는 블록버스터뿐만 아니라 소매업과 영화산업에서 경쟁 우위 포지션을 차지하고 있던 월마트^{Walmart}, 아마존^{Amazon}, 디즈니^{Disney} 등 라이벌 회사의 허를 찌를 수 있었다.

어떻게 이런 일이 가능했을까? 리드 해스팅스는 어떻게 소비자들이 무시해버리거나 단순히 불평만 늘어놓고 마는 고충(골칫거리) 속에서 수십억 달러나 되는 막대한 가치의 수요를 알아챌 수 있었을까?

이것은 이 책에서 다룰 더 큰 미스터리인 '수요의 미스터리'를 보여주는 작은 사례에 불과하다.

수많은 사람들은 혼란스러움, 불편함, 복잡함, 위험이라는 여러 가지 고충들이 넘쳐나는 환경에 둘러싸여 살고 있다. 사람들이 마음껏 소비할 수 있다 해도 그들이 진정으로 원하는 것과 그들이 구입하는 상품, 서비스 사이에는 커다란 간극이 존재한다. 그러한 간극은 해스팅스가 간파했듯이 새로운 수요 창조의 기회를 드러낸다.

'노키아1100'이 이끈 남아시아 경제의 변화

해스팅스의 마음속에 넷플릭스에 관한 아이디어가 싹트는 동안, 지구 반대편에서 또 하나의 '수요 창조 스토리'가 만들어지기 시작했다. 비록 배경과 상세한 내용은 넷플릭스 스토리와 다를 수밖에 없지만, 이야기의 밑바닥에 흐르는 메커니즘은 놀라울 정도로 유사하다.

바부 라잔Babu Rajan은 인도의 남서부 해안에 위치한 팔리푸람Pallipuram에 사는 어부이다. 선진국 기준으로 볼 때 라잔은 가난하다. 라잔이 소유하고 있는 제대로 된 재산은 74피트 길이의 철제선박 '안다반Andavan'뿐이다. 이 선박 하나에 라잔과 14명의 비공식적인 협력체가 함께 생계를 의지하고 있다. 라잔과 동료 어부들은 이 배를 타고 수많은 남아시아 사람들에게 먹일 값싸고 풍부한 양의 정어리 떼를 찾기 위해 아라비아 해에서 조업한다. 물고기를 잡기 위해 0.5마일 길이의 그물을 사용하는 것과, 행운을 빌기 위해 뱃머리에 설치한 힌두교 제단에 향을 피워놓는 것은 라잔의 아버지와 할아버지가 해 왔던 방식 그대로다. 어떤 날은 라잔에게 행운이 찾아온다. 동 트기 전에 몇 톤이 넘는 양의 물고기를 잡아 올려 1,800달러 이상의 수익을 벌어들이고, 그 돈을 동료 어부들과 나눠 가진다. 하지만 어떤 날엔 거의 빈 배로 돌아오는 바람에 디젤 연료비를 충당하기도 버겁다. 어획량을 예측하는 것이 불가능하기 때문에 잡은 물고기의 가치를 극대화하는 것이 라잔에게는 매우 절박한 문제였다.

하지만 자연이라는 척박한 환경은 라잔과 동료 어부들에게 너무나 가혹했다. 10~12시간 정도 바다에서 조업하고 나면, 그날 바다가 얼마나 너그럽게 물고기를 허락했는지와는 상관없이 라잔과 동료 어부들은 가장 가까운 항구에 배를 정박시키고 그곳 부두에서 수산물 도매상과 만난다. 강렬한 열대의 태양이 내리쬐기 때문에 라잔과 도매상 모두 물고기가 오래가지 못한다는 것을 잘 안다. 그래서 항구에서 항구로 이동하며 더 좋은 가격을 쳐줄 다른 도매상을 만날 시간적 여유가 없다. 도매상의 제안 가격을 수용하는 것 이외에 다른 선택의 여지가 없는 라잔에게는 다음날 더 많은 물고기를 잡겠다는 희망이 전부이다. 이렇게 유연성 없는 상황 때문에 인도의 어부들은 여러 세대를 거쳐 오면서도 빈곤으로부터 벗어나지 못했던 것이다.

최근까지도 그랬다. 2003년 무렵까지 바부 라잔은 수많은 인도 농어민들과 같은 방식으로 생계를 이어갔다. 하지만 그는 거의 월평균 소득에 가까운 돈을 가까스로 긁어모아 아버지와 할아버지가 꿈꾸기만 했던 휴대폰을 한 대 구입했다. 그리고 그때부터 그의 삶은 극적으로 바뀌었다.

요즘 라잔이 플라스틱 덮개가 달린 휴대폰을 목에 걸고 아라비아 해에서 그물을 끌고 다니고 있으면, 인근의 여러 항구에 있는 도매상들이 주기적으로 전화를 걸어온다. 그들이 궁금해하는 정보는 "오늘 얼마나 잡았나?", "언제 가지고 올 건가?", "다른 가격 제안을 받았나?" 하는 것들이다.

라잔은 이렇게 말한다.

"어획량이 많은 날이면, 항구까지 가는 동안 휴대폰이 60~70번이나 울린답니다."

이제 라잔은 전통적인 형태의 자유 시장에서 서로 경쟁하는 몇몇 도매상들의 가격 제안을 즐길 수 있게 되었다. 가장 좋은 가격을 받기로 합의한 후에 그는 자신이 잡은 물고기를 가져다 놓을 항구를 선택한다. 그 결과, 라잔의 가구 소득은 지난 10년간 번 것보다 3배 이상 증가했고 전기, 텔레비전, 아이들 교육 등 인도 농어촌의 빈곤 계층에서 지금껏 한 번도 들어보지 못했던 호사를 누리게 되었다.

인도 농어촌 지역에서 휴대폰의 영향은 어부들에게만 국한되지 않는다. 최근까지 인도의 농부들은 농사에 관한 정보를 얻을 때 수천 년간 이어져 온 추측이나 전통, 입에서 입으로 전해 오는 조언, 그리고 종교 의식과 같이 전혀 과학적이지 않은 방법들에 의존해 왔다. 그 결과, 농부들은 변화에 매우 취약한 농산물 시장, 가뭄, 홍수, 병충해, 그 밖의 여러 가지 경제적 불행에 시달려야 했다. 매년 인도에서 생산되는 과일과 채소의 3분의 1 이상이 정보의 부족으로 야기된 '시장의 실패'로 아깝게 폐기 처분 되어야만 했다.

그러나 이제는 달라지고 있다. 바로 휴대폰의 등장 때문이다. 북쪽의 우타르 프라데시^{Uttar Pradesh}(인도 북부의 주-옮긴이)부터 남쪽의 타밀 나두 Tamil Nadu (인도 남부의 주-옮긴이)에 이르는 지역의 농부들 중 40퍼센트 이상이 이제 휴대폰을 통해 농사에 관한 정보를 얻고 있다. 그들은 매일 특정 지역의 시장에서 거래되는 작물의 최저가와 최고가, 그날 시장에 공급된 작물의 양 등 시장 정보를 음성과 문자메시지를 통해 받을 수 있다. 그 밖에도 농부들은 논에서 잡초 제거하는 방법, 바나나 경작하는 방법 등을 상세하게 조언 받기 위해서 음성메시지를 활용하고 있다.

미국의 농부들에게 그런 정보들은 그다지 새롭지 않다. 하지만 개발도상국의 농부들에게 미치는 영향은 상당하다. 연구에 따르면, 인도에서 휴대폰 사용률이 상승할수록 빈곤한 가계경제가 상당히 빠른 속도로 개선되고 그에 따라 자동차, 주택, 의류, 식품에 대한 수요가 증가할 뿐만 아니라 의료 서비스에서 고등교육에 이르는 첨단 서비스 산업이 성장한다고 한다. 휴대폰의 수요가 다른 부문의 수요에 연료를 공급하고 그 결과로 사회 전체의 번영을 이끄는 셈이다.

이러한 트렌드를 선두에서 주도하는 제품은 바로 '노키아1100'이다.[2] 선진국의 소비자들은 이 핀란드산 휴대폰의 수요가 엄청나게 크다는 사실을 접하고 놀라움을 금치 못한다. 지난 10년간 출시된 첨단제품 중 몇 개만 떠올려보라. 출시된 지 5년 만에 닌텐도 위^{Wii}는 4,500만 대나 팔려 나갔다. 모토로라의 휴대폰 레이저^{RAZR}는 5,000만 대, 소니의 플레이스테이션2 ^{PlayStation2}는 1억2,500만 대, 애플의 아이팟^{iPod}은 1억 7,400만 대가 역시 시장에 선을 보인 지 5년 안에 팔렸다. 그렇다면 노키아1100은 얼마나 팔렸을까? 노키아1100은 주로 극빈국의 소비자들에게 5년 동안 무려 2억5,000만 대나 판매됨으로써 단일제품으로는 세계에서 가장 많이 팔린 전자기기가 되었다.

노키아1100이 성공할 수 있었던 가장 결정적인 요소는 바로 디자인이다. 이 제품은 남아시아, 라틴아메리카, 사하라사막 인근 지역 등에 거주하는 사람들에게 꼭 필요하고 유용한 특성만을 탑재하고 나머지 특성은 가차 없이 단순화시키거나 완전히 제거했다. 또한 노키아1100은 서구의 소비자들이 생소하다고 느낄 만한 기능들을 제공한다. 이 휴대폰은 전화번호를 저장할 때 하나의 전화번호에 여러 사람을 입력할 수 있도록 해주는데, 이 기능은 전화기 한 대를 마을의 여러 사람들과 함께 사용하는 경우에 아주 유용하다. 또한 노키아1100은 주유소에 일정 금액을 선불로 내고 기름을 구매하듯이 특정 통화에 대해서 통화요금의 상한을 설정하는 기능도 제공한다. 이것 역시 전화를 공동으로 사용하는 데 도움을 주는 기능이다. 노키아1100에는 내장 플래시라이트, 라디오, 알람 등의 액세서리가 탑재되어 있는데 전기 설비가 낙후된 지역에서는 이 기능들이 아주 유용하다. 또한 80개 이상의 언어가 지원될 뿐만 아니라 문맹인 사용자들을 위해 시각적인 기호가 함께 제공된다.

노키아1100은 통찰력과 창의력의 결정체라고 말할 수 있다. 노키아의 엔지니어들은 남아시아 농부의 눈을 통해 세상을 바라봄으로써 그 농부가 처한 고충이 무엇인지 깨달았고 그 고충을 극적으로 줄여줄 제품을 디자인할 수 있었다. 그리고 수많은 사람들의 삶을 변화시켰으며 그 과정에서 거대한 신규 수요를 창조할 수 있었다.

폭발적인 수요 창출의 비밀

넷플릭스와 노키아1100은 새로운 수요 창조를 위한 '예술'이 복잡하다는 점과, 동시에 그런 예술이 세상을 변화시키는 동력이 되기도 한다는 점을 분명하게 보여준다. 우리는 이런 이야기들을 접할수록 우리가 예전에 가졌던 생각보다 수요의 의미가 더 복잡하고 까다롭다는 점을 실감했다.

그런데 왜 수요가 중요할까? 비단 기업의 경영자들과 경제 정책 입안자들뿐만 아니라, 왜 우리 모두에게 수요의 미스터리는 그렇게 중요할까? 이 질문의 답은 극적으로 변모하는 세계 속에서 찾을 수 있다.

우리는 '두 개의 경제'가 공존하는 시대에 살고 있다. 그중 하나는 신문과 텔레비전의 헤드라인을 장식하는 경제를 말한다. 2008년에 불황이라는 수렁에 빠져 허우적대는 동안 수많은 사람들이 일자리를 잃거나 불완전한 고용의 위험을 감수해야 했다는 것, 기업들이 투자를 철회하거나 중단했고 공장의 설비들이 멈췄다는 것, 자동차, 전자, 항공운수,

소매, 에너지, 주택 등 전반에 걸쳐 스태그플레이션이 연쇄적으로 발생했다는 것 등이 바로 그런 경제의 대표적인 단면들이다. 이런 경제 하에서 한때 탄탄한 신뢰를 받으며 수십 년 동안 성장과 번영을 견인해 온, '소비자의 수요'라는 엔진이 고장을 일으키는 통에 우리들은 모두 고통을 감내해야 했다.

그리고, 동일한 시간과 동일한 공간 속에서 터무니없을 정도로 강력한 엔진을 장착하고 고속으로 질주하는 또 하나의 경제가 존재한다. 몇몇 뛰어난 기업들은 이 경제 하에서 경쟁자들보다 조금 더 잘하는 데 그치지 않고 기하급수적인 성공을 거두고 있다. 그 기업들은 수요를 견인하고 고객들을 열광시킬 뿐만 아니라 새로운 제품과 서비스를 창조하기 때문에 고삐가 풀린 듯 질주하는 성장 속도, 가격 프리미엄, 그리고 놀라운 고객충성도를 누린다. 이 경제 하에서 기업들은 성장하고 이익은 견실해지며, 고객충성도는 강력해지고 수십만 개의 일자리가 창출되며, 크고 작은 방식으로 많은 사람들의 삶이 개선되고 있다.

도대체 무슨 일이 일어나고 있는 걸까?

이제 이 질문에 답하려 한다. 우리는 이 질문에 답을 얻기 위해 수요의 미스터리를 들여다볼 참신한 관점이 필요하다는 점을 깨달았다. 또한, 옛날에나 통용되던 선입견과 편견을 버리고 고객과 기업이 함께 활동하는 시장을 바라봐야 한다는 점을 간파했다. 우리는 하찮아 보이는 질문을 마구 던지는 호기심 많은 어린 아이가 되어 수요에 대해 다시 생각하기로 했다. 수요는 정말로 어떻게 생겨나는 걸까? 경제 상황이 좋지 않은데도 폭발적이고 지속적인 수요를 창조하는 사람들은 대체 어떻게 하는 걸까?

수요에 대한 우리의 호기심은 여러 개의 이례적인 이야기들, 그러니까 왜 발생했고 어떻게 발생했는지 도저히 말로 설명할 수 없어서 궁금증을 야기시키는 이상한 이야기들로 인해 더욱 증폭되었다. 이미 언급한 넷플릭스와 노키아1100의 탄생과 같은 놀라운 이야기들이 우리의 관심에 불을 지폈다. 그리고 우리가 그런 류의 이야기에 관심을 두기 시작하자마자 우리가 바라보는 모든 곳에서 이례적인 수요를 창조한 여러 이야기들이 팝콘 터지듯 튀어 오르기 시작했다.

아마존의 킨들Kindle이 이북e-Book 시장에서 일대 열풍을 일으키기 전에 소니는 비슷한 제품(리브라Libri라는 이북 리더를 말함-옮긴이)을 개발하여 규모가 큰 일본 출판 시장에 진출했지만, 금세 돌멩이처럼 가라앉고 말았다. 소니가 3년이나 앞서 제품을 출시했음에도 불구하고 왜 킨들은 소니의 이북 리더보다 몇 배나 더 많이 판매된 걸까?

고급문화 창달에 기여하는 비영리 조직들은 자금을 끌어오기 위해 늘 고군분투해야 한다. 헌데, 중소 도시에 기반을 둔 어느 오페라단은 그들의 공연 프로그램을 통해 수요의 흐름을 항상 견실하게 유지하는 방법을 터득했다. 어떻게 그들은 그렇게 할 수 있었을까?

미국인들은 자동차가 거대한 경제적 비용과 환경적 비용을 사회에 부담시킨다는 점을 잘 알면서도 자동차를 소유하려는 욕구가 크다. 그런 미국인들에게 집카는 어떻게 자가용 승용차를 포기하고 '카 쉐어링car sharing'이라는 서비스를 기꺼이 이용하도록 만들었을까?

미국의 헬스케어 분야는 경제적으로 '재앙' 수준이라는 평가를 받는다. 하지만 이름이 알려지지 않은 캘리포니아의 어느 헬스케어 업체는 환자들에게 기존의 헬스케어 서비스와 완전히 다른 서비스를 제공함으로써 환자들을 더 건강하고 행복하게 만드는 방법을 발견해냈다. 그것도 기존 의료비보다 20퍼센트나 적은 비용으로 말이다. 어떻게 이런 일이 가능할까?

수십 년 동안 미국 교육의 질이 끝없이 추락했다는 이야기는 이미 잘 알려진 사실이다. 그러나 대학을 갓 졸업한 어느 청년이 설립한 비영리 조직이 학생, 부모, 교육기관 모두가 원하는 교육의 수요를 새로이 창출해냄으로써 미국 교육의 혁신을 꾀하고 있다. 대체 무슨 일이 일어난 것일까?

새로운 수요 창조라는 예측 불허의 도전을 벌이는 동안, 기업들은 서로 격렬하게 대립하기도 한다. 페이스북 대 마이스페이스, 토요타 프리우스Prius 대 혼다 시빅 하이브리드Civic Hybrid, 아이팟i-Pod 대 산사Sansa, 유로스타Eurostar 대 에어프랑스Air France 등이 전형적인 예이다. 이 대결 구도에서 소비자들의 수요는 한쪽 제품(또는 서비스)으로 급격히 쏠린 불균형한 모습을 띤다. 서로 경쟁하는 기업의 성과 차이는 그저 몇 퍼센트 정도가 아니라, 5 대 1 혹은 10 대 1의 큰 격차로 나타난다. 왜 그럴까? 서로 비슷한 제품과 서비스인데 무엇이 이처럼 수요의 극적인 차이를 만들어내는 걸까?

우리는 이와 같은 이례적인 사례들을 면밀하게 검토하면서 수요가 대단히 독특한 통찰력과 실행력을 지닌 어느 개인에 의해 종종 창조된다는 사실을 발견했다. 하지만 그들이 구사한 스킬은 누구라도 충분히 학습하고 실행에 옮길 수 있다는 점 또한 깨달았다.

그러한 '수요 창조자'들은 사람들이 구입한 것과 사람들이 진정으로 원하는 것 사이의 커다란 격차를 인식하고, 그러한 격차를 새로운 상상을 위한 발판으로 삼는 '수요 지향적 사고'의 대가들이다. 그들은 현실 세계를 다시 상상하고, 현실세계를 다시 구축한다. 그들은 그런 과정을 통해 고객들이 앞 다투어 구매하는 제품, 경쟁자들이 베끼기 어려운 제품을 만듦으로써 자신의 생각을 완성한다.

위대한 수요 창조자들이 따르는 프로세스는 다음의 여섯 단계로 이루어져 있다.

1. 매력적인 제품을 만든다(Magnetic).

아무리 좋은 제품들이 시장에 출시된다 해도 그것들 중 대부분은 고객과 감성적인 연결을 이루는 데 실패하고 만다. 수요 창조자들은 '아주 좋은' 제품이 '매력적인' 제품을 의미하는 것이 아니라는 냉혹한 현실을 이미 깨닫고 있다. 그들은 거부할 수 없을 정도로 매력적이고 소비자들을 열광시키며 여기저기서 고객들의 입에 회자될 때까지 제품 개발을 멈추지 않는다. 수요를 창조하는 데 시장 선도자가 항상 승리를 거두는 것은 아니다. 시장에서 감성적인 공간을 먼저 창조하고 그것을 먼저 포착하는 자가 승리한다.

2. 고객의 '고충지도'를 바로잡는다(Hassle Map).

우리가 구매하는 대부분의 제품에는 고객의 시간과 비용을 낭비하게 만드는 특성이 포함되어 있다. 알아보기 힘든 사용 안내, 불필요한 위험 등 짜증을 일으키는 크고 작은 결함들을 지니고 있다. 우리는 우리가 원하는 모든 것을 동시에 누리지 못한다. 단순하길 바라면서 더 많은 선택 대안이 주어지길 원하며, 자동 기능이 강화되길 바라면서 개인화된 서비스를 좋아하며, 어떤 때는 품질이 중요하다고 여기다가 또 어떤 때는 낮은 가격을 선호하니까 말이다. 그러나 이 모순되는 소비자들의 니즈에는 수요 창조자가 발굴해야 할 거대한 기회가 놓여 있다. 고객들의 일상생활에서 상당 부분을 차지하는 고충을 지도로 그려 내고, 그것을 고치는 방법을 규명하는 일은 폭발적인 잠재 수요로 가는 길을 제공한다.

3. 완벽한 배경스토리를 창조한다(Backstory).

우리가 보지 못하는 것들이 제품을 흥하게도 하고 망하게도 한다. 여러 수요 창조자들이 이미 깨달았듯이, 배경스토리의 90퍼센트가 준비되어 있는 것으로는 충분하지 않다. 배경스토리가 진정으로 완벽해야 수요가 제대로 창조된다. 수요 창조자들은 고객의 고충지도를 바로잡기 위해 필요한 모든 '점'들을 서로 연결한다.

4. 결정적인 방아쇠를 찾는다(Trigger).

수요를 창조하는 데 있어 가장 큰 장애물은 소비자의 관성, 의심, 습관, 무관심이다. 어떤 제품을 접하더라도 대부분의 사람들은 마음속에서 무언가가 방아쇠를 당겨 행동하도록 만들기 전까지는 구경꾼의 태도를 취하면서 구입하려는 욕구를 억누른다. 최고의 기업들조차도 딱 들어맞는 방아쇠를 찾는 데 수 년의 시간을 소요하지만, 위대한 수요 창조자들은 구경꾼들을 고객으로 변화시킬 방법을 항상 실험을 통해 검증해 가며 지속적으로 그 방아쇠를 탐색한다.

5. 가파른 '궤도'를 구축한다(Trajectory).

제품의 출시는 시장의 무관심에 대항해 일련의 공격을 감행하기 위한 첫 단계일 뿐이다. 출시되는 날, 위대한 수요 창조자들은 '얼마나 빨리 제품을 개선할 수 있을까?'라는 매우 단순한 질문을 스스로에게 던짐으로써 다음 단계로 곧장 뛰어들어간다. 그들은 기술적으로나 감성적으로 제품을 개선하는 모든 활동들이 수요의 새로운 막을 열어 젖히고, 그렇게 함으로써 모방을 일삼고 트렌드에 편승하려는 경쟁자들이 설 땅을 잃게 되리란 점을 잘 안다.

6. 평균화하지 않는다(Variation).

위대한 수요 창조자들은 모든 상황에 들어맞는 '만병통치약'은 존재하지 않는다고 생각한다. 그들은 '평균적 고객'이란 개념은 전혀 근거가 없으며 고객들이 서로 다른 '고충지도'를 다양하게 가진다는 점을 잘 알기 때문에 복잡한 시장을 하나의 통으로 생각하지 않는다. 그들은 동일한 고객이라도 시간이 흐르면 원하는 바가 달라진다는 점 또한 잘 안다. 고충지도가 파악되면 수요 창조자들은 각양각색의 고객 니즈를 완벽하게 만족시킬 목적으로 제품 라인을 다변화하기 위한 효율적이고 비용효과적인 방법을 찾는다. 당연히 이때 고객이 원하는 바를 필요 이상으로 초과하거나 고객 니즈에 미달하지 않도록 주의를 기울인다. 그들은 자신들의 제품이 전체 고객 중 60~90퍼센트 이상 만족시킬 수 있도록 끊임없이 제품을 개선한다.

그들은 거울을 본다

위대한 수요 창조자들은 지금까지 제시한 여섯 가지 '수요 지향적 사고'에 완전히 숙달되어 있다. 그들은 조직 내의 여러 팀들이 고객과 고객의 니즈만을 줄곧 고민하도록, 그리고 고객이 구입하는 것과 고객이 진정으로 원하는 것 사이에 존재하는 격차를 기회의 땅으로 인식하도록 만든다. 그렇게 함으로써 그들은 고객의 고충을 제거하고 고객의 삶을 질적으로 개선시키는 제품을 기껏 몇 명이 아니라 거대한 조직들만이 접근할 수 있었던 수천, 수백만 고객들에게 제공할 수 있는 것이다.

수요 창조자들은 숨겨진 이점 하나를 가지고 있다. 그들의 많은 경쟁사들이 사일로(원래 탑 모양의 곡식 저장 창고를 의미하는데, 경영에서는 부서 간의 벽이 높은 상황을 상징하는 용어로 쓰인다-옮긴이)처럼 부서 간의 의사소통이 단절되어 있고, 이미 지나버린 '어제의 수요 목표'를 달성하는 데에만 초점을 맞추며, 소비자 행동이 보내오는 신호를 받아들이지 않는 '반(反) 수요적인' 조직이라는 것이 바로 숨겨진 이점이다.

수요 창조자들은 비범한 사람들이다. 우리는 수요의 미스터리를 해독하는 과정에서 그들 중 여럿을 직접 만나 그들의 행동을 관찰할 수 있는 특권을 누렸다. 우리는 대기업뿐만 아니라 소기업, 비영리 기업 등

규모와 조직의 성격과 상관없이 위대한 수요 창조자들을 발견할 수 있었다. 몇몇은 기업 설립자나 CEO도 있지만 중간관리자를 비롯한 일선 직원, 소기업 소유주와 경영자, 이상주의적인 개혁가에서 겉으로 보기엔 평범한 인물까지 여러 유형의 사람들이 포함되어 있다. 그들은 호기심으로 충만하고 매우 활동적인 경향을 띠지만 동시에 사려 깊고 자기 규율에 뛰어난 사람들이다. 또한 그들은 자신감에 가득 차 있지만 꾸준히 성찰하면서 자신을 통제할 줄 알고 늘 겸손함을 유지하며 고차원적인 유머를 구사할 줄 안다. 무엇보다 그들은 다음에 등장할 고객의 고충 지도가 무엇일지 항상 탐색하면서 하루를 보낸다.

하지만 그토록 특이한 사람들이 공통적으로 가진 가장 중요한 특성은 사실 간단한 것이다. 우리가 연구하는 동안 즐겨 했던 질문, 즉 '내일의 수요는 무엇이 창출하는가?'란 질문을 수요 창조자들에게 던지면, 정부 정책이나 「포춘Fortune」지 선정 500대 기업 순위, 거시경제의 흐름 따위를 지적하는 사람은 아무도 없다.

대신에 그들은 거울을 들여다본다.

Demand

ADRIAN J. SLYWOTZKY WITH KARL WEBER

제1장

매력
Magnetic

1. 참을 수 없을 정도로 엄청나게 끌리는
2. 뛰어난 기능성을 강렬하고 감성적인 매력과 결합시킨
3. 강력한 수요의 흐름을 창출할 수 있는

1.extraordinarily and irrepressibly attractive 2. combining great functionality with intense emotional appeal 3. capable of producing a powerful stream of demand

01

집카, 새로운 자유를 발명하다

  2003년 2월 14일 금요일 밤이었다. 스콧 그리피스^{Scott Griffith}는 무척 업무가 많았던 치열한 하루를 뒤로하고 집으로 향하고 있었다. 그날 그는 이사회의 결정으로 집카^{ZipCar}의 창립자인 로빈 체이스^{Robin Chase}를 대신하여 회사의 새로운 CEO로 임명되었다.[1]

  44세의 그리피스에게는 매우 긴장되고 격정적인 순간이었다. 그는 혁신적인 신생회사의 방향타를 잡고서 실패냐 성공이냐 하는 임무를 수행하게 되어 말할 수 없이 기뻤다. 그는 고객에게 차를 이용하는 혁신적인 방법을 제공하는 집카만의 독특한 비즈니스 모델과 비전을 사랑했다. 고객들은 집카의 서비스를 이용함으로써 돈을 절약할 수 있고 귀찮은 일을 피하고 환경보호에 기여한다는 만족을 얻을 수 있으니 말이다. 하지만 사업을 진화시키기 위해 체이스와 그녀의 헌신적인 팀이 4년 동안 조사와 실험에 매진하며 무진 애를 썼음에도 불구하고 사업은 여전히 살얼음판 위를 걷는 듯 불안했다. 수요가 없지는 않았으나 사업을 지속시키고 이익을 남기기에는 그 크기가 작아도 너무 작았다.

집카를 로켓으로 비유하면, 이륙에는 성공했으나 여전히 '탈출 속도 (로켓이 지구의 인력권을 탈출하는 데 필요한 속도-옮긴이)'에는 이르지 못한 로켓이라고 말할 수 있었다. 몇 번이고 집카의 시동은 꺼져버렸고, 신규 사업과 신제품의 80퍼센트 이상을 무의미하게 만들고 실패하게 만든다는 강력한 '중력'에 의해 집카는 추락하고 있었다.

이사회 임원들과 직원들은 가격 인하, 광고 확대, 무료 체험 멤버십 제공, 자동차 라인업 변화, 웹사이트 개편 등 여러 가지 해결책을 제안했다. 문제는 명확했지만, 해결책은 언제나 미궁에 빠지고 말았다.

그리피스는 기술적인 변화와 소비자의 수요가 서로 만나거나 멀어지는 '교차로'에 항상 마음을 뺏기곤 했다. 1970년대에 피츠버그에서 성장한 그는 여러 철강회사들이 쇠퇴하면서 지역경제가 몰락하는 모습을 직접 목격했다. 그는 또한 아홉 살 때 납땜용 인두를 가지고 고장난 토스터를 고쳤을 만큼 타고난 '수리의 달인'이었다. 그는 "감전 당하지 않은 게 행운이었다"며 어린 시절을 회고했다.

이제 집카는 어른이 된 그리피스에게 동일한 도전 과제 하나를 제시했다. '왜 로켓이 탈출속도에 이르지 못하는지 그 원인을 찾을 수 있는가? 회사의 자금이 바닥나기 전에 사태를 바로잡을 수 있는가?'라고 말이다.

보잘것없는 제품으로는 어엿한 제품을 이길 수 없다

미국인들은 자신의 자동차를 사랑한다. 우리가 만난 모든 문화평론 가조차 미국인이 얼마나 자신의 자동차를 사랑하는지 언급하고 있다. 그리고 사람들 대부분이 이 말에 동의한다.

2001년에 실시된 설문조사에 따르면, 미국인 중 84퍼센트가 자신의 자동차에 애정을 느낀다고 고백했고, 12퍼센트는 자신의 차에 이름까지 지어주었고, 심지어 17퍼센트는 밸런타인데이에 자신의 차에게 선물을 사준다고 했다. 그렇다. 미국인들은 자신의 자동차를 너무나 좋아한다.

그렇다면 미국인들은 자동차 출퇴근을 좋아할까? 그들은 꽉꽉 막히는 도로로 악명 높은 애틀랜타와 LA 같은 대도시에서 매일 벌어지는 교통정체나, 차들이 겨우 시속 5마일의 속도로 느릿느릿 움직이는 탓에 세계에서 가장 긴 주차장이라고 놀림 받는 뉴욕의 롱아일랜드 고속도로를 사랑할까? 또한 미국인들은 맨해튼이나 시카고, 아니면 필라델피아의 움푹 팬 아스팔트 도로 위에서 버스와 배달 트럭, 낡은 택시와 이중 주차된 차들 사이에서 머리카락이 쭈뼛해질 만큼 수시로 맞닥뜨리는 위험한 상황들을 과연 좋아할까? 그리고 주차할 곳을 찾아 방황하거나, 똑같이 생긴 3천 개의 주차구획 중 어느 곳에 자신의 차를 주차했는지 찾으러 다니는 일을 좋아할까? 과연 그들은 보험료, 수리비, 과태료, 차량등록비, 각종 세금들을 즐거운 마음으로 납부할까? 주유할 때 빙글빙글 돌아가는 숫자판을 보며 흐뭇해할까?

맞다. 미국인들이 자신의 자동차를 사랑할지도 모른다. 여기서 주목할 점은 이 애정관계에는 또 다른 측면이 존재하는데, 때때로 그 감정이 증오로 변질된다는 점이다.

미시간 주 앤아버에 거주하는 저널리스트 메어리 모건Mary Morgan은[2] 미국인들과 자동차 간의 '애증관계'에 대해 많은 것을 생각했다. 사실 그녀는 자가용 승용차를 없애는 것에 관해 오랫동안 자신의 가족들과 의논해왔다. 앤아버는 대중교통 체계가 우수하기 때문에 모건의 가족들은 자가용 승용차 없이도 일상생활을 영위하는 데 전혀 불편함을 느끼지 않았다. 하지만 모건은 이렇게 말한다.

"제가 금단현상에 시달리고 있다는 걸 인정할 수밖에 없군요. 저에게 자동차를 소유한다는 것은 일종의 습관이죠. 솔직히 말하면 중독에 가까워서 차를 즉시 없애기가 어렵네요. 저는 지금 금연을 위해 니코틴 패치를 붙인 것처럼 '금차(禁車) 상태'로 조금씩 가고 있는 중이에요. 제가 자동차를 없애는 것을 주저하는 이유는, 자동차가 있으면 무한한 자유가 주어지지만 차가 없으면 한 곳에 갇혀 지내고 말 거라는 생각이 떠나지 않기 때문이에요."

모건의 말에서 '중독'이란 단어가 그녀가 자동차를 어떻게 생각하는지를 가장 단적으로 보여준다. 무언가로부터 필사적으로 벗어나기를 원하지만 무슨 이유 때문인지 끝내 달아나지 못하는 파괴적인 관계를 말할 때 사용되는 단어가 바로 중독이다. 바로 중독이 수많은 미국인들이 자동차를 사들이는 이유이다.

자동차를 소유하는 이유가 번거롭고 귀찮은 고충을 날려버리기 때문이 아니라, 바로 자신들이 진정으로 갈구하는 '자유'를 느끼는 유일한 방법이기 때문이다.

위대한 수요 창조자들은 특별한 사람들이다. 왜냐하면 그들은 우리가 그럭저럭 만족하며 구입하는 것과 우리가 진정으로 원하는 것이 항상 동일하지는 않다는 걸 잘 알기 때문이다. 때때로 그 둘 사이에는 엄청난 격차가 존재한다. 그리고 그 격차는 수요의 원천을 창조할 수 있는 기회의 땅이다.

불행하게도 그 기회를 실제의 수요로 변환시키는 일은 종종 불가능이라는 벽에 부딪힌다.

1970년대부터 1990년대에 이르기까지 원유 유출, 석유 파동, 국제 경제 위기, 공급 부족, 지구 온난화의 위협 등 석유에 대한 높은 의존도로 인한 여러 위험들이 드러났다. 그래서 진보적인 정치가들과 도시계획가들은 대중들이 자동차에 덜 의존하도록 하기 위해 여러 가지 조치를 취했다. 지하철과 같은 대량수송수단을 향상시키고 '자동차 없는 구역'과 보행자전용도로를 늘렸을 뿐만 아니라, 자동차 규제와 운전면허 취득조건을 강화하고 높은 세금을 부과했으며, 혼잡통행료를 부과하고 주차공간을 제한했다.

그러나 이러한 노력은 모두 물거품이 되었다. 수많은 사람들이 자신의 운전 습관을 끊어버리고 싶다고 이야기한다. 허나 그것은 말뿐이다.(2000년에 풍자적인 매체 「어니언Onion」지에 실린 헤드라인[3]은 이러한 현상을 아주 정확하게 보여준다. "출퇴근자들 중 98퍼센트가 다른 사람들에게 대중교통 이용을 권한다.") 정치가들과 도시계획가들이 간과한 것은 자동차를 소유할 경우 발생하는 고충들을 제거할 수 있으면서, 동시에 미국인들이 자기 소유의 자동차를 사랑하는 세 가지 이유(자유로움, 편리함, 재미)를 모두 만족시키는 매력적인 교통수단을 생각해내지 못했다는 점이다.

정치에 이런 말이 있다. "보잘것없는 사람으로는 어엿한 사람을 이길 수 없다." 즉, 현 재임자가 인기가 별로 없어도 경쟁 후보가 보잘것없는 사람이라면 재선에서 이길 수 있다는 말이다(우리말로 바꾸면 '구관이 명관이다'란 의미임-옮긴이). 이 말이 수요의 세계에 주는 교훈은 '기존 제품이 시장에서 인기가 없다 하더라도 신제품이 반드시 성공하는 것은 아니'라는 점이다. 소비자들의 행동이 변화되도록 흥분시키고 자극하는 대안을 제시해야 신제품은 기존 제품을 물리치고 시장에서 승리를 거둘 수 있다. 바꿔 말하면, 새로운 수요는 항상 '매력적인 제품'에 의해 생겨나기 시작한다(이 책에서 '제품'이라는 단어는 눈에 보이는 상품뿐만 아니라 '서비스'와 같은 무형의 상품을 모두 포함한 개념으로 쓰인다. '제품과 서비스'란 문구를 자주 반복하는 번거로움을 피하기 위해 앞으로 이 책에서는 간단히 '제품'이라고 표현할 것이다).

그렇다면 매력적인 제품이란 무엇일까? 매력적인 제품을 정의할 수 있는 쉬운 방법을 소개한다.

다음에 서로 대비되는 제품들의 쌍을 나열해보았다. 오래 생각하지 말고 바로 답해보라. 각 쌍에서 어떤 제품이 더 멋지고 흥미로우며 어떤 제품이 눈길을 끌고 '사랑스러운지' 판단해보라. 간단히 말해, 어떤 제품이 매력적인지 골라보라.

산사(Sansa)	아이팟(iPod)
소니 리더(Sony Reader)	킨들(Kindle)
시빅 하이브리드(Civic Hybrid)	프리우스(Prius)
허츠 커넥트(Hertz Connect)	집카(Zipcar)
일리(Illy)	네스프레소(Nespresso)
에어프랑스(Air France)	유로스타(Eurostar)
마이스페이스(MySpace)	페이스북(Facebook)
블록버스터(Blockbuster)	넷플릭스(Netflix)
브리티시에어(British Air)	버진 아틀랜틱(Virgin Atlantic)
여러 장난감 업체들	레고(LEGOs)
여러 영화제작 스튜디오들	픽사(Pixar)
야후! 서치(Yahoo! Search)	구글(Google)
여러 온라인 소매업체들	아마존(Amazon)

아마 위에 제시한 모든 제품의 이름을 꿰고 있지는 못할 것이다. 그러나 만일 당신이 우리가 이 목록을 제시해봤던 수천 명의 사람과 같다면, 아마도 당신은 목록의 왼쪽 제품보다 오른쪽 제품으로부터 훨씬 강한 매력을 느꼈을 것이다. 설령 두 제품 사이의 차이가 그리 크지 않아 보이더라도 말이다. 나중에 언급하겠지만, 매력이란 제품이 주는 '감성적 어필'과 관련된 것으로 제품의 기능만큼이나 중요하다. 또한 매력은 새로운 수요를 창조하는 결정적인 요소 중 하나이다.

1999년에 로빈 체이스는 자동차에 대한 고객들의 소유 욕구를 대체할 매력적인 대안을 창조하기로 결심했다.

웰즐리 대학에서 공중보건을 전공하고 MIT 슬론 경영대학원에서 MBA를 취득한 체이스는 '화석연료는 새로운 노예제도다'와 같이 진심에서 우러난 기사를 쓰면서 미국인들의 자동차 중독 현상에 관해 오랫동안 고민해온 열성적인 환경운동가였다. 그러나 그녀에겐 매력적인 대안이 없었기에 사람들로 하여금 자동차를 포기하게 하려는 그녀의 '개종(改宗)' 활동은 효과를 거두지 못했다.

1999년에 체이스는 자신의 사업적 재능을 '녹색 미국 건설'이라는 미션에 헌신하기 위한 방법을 탐색하던 중에 자동차 중독 현상을 완화할 수 있는 '카-쉐어링car-sharing'이라는, 별로 알려지지 않은 아이디어를 접하게 되었다. 이 아이디어는 도시 거주자들에게 특별히 유용했는데, 여러 사람이 한 대의 자동차를 공동으로 소유함으로써 거의 쉬는 시간 없이 자동차가 운행되도록 만든다는 개념이었다.

체이스는 카-쉐어링이 여러 측면에서 자원을 절약할 수 있는 방법이라고 보았다. 도로에 차가 적어질수록 자동차 제조에 쓰이는 철, 유리, 기타 재료가 적게 들고 고속도로와 주차장 건설에 쓰이는 땅을 줄일 수 있기 때문이다. 공동으로 자동차를 소유한 운전자들은 다섯 블록만 가면 있는 슈퍼마켓에 가기 위해 굳이 차를 타려고 하진 않기 때문에 불필요한 이동, 신호대기로 인한 공회전, 주차할 자리를 찾으려고 계속 맴도는 일 따위로 소모되는 연료를 절약할 수 있다.

당시 비영리 목적의 카-쉐어링 서비스는 서유럽의 도시들과 오리건주 포틀랜드 시와 같은 미국의 몇몇 지역에서 이미 시행되고 있었다.[4]

그러나 시에서 지원하는 카-쉐어링 서비스들은 좋은 의도에도 불구하고 엉성하고 불편했다. 자동차 열쇠는 중앙에 위치한 기계식 잠금 상자에 보관해야 했고, 운전 기록은 일일이 손으로 적어야 했다. 철저한 환경운동가들을 중심으로 한 수요를 제외하면, 카-쉐어링의 수요는 사실상 존재하지 않는 거나 마찬가지였다.

체이스는 자동차를 소유함으로써 발생하는 고충이 카-쉐어링으로 인해 또 다시 생겨나는 고충으로 단순히 교체되면 새로운 수요가 창조되기 어렵다는 점을 간파했다. 또한 그녀는 인터넷 기술을 잘 활용하면 카-쉐어링으로 인해 발생하는 고충을 줄이거나 없앨 수 있다는 것을 깨달았다. 체이스는 영리를 추구하는 기업이 고객들로부터 의미 있는 수요의 흐름을 이끌어냄으로써 카-쉐어링의 환경적인 이점들을 현실화시킬 수 있다고 확신했다.

그녀는 이러한 비전으로 무장하고 벤처 투자자로부터 130만 달러의 자금을 투자 받아 안체 다니엘슨[Antje Danielson]이라는 독일인 친구와 함께 자신의 고향인 매사추세츠 케임브리지에 첫 매장을 열었다. 그녀와 다니엘슨은 카-쉐어링 사업을 그저 작은 틈새사업이 아니라 국가의 에너지와 환경문제 해결에 의미 있는 영향을 미치는 거대한 운동으로 전환시키겠다는 포부를 밝혔다.

체이스의 남편인 로이 러셀[Roy Russell]은 이 새로운 회사의 최고기술책임자로 임명되었는데, 그와 프로그래머들에게 자동차를 예약하고 자동차의 현재 위치를 추적하기 위한 웹 기반의 시스템을 구축하라는 임무가 주어졌다. 자동차들은 인근의 차고나 주차장 등 사전에 마련된 여러 위치에 분산 보관됐다. 그래서 멤버십을 가진 고객이면 누구나 마우스를 몇 번 클릭해서 가장 가까운 장소에 있는 자동차를 신청한 다음 디지털 코드가 적힌 카드로 자동차 문을 열 수 있었다. 사용료 지불은 온라인에서 자동으로 이뤄지게 하여 문서 작업을 최소화했다. 보험료가 시간당 이용료에 포함되어 있기 때문에 회원들은 보험 가입을 위해 따로 양식을 작성할 필요가 없었다. 그리고 마치 신용카드처럼 주유 후에 멤버십 카드를 긁으면 연료비가 자동으로 정산됐다.

이러한 혁신은 소위 '매력방정식'의 앞부분에 해당하는 카-쉐어링의 '기능성'을 극적으로 향상시켰다. 체이스가 "우리의 목표는 현금인출기에서 현금을 뽑을 때처럼 쉽게 자동차에 접근하도록 하는 것이었다"라고 말했듯이 새로운 웹 기반의 렌탈시스템은 인상적인 모습으로 고객에게 다가섰다. 어떤 얼리어답터는 이렇게 언급했다.[5]

"제가 회사 사무실에서 문서 작업을 마무리하고 있을 바로 그 시간에 저는 도로를 이미 10마일쯤 달리고 있었어요. 이 서비스를 이용하기 위해 누군가를 직접 대면할 필요가 전혀 없어요. 웹 사이트를 통해 차를 예약하기만 하면 그만이니까요."

어떤 사람은 체이스의 시스템이 '시내를 돌아다니는 가장 쉽고 저렴한 방법'이라며 한마디로 정리하기도 했다.

체이스가 이루어낸 카-쉐어링 방식의 개선은 매우 중요했다. 매력적인 제품은 기능적으로 대단히 훌륭해야만 한다. 잘 작동되는 것은 물론이고 언제 어디서나 쉽게 접근할 수 있을 정도로 편리하며 고객의 고충을 혁신적으로 줄여주어야 한다. 하지만 이미 언급했듯이, 기능성만 가지고는 매력을 창조할 수 없다. 기능성은 애플의 아이팟뿐만 아니라 샌디스크^{SanDisk}와 같은 모든 MP3플레이어 제조업체가 추구하는 가치이지만, 아이팟의 사례에서 보듯 탁월한 디자인, 최상의 사용자 인터페이스, 보편적이고 쉽고 재미있는 콘텐츠관리시스템 등 독특한 특성들을 조합하여 기능성에 감성적인 요소를 결합시켜야 비로소 매력이 발생하는 것이다. 이것이 바로 일반적인 MP3플레이어를 가진 대부분의 사람들이 "잘 작동됩니다" 혹은 "좋아요"라고 말하는 반면에, 아이팟을 가진 사람들은 이구동성으로 "나는 그것을 사랑한다고요!"라고 말하는 이유이다. 매력방정식은 이렇게 간단히 표현된다.

$$M = F \times E$$

매력 = 기능성 × 감성적 어필

즉, 매력은 놀라운 기능성과 놀라운 감성적 어필의 곱으로 나타난다. 이러한 현실을 인식한 체이스는 회사의 이름을 짓기 위해 고민을 거듭했는데, 회사명이 브랜드에 대한 대중의 인식을 형성하는 데 큰 영향을 미친다는 점을 잘 알고 있었기 때문이다. 그녀와 다니엘슨은 여러 개의 회사명 후보를 생각해낸 다음, 보스턴의 거리로 나가 사람들에게 의견을 구했다. 그중 하나가 휠쉐어^{WheelShare}였는데, 휠체어와 발음이 너무나 비슷하다는 이유로 즉각 폐기됐다.

또 다른 후보는 유에스카쉐어$^{\text{U.S. CarShare}}$란 이름이었다. 사람들에게 물어본 결과, 체이스는 '카-쉐어링'이란 개념에 대해 많은 사람들이 뿌리 깊은 혐오감을 가지고 있다는 것을 알고는 깜짝 놀랐다. "그 단어는 사람들을 불안하게 만들었어요"라고 체이스는 후에 설명했다.

> 사람들은 카-쉐어링이란 말을 들으면 자기 차례를 얌전히 앉아서 기다리라는 핀잔을 듣는 것 같은 기분이 든다고 하더군요. 그때부터 저는 직원들에게 카-쉐어링이란 문구를 사용하지 못하게 했어요. 호텔을 '베드(bed)-쉐어링'이라고 부르면 어떨까요? 그건 너무 은밀하고 사적으로 느껴지죠? 볼링 게임을 '슈(shoe, 신발)-쉐어링'으로 부르면요? 사람들이 과연 볼링 게임을 하고 싶어 할까요?

이상주의자인 로빈 체이스는 처음에는 '카-쉐어링'이란 용어가 모든 사람들에게 공동체적이고 도덕적인 느낌을 전달하고 '지구 살리기'에 기여한다는 이미지를 떠올리게 한다고 생각했다. 하지만 보통의 미국인들에게 그 말은 이상하고 불쾌하게 들렸다. 체이스는 고객의 의견을 받아들여 결국 그 용어를 포기했다.

체이스는 회사명으로 '집카'를 최종 선택했다. 집카라는 이름은 재미라는 느낌을 불러일으킬뿐더러 속도와 편리함으로 고객의 고충을 날려버린다는 이미지를 잘 나타냈다. 또한 "당신이 원할 때마다 원하는 자동차를!"이라는 슬로건과 훌륭히 짝을 이루었다.

그녀는 독특한 모양의 뒤태와 환경친화적인 이미지를 가진 라임색 폭스바겐 비틀로 자동차 라인업을 갖추고, 보스턴에서 첫 운행을 시작하여 워싱턴 D.C.와 뉴욕 시로 점차 확대해나갔다. 이렇게 집카는 운영되기 시작했다.

하지만 수요 창조의 세계에서 가장 두려운 말, '아무것도 일어나지 않았다'가 집카에 대한 시장의 반응을 정확히 표현해주는 말이었다.

그렇다. 거의 일어나지 않은 것이나 진배없었다. 첫해에 겨우 75명만이 집카의 서비스를 이용했으니 말이다. 1999년과 2003년 사이에 집카는 꾸준히 성장하긴 했지만 그 속도는 매우 느려서 3개 도시에서 130대의 자동차가 고작 6,000명의 회원에게 서비스되는 수준에서 벗어나지 못했다.

체이스는 더욱 크고 창의적인 매력을 제품에 불어넣기 위해 애를 썼다. 그녀는 자신과 마찬가지로 환경에 대한 신념을 지닌 젊은 도시 거주자들을 중심으로 입소문을 일으키는 데 초점을 맞추고, 집카의 사회적 임무를 강조했다. 그녀는 회사 뉴스레터를 발행하기도 했는데, 커뮤니티를 형성할 목적으로 "이 사진에 설명을 달아주세요"라는 콘테스트를 싣고, 독자로부터 집카를 이용하면서 가장 특이했던 사연을 받아 뉴스레터에 소개하기도 했다. 체이스는 "고객은 자기가 뭔가 기여한다는 느낌을 가지게 되면 마치 자신의 일인 것처럼 회사의 성공을 진정으로 바라게 되죠"라고 말했다. 그녀는 회원들을 포트럭 디너potluck dinner(각자 음식을 조금씩 가져와 나눠 먹는 저녁식사-옮긴이)에 초대하기도 했는데, 25명밖에 모이지 않았지만 분위기는 내내 화기애애했고 건설적인 의견이 활발하게 오고 갔다고 한다. 중요한 것은 모임에 참석하지 않은 나머지 4천 명의 사람들이 '정말 멋지군. 내가 포트럭 디너에 고객을 초대하는 회사의 회원이라니!'라는 생각을 가지는 것이라고 그녀는 설명했다.

　이 모든 시도들은 멋지고 재미있었다. 그러나 거대한 수요에 방어쇠를 당길 만큼 그 매력이 강하지는 못했다. 수익성은 여전히 요원한 비전일 뿐이었다. 체이스는 자신의 '녹색 비전'에 더욱 천착하면서 낙관적인 전망을 고수했다. 그녀는 자신의 비전이 '세계 정복'이고 독점금지법에 저촉되는 그 순간이 바로 집카의 성공을 의미하는 것이라고 농담하기도 했다. 좀 더 심각한 표정으로 그녀는 '내가 자라서 열일곱 살이 되면 나만의 자동차를 가질 거야'라고 모든 어린이들이 꿈꾸기 전에 집카의 시스템을 중국과 같은 나라로 수출하는 것이 임종하는 순간의 바람이라고 말했다. 그리고 그녀는 "솔직히 저는 그렇게 될 것을 추호도 의심하지 않아요"라고 덧붙였다.

　그러나 몇 개월이 흐르고 나서 체이스의 투자자들은 가만히 앉아 있지 않았다. 투자자들은 집카의 열정적인 CEO가 적절한 수익을 벌어들이는 것보다는 세상을 '구원'하는 데 더 열중한다는 사실에 우려를 금치 못했다. 2003년에 집카의 운영에 필요한 7백만 달러 규모의 추가 투자가 추진됐으나 막판에 가서 무산되고 말았다. 비록 체이스가 다른 곳에서 자금을 구하기 위해 백방으로 뛰어다녔지만, 회사의 이사회는 그것으로 충분하다는 판단을 내렸다. 체이스의 비전, 창의력, 추진력이 말 그대로 집카의 모든 것이나 마찬가지였지만, 이사회는 그녀를 해임하고 회사의 지휘봉을 스콧 그리피스에게 넘겼다.

자유의 상징 '자가용 승용차'를 어떻게 '집카'로 바꿀 것인가

그리피스는 보잉Boeing과 휴스에어크래프트Hughes Aircraft, 그리고 하이테크 벤처기업 두 곳에서 경력을 쌓았다. 인포메이션아메리카Information America란 벤처회사에서는 성공을 거뒀지만, 디지털굿스Digital Goods에서는 이북 시장에 너무 일찍 뛰어든 나머지 실패를 겪었다. 그는 또한 몇 군데 투자전략회사에서 주요 직책과 파트너를 역임한 적이 있기 때문에 사모 캐피탈 쪽과 인맥이 있었다. 그의 인맥은 투자자금을 확보하는 데 매우 도움이 되는 것이었다(집카는 전도유망한 여러 회사들과 투자 확보를 놓고 경쟁해야 하기 때문이다).

하지만 그리피스에게 곧바로 주어진 과제는 투자 확보 문제보다 더 어려운 것이었다. 1999년부터 2003년에 걸쳐 로빈 체이스와 그녀의 팀에 의해 구축된 집카의 제품, 소위 '집카 1.0'은 기존의 카-쉐어링 운영방식보다 훨씬 매력적이었다. 그러나 잠깐 좋아졌다가 마는 매출 패턴은 집카의 제품에 결정적인 특성이 부족해서 거대한 고객 기반을 형성하는 데 애를 먹는다는 사실을 여실히 보여주었다. 이것은 중대한 의문이었다. 도대체 왜?

스콧 그리피스의 최우선 업무는 로빈 체이스가 그토록 바랐음에도 구축하는 데에 실패했던, 거부할 수 없이 매력적인 '집카 2.0'을 개발하는 것이었다. 집카 2.0이란 집카가 도시 거주자들의 일상생활을 향상시킨다고 말하는 열성적인 환경운동가의 주장보다 한발 더 나아가 집카의 매력을 확장시킨다는 것을 의미했다. "집카 2.0은 사람들이 선택하는 라이프스타일 그 자체가 되어야 합니다.[6] 왜냐하면, 고객에게

100년 이상 자동차 회사가 반복했던 마케팅 문구에서 벗어나라고 진심을 다해 말해야 하기 때문입니다"라고 그리피스는 일갈했다. 정치적인 운동을 기업으로 전환시키는 일이라는 이사회 멤버 피터 앨드리치Peter Aldrich의 말처럼 하기 위해서는 집카가 성공사업으로 성장하도록 사업의 규모를 한 단계 상승시켜야 했다.

역설적으로 그리피스는 확장계획을 중단시키는 조치부터 시작했다. "우리는 도시 단위로 비즈니스 모델의 효용을 증명해야 했습니다. 회사는 그동안 수익성을 거두기 위한 방법을 고민한 적이 한 번도 없었죠." 그는 후에 이렇게 설명했다.

직원들은 집카의 성장을 촉발시키는 데 필요한 것이 무엇인지 이론적으로는 잘 알았다. 어떤 직원들은 공격적인 마케팅과 광고 캠페인을 주장하면서 집카의 유용함을 강조하는 광고판, 포스터, 라디오와 텔레비전 광고가 사람들로 하여금 시험 삼아 집카 서비스를 이용하도록 유도하리라 기대했다. 다른 직원들은 공짜로 언론매체를 이용하는 방법인 인터뷰나 신문기사를 통해 시민의식과 환경에 관심을 가진 사람들에게 원하는 메시지를 전달하는 것을 더 선호했다. 하지만 여전히 많은 직원들은 할인 쿠폰, 무료이용권, 지하철역 외부와 쇼핑몰 내에 집카 가입 부스를 설치하는 등의 전통적인 판매 방식을 제안했다.

그리피스는 이러한 이론적인 방법을 논의하는 것 대신에 이제 고객들의 사고방식을 파고들어야 할 시기라고 판단했다. 그는 왜 집카 제품의 매력이 미약한지 파악하기 위해서, 집카를 알고 있지만 어떤 이유 때문인지 가입을 주저하는 '관망고객'들을 중심으로 포커스 그룹을 운영하기로 했다. 무엇이 집카의 회원이 되려는 동기를 부여할까? 그 리피스는 관망고객들을 주저하게 만드는 요소에 특히 집중하면서 그들의 의견을 주의 깊게 경청했다. 그 과정에서 그는 충분히 사업에 집중한다면 성장 그 자체가 카-쉐어링으로 인해 발생하는 새로운 고충들 중 많은 것들을 제거할 수 있고 집카의 본질적인 매력을 크게 강화할 수 있다는 점을 깨달았다.

어느 도시에 집카가 운용 중인 자동차 대수가 적다면 차량 수요가 가장 많은 저녁시간과 주말에는 사용 가능한 자동차가 하나도 없거나, 그나마 가장 가까이에 있는 자동차가 집에서 10~15블럭이나 떨어진 곳에 주차돼 있다는 메시지를 자주 접할 것이다. 이것은 사소한 불편함인 듯하지만, 집카를 이용하려다가 30분이 넘는 시간을 헛수고로 보냈다는 기억은 소비자로 하여금 선뜻 신청 버튼을 누르지 않도록 만들기에 충분했다.

어떤 집카 회원은 우리에게 이렇게 말했다.[7] "만약 가장 가까운 집카가 두 블록 이상 떨어져 있다면, 나는 깜깜한 밤에 그곳까지 걸어가야 한다는 것 때문에 짜증이 날 겁니다." 또 다른 회원은 "만일 차가 집에서 도보로 5분 이상 걸리는 곳에 주차돼 있다면, 저는 그냥 관심을 꺼 버릴 거예요." 그들은 수많은 고객들의 의견을 대변한다.

이러한 고객의 니즈는 '닭이 먼저냐, 달걀이 먼저냐'처럼 까다로운 문제를 야기했다. 고객이 원하면 언제든지 집카를 이용하도록 충분히 많은 자동차를 운용하는 것이 먼저인가(그렇게 해서 유명해지는 것이 먼저인가), 아니면 고객들에게 집카가 유명해지도록 홍보하는 것이 먼저인가

(그렇게 해서 충분히 많은 자동차 수를 운용하는 것이 먼저인가)?

그리피스는 문제를 기발하게 재정의함으로써 해결책을 생각해냈다. 집카의 미래가 '수요의 밀도'라는 열쇠에 달려 있음을 그는 발견했다. 회원들이 자동차를 소유하지 않고 편리하게 집카를 이용하게 만들려면, 일단 집카가 회원들과 아주 가까운 곳에 항상 있도록 해야 한다. 만약 보스턴에 20만 명의 집카 회원들이 거주하고 있고 8천 대나 되는 집카가 운행 중이라면 아무런 문제가 없을 것이다. 진짜로 어려운 도전과제는 회사가 그처럼 작은 조직을 가지고 적정한 시장 침투 수준(자동차를 어느 장소에 몇 대나 운용할 것인가를 결정하는 문제-옮긴이)을 시뮬레이션해야 한다는 것이었다.

이 과제를 해결하기 위해서 그리피스는 세심하게 선택된 지역 몇 곳으로 집카의 모든 역량을 집중시키기로 결심했다. 그리고 이런 조치를 실행하자마자 수요 창조의 힘이 분명하게 나타났다.

집카는 모든 도시에 걸쳐 광범위하게 사업망을 펼치려고 애쓰기보다 젊고 기술에 능숙하며, 환경보호에 관심이 많고, 절약을 추구하는 전형적인 집카의 회원들이 상대적으로 밀집된 도시 지역으로만 사업망을 집중시켰다. 고객들이 모여 있을 만한 구역을 집중 공략함으로써 집카는 작은 고객 기반을 가지고 시작함에도 불구하고 밀도 있는 수요를 창출할 수 있었다.

집카는 '길거리 마케팅팀'에게 "블록마다, 집집마다"란 슬로건을 가지고 집카를 홍보하라는 임무를 주었고, 지역별 특성에 맞춰 다채로운 마케팅 캠페인을 시작했다. 젊지만 차가 없는 전문직 종사자들이 밀집한 워싱턴 D.C.에서는 낡은 소파를 길거리에 떨어뜨려 놓고 그 위에 "당신은 이것 때문에 집카가 필요합니다"라는 문구를 적어놓았다. 또 "보스턴에 있는 여러 대학생들은 지하철에서 섹스를 하는 데 1년에 360시간을 보냅니다. 헌데 주차할 곳을 찾으려고 450시간이나 낭비하죠. 이 그림에서 잘못된 것은 무엇일까요?"라고 적힌 집카의 포스터를 발견하기도 했다.

집카는 지역별 수요와 니즈의 차이에 대응하려고 매우 심혈을 기울였다. 지역이 다르면 좋아하는 자동차도 달랐다. 환경에 대한 관심이 높은 케임브리지에는 하이브리드 자동차인 프리우스를, 보스턴의 상류층 거주지역인 베이컨힐에는 볼보나 BMW를 배치하는 등 지역에 따라 다른 종류의 자동차를 운용했다. 그리피스는 "우리는 마치 동네 커피숍이나 세탁소와 같았죠"라고 회고하면서 지역에 기반을 둔 회사는 그 지역의 감수성에 맞는 서비스를 제공해야 한다고 덧붙였다. 집카는 서로 다른 많은 유형의 잠재고객들을 규명하고 각각의 니즈에 꼭 맞는 제품(혹은 제품들의 조합)을 제공하기 위해 노력을 기울였다.

가장 중요한 점은 고도의 '지역 중심 전략'이 '즉각적이고 밀도 있는 대응'을 가능케 했다는 것이다. 어떤 지역이 일단 선정되면 집카 로고를 단 자동차가 거리에 많이 돌아다니도록 했는데, 그 지역 사람들에게 집카를 가능한 한 빨리 인식시키고 그들이 집카에 쉽게 다가오도록 하기 위해서였다. 계산해보니 이런 전략은 꽤 효과가 있었다. 케임브리지 중심지를 기준으로 사방이 10개의 블록으로 이뤄진 가상의 정사각형을 만들고 각 블록마다 한 대씩 집카를 배치하니, 고객들이 걸어서 그 차에 접근하는 데 드는 시간은 평균 10분 정도였다. 블록당 자동차를 7대로 늘리니 시간은 평균 5분으로 짧아졌고, 20대까지 늘리자 2분으로 줄어들었다. 한 대를 늘릴 때마다 고객에게 주어지는 가치는 급증했던 것이다.

그리피스의 '즉각적이고 밀도 있는 대응' 전략은 성장가도에 불을 지폈다. 목표지역으로 선택된 곳에서 집카 로고를 단 자동차들을 거리에서 자주 목격한 사람들은 친구들에게 집카에 대해 묻기 시작했다. 그 지역에서 집스터(Zipster, 집카 회원을 이르는 말)의 수가 '임계질량' 수준에 도달하면, 회사는 다른 지역으로, 또 다른 지역으로 확장을 계속해나갔다.

'사람들은 사소한 이유로 큰 결정을 내린다'는 말은 수요와 인간의 본성을 정확하게 말해주는 진리이다. 집스터들은 주차, 유지보수, 수리, 보험가입과 같은 번거로운 일을 처리하느라 시간을 전혀 낭비하지 않을뿐더러 자동차 소유주들에 비해 1년에 수천 달러의 돈을 절약한다. 그러나 집카를 이용하도록 그들의 결정을 이끌어낸 결정적인 촉매는 집에서 10분이 아니라 5분만 가면 집카를 탈 수 있다는, 아주 사소한 사실 때문이다. 5분이란 차이는 별것 아닌 듯 보이지만 큰돈을 절약할 수 있다는 말보다 더욱 강력한 '방아쇠'였던 셈이다.

갑자기 수많은 사람들이 집카의 매력을 알아차리고 친구, 가족, 친척들과 함께 집카에 대해 이야기하기 시작했다.[8]

"교외에 있는 친구를 방문할 때 자동차를 렌트하려고 더 이상 80달러나 되는 돈을 쓰지 않아도 될뿐더러 렌터카 회사를 찾아가느라 시간을 낭비할 필요도 없고 귀찮은 문서 작업을 더 이상 하지 않아도 됩니다. 이제 저는 가장 가까운 곳에 있는 집카를 잡아타고 친구와 더 많은 시간을 함께 보냅니다. 하지만 돈은 예전보다 절반도 안 낸답니다."

"제 아내는 전문 사진작가인데, 한 달에 서너 번 결혼식 촬영이 있는 날이면 장비를 운반하기 위해 집카를 이용한답니다. 집카가 없었다면 그녀는 쓸데없이 큰돈을 들여 자신의 차를 구입해야 했겠죠."

어떤 이는 "우리는 집카 없이는 절대 할 수 없었던 일을 집카를 가지고 할 수 있습니다"라고 운을 뗀 후에 "우리는 식료품 배달 서비스를 이용하지 않습니다. 이제 와인을 한두 병이 아니라 한 상자씩 구입하여 돈을 절약하고 있죠. 지난 주에 우리는 집카 지붕에 크리스마스트리를 묶어서 집으로 가지고 왔습니다. 지하철을 탔다면 트리를 집에 가져올 수 있었을까요?"라고 자랑했다.

또 다른 이는 이렇게 말했다. "저는 비즈니스 회의에 참석할 때 집카를 애용합니다. 제 고객은 집카가 뭐냐고 묻더니, 제 설명을 듣고 나서 아주 멋지다고 하더군요."

사업의 급성장에 용기를 얻은 그리피스는 곧이어 '즉각적이고 밀도 있는 대응'과 집카의 강한 매력을 보여줄 다른 접근방법들을 찾아냈다. 그는 그런 접근방법들을 통해 새로운 유형의 고객들을 집카로 끌어들였다.

여러 접근방법들 중 하나는 학생들과 교직원들이 자동차를 이용하도록 대학과 파트너십을 맺는 것이었다. 대부분의 대학들은 인구통계학적으로 집카가 추구하는 고객시장과 완벽하게 일치했다. 대학이란 곳은 나이가 젊고 기술에 밝으며, 환경에 관심이 많고, 가끔 여행이나 잡일 처리 때문에 차를 필요로 하지만 금전적으로 넉넉하지 않은 사람들이 한곳에 밀집한 커뮤니티이기 때문이었다. 그리고 대개의 대학 관리자들은 학생 운전자들 때문에 주차난이 심각해지자 주차규정과 같은 방법으로 문제를 해결하느라 과도하게 많은 시간을 소모하곤 했다. 그래서 그들은 자동차와 관련한 고충을 줄일 수만 있다면 어떤 프로그램이든 환영해마지 않았다(제품의 최종사용자만이 '고객'은 아니다. 집카는 학생 운전자들로 인해 발생하는 대학 학장의 고충을 해소해줌으로써 그들 또한 집카의 고객이 되도록 만들었다. 수요는 한 번에 여러 레벨에서 매우 복잡하게 벌어지는 게임과 같다).

2004년에 그리피스는 21세 이하의 학생 운전자들에게 보험료를 할인해준다는 조건으로 웰즐리 대학과 집카 제공에 관한 계약을 성사시켰다. 그리피스는 웰즐리 대학교 학생들이 생각보다 안전하게 운전한다는 것을 알고 그 사실을 데이터로 만들어 보험회사 리버티뮤추얼 Liberty Mutual에 건넨 다음, 추가로 3개 대학과 좋은 가격으로 보험 계약을 맺으라고 설득했다. 이렇게 그리피스는 결과가 좋게 나타나면 그것을 근거로 추가적인 계약을 성사시켜 나갔다.

이제 집카는 150개 이상의 대학과 파트너십을 맺으면서 장기적인 수요 성장의 기반을 다져놓았다. 25세 이하의 학생들은 대부분의 전통적 렌터카 회사들과 차원이 다른 집카의 서비스를 이용할 수 있다는 사실에 기뻐한다. 그렇다면 이 학생들은 졸업과 동시에 허츠Hertz나 에이비스Avis 같은 렌터카 회사로 옮겨 갈까, 아니면 집카를 이용하던 습관과 만족감을 버리지 않고 계속 집카의 충성스러운 고객으로 남으려 할까? 집카는 후자의 경우를 원했다.

작은 기업에서는 고객을 태우러 가거나 판매 계약을 하러 가기 위해 가끔씩 차량이 필요한 경우가 있다. 그리피스는 이런 니즈를 포착하고서 집카를 '당신 회사의 자동차'로 홍보하기 시작했다. 이 새로운 고객 유형(소기업)이 집카로 하여금 '시간'이라는 새로운 차원을 고안하게 만들었고, 그로 인해 집카의 수요를 더욱 확장시키는 계기가 되었다. 집카의 핵심고객들 중 대부분은 저녁시간이나 주말에 자동차 사용을 원한다. 그래서 일과시간에는 많은 자동차들을 주차장에서 놀려야 했다. 그리피스와 그의 팀은 집카가 별로 쓰이지 않는 일과시간 동안 비즈니스 용도로 집카를 이용하라고 기업고객들에게 권했다. 이로써, 일과시간(집카 대부분이 노는 시간)을 매출 발생 시간으로 전환시켰고 회사의 재무 상태는 크게 개선되었다. 2009년에는 기업고객으로부터 벌어들이는 매출이 전체 매출의 15퍼센트를 차지했고, 2010년 하반기에 이르러 약 1만 개의 기업고객과 계약을 맺었다.

이처럼 '밀도'를 달성하는 일은 집카 2.0의 매력 형성에 대단히 중요한 것이었다. 하지만 그리피스는 고객이 되려는 사람들을 실망시키는 고충이 아직 남아 있다고 보고 그것들을 제거하기 위해 여러 가지 변화를 시도했다. 예를 들어, 집카의 고객들은 차를 빌린 후에 몇 마일을 운행했는지에 따라 요금을 지불해야 했다. 하지만 고객들은 자동차를 운행하는 동안 거리계기판의 숫자가 째깍거리는 걸 보기 싫어했다. 한번 째깍거릴 때마다 돈이 빠져나간다는 느낌을 받기 때문이었다. 그래서 집카 2.0에서는 고객이 차를 빌리면 180마일까지 무료로 운행할 수 있다는 사항이 포함되었다.

집카가 새롭게 거듭나면서, 카-쉐어링 시스템이 대중 시장을 타겟으로 한 산업이 될 수 있다고 믿은 로빈 체이스의 꿈은 이제 분명한 신호로 나타나고 있었다. 집카는 환경 친화적이라는 감성을 유지하고, 동시에 여러 유형의 고객들에게 자동차 소유로 인해 발생하는 고충들을 줄이고 제거해줌으로써 강한 매력을 가지게 되었다.

한 집스터는 "저는 집카를 이용하는 것이 곧 '녹색이 되어가는 것(환경보호를 의미함-옮긴이)'이라는 생각에 동의합니다.' 하지만 저는 제 주머니에 더 많은 '녹색'(지폐를 뜻함. 달러화 지폐의 뒷면 색깔이 녹색이기 때문임-옮긴이)을 꽂아주기 때문에 집카를 이용하는 것이라고 당신에게 확실히 말할 수 있습니다"라고 단언했다. 이 사람의 말은 우리가 인터뷰한 모든 집스터들의 생각을 대표한다. 그들은 편리함과 적당한 가격이 집카 서비스의 가장 주된 매력이라고 말했다. 환경보호라는 매력은 그저 3순위에 불과했다.

고객이 미리 예상하지 못한 고충도 집카를 이용하면 수월하게 해소된다.[10] 한 회원은 집카를 사용하다가 도중에 집카드^{Zipcard}(회원 카드를 말함. 이것이 있어야 집카를 운행할 수 있음-옮긴이)를 분실하고 말았다. 그는 한 아파트에서 다른 아파트로 이동하며 무거운 상자를 나르다가 카드를 떨어뜨린 것 같다고 밝혔다. 집카 사무소에 전화를 건 그는 차 안에 여분의 카드가 숨어 있다는 말을 서비스 담당자로부터 들었다. 그는 여분의 카드를 찾아냈고 전화를 통해 곧바로 그 카드를 등록하여 자동차를 이용할 수 있었다. 또 뉴욕에 거주하는 어느 집스터는 자신의 경험담을 우리에게 들려줬다.

우리는 윌리엄즈버그^{Williamsburg}(버지니아 주 동남부의 도시. 영국 식민지 시절의 모습이 복원되어 있는 곳-옮긴이)에서 식민지 시절을 체험해보려고 아이들과 함께 부모님을 모시고 여행 중이었습니다. 우리는 워싱턴 D.C까지 기차를 타고 가서 그곳에서 집카의 미니밴을 예약했죠. 우리가 가야 할 거리, 보험료, 기름값을 따져보니 차를 렌트하는 것보다 그게 낫겠다 싶었습니다. 하지만 우리가 원하는 미니밴은 수리가 예정되어 있어서 주말에는 이용할 수 없을 거라는 이메일을 받았죠. 그래서 전 집카에 전화를 걸어 우리의 상황을 설명했습니다. 그랬더니 이렇게 말하더군요.
"고객님이 주말에 이용할 수 있도록 정비 일정을 변경하겠습니다."
그런데 집카 사람이 정비 일정을 변경하자마자 어떤 사람이 온라인으로 접속해서 제가 미처 예약을 완료하기 전에 그 미니밴을 냉큼 예약해버렸지 뭐예요. 저는 다시 집카에 전화를 걸었죠. 제 이야기를 듣고 나서 그들은 그 사람에게 전화를 걸어 "다른 고객이 먼저 사용하기로 되어 있습니다"라며 양해를 구했다 하더군요. 집카 사람들은 우리 가족이 주말 동안 미니밴을 이용할 수 있도록 모든 것을 해결해 주었답니다. 우리는 스웨거웨건^{Swagger} ^{Wagon}(토요타가 출시한 미니밴)을 얻었고 그들은 우리 가족이 휴가를 무사히 마치도록 도와주었죠. 그래서 전 집카를 좋아할 수밖에 없습니다.

나중에 이 책에서 '배경스토리'라는 요소가 수요 창조에 매우 중요한 역할을 한다는 사실에 대해 살펴볼 것이다. 대부분의 고객들은 배경스토리가 무엇인지 보지 못하고 그게 무엇인지 생각해내지 못한다. 하지만 배경스토리는 제품이나 서비스를 이용할 때의 용이성, 편리성, 저렴함, 유연함, 재미 등 여러 측면에 관여하는 매우 중요한 요소이다. 집카가 잘 운영되는 이유 중 하나는 배경스토리의 상세 내용들이 서로 맞아 떨어지게 정립되어 있기 때문이다. 집카의 '높은 밀도'는 고객들에게 접근성과 편리함을 보장한다. 정기적으로 세차와 정비를 실시하고 RFID칩을 통해 관리하며, 보험 계약을 위한 문서 작업을 처리해주고 GPS시스템을 통해 각 자동차의 위치를 빠르게 알려준다.

이러한 결과로 나온 제품은 강력한 매력을 발산한다. 우리가 집스터들에게 지난 몇 달 동안 집카의 서비스를 친구나 친척에게 권한 적이 있냐고 물어보았더니, 놀랍게도 88퍼센트가 "그렇다"고 대답했다. 이 수치는 경쟁관계에 있는 렌터카 회사에 비해 28퍼센트나 높다. 또한 응답자 중 80퍼센트가 '나는 이 제품을 사랑한다'란 질문에 동의를 표했는데, 이는 라이벌 회사에 비해 30퍼센트나 높은 수치였다.

앞에서 언급한 저널리스트 메어리 모건은 몇 년 동안이나 자동차 중독에서 벗어나려고 애쓰다가 마침내 집카를 이용해보자는 결정을 내렸는데, 그 이유 중 하나가 '밀도'였다. 그녀는 집에서 도보로 10분 이내의 거리에 집카가 나타나자마자 바로 집카 서비스를 신청했다. 하지만 다른 이유들이 훨씬 많았다.

집카는 가입 조건의 벽이 상대적으로 낮아요. 가입비는 25달러고, 연회비가

50달러밖에 안 되죠. 그 이후에는 시간당 8달러의 이용료를 내면 되고요. 제가 온라인으로 자동차를 예약하는 데 걸리는 시간은 5분도 채 안 걸립니다. 하지만 그 시간도 너무 길게 느껴지면 전화를 걸면 되죠. 연중무휴로 자동차를 예약해서 사용할 수 있습니다.

처음 집카를 탔을 때의 느낌은 재미없는 일상에 지친 저에게 매우 인상적이었어요. 제가 예약한 차는 집카 직원이 이메일로 일러준 위치에 정확하게 서 있더군요. 비록 처음에는 제가 엉뚱한 주차장으로 가는 바람에 지나가는 사람에게 집카가 주차된 곳이 어딘지 물어봐야 했지만요. 그 사람이 집카 위치를 알아서 다행이었죠. 제가 우편으로 받은 집카드는 신용카드처럼 생겼는데 앞 유리창 오른쪽 위에 있는 점에 갖다 대니 문이 열렸습니다. 키는 앞좌석 사이의 수납칸에 있었고 내부와 외부 모두 비교적 청결했습니다. 담배 냄새나 강아지 냄새도 안 났고, 연료통엔 기름이 반 정도 들어 있었어요.

참, 기름값은 낼 필요가 없답니다. 보험료도, 정비료도 마찬가지죠.

집카의 빈틈없는 편리함은 수많은 미국인들이 가진 희미하고 막연한 니즈(차로 인한 고충 없이 자동차를 이용하고 싶다는 니즈)를 차를 소유하지 않고도 자동차를 빠르고 쉽게 이용하는 실제적이고 실행 가능한 수요로 탈바꿈시키고 있다.

더욱 주목할 만한 것은 이러한 탈바꿈이 집카 고객들에게 극적으로 일어난 심리적인 변화에 의해 이루어졌다는 점이다. 모건은 집카를 체험하고 나서 "왜 제가 값은 비싸고 무게가 3천 파운드나 나가는데다가 한 사람이 사용하는 것 치고는 지나치게 환경을 해치는, 그런 거추장

스러운 기계를 자유로운 삶과 동등하게 여겼는지 모르겠어요"라며 의아해했다.

집카 덕분에 자유에 대한 메어리 모건의 정의는 사실상 바뀌었다. 더욱이 그녀는 전에는 충족시키지 못했던 니즈를 이제 충족하게 되었다. 집카는 그런 니즈가 무엇인지 밝혀내어 단번에 만족시켜 주었다.

지금까지의 이야기가 바로 수요 창조의 모든 것이다.

우연히 많은 자동차를 가지게 되었을 뿐

오늘날 집카는 '자동차와의 사랑싸움'으로부터 점점 더 많은 미국인들을 구제하고 있다. 집카는 그동안 좋은 의도를 가진 사회적 기업가들이 실패를 거듭했던 곳에서 성공을 거두고 있다. 집카가 완전히 새로운 형태의 수요를 창조하는, 가장 빠르게 성장하는 기업 중 하나라는 점은 이제 확실하다. 2002년 이래로 집카의 매출은 매년 92퍼센트씩 성장해왔다. 오늘날 7천 대 이상의 집카 자동차가 미국과 캐나다에 있는 50개 이상의 도시(영국의 런던도 포함되어 있음)와 150개 이상의 대학에서 40만 명의 개인고객과 1만 개의 기업고객을 대상으로 서비스를 제공하고 있다. 수많은 집스터들이 자동차 소유를 완전히 포기했다. 집카드는 1억3,100만 달러 규모의 사업으로 성장했고 2020년이 되면 10억 달러 수준으로 성장할 거라 전망된다.

이제 1,300만 명의 사람들이 집카가 주차된 곳에서 걸어서 10분 이내의 거리에 살고 있다. 뉴욕 시만 해도 450만 명이나 된다. 최근의 인터뷰에서 그리피스는 "인구 기준으로 상위 15개 도시에 거주하는 95퍼센트의 주민들은 자가용 승용차가 필요치 않습니다. 만일 우리가 그들 중 5퍼센트와 회원계약을 맺는다면 우리는 100만 명의 회원과 10억 달러의 매출을 얻게 되죠. 브루클린, 워싱턴, 케임브리지 등 여러 지역에서 21세 이상 인구 중 10~13퍼센트가 이미 집카의 회원입니다. 증가 속도는 둔화될 기미가 보이지 않죠"라고 말했다.

집카는 여전히 여러 도전에 직면해 있다. 회사 전체로 보면 2010년 말에 거의 수익성을 달성했지만(가장 성공적인 도시에서 흑자가 되었기 때문임), 새로운 유형의 고객을 끌어들여 재무적 성과를 높이기 위해 그리피스와 직원들은 몇 개의 혁신적인 조치를 시장에 선보이고 있다.

예를 들어 집카는 통근 기차역에 자동차를 배치해놓고 사업상 미팅을 위해 교외 지역으로 출장을 가는 비즈니스맨들에게 차량을 제공하는 '라스트 마일last mile'이란 서비스를 시험운영 중이다. 또한 정부 기관을 위해서 '차량 관리 서비스'라는 제품을 제공하고 있다. 가장 큰 계약 건은 워싱턴 D.C.의 지방정부와 이루어졌는데, 전하는 말에 따르면 관용차 한 대에 집카의 소프트웨어와 관련 기술을 설치해주는 대가로 1,500달러의 수수료를 일시로 받고 1개월마다 차량 한 대당 115달러의 유지보수료를 받는다고 한다. 워싱턴 시는 집카의 서비스를 이용함으로써 100대가 넘는 관용차를 줄일 수 있었는데, 이를 통해 총 110만 달러에 달하는 비용을 절감했다. 이 새로운 제품은 정보기술(IT)을 통해 다양한 고객 유형에게 서비스를 제공함으로써 새로운 계층의 수요를 열기 위해 노력하는 집카의 영리함을 여실히 보여준다. 그리피스는 이렇게 말했다. "우리는 경쟁 우위로서 정보를 사용합니다. 고객이 정보를 창출하면 우리는 그것을 추적하고 분석합니다. 그리고 우리의 시스템으로부터 수집한 정보를 기반으로 모든 주요 의사결정을 내립니다." 그는 '집카'라는 사업에 대해 이렇게 요약한다. "핵심은 우리가 IT 회사이자 마케팅 회사라는 점입니다. 우리는 우연히 많은 자동차를 가지게 됐을 뿐입니다."

여러 해가 지나면 스스로 일구어낸 카-쉐어링 산업에서 집카의 리더십은 경쟁력 있는 도전자를 만나게 될 것이다. 자동차 렌탈 업계의 거인인 허츠는 이미 카-쉐어링 사업을 시작하여 집카의 복제품 격인 '커넥트 바이 허츠Connect by Hertz'란 서비스를 뉴욕, 런던, 파리 등의 도시를 중심으로 운영 중이다. 향후에 어떻게 경쟁 양상이 펼쳐질지 자못 궁금하다. 허츠는 브랜드 인지도, 사업 규모, 자금 면에서 집카보다 월등히 우수하다. 하지만 집카는 10년이나 먼저 사업을 시작했기 때문에 유리한 고지를 점하고 있고, 게다가 '밀도'에 있어서 대단히 큰 강점이 있다. 2010년 중반 현재, 집카는 보스턴에서만 158개의 로케이션(즉 주차 지점)을 자랑하고 있지만, 허츠는 겨우 7개뿐이다. 만일 당신이 급한 심부름을 처리하러 가기 위해 자동차를 타야 한다면, 당신은 집카와 허츠 중 무엇을 더 '매력적'이라고 생각할까?

예상 가능한 것은 아무것도 없다

카-쉐어링 운영이 과거에 실패했는데도 불구하고 집카는 어떻게 매력적인 제품을 창조했고, 어떻게 강력한 수요의 흐름을 이끌어냈을까? 집카의 비결을 무엇으로 설명할 수 있을까?

집카는 우연히도 딱 맞는 시기에, 딱 맞아 떨어지는 위치에 서 있었다. 1990년대 후반에 이뤄진 기술혁신(인터넷 기반 통신, 무선전화, 스마트카드 등), 불안정한 유가와 같은 경제적 요인들, 젊은 미국인들을 중심으로 한 환경에 대한 관심 급증 등 여러 가지 사회적 트렌드 덕분에 카-쉐어링 사업을 위한 쉽고 편리한 시스템 구축이 마침내 가능해졌다.

이렇게 보면 집카의 성공은 예측 가능했다고 생각할지 모른다. 역사적인 정황상 나타날 수밖에 없는 결과라고 말이다. 그러나 겉으로 보이는 모습에 속지 말아야 한다.

돌아가는 정황은 집카의 성공과 딱 맞아떨어졌다. 그러나 수요 창조는 정황 그 이상을 필요로 한다. 로빈 체이스는 전략 목표나 재무적인 목표치를 먼저 설정해놓고 자신의 회사를 디자인하지는 않았다. 그녀는 고객이 구입하는 것(비용과 고충을 유발하는 자동차)과 그들이 진정으로 원하는 것(원하면 언제든지 이동할 수 있는 자유) 사이에 존재하는 거대한 격차를 기반으로 회사를 디자인할 만큼 상황 판단이 빠르긴 했지만, 집카는 여러 해 동안 벼랑 끝에서 추락할 듯 불안정한 모습을 이어갔다. 만일 스콧 그리피스와 직원들이 체이스의 꿈을 재설계할 방법을 끝내 알아내지 못했더라면, 그리고 '그저 그런 따분한 제품'이 '반드시 소유해야 할 매력적인 제품'이 되도록 그 방법을 밀어붙이지 않았더라면 집카는 쉽게 사라졌을지도 모른다.

수요 창조자들은 수요가 깨지기 쉬운 유리와 같다는 점을 잘 안다.

중요한 변수 하나가 존재하지 않거나 어떤 결정적인 세부사항에서 결함이 발생하면 수천, 수만 시간의 노동, 연구, 인내가 물거품이 될 수 있다. 그래서 위대한 수요 창조자들은 늘 실험에 몰두하고 자신의 제품과 조직에 잠재되어 있을지 모르는 약점을 찾아내 그것을 고치는 일에 심혈을 기울인다.

그들은 본능적으로 안다. 수요의 세계에서 예상 가능한 것은 아무것도 없음을.

웨그먼스, 따분한 식료품점을 매력적으로 만들다

1969년 5월, 하버드 대학에서 경제학을 전공하던 학생 대니 웨그먼 Danny Wegman은 자신의 학사 학위 논문을 최종적으로 마무리하던 중이었다. 논문의 주제는 미국에서 가장 빠르게 성장하는 소매 부문인 '할인점'의 사업적 특성을 분석하는 것이었다.

당시에 할인판매라는 현상은 비교적 새로운 유행이었다. 전통적인 백화점들은 의류, 가정용품, 가전제품, 가구, 장난감과 같은 상품 수요의 대부분을 여전히 차지하고 있었다. 하지만 토이저러스Toys'R'Us와 홈데포Home Depot 같은 거대한 카테고리 킬러가 하나둘 등장하기 시작했고, 주식을 공개한 지 1년 남짓 된 어느 가족회사(친족들이 대부분의 주식을 보유한 회사를 말함-옮긴이)가 타의 추종을 불허하는 판매 스킬, 물류 시스템, 막강한 가격 영향력으로 소매시장을 잇달아 지배하게 될, 그리고 향후 30년 동안 계속될 폭발적인 성장의 장을 이제 막 열고 있었다. 그 회사는 '월마트'라고 불리는 지역 할인점 체인이었다.

1980년대까지 이 벤턴빌^{Bentonville}(미국 아칸소 주의 작은 도시로 월마트의
본사가 있다-옮긴이)의 거인은 식료품 유통이라는 완전히 새로운 산업을
목표로 사업을 전개했다. 월마트의 무기는 '슈퍼센터^{supercenter}'라고 명
명된 어머어마하고 새로운 판매 방식이었다. 슈퍼센터는 일반상품과
식료품을 한 매장에서 같이 판매함으로써 고객들이 이곳저곳 들를 필
요 없이 자신들에게 필요한 모든 물건을 한 번의 걸음으로 쇼핑하도록
했다. 고객들은 자신들이 구입하는 모든 물건의 가격이 최저가라는 월
마트의 전설적인 가치를 마음껏 누렸다.

1969년에 갑작스레 벌어진 소매 부문의 변화들은 향후 20년 동안
계속될 터였다. 하지만 아직 젊은 대니 웨그먼은 초기부터 그런 변화
들을 감지하기 시작했다.

할인점에 대한 웨그먼의 관심은 학술적이거나 이론적인 이유 때문
이 아니라 개인적인 이유 때문이었다. 지난 몇 십 년에 걸쳐 그의 가족
은 뉴욕 주 북서쪽에서 독특하고 매우 성공적인 식료품점 네트워크(웨
그먼스 스토어스)를 구축해왔다.[11] 지역사회에서 랜드마크 역할을 하던
웨그먼스 스토어는 가족들이 대를 이어 제법 잘 운영해온 상점으로 고
객들에게 인기가 많았다. 그런데 이제 월마트가 주도하는 대형 할인점
들이 나름의 길을 나서기 시작했고, 그들의 여정은 1~2년이 아니라 최
소한 향후 20년간은 확실하게 계속될 터였다.

대니 웨그먼은 월마트가 등장함으로써 전통적인 '가족 소매상'들에
게 어떤 일이 생길 것인지 정확하게 알아차렸다. '언제나 싼 가격으로

Everyday low price'라는 슬로건과 막강한 제품 구색을 앞세운 월마트가 이미 무적의 경쟁자라는 사실은 분명하게 드러났다. 웨그먼은 약간의 상상력을 동원하여 식료품점 사업이 월마트에 근무하는 탐욕스럽고 재주 많은 혁신가들에게 어떤 모습으로 비춰질지 상상해봤다. '고리짝 같은 회사 몇 개가 지배하는, 거대하지만 정체된 산업? 뽑아 먹어도 될 만큼 충분히 잘 익은 산업?'

무적의 경쟁자가 바로 당신 회사의 심장을 똑바로 겨눈다면, 당신은 무엇을 할 수 있을까?

웨그먼은 논문의 마지막 문장을 타이핑했다. 거대한 판매상은 식료품 산업이 직면한 가장 심각한 외부 경쟁자이다. 그는 타자기에서 조심스럽게 마지막 페이지를 빼내고서 완성된 원고를 마닐라 봉투 안에 단정하게 집어넣었다. 이제 그의 지도교수에게 논문을 보낼 준비가 끝났다. 그는 한숨을 한 번 쉬더니 손질하기 힘든 붉은 머리카락을 손가락으로 휙 하니 빗어 넘기고는 의자로 몸을 던졌다.

"멋진 분석이야, 전문가 양반!" 대니는 자신을 향해 이렇게 말하면서 반은 찡그리고 반은 웃는 묘한 표정을 지었다. "확신하건대 이건 에이플러스 논문이야. 하지만 곧 진짜 시험이 시작되겠지? 대형 할인점이 들이닥치면, 젠장, 우리는 대체 뭘 해야 하는 거지?"

20년이 지나도 잊혀지지 않는 슈퍼마켓

날렵한 디자인과 놀라운 기술력을 자랑하는 아이폰 같은 제품이 어떻게 수많은 사람에게 매력적일 수 있는지 알아보는 일은 비교적 쉽다. 집카 같은 혁신기업이 어떻게 수많은 도시 거주자들의 삶을 윤택하게 하고 매력적인 제품을 만들었는지 이해하는 일 역시 쉬울지 모른다. 그러나 사람들에게 아이폰과 집카를 대하는 감정과 똑같은 수준으로 식료품점처럼 재미없고 너무나 친숙해서 따분하기까지 한 대상을 바라보게 하는 일이 과연 가능할까?

만약 당신이 우리의 친구인 스티븐을 만날 기회가 있다면,[12] 간단하게 한 단어로 그에게 이렇게 말하라. "웨그먼스"라고. 그런 다음, 타인의 생각을 가장 잘 표현하고 분석하는 사람이 되어 그가 요즘에는 잘 찾지 않는 그 식료품점 체인에 대한 그의 사랑을 묘사하고 관찰해보라.

스티븐은 현재 보스턴에 살지만 어렸을 때는 뉴욕 주 북부에 있는 로체스터에서 자랐다. 로체스터는 바로 웨그먼스 스토어들이 모여 있는 지역의 중심지이다. 고향을 떠난 지 20년이나 지났지만 웨그먼스 스토어는 그의 머리를 떠나지 못한다. 그에게 왜 그런지 설명해달라고 하면 그는 눈을 가늘게 뜨고 어쩔 줄 모르는 듯한 손짓을 보이면서 더듬거리는 문장으로 이렇게 대답한다.

> 설명하기가 어려워요. 뭐랄까, 웨그먼스는 다른 상점과는 아주 다르거든요. 제가 웨그먼스 안으로 들어가면 높은 천장, 은은한 조명, 신선한 식품들이 제 앞으로 어마어마하게 펼쳐진 장면, 제빵 코너에 있는 여러 개의 '벽돌 오븐', 냉각기가 조리식품 위로 분무하는 모습, 그런 것들이 한꺼번에 보이기 때문

에 뭐라 표현하기가 어렵네요.

다른 슈퍼마켓에서는 그런 느낌을 받지 못하죠. 왜냐하면 일반적인 슈퍼마켓은 기껏해야 저에게 '여기에 있는 게 전부인가?'란 생각을 갖게 만들거든요. 그렇다고 웨그먼스가 유럽의 노천시장과 같다는 말은 아니에요. 웨그먼스가 훨씬 깨끗하고 훨씬 친절하기 때문이죠. 웨그먼스는 테마파크의 놀이기구 앞에 위치한 대기구역과 조금 비슷해요. 그곳은 분위기를 조성하고 흥분과 기대감으로 당신의 가슴을 채워주기 위해 가능한 한 모든 것들을 세심하게 마련한 곳이거든요. 어쩌면 웨그먼스는 아름답고 세련되게 디자인된 오피스 빌딩이나 호텔의 아트리움과 비슷하죠. 글쎄요, 웨그먼스는 그냥 웨그먼스 같다고 말할 수밖에 없군요.

만약 당신이 슈퍼마켓을 매력적인 곳으로 만들 수 있는지 궁금하다면, 그냥 스티븐에 대한 생각을 떠올리면 된다. 스티븐은 웨그먼스를 화제로 올릴 때 별다른 감흥을 느끼지 못하는 보통 사람들과는 분명 다르다. 하지만 우리는 스티븐과 같은 사람들이 생각보다 많다는 것을 알고 있다.

웨그먼스를 찾은 사람들은 누구나 이 매장만의 독특한 매력이 만들어내는 여러 가지 모습들을 분명하게 인식한다. 일단 매장의 크기가 어마어마하다. 최근에 우리는 뉴저지 주 우드브릿지에 있는 웨그먼스 매장에 가봤는데, 줄지어 선 26개의 진열대 위에 고기, 생선, 빵, 과자, 냉동식품, 조리식품, 치즈, 올리브 등 셀 수 없이 많은 식료품들이 섹션별로 나뉘어 진열돼 있었다.

매장 크기가 거대하다고 느끼는 이유는 충격적일 정도로 다양한 상품의 범위와 가짓수 때문이다. 요즘 많은 슈퍼마켓들이 저녁식사를 테이크아웃으로 빨리 해결하려는 고객들을 위해 이미 조리된 음식을 진열한 작은 코너를 가지고 있다. 하지만 웨그먼스에는 우리가 직접 세어보니 포장용기에 담긴 야채 제품이 9가지, 마늘과 로즈마리 향이 가미된 바삭한 감자구이, 꽃양배추와 시금치 그라탱, 파르미지아노레지아노 치즈가 들어간 부드러운 폴렌타(옥수수 가루를 끓인 죽-옮긴이) 등 매우 다양했다. 많은 슈퍼마켓들이 포장된 초밥을 작은 코너에 진열하고 있지만, 우리가 본 바에 따르면 웨그먼스에는 길이 15피트 정도의 카운터에 수십 종류의 다양한 초밥, 해초 샐러드, 에다마메(꼬투리째 찐 콩-옮긴이)와 같은 일본 반찬들이 줄지어 진열돼 있었고 유니폼을 입은 두 명의 초밥 요리사가 그 뒤에 서서 일하고 있었다. 대다수의 슈퍼마켓에는 외국산 과일로 기껏해야 키위, 망고, 스타프루트와 같이 몇 종류만 팔고 있지만, 우리는 웨그먼스에서 지카마, 람부탄, 체리모야, 푸위퍼시몬, 타마린드, 키와노멜론, 화이트코코넛, 마라돌파파야와 같이 이름도 생소한 과일들을 직접 목격했다. 또한 우리는 폭이 40피트나 되는 진열대에서 다양한 종류의 차, 9종의 버섯, 14종의 올리브, 그리고 무려 300가지의 치즈를 발견하고는 놀라움을 금치 못했다.

이 밖에 여러 가지 특징이 있지만, 핵심은 명확하다. 분명하면서 압도적으로 눈길을 잡아끄는 '표면적' 요소들이 웨그먼스를 매력적으로 만든다는 것이다. 그런 요소들이 바로 2010년에 웨그먼스가 없는 지역의 고객들이 7천 통이 넘는 편지를 보내는 이유이다. 편지의 대부분은 자기네 지역에 웨그먼스를 개점해달라는 내용이었다. 또한, 그런 강렬한 표면적 요소들이 차우닷컴Chow.com과 같은 식료품 리뷰 사이트에 고객들이 몰려들어 웨그먼스의 매력에 관해 의견을 남기는 이유이기도 하다. 의견의 대부분은 긍정적인 것부터 감격스러운 것까지 분포돼 있다. 이를테면, 이런 것들이다. "나는 개인적으로 미국의 식료품점 중에서 가장 훌륭한 곳이 웨그먼스 체인이라고 믿는다. 한마디로, 웨그먼스는 모든 카테고리 킬러의 카테고리 킬러다. 웨그먼스는 고객 서비스를 매우 진지하게 한다. 한번은 전화를 걸어 고기를 잘못 썰었다고 항의한 적이 있다. 정육점 담당 관리자는 여섯 조각의 살코기를 다시 잘라 한 시간 후에 우리 집으로 배달해주었다. 불편을 드려 죄송하다는 뜻으로 상품권을 동봉해서 말이다. 그 순간 나는 웨그먼스를 평생 이용하리라 다짐했다."

이러한 고객들의 반응은 한 가지 의문을 떠올리게 만든다. 거대한 수요를 웨그먼스로 이끄는 매력적인 요소들이 그토록 강렬하고 그토록 뚜렷하다면, 왜 다른 슈퍼마켓 체인들은 모방하지 않는 걸까?

대답은 이렇다. 웨그먼스를 매력적으로 만드는 질적 요소들은 뚜렷하게 드러나 있지만, 그것들을 창조하는 일은 그리 간단치 않다는 것이다. 그런 질적 요소를 구축하려면 누구나 생각할 수 있는 것을 버리고 수십 년 동안 '다르게 생각하고 다르게 행동해야' 하기 때문이다. 일찍이 웨그먼스가 거대한 경쟁자들에게 싸움을 거는 건방진 하룻강아지일 때부터 그렇게 했듯이 말이다.

1930년에 존 웨그먼스와 월터 웨그먼스 형제는 뉴욕의 로체스터에 웨그먼스 1호점을 열었다. 이 매장은 유리로 만든 '냉장진열대', 300석 규모의 카페테리아, 신선도 유지를 위한 분무 장치 등을 최초로 선보임으로써 전국적인 관심을 즉시 얻었다. 이러한 혁신들 중 카페테리아와 같은 시도는 실패로 막을 내렸지만, 분무 장치 같은 혁신은 업계 전체로 퍼졌다. 하지만 지나칠 정도로 심사숙고하는 경향이 있던 웨그먼스 형제는 매장들 간의 통합, 체인의 확장, 기본 상품 위주의 판매, 비용 절감, 판매량 확대 지향 등 1930년대와 1940년대에 걸쳐 업계 전반을 장악하던 주류 트렌드에 동참하길 주저했다.

웨그먼스가 이 같은 분위기에서 살아남을 수 있을지 당시에는 아주 불투명했다. 그러나 웨그먼스는 살아남았다. 뉴욕 주 서부 지역과 펜실베이니아 주 내에서 비교적 인구가 적은 로체스터 고객들로부터 우러나온 충성심 덕분이었다. 1950년에서 1976년까지 월터 웨그먼의 아들인 로버트 웨그먼의 지휘 아래, 느리지만 꾸준하게 매장 수가 늘었다.[13] 로버트 웨그먼은 똑똑하고 거침없는 혁신가로 유명했는데, 자신의 판매 철학을 "아무도 하지 못하는 것을 하는 것. 그리고 고객이 지금 선택하지 못하는 것을 그들에게 제공하는 것"이라고 표현했다. 오늘날 웨그먼스의 팀원들은 이 말을 빗대어 "경쟁자가 하는 것의 반대의 것을 하는 것"이라고 말한다. '반대의 것'이란 문구를 특별히 강조하면서 말이다. 그것이 웨그먼스의 생존 비결이기 때문이다.

큰 성공을 거둔 회사는 현실에 안주하기 쉽고 변화되는 환경에 적응하기를 그만둘 가능성이 높다. 웨그먼스는 그러한 함정을 피해갔다. 웨그먼스의 비결 중 하나는 떠오르는 업계의 트렌드에 주의를 기울이고 그 트렌드보다 한발 앞서려고 노력했다는, 아주 단순한 것에서 비롯된다. 이것이 바로 대니 웨그먼이 쓴 하버드 졸업 논문의 요점이었다. 샘 월튼Sam Walton(월마트의 창립자-옮긴이)과 같이 창의적인 '거상(巨商)'들이 곧바로 식료품점 산업이 직면할 가장 중요한 도전이 되리라는 그의 예상은 월마트가 1988년에 완전한 식료품 섹션을 갖춘 첫 번째 '슈퍼스토어'를 개점할 때 현실로 나타났다.

당시 대니 웨그먼은 이미 회사의 사장 겸 CEO 자리를 넘겨받은 상태였다. 그의 지휘 아래, 웨그먼스는 매력적인 질적 요소들을 부단히 향상시킴으로써 월마트의 파상적인 공격을 이겨낼 수 있었고, 2010년 하반기 기준으로 77개의 매장을 갖추게 되었다.

웨그먼스는 고객들의 니즈 변화에 따라 자신들의 사업 영역을 조정할 준비가 되어 있다. 비록 고통스러운 과정이지만 자신들의 제품을 항상 매력적으로 유지하는 방법임을 알기 때문이다.

2008년에 경제 위기가 왔을 때, 데니 웨그먼은 시간이 흐르면서 불황으로 인해 회사의 비용이 감소되리라 예상했다. 왜냐하면 경기가 둔화되면서 원자재와 연료 가격이 하락하는 게 일반적이기 때문이었다. 그래서 웨그먼스는 가격을 올리지 않고 그대로 유지할 수 있을 터였고 그렇게 되면 고객들에게 도움이 될 터였다. 그러나 놀랍게도 웨그먼스는 비용이 감소될 때까지 기다리지 않았다. 대신 그들은 돈에 쪼들리는 고객들의 식료품 쇼핑의 부담을 덜어주기 위해 가격을 인하할 수백종의 주요 아이템을 미리 선정했다. 가격 인하 금액을 모두 합하면 1천 2백만 달러에 달할 정도였다.

"이처럼 어려운 시기에는 우리가 돈을 조금 덜 벌어도 괜찮습니다" 라고 대니 웨그먼스는 말한 바 있다.

웨그먼스의 이야기는 매력적인 제품을 창조하려면 로버트 웨그먼이 말했듯이 고객이 선택하지 못하는 것을 고객에게 제공한다라는 모호하면서 직관과 반대되는 개념을 기꺼이 수용해야 함을 보여준다. 물론 시사하는 것이 이것만은 아니다.

우리는 세계에서 가장 매력적인 제품과 그것을 창조한 사람들을 공통적으로 묶을 수 있는 여섯 가지 행동 특성을 발견했다. 이 행동 특성들을 매력적인 제품을 만들기 위한 하나의 '공식'으로 표현할 수는 없다. 매우 복잡한 것을 하나의 단순한 공식으로 줄일 방법은 없으니까 말이다. 하지만 여섯 가지 행동 특성을 실천하는 데 실패한 조직은 매력적인 제품을 끝내 발견하지 못할 것이 분명하다.

이 여섯 가지 행동 특성을 하나씩 자세히 알아보고, '미-투Me-too(잘 나가는 경쟁사의 전략이나 제품을 그대로 모방하고 베낌-옮긴이)' 사고방식과 특별할 것 없는 제품들이 장악하던 식료품 업계에서 웨그먼스가 놀라운 수준의 매력을 형성하기 위해 어떻게 6가지 행동 특성을 실천에 옮겼는지 살펴보자.

'훌륭한 음식을 누리는 기쁨'을 선사하라

위대한 수요 창조자들은 제품을 비싸고 불편하게 만들며 불쾌하고 짜증스럽게 만드는 고충들을 제거하거나 줄인다. 식료품 쇼핑은 번거롭고 짜증스러운 고충들로 가득하다. 시들어버린 채소, 윤기 없는 고기, 재고가 떨어진 특가제품부터 물건을 찾기 어렵게 만들어진 통로, 제대로 움직이지 않는 쇼핑 카트, 무관심한 점원에 이르기까지 대부분의 슈퍼마켓들은 수많은 쇼핑객들이 두려워하는, 여러 개의 고충들이 늘어선 장애물 경기를 연상케 한다. 사실 웨그먼스는 그런 고충들을 모두 없애지는 못했다. 하지만 그들은 경쟁자들보다 그런 고충을 줄이는 데 더 많은 진전을 이루었고, 그러면서도 항상 초심으로 돌아가 고객의 고충이 뭔지 다시 생각하곤 한다.

쇼핑객들을 가장 짜증나게 만드는 것이 무엇일까? 높은 가격? 설문을 해보면, 대다수 사람들이 '계산을 위해 길게 늘어선 줄'이라고 말한다. 아마도 당신은 웨그먼스 매장이 워낙 커서(업계 평균은 4만5,000 평방피트인데, 웨그먼스는 11만 평방피트나 된다) 쇼핑을 하기에 불편하고 시간도 많이 든다고 생각할지 모른다. 하지만 웨그먼스는 그런 불편을 없애기 위해 엄청난 노력을 기울였다. 우리가 일요일 오후에 매장을 방문했을 때, 26개의 계산대 중에서 19개가 운영 중이었고 한 계산대 앞에는 기껏해야 2명의 고객들이 차례를 기다리고 있었다. 그러면, 속도는 빨랐을까? 모든 사람들이 볼 수 있도록 계산대 오른쪽에는 게시판이 설치돼 있었는데, 지난 주에 각 교대근무 시간별로 계산원들이 1분에 몇 개의 품목을 스캔했는지 컴퓨터로 출력한 내용이 붙어 있었다. 예컨대 "12.44 - 우리는 더 잘할 수 있습니다!"나 "14.26 - 모두들 훌륭합니다. 다음엔 14.5를 찍어봅시다!"같이 자극을 주는 문구들이다.

웨그먼스는 '빠른 계산'이란 문제를 아주 진지하게 여긴다(로버트 웨그먼은 계산대를 지켜보는 것으로 유명했는데, 고객들이 너무 오래 기다린다 싶으면 몹시 불안해했다고 한다). 그 결과, 당신은 편의점을 이용할 때보다 더 빨리 웨그먼스라는 거대한 매장 안에 들어갔다가 나올 수 있다. 우리의 친구 스티븐은 말한다. "우리 가족이 로체스터에서 친척들과 마지막으로 주말을 함께 보낼 때, 저는 가까운 웨그먼스를 여섯 번이나 다녀왔죠. 웨그먼스는 정말 가장 빠르고 가장 편리한 곳이에요. 한번은 아들 녀석이 아파 급히 감기약을 사러 달려가야 했죠. 한밤중이었는데도 6개의 계산대가 돌아가더군요. 저는 5분 안에 집으로 향할 수 있었답니다.

웨그먼스는 고객의 고충을 줄이는 여러 가지 혁신적인 방법을 개발했다. 그러면 유아를 위한 혁신도 있을까? 매장 입구에서 몇 피트 떨어진 곳에는 유아를 동반한 가족들만이 사용할 수 있는 특별 주차 공간이 있다. 그리고 대부분의 매장은 부모들이 쇼핑을 하는 동안 아이들이 놀 수 있도록 보육교사가 관리하는 '키즈룸'을 갖추고 있다. 그리고 "사탕은 안 돼요"라는 표시가 붙은 계산대가 여러 매장에 설치되어 있다. 카트에 올라탄 아이들이 자신들의 눈높이에 적힌 그 문구를 보고 사탕을 사달라고 떼쓰지 않는다는 걸 아는 부모들은 그 계산대를 선택할 수 있다.

그럼에도 불구하고 또 다른 쇼핑의 고충, 즉 대부분의 고객들이 당연시하는 터라 사실상 감지하기 어려운 고충은 원하는 식료품을 모두 구입하기 위해 여러 곳의 매장을 둘러봐야 한다는 것이다. 웨그먼스에서는 여러 전문 매장들을 한 번에 접할 수 있다. 예전엔 대형 식료품점, 자연식품점, 정육점, 빵집, 청과물점, 수산시장 등 여러 군데를 들러야 필요한 물건을 다 살 수 있었지만, 이제는 "웨그먼스에 한 번만 걸음하면 그만"이라고 많은 웨그먼스 고객들은 이야기한다. 제품과 서비스의 질적인 면에서도 손해를 보지 않으면서 말이다.

몇몇 산업분석가들은 웨그먼스가 그들이 설정한 미래인 '온전한 매장Whole Mart'이라는 개념으로 식료품점 사업의 진화를 이끌고 있다고 말한다. '온전한 매장'이란 '온전한 식품(신선도, 품질, 환경친화성, 건강지향성, 독특함)'과 '월마트(가격, 규모, 편의성)'의 가장 좋은 특성을 혼합하여 이르는 개념이다.

모든 직원을 수요 창조자로 만드는 시스템

위대한 수요 창조자들은 감성적인 느낌을 통해 기능성을 최대로 향상시킨다. 매력적인 제품은 스스로에게 주어진 본질적인 목적을 최상으로 훌륭히 수행한다. 그것은 많은 것을 행하고, 계속해서 더 많은 것을 이루어낸다. 웨그먼스의 사례를 보면, 고품질의 상품을 판매하는 일은 그들이 하는 일의 시작일 뿐이다. 하나만 예를 들어보자. 웨그먼스의 조리식품은 바쁜 가족, 맞벌이 부부, 노인, 그리고 요리법을 모르고 요리기구가 없는 학생들에게는 신이 내린 선물과도 같다. 웨그먼스는 빠르게 먹을 수 있고 건강에도 좋은 맛있는 조리식품을 합리적인 가격으로 제공한다(우리가 웨그먼스 매장을 방문했을 때 4달러짜리 앙트레들이 진열대에 죽 늘어서 있었다). 금전적으로 어려운 사람들이 어쩔 수 없이 먹는 패스트푸드를 대체하기 위해서이다.

또한 웨그먼스는 사람들이 가정에서 음식을 능숙하게 요리하도록 돕기 위해 여러 가지 방법을 제공하기도 한다. 그들은 세계 정상급 요리사를 불러 요리 기법과 최상의 레시피를 시연한다. 또한 표지판, 전단, 포스터, 브로슈어 등을 고객들에게 배포하여 '권장식단'을 추천하고, 식단 계획에 관한 미니 레슨을 실시하기도 한다. 그리고 식품이 어디에서 왔고, 어떻게 재배되었으며, 조리하기 위한 이상적인 방법이 무엇인지 등 음식에 관한 재미있는 정보를 익혀서 고객에게 알려주라고 종업원들을 교육시킨다. 또한 식사에 걸맞은 와인과 맥주가 무엇인지 고객에게 제안하며, 어떤 음료가 어떤 고기와 생선, 그리고 어떤 채소와 궁합이 맞는지 보여주기도 한다. 웨그먼스는 총천연색으로 화려하게 인쇄한 「메뉴Menu」라는 잡지를 발행하여 웨그먼스 할인카드를 가진 사람들에게 무료로 발송한다. 그 잡지는 창의적이고 흥미로운 요리법에 관한 요리사들의 인터뷰, 좋은 농산물이 생산되는 지역에 대한 기사, 영양에 관한 조언 등을 독자에게 소개한다. 웨그먼스는 타의 추종을 불허하는 제품의 범위와 다양함(평균 6만 개의 품목. 이는 업계 평균에 비해 42퍼센트나 많은 품목수이다)을 통해 고객들이 자신의 가족들을 위해 메뉴를 고를 때 더욱 창의적이고 대담한 선택을 할 수 있도록 한다. 웨그먼스 덕에 저녁식사는 '가능한 한 빨리 그리고 저렴하게 때워야 하는 귀찮은 일'에서 모든 식구들이 행복하게 참여하는 '창조적인 취미활동'으로 바뀌었다. 당신이 웨그먼스의 진가를 알기 위해 미식가가 될 필요는 없다. 하지만 많은 이들이 미식가가 되었다.

매력적인 제품은 고객들이 무언가를 더 잘하고 더 쉽게 하며 더 즐겁게 하도록 만듦으로써 삶의 감성적인 질을 향상시킨다. 예를 들어 집카는 '편리하고 재미있으며 세련되고 우아하기까지 한 자동차(특별한 날 저녁에 BMW를 이용할 수 있다!)'를 이동수단으로 제공함으로써 고객의 감성을 자극한다. 웨그먼스는 고객들로 하여금 음식 문화를 적극적으로 즐기도록 함으로써 '훌륭한 음식을 누리는 기쁨'이란 감성을 고객들의 마음속에서 만들어낸다. 그저 고객들에게 더 좋은 음식을 제공하는 것에 그치지 않는다. 이러한 노력을 통해 웨그먼스는 자신들이 판매하는 상품과 서비스에 대한 거대하고 새로운 수요의 흐름을 이끌어내는 것이다.

위대한 수요 창조자는 모든 직원들을 수요 창조자로 만든다. 우리는 리드 해스팅스, 스티브 잡스Steve Jobs, 제프 베조스Jeff Bezos와 같이 성공적인 CEO와 기업가들에게 매료된다. 때로는 그들처럼 똑똑하고 창의적인 개인이 매력적인 제품을 개발하는 데 중요한 역할을 수행한다. 그러나 '수요 창조'는 절대 한 명의 개인에 의해서 이루어지지 않는다. 이는 진리다. 자신들의 지상 과제가 바로 수요 창조임을 알고 매일 자원과 프로세스를 활용하여 수요 창조의 방법을 실행에 옮기려는 모든 구성원들의 노력으로 이루어지는 법이다. 수요 창조에 성공한 조직을 보면 수요 창조의 노력 과정이 CEO부터 관리자와 일선 직원들에 이르는 모든 계층에서 동일한 패턴으로 나타난다.

공동창립자인 월터 웨그먼의 아들, 로버트 웨그먼은 이러한 진리를 이미 간파했다. 그가 1950년에 사장으로 부임하고 나서 맨 먼저 시행한 일은 모든 직원의 급여를 인상시킨 것이었다. 마진이 적고 임금이 인색하기로 악명 높은 식료품점 산업에서 급여 인상은 대단히 상징적인 조치였다. 이 조치는 세상을 향해 이렇게 말하는 듯했다. '우리는 말로만 번지르르하게 사람이 가장 중요한 자산이라고 외치지 않는다. 우리는 사람을 진짜 중요한 자산으로 대하려 한다.'

로버트 웨그먼을 비롯한 경영진들은 직원들의 채용, 교육, 보상, 유지 등에 관한 독특한 정책을 지속적으로 개발했다. 그 결과, 각 매장별로 가장 헌신적이고 가장 의욕이 높으며 가장 잘 훈련된 인력을 확보할 수 있었다. 그리고 그 뛰어난 직원들이 고객을 대하는 일상 업무를 수행할 때마다 자율적으로 지식과 창의력을 발휘하고 스스로 현명하게 판단하도록 충분한 권한을 주었다.

현재 웨그먼스의 평균 임금은 업계 평균보다 여전히 높다. 그리고 모든 웨그먼스 직원들은 회사가 보조하는 '401(k) 플랜(회사의 기금으로 마련된 퇴직보험 플랜)' 등 여러 가지 복리후생 프로그램을 제공받는다. 수석 제빵사부터 재고 담당자에 이르는 모든 직원들은 충분한 의료보험 혜택(비록 2005년부터 직원들이 비용의 일부를 분담해야 하지만)을 받는다. 또한 웨그먼스는 전일제 직원에게 4년간 1년에 2,200달러씩을, 시간제 직원에게는 최대 1,500달러까지 장학금을 지원하는 제도를 운영 중이다. 전공 분야나 취득 학위에 제한은 전혀 없다. 장학금 제도는 1984년부터 시작되었는데, 지금까지 총 2만4,000명의 직원들이 혜택을 누렸고 총 7,700만 달러가 지출되었다.

그 밖의 복리후생 프로그램들은 더 독특하다. 수석 부사장인 마이크

페레라[Mike Ferrera]는 "저는 제 시간의 95퍼센트를 직원들을 돕는 데 씁니다"라고 말한다. 그의 업무는 프린스턴에 있는 웨그먼스 직원들에게 버스 승차권 보조금을 매월 지급하는 일에서부터, 직원들이 고객들보다 더 좋아하는 '싱꼬 데 마요[Cinco de Mayo](멕시코가 프랑스에게 승리한 날을 기념하여 5월 5일에 벌어지는 축제-옮긴이)'를 후원하는 일까지 다양하다.

업계에서 웨그먼스의 직원 교육은 매우 독특한 것으로 유명하다. 만일 당신이 고기와 생선 부문에 배치될 예정이라면, 그 전문 영역에 관한 30~55시간의 교육 프로그램을 이수해야 한다. 때때로 교육 프로그램은 복리후생 혜택과 구별하기가 어렵다. 치즈 관리자인 테리 조다르키[Terri Zodarecky]는 치즈 장인들로부터 새로운 제품의 샘플을 얻고 그들에게 한 수 배울 목적으로 영국, 프랑스, 이탈리아로 회사가 지원하는 10일짜리 여행을 다녀오기도 했다. 다른 부문의 책임자들도 와인, 패스트리, 유기농법 기술 등을 배우기 위해 해외에 나갔다 오기도 한다.

직원들을 소중하게 대하는 것은 중요하다. 먼저, 그래야 매년 「포춘」지에서 선정하는 '가장 일하기 좋은 기업' 리스트에 오를 수 있다(매년 이 리스트의 상위권에 꾸준히 랭크되던 웨그먼스는 2005년에 가장 좋은 기업의 '명예의 전당'에 이름을 올렸다). 또한, 그래야 뛰어난 인재를 채용하고 유지하기가 쉽다. 업계의 스타급 인재를 끌어오는 웨그먼스의 능력은 정말 놀라울 정도다. 한때 「보그[Vogue]」지로부터 '패스트리 계의 피카소'라는 찬사를 받은 피에르 에르메[Pierre Herme]는 웨그먼스의 제빵 기술자들에게 그의 특별 타르트(tart, 속에 달콤한 내용물을 넣고 위에 반죽을 씌우지 않은 파이의 일종-옮긴이), 패스트리, 프렌치토스트 베이글을 어떻게 만드는지 가르쳤다. 유명한 요리사인 데이비드 블레^{David Bouley}(제임스 비어드 재단이 주최한 '최고의 요리사' 경연에서 우승했고, 「자갓^{Zagat}」이 선정한 '뉴욕에서 가장 뛰어난 레스토랑'의 소유주이다)는 웨그먼스가 몇몇 앙트레(entre, 주요리)를 조리식품 형태로 개발할 때 도움을 주기도 했다. 뉴욕 피츠포드 매장의 부주방장인 찰스 사카르디^{harles Saccardi}는 나파 밸리^{Napa Valley}(미국 샌프란시스코 북부의 와인 생산지-옮긴이)에 있는 레스토랑 프렌치 론드리^{French Laundry}의 소유주인 토마스 켈러^{Thomas Keller}와 함께 일했던 사람이다.

하지만 더 중요한 것은 웨그먼스가 재능을 가진 여러 직원들에게 고객 만족에 관한 권한을 충분히 부여한다는 사실이다. 직원들은 매뉴얼에 적힌 규칙에 연연하지 않고 자신의 현명한 판단에 따라 창의력과 재능을 발휘하여 고객들에게 서비스할 수 있다. 이토록 충분한 재량권은 열정적인 직원들에게는 커다란 매력으로 작용한다. 한 패스트리 요리사에게 레스토랑에서 돈을 잘 벌다가 왜 웨그먼스에 들어오게 됐는지 물어보자 어깨를 으쓱하며 이렇게 대답했다. "농담하십니까? 거기에 있는 제 친구들은 모두 이곳으로 오고 싶어 해요. 저는 지금 레스토랑에서 일할 때보다 훨씬 창조적으로 일하고 있거든요."

뛰어나고 헌신적인 사람들을 직원으로 끌어들임으로써 웨그먼스 팬들 사이에서 전설로 통하는 여러 개의 '고객 서비스 이야기'들이 생겨났다. 이를 테면, 추수감사절에 쓸 칠면조가 너무 커서 집에 있는 오븐에 들어가지 않는다며 어쩔 줄 몰라 하던 고객에게 한 웨그먼스의 요리사가 매장에 있는 오븐을 사용하여 칠면조를 구워주었다는 이야기가 전해온다. 이렇게 고객들을 감동시키는 작은 일들이 매일 일어나고 있다. 어떤 점원이 제품과 서비스에 실망을 느낀 고객에게 책임감을 느껴 무료로 저녁식사를 대접하거나, 갑작스럽게 폭우가 쏟아질 때 쇼핑객들을 차까지 에스코트하기 위해 여러 명의 직원들이 우산을 들고 대기한다는 소소한 '고객 감동 사건'이 연일 벌어지는 것이다.

로버트 웨그먼과 그의 아들 대니, 둘 다 위대한 수요 창조자이다. 하지만 CEO가 모든 곳에서 모든 것을 관장할 수는 없다. 웨그먼스의 천재성은 3만 명의 직원들을 모두 자발적인 수요 창조자로 만드는 시스템에 있다. 이 시스템을 통해 궁극적으로 무엇을 얻을 수 있을까? 웨그먼스의 우수한 식품과 놀라운 서비스를 갈구하는, 타의 추종을 불허하는 수요의 흐름이 바로 그것이다.

그러나 조직의 리더들은 수요 창조자들을 '단순히 돈으로는 살 수 없음'을 명심해야 한다. 물론 높은 임금은 뛰어난 인재를 모으는 데 중요한 요소이다(또한 높은 임금은 직원들이 밤에 '투잡'을 뛰면서 자신의 금전 상태를 걱정하지 않아도 되게 해준다). 그러나 여러 실상이 보여주듯이, 그리고 많은 연구들이 이미 결론 내렸듯이, 1~2달러를 더 준다고 해서 직원들의 열정에 불이 붙지는 않는다. 사회심리학자들이 '사회규범social norm'이라고 언급하는 개념과 대부분의 직장인들이 추구하는 '시장규범market norm' 사이에는 차이가 존재한다.[14]

시장규범은 '내가 준 것에 대해 얼마를 받아야 하는가'에 관한 것이다. 시장규범 하에서는 공정한 거래가 추진력이고 사람들 간의 감성적인 연결은 최소한의 역할만을 담당한다. 반면에, 사회규범의 세계는 즉각 보상을 받으려는 기대감 없이 사람들이 우정, 상호 존중, 책임감 공유라는 감정을 가지고 서로 돕는 '커뮤니티의 세계'를 말한다. 이 세계에서 금전적인 보상은 우리의 행동에 부분적으로 반영될 뿐이다. 돈에 대한 과도한 관심은 사회규범의 긍정적인 힘을 쉽게 파괴할 수 있다(당신의 가장 친한 친구에게 소파 옮기는 걸 도와주면 돈을 주겠다고 제안해보라. 또는 당신의 배우자에게 저녁 식사를 만들어주면 그 대가로 돈을 주겠노라 말해보라. 그러면 당신의 관계가 얼마나 빨리 망가지는지 확인할 수 있을 것이다). 그래서 사회규범과 시장규범을 조화시키는 일은 대단히 중요하지만 매우 섬세하게 균형을 맞춰야 한다.

웨그먼스는 직원들과의 관계에 사회규범의 긍정적인 힘을 성공적으로 스며들게 한 몇 안 되는 회사 중 하나다. 많은 경영자들과 마찬가지로, 웨그먼스의 경영자들은 직원들을 가족처럼 대한다고 말한다. 하지만 다른 회사와 달리 웨그먼스는 이 말을 진짜로 실천한다. 만일 당신이 아기를 입양한다면 회사는 당신에게 아기를 맞이하라는 의미에서 휴가를 주고, 이미 쓴 비용을 돌려받는 데에 쓰라며 수표를 지급하는 등 지원 패키지를 제공한다. 대학을 다니기로 한 당신이 수업 일정에 맞게 업무시간을 조정하길 원한다면 상사에게 수업 시간표를 제출할 수 있다. 전기료 납부일을 넘겨버려 안절부절하던 점원이 있었는데 웨그먼스가 그 사람 모르게 전기회사에게 아량을 부탁하여 전기가 계속 공급되게 한 이야기는 두고두고 회자되고 있다.

직원들을 가족처럼 대해왔기에 웨그먼스의 직원들은 그에 대한 화답으로 자신들이 받은 배려를 고객에게 전달한다. 이것이 바로 웨그먼스와 직원들이 다른 슈퍼마켓보다 더 돈독하고 더 친밀한 관계를 공동

체처럼 유지하는 이유이다.

대니 웨그먼은 직원들에 대한 회사의 믿음과 기대를 이렇게 요약한다. "직원들은 고객만족을 위한 우리 지식 그 자체죠. 그래서 우리가 가장 역점을 두는 제일의 '펌프'는 바로 직원들입니다." 웨그먼스의 임원인 잭 드피터스Jack DePeters는 농담조로 "웨그먼스는 열여섯 살짜리 계산원들이 경영하는 30억 달러짜리 회사죠"라고 말하면서 대니와 뜻을 같이한다.

그리고 그들은 회사를 놀랍도록 훌륭하게 경영한다.

따라 올 수 없는 탁월한 성공의 비밀

위대한 수요 창조자들은 고객의 말에 귀를 기울이는 '배짱'을 가지고 있다. 우리가 언급한 웨그먼스의 모든 혁신들은 따지고 보면 고객의 말을 경청하는 직원들로부터 유래됐다. 이를 아주 단적으로 보여주는 사례가 있다.

2008년 초에 웨그먼스는 고객들의 편의를 위해 '온라인 쇼핑 툴'을 오픈했다.[15] 그 툴은 아주 훌륭했다. 고객들은 그 툴을 사용하여 웨그먼스 매장을 방문할 때 뭘 사야 하는지 잊어버리지 않도록 개인별 쇼핑 리스트를 만들 수 있었다. 구입하고 싶은 품목을 클릭하면 온라인으로 레시피를 찾을 수 있었고 필요한 식재료를 선택할 수 있었다. 또한 쇼핑 리스트를 쉽게 인쇄하고 저장할 수 있었다. 고객들은 그 툴을 좋아했고 웨그먼스는 그것으로 충분하다고 생각했다. 대부분의 소매업자들은 고객 편의를 위해 그처럼 편리한 21세기 정보화 시대의 서비스를 새로 구축한 것에 자부심을 느낀다.

거기까지는 그런대로 정상적이었다. 헌데 정상적이지 않은 일이 벌어지고 말았다. 그 쇼핑 툴을 사용하던 몇 명의 고객들이 웨그먼스에게 이메일을 보내거나 음성메시지를 남겨서 그 툴을 개선해달라고 요청하기 시작했던 것이다. 또 어떤 고객들은 툴을 사용할 때 나타나는 결함에 대해 불만을 늘어놓기도 했다. 그리고 자신들이 원하는 '위시 리스트'의 형태를 제안하는 사람들도 있었다. 웨그먼스는 이런 불만과 제안을 적극적으로 청취했다.

웨그먼스는 로체스터 공과대학의 '소프트웨어 사용성' 전문가들의 도움을 받아 '웨그먼스닷컴'의 열광적인 사용자, 온라인 쇼핑 툴에 불만을 가진 사용자, 그 툴을 전혀 사용해보지 않은 고객 등 유형별로 고객 대표들과 만나서 이야기를 나누었다. 그들은 함께 머리를 맞대고 웹사이트와 온라인 쇼핑 툴을 어떻게 변화시키고 개선시킬 것인지 심도 있게 논의했다. 2009년 2월에 공개한 개선된 버전에는 여러 개의 신규 응용 프로그램들이 갖춰져 있다. 이제 고객들은 한 번 클릭으로 쇼핑 리스트에 물품을 더하거나 뺄 수 있고, '점프 스타트 유어 리스트 Jump Start Your List'라는 버튼을 누르면 사람들이 가장 자주 구입하는 26개의 품목들이 쇼핑 리스트에 자동으로 나타나서 그걸 기초로 리스트를 편집할 수 있다. 또한 '웰니스 키 Wellness Key'라는 기능을 사용하면 저염도 소금이나 글루텐이 함유되지 않은 음식처럼 자신의 건강 니즈에 맞는 쇼핑 리스트를 만들 수 있다. 사이트에서 구미가 당기는 레시피를 선택하면, 필요한 모든 식재료들이 요리에 사용되는 양만큼 쇼핑 리스트에 즉시 올라간다. 마지막으로, 가장 자주 내점하는 웨그먼스 매장을 지정해두면 그 매장의 레이아웃에 딱 맞는 순서로 쇼핑 리스트를 출력할 수 있다. 그래서 미처 카트에 담지 못한 물품을 찾으려고 왔던 길을 되돌아가는 불편을 덜 수 있도록 했다.

이렇게 웨그먼스는 고객의 의견을 직접 반영함으로써 유용한 기능들을 웹사이트에 계속 추가하였다. IT 전문가인 한 고객은 새로운 온라인 쇼핑 툴을 사용한 후에 "내가 사용해본 소프트웨어 중 가장 탁월하다!"는 쪽지를 웨그먼스에 보내오기도 했다.

고객의 말에 귀를 기울이는 일이 항상 쉬운 것만은 아니다. 하지만 그것이 탁월한 성공을 이끄는 최고의 방법이다.

출시와 동시에 개선하라

위대한 수요 창조자들은 부단히 실험한다. 매력적인 제품을 창조하는 일은 한 번의 도전만으로 이루어지지는 않는다. 고객은 항상 변한다. 그들은 새로운 관심, 니즈, 취향, 문제를 지속적으로 만들어낸다. 사업 환경 또한 변한다. 새로운 경쟁자가 부상하고, 기술이 진화하며, 경제지표가 오르내린다. 위대한 수요 창조자들은 매력적인 제품을 업데이트하고 개선시키는 일을 시장에 제품을 처음 출시하는 그 날부터 바로 시작해야 한다고 생각한다. 출시된 제품을 개선하기 위한 가파른 '궤도'를 재빨리 구축해야 고객들을 계속해서 열광시킬 수 있고 그에 따라 수요를 지속적으로 성장시킬 수 있기 때문이다.

웨그먼스는 식료품점 산업의 혁신을 리드한다는 자부심을 가지고 있다. 식료품 소매 분야에서 이루어진 기술적인 진보의 거의 모든 것들이 웨그먼스에서 첫발을 뗐다고 말해도 과언이 아니다. 로버트 웨그먼의 주도로 1970년대 초부터 제품 겉면에 바코드를 부착하기 시작했고, 1999년에는 제품 공급계획, 수요 예측, 제품 보충 등을 원활히 수행하기 위해 나비스코 사와 함께 '유통사-제조사 간 공동 프로그램'을 처음 개척하기도 했다. 2002년에 대니 웨그먼은 '유통사-제조사 간 시스템'에서 제품 정보의 부정확함으로 인해 발생하는 비용을 줄이자는, 업계 전체의 캠페인을 지지하기도 했다. 이 캠페인을 통해 웨그먼스는 식료품 산업에서 사용되는 데이터의 질을 높이기 위한, 최초의 '제3자 인증 프로그램(제조사나 유통사가 아닌 제3자가 제품 정보의 질을 인증해주는 자발적인 제도를 말함-옮긴이)'을 이끌어냈다. 그리고 2007년에는 고객에게 신선한 육류를 더 빨리 공급하기 위해 슈퍼마켓 최초로 RFID 기술을 시험 적용하기도 했다.

또한 웨그먼스는 기술 이상의 분야에서도 혁신을 추구한다.[16] 2007년에 자연식품에 대한 수요가 붐을 이룰 때, 웨그먼스는 뉴욕 주 캐넌다이과Canandaigua에 위치한 대니 웨그먼의 집에서 그리 멀지 않은 곳에 유기농 연구 농장을 지었다. 비록 웨그먼스가 500개가 넘은 지역 농장주들과 지속적인 관계를 맺어오고 있지만, 모든 매장에서 필요로 하는 유기농 식품을 연중 안정적으로 공급받으려면 어려움이 뒤따른다(이는 월마트, 홀푸드와 같은 거대 체인도 마찬가지이다). 연구 농장을 세운 목적은 날씨가 쌀쌀한 북동부 지역에서 유기농 작물을 재배하는 새로운 방법을 개발함으로써 다른 재배자들이 배우고 따라 하도록 하기 위해서였다.

2010년에 이 연구 농장은 웨그먼스 매장 두 곳에 제품을 공급 중인데, 조생(早生)종 포도와 방울토마토를 유기농 온실에서 재배하는 등 예상 밖의 성공을 거두고 있다. 팀 리더인 짐 헤벌르Jim Heberle는 이렇게 말했다. "우리는 아주 기뻤죠. 우리의 목표가 북동부 지역에서 식물 성장의 시기를 연장하는 방법을 찾는 것이었으니까요. 우리는 메모리얼 데이(전몰장병 추모일인 5월 마지막 월요일-옮긴이) 이전에 토마토를 수확하겠다는 목표를 정했죠. 그리고 우리는 해냈습니다!"

웨그먼스에서는 모든 직급의 팀원들이 '실험문화'를 일상적으로 행하고 있다. 일선 작업자들이 새로운 제품, 요리, 서비스에 대한 아이디어를 제안하면, 테스트를 통과한 후에 곧바로 채택된다. 뉴욕 주 피츠포드 매장의 신선육 부문에서 파트타임 직원으로 일하는 빌 가너Bill Garner는 농담처럼 이렇게 말한다. "웨그먼스의 사람들은 제 머리 속으로 무엇이 떠오르든 모두 실험해보라고 합니다. 어떤 때는 그 말이 무섭기도 하답니다." 20년 전 어느 날, 같은 매장의 제빵 부문에서 일하던 마리아 벤자민Maria Benjamin은 자신의 이탈리아계 조상이 그녀에게 남긴 '초콜릿 미트볼 쿠키'라는 놀라운 레시피를 대니 웨그먼에게 이야기한 적이 있다. 그랬더니 대니는 "그걸 여기서 팔아보세요"라며 그녀를 설득했다. 이제 이 쿠키는 고객들이 가장 좋아하는 음식 중 하나가 됐다.

웨그먼스의 '열린 실험정신'은 식료품 산업에 종사하는 누군가가 식료품점을 더욱 매력적으로 만들 수 있는 혁신적인 방법을 제안한다면 웨그먼스가 아마도 제일 먼저 그 방법을 구현해낼 기업일 거라는 확신을 준다.

오픈 첫날에도 마치 오래 있었던 것처럼 원활하게

위대한 수요 창조자는 독창성을 보호한다. 웨그먼스는 강력한 매력을 발산하며 수요를 창조하는 독특한 식료품 유통 사업모델을 수십 년간의 시행착오를 통해 개발해냈고, 그 사업모델이 망가지지 않도록 세심한 주의를 기울였다.

사업모델을 망가뜨리는 일은 아주 쉽다. 이 말은 진리이다.

웨그먼스는 자신들의 마술 같은 능력을 소멸시키는 가장 확실한 방법 중 하나는 기업을 지나치게 빠르게 성장시키는 일이라는 점을 깨달았다. 이 회사는 놀라울 정도의 자제력을 보이며 기업 확장에 대한 욕구를 이겨냈다.(웨그먼스가 개인 기업이기 때문에 주식이 공개된 회사와 달리 이익을 성장시키라는 압박을 받지 않은 것도 하나의 이유가 된다. 그러나 앞으로 이 책에서 살펴보겠지만, 주식이 공개된 회사라 해도 '과도 확장'이라는 유혹을 이겨낸 곳이 많다.) 친구와 친척으로부터 웨그먼스의 전설적 매력을 알게 된 사람들이 자기네 지역에 매장을 열어달라며 전국적으로 떠들썩하게 요구해와도, 웨그먼스는 1년에 두 개 정도의 느린 속도로 신규 매장을 개설할 뿐이다. 정말로 빙하처럼 더딘 속도다. 빨리 하는 것보다 잘 하는 것이

더 중요하다고 믿기 때문이다.

신규 매장을 개설하기 전 수개월 동안 관련 연구와 계획이 진행되고, 직원을 채용하고 교육하는 업무들이 바쁘게 돌아간다. 또한 펜실베이니아점의 제빵기술자, 메릴랜드점의 생선전문가, 뉴저지점의 정육기술자 등 다른 매장에서 오랜 경험을 쌓은 관리자들을 신규 매장으로 전보하여 '올바른' 출발을 돕도록 한다. 그 밖의 많은 스태프들을 이동시켜서 임시로 임무를 맡기곤 한다. 매장을 개점하기 6주 전, 신규로 채용된 직원들은 웨그먼스의 가치를 배우기 위해 '우리는 누구인가'라는 제목의 하루짜리 오리엔테이션 프로그램에 참가해야 한다. 프로그램을 마치고 돌아가는 직원들은 그날의 교육 프로그램이 음악과 함께 완벽하게 편집·녹화된 DVD를 하나씩 지급받는다. 집에 가서 가족들과 같이 보라는 뜻에서 말이다.

개점일이 되면 지금 막 개점한 매장이 마치 예전부터 몇 년간 운영되어온 것은 아닐까 하는 착각이 들 정도로 원활하게 운영되는 모습을 볼 수 있다. 이렇게 개점 초기부터 톱니바퀴처럼 부드럽게 운영될 수 있다는 것은 대단히 중요한 강점이다. 신규 매장을 여는 것은 사람들로부터 '잘하나, 못하나'를 집중적으로 평가 받는 지역사회의 매우 큰 이벤트이기 때문이다. 또한, 보통의 슈퍼마켓에 1주일 동안 방문하는 고객 수보다 더 많은 고객들이 개점일 하루 동안 몰려들기 때문이다.

감성적 연결 없는 고객 만족은 의미가 없다

웨그먼스의 이야기는 매력적인 제품을 창조하는 일, 그리고 세월이 흘러도 그 제품을 계속해서 매력적으로 유지시키는 일이 간단치 않음을 분명하게 보여준다. 수요 창조자가 되기를 희망하는 사람들의 시각에서 가장 중요한 질문은 바로 '그렇게 하기 위한 대가는 무엇인가?'일 것이다. 직원들에게 충분한 자원을 제공하고, 엄청나게 큰 매장과 어마어마하게 많은 물품을 투자하는 일이 과연 가능할까? 그리고 이제껏 들어본 적 없는 수준의 서비스를 제공하고, 식료품 유통업처럼 마진이 적기로 악명 높은 곳에서 만족할 만한 이익을 달성할 수 있을까?

만약 당신이 웨그먼스의 방법을 따른다면, 이 질문의 대답은 '그렇다'이다. 웨그먼스의 영업이익은 가장 큰 할인점 체인의 두 배에 달하고, 유명한 유기농 유통점인 홀푸드Wholefood보다도 많다. 그리고 1평방피트당 매출이 14달러에 달하는데, 이는 업계 평균인 9.39달러보다 훨씬 큰 값이다.

웨그먼스가 어떻게 재무적으로 성공을 거두는지에 대한 설명은 기본적으로 아주 간단하다.[17] 바로 이 장(章)의 주제인 '매력적인 제품의 힘'으로 귀결되기 때문이다. 슈퍼마켓 사업에 대한 갤럽Gallup의 연구결과에서 분명하게 나타나듯이 말이다.

고객과의 '감성적 연결'이 매우 중요하다는 증거는 앞서가는 슈퍼마켓 체인의 고객 방문 빈도와 쇼핑 지출액에서 발견할 수 있다. 고객에게 슈퍼마켓에 대한 만족도를 1~5점까지의 척도로 평가하라고 한 후에 살펴보니, '매우 만족(5점)'보다 낮은 만족도를 보이는 고객들은 월평균 4.3회를 방문하고 월평균 166달러를 지출하는 것으로 나타났다. 헌데 '매우 만족'한다고 답했지만 그 슈퍼마켓과 강한 감성적 연결을 느끼지 못한다고(즉 '깊은 감정을 느끼지 못한다고') 말한 고객들은 그보다 덜 방문(월평균 4.1회)하고 돈도 덜 쓰는(월평균 144달러) 것으로 드러났다. 고객만족도가 높다고 해서 반드시 더 큰 가치를 창출하는 것은 아니라는 것을 보여주는 결과이다.

하지만, '매우 만족'하면서 동시에 슈퍼마켓과 '감성적으로 연결'되어 있다고 느끼는(갤럽의 표현대로라면 '깊은 감정을 느끼는') 고객들은 매우 다른 양상을 보였다. 그들은 월평균 5.4회를 방문하고 210달러를 지출하는 것으로 나타났다.

이로써 '매우 만족'한다고 말한 고객들이 모두 동일한 특성을 갖지 않는다는 점이 분명해졌다. 슈퍼마켓 체인과 강한 감성적 연결을 느끼는 고객은 그렇지 않은 고객에 비해 평균 32퍼센트 더 자주 방문하고 46퍼센트를 더 지출하니까 말이다. 감성적 연결 없는 고객 만족은 의미가 없다. 감성적 연결을 동반한 고객 만족이야말로 돈으로 그 가치를 따질 수 없을 만큼 중요하다.

갤럽은 슈퍼마켓 서비스에 대한 '단순한 만족'과 '깊은 감정'의 차이가 고객이 슈퍼마켓으로부터 느끼는 '감성적 연결' 때문이라고 본다. 우리가 살펴봤듯이, 위대한 수요 창조자들은 제품의 매력을 창출하기 위해 제품의 뛰어난 기능성과 감성적인 어필의 통합을 꾀한다. 고객이 '깊은 감정'을 느끼기 시작하면, 그들은 지지자가 되고 좋은 제품과 서비스를 만드는 새로운 아이디어의 원천이 된다. 광고와 마케팅에 투자

할 금액은 줄어들고, 매출은 현저히 상승하며, 고객들의 제안을 기반으로 혁신적인 개선을 이룬 제품은 더욱 두각을 나타내고, 고객들이 제품에 관해 열띤 대화를 벌이는 과정에서 더 큰 수요가 쏟아져 나오는 것이다. 이러한 긍정적 상승 효과의 잠재력은 한계가 없다.

그 잠재력은 모두 매력적인 제품으로부터 시작한다. 갤럽의 연구에서 보듯, 웨그먼스처럼 '깊은 감정을 느끼게 하는' 슈퍼마켓은 46퍼센트라는 추가적인 매출을 누리는데, 바로 이것이 제품이 가진 매력의 차이를 의미한다. 어떤 제품이 '아주 좋다'라는 단순한 느낌보다 더 많은 것을 고객에게 제공할 때 이렇게 거대한 수요의 흐름이 만들어진다. 바로 '매력' 때문이다.

Demand

ADRIAN J. SLYWOTZKY WITH KARL WEBER

제2장

고충지도
Hassle Map

1.시간, 에너지, 돈을 낭비하도록 만드는 제품, 서비스, 시스템의 특징이 무엇인지 그려낸 도표. 2.(고객의 관점에서) 자신이 체험한 골칫거리, 실망스러움, 혼란스러움을 장황하게 설명한 것. 3. (수요 창조자의 관점에서) 탐나는 기회들을 모아 놓은 것

1. a diagram of the characteristics of existing products, services, and systems that cause people to waste time, energy, money 2. (from a customer's perspective) a litany of the headaches, disappointments, and frustrations one experiences 3.(form a demand creator's perspective) an array of tantalizing opportunities

02

'원-클릭 세계'로 가는 길고 험한 길

1907년 8월, 뉴욕과 파리의 유력 언론 「뉴욕타임스New York Times」와 「르 마텡Le Matin」이 뉴욕과 파리 간 자동차 레이스'라는 전례 없이 장대한 계획을 발표했을 때, 자동차 애호가들조차도 그 대담함에 놀라움을 금치 못했다. 주최측은 거의 지구 한 바퀴를 도는 2만2,000 마일의 대장정을 기획했는데, 여기에는 미국의 대사막(미시시피 서부의 대평원을 말함-옮긴이)을 종주하고, 알래스카의 황야를 달리며, 증기선을 타고 태평양을 건너 시베리아의 툰드라 지역을 가로지르는 코스도 포함되어 있었다. 1908년 2월 12일에 타임스퀘어 광장에서 출발한 이 레이스에 다섯 개의 팀(이탈리아, 독일, 미국에서 각각 한 팀씩, 프랑스는 두 팀)만이 타오르는 모험심과 용기를 뽐내기 위해 참여했다.

하지만 다섯 개 팀 모두 레이스 중에 여러 가지 재해와 사고에 시달려야 했다. 당시 유명인이었던 몬태규 로버츠Montague Roberts와 젊고 재능 있는 정비기술자인 조지 슈스터George Schuster가 운전하던 미국 팀의 차 '토마스 플라이어'는 어느 날 눈 더미에 처박히는 사고를 당했는데, 자원봉사자들이 삽으로 재빨리 눈을 치워주고 나서야 움직일 수 있었다. 독일 육군 중위 한스 쾨펜Hans Koeppen은 경주용 자동차라기보다는 요즘의 픽업 트럭을 더 닮은 덩치 큰 '프로토스'를 운전했는데, 늪에 빠지는 바람에 말을 열두 마리나 동원하여 끌어내야만 했다. 더구나 이런 사고들이 모두 뉴욕 주를 벗어나기도 전에 발생했다.

몇 주 후 영화배우의 풍모를 풍기는 로버츠가 네브래스카에서 경주를 포기하고 떠나버리자, 슈스터는 길 없는 서부의 볼모지가 아니라 철길을 덜컹거리며 달릴 수 있도록 플라이어를 기차로 분류해달라며 철도회사 유니온퍼시픽Union Pacific의 책임자들에게 애원했다. 또한 시베리아에서는 마차용 교량 위에 놓여 있던 크로스 바가 플라이어의 무게 때문에 부러지기도 했다. 그 순간 슈스터가 다리 끝에 있던 삐걱거리는 나무 지지대로 노련하게 차를 몰아 가까스로 사고를 피할 수 있었지만, 자칫 잘못했다간 30피트나 되는 높이에서 거센 급류로 떨어졌을지도 몰랐다. 결국 슈스터는 천신만고 끝에 뉴욕을 떠난 지 169일 만에 파리에 도착하여 우승컵을 거머쥐었다.

이 레이스가 치러진 1908년은 독일의 엔지니어 카를 벤츠Karl Benz가 오늘날 자동차에서 쓰이는 4행정 가솔린 엔진을 처음 발명하고 나서 꼭 30년이 흐른 시점이었다. 자동차 발명 이후 수십 년 동안 자동차 여행은 모험가들이나 즐길 만한 위험한 활동이었다. 그나마도 인프라가 상대적으로 발달된 북미 지역에 한정되어 있었다. 운전자는 매연과 스파크, 그리고 비포장도로를 휘저으며 올라오는 먼지로부터 몸을 보호하기 위해서 모자, 고글, 장갑, 커다란 외투와 같은 장비를 갖춰 입어야 했다. 공구함은 모든 자동차가 갖춰야 할 표준 장비였고, 운전을 하려면 기본적인 자동차 정비를 전문가 수준(필요하면 부품까지 스스로 만들 수 있는 수준)으로 할 수 있어야 한다는 인식이 당연하게 받아들여졌다. 초창기의 자동차 여행 가이드 책들은 '표시가 사라진 길, 앞서간 차들이 남긴 반쯤 지워진 바퀴 자국, 갑작스럽게 지나가는 야생의 소떼 등 여러 가지 혼란스러운 상황을 이겨내며 길을 개척해가야 한다'는 점을 특히 강조했다.

자동차 자체는 오늘날 미국이 왜 '고도의 자동차 국가'가 될 수 있었는지를 설명하기 위한 퍼즐의 한 조각에 불과하다. 자동차 여행으로 인한 운전자의 번거로움과 고충을 충분히 없애기 위해서는 표준화된 고속도로 신호체계, 현대적인 도로 설계 가이드라인, 주(州) 간 고속도로 시스템, 주유소와 정비센터, 길가의 음식점, 모텔, 주차장에 이르는 거대한 관련 산업 네트워크가 구축되어야 했다. 그렇게 되고 나서야 이동에 대한 사람들의 오래된 열망이 비로소 수억 대 이상의 자동차 수요로 이어질 수 있었다.

21세기에 들어서도 자동차 여행을 위한 인프라는 계속해서 개선되고 확장되고 있다. 예를 들어, 10년 전 '이지패스네트워크EZ-Pass Network(우리나라의 하이패스와 같은 자동요금징수체계-옮긴이)가 구축되어 유료인 고속도로, 교량, 터널 등을 이용할 때 차를 멈추고 요금을 내야 하는 운전자들의 불편함을 덜어주었다. 집카가 시작한 '카-쉐어링 혁명'

은 도시의 운전자들이 매일 접하던 고충들을 드디어 해결해주었다. 지금부터 한 세대쯤 시간이 흐르면 자동차와 위험한 장애물 사이 완충 공간을 유지하도록 '자동 유도 시스템'이 상용화되어 충돌로 인한 사망사고 뉴스를 거의 듣지 않게 될지도 모른다. 그래서 그때가 되면 자동차 충돌로 매년 4만 명이 사망하는 현실을 묵인해야 했던 지난 문명의 비인간성에 몸서리를 칠지도 모른다. 우리는 내연기관의 세계에서 1세기 이상을 살고 있다. 하지만 이 세계 속에는 최선을 다해 해결하려는 우리의 노력을 무색케 하는, 여러 가지 고충들이 여전히 존재하고 있다.

그래서, 윌리엄 쇼클리William Shockley가 트랜지스터를 발명하며 '전자혁명'을 이끈 지 여섯 세대나 지났고 PC가 출현한 지 거의 30년이 흐른 오늘날, 디지털 정보통신의 세계가 여전히 번거롭고 짜증나며 괴로운 일들로 넘쳐난다는 사실이 그다지 놀랍지는 않다. 시스템들은 서로 호환되지 않고, 프로그램은 오류투성이이며, 네트워크는 묵묵부답이고, 제품은 의도한 대로 작동하지 않는 일들이 허다하다. 내연기관의 세계처럼, 디지털 정보통신의 세계가 고충을 완전히 날려버리려면 아마도 앞으로 수많은 세대가 흘러야 할 것이다.

더욱 놀라운 것(솔직히 말해 충격적인 것)은 디지털 자원을 모든 사용자들이 쉽고 번거롭지 않은 형태로 이용할 수 있도록 새로운 제품과 서비스를 구축하는 사람들이 극히 드물다는 사실이다. 그래서 예외적인 몇몇 사람들만이 자신만의 방식대로 놀라운 업적을 성취하곤 한다.

이 예외적인 사람들은 새로운 기술의 놀라운 잠재력에만 집중하지 않는다. 이들은 자동차를 이용할 때 표시가 사라진 길, 물이 빠지지 않는 늪지, 차축을 망가뜨리곤 하는 움푹 팬 도로가 운전자의 고충을 야기하는 현상처럼, 어떤 제품을 사용할 때 발생하는 번거로움과 골칫거리에 집중할 줄 아는 사람들이다. 어떤 영역에서든지 이러한 고충은 아직 현실화되지 않은 잠재적 수요로 다가갈 수 있는 첫 번째 실마리이자 가장 먼저 빛을 발하는 신호이다. 이것이 바로 매력적인 제품의 창조가 고객들의 삶에서 발생하는 여러 가지 고충과 마찰을 '지도'로 그려보는 것에서 시작되는 까닭이다. 그렇게 해야 고충을 줄이거나 없앨 수 있는 방법을 찾을 수 있기 때문이다.

잠자는 수요를 깨우는 법

머리말에서 비디오 연체료를 물게 되었다가 그것을 계기로 무언가를 결심하게 되었다는 한 남자의 이야기를 언급했다. 이미 말했듯이 우리들 중 많은 사람들이 그와 비슷한 골칫거리를 겪지만, 리드 해스팅스만이 그런 고충을 넷플릭스라는 새로운 사업을 여는 기회로 인식했다.

2000년대 초에 여러 사람들이 '고충 발생 제품' 중 하나를 신랄하게 질타했다는 사실을 떠올려보자.[2] 우리는 모두 휴대폰을 가지고 있었다. 하지만 우리는 그것을 싫어했다. 사용하기가 끔찍했기 때문이다. 소프트웨어는 엉망이었고, 하드웨어라고 해서 딱히 나은 건 아니었다. 친구들에게 말하니, 그들 역시 자신의 휴대폰을 좋아하지 않는다고 고백했다. 모든 사람들이 휴대폰을 싫어하는 것 같았다. 당신은 이 말이 뭘 의미하는지 알 것이다. 바로 불편한 문자메시지 인터페이스, 답답한 웹 브라우징, 글씨가 잘 안 보이는 화면, 시간을 잡아먹는 사용 절차, 사용자 친화적이지 않은 어플리케이션 등 수많은 휴대폰 이용자들을 괴롭히는 고충을 뜻하는 것이다. 오직 스티브 잡스만이 이러한 고충들이 새로운 종류의 휴대폰, 즉 아이폰^{iPhone}의 출현을 계속 요구하고 있음을 알아차렸다.

잡스와 그의 팀은 이러한 고충들을 바로잡기 위한 작업에 착수했다. 그들은 '보이는 음성 메일' 서비스를 개발했는데, 사용자들이 이메일처럼 자신의 음성 메시지를 스캔하여 듣고 싶은 순서대로 선택해 들을 수 있도록 했다. 그들은 멀티태스킹이 가능하고, 사파리^{Safari} 브라우저가 탑재되어 있으며, 가로보기가 가능하고, 읽기 쉽도록 와이드스크린 효과를 발휘하도록 아이폰을 만듦으로써 문자메시지를 읽고 인터넷을 검색하는 일을 더욱 즐겁게 만들었다. 그리고 사용자 인터페이스를 단순화시키고 명료하게 만드는 애플 고유의 장기를 아이폰에서도 여실히 보여주었다. 또한 노래 한 곡을 다운로드 받기 위해 필요한 클릭 수를 크게 줄였는데, 보통 다섯 번만 클릭하면 노래 하나를 다운로드 받을 수 있도록 했다. 이에 비해 다른 디바이스들은 열여덟 번에서 서른아홉 번까지 클릭해야 했다.

2007년 1월에 처음 출시된 아이폰은 스마트폰이라는 산업을 새로이 창조함으로써 잠자던 수요를 폭발시키는 기폭제가 되었다. 현재까지 아이폰의 '고충 해결력'에 대항할 만한 경쟁자는 없다.

있어야 할 기능 중에서 겨우 몇 개만 갖추고 사용자를 감안하여 디자인했다고 보기 어려운 디지털 디바이스와 씨름하느라 불만이 극에 달한 고객의 표정을 한번 상상해보라. 월스트리트에서 일하는 한 트레이더는 자신의 회사에 데이터 관리용 전자장비를 공급하던 엔지니어 회사에게 이런 불만을 쏟아냈다. "당신들이 만드는 장비들은 하나같이 글씨와 숫자가 너무 작아서 도저히 읽을 수가 없어요. 그리고 버튼 크기도 제 굵은 손가락으로 누르기엔 너무 작아요." 이것이 하찮은 문제일까? 거래가 한창 진행 중일 때 잘못 누른 숫자 하나 때문에 수백만 달러가 왔다 갔다 한다면 이것은 전혀 하찮은 문제가 아니다.

그 트레이더의 이름은 마이클 블룸버그^{Michael Bloomberg}다. 그는 자신이 재무정보를 다룰 때 겪었던 고충을 나중에 자신의 이름을 딴 '정보의 제국'을 건설할 때 적극적으로 활용했다.

해스팅스, 잡스, 블룸버그를 거대하고 새로운 수요의 흐름으로 이끈 이러한 통찰력은 이제 분명하게 인식되지만, 애석한 점은 시간이 지난 다음에야 비로소 깨닫게 된다는 것이다. 이 세 명의 위대한 수요 창조자들은 스스로 고객의 생활 속에 푹 빠져 행동하면서 평범한 제품과 서비스가 발생시키는 고충에 관한 전문가가 됨으로써 자신만의 고유한 발견을 이끌어냈다. 그 발견은 문제 해결을 위한 집중적인 탐구의 결과물로서, 객관적이고 동시에 주관적이고, 통계보다는 때때로 직관적이고 감정적인 형태를 띤다. 아마도 그래서 수많은 경영자들이 그러한 탐구 과정을 완전하게 배우기 어렵다고 말하는 것이 아닐까. 특히 첨단 기술 분야에서 그러한데, 이 분야에서는 사람이 아니라 자신들이 만들어낸 디바이스를 '우주의 중심'에 두는 함정에 빠지기 쉽다.

해스팅스, 잡스, 블룸버그는 모두 '고충지도'의 달인들이다. 고충지도란 고객들의 체험 속에 숨어 있는 불안감, 불편함, 복잡함, 잠재적인 위험 등을 하나로 모아놓은 것을 말한다. 최근에 비행기를 이용했을 때, 잘못 나온 케이블TV 시청료 고지서를 따져 물을 때, 또는 무책임하고 덩치만 큰 행정기관을 상대할 때 등을 떠올려보라. 그것이 바로 고충지도라는 말의 정의이다. 불필요한 단계, 의미 없는 시간, 실망스러운 결과물은 고충지도에서 '마찰 지점'에 해당한다. 이런 마찰 지점 각각을 제거하거나 고객의 고충을 기쁨으로 역전시킴으로써 새로운 수요를 창조할 기회를 얻는다.

고충지도는 순수하게 마음속 구조물일 수 있고, 아니면 지도라는 말처럼 고객이 겪는 고충을 시각적으로 표현한 것일 수도 있다. 만일 당신이 수요 창조의 비법을 완전하게 배우길 원한다면, 당신이 목표로 한 고객의 고충지도를 그리는 것이야말로 대단히 가치 있는 훈련이 될 것이다. 고충지도를 그리면서 현실이 얼마나 나쁜지, 그리고 얼마나 더 좋아질 수 있는지를 스스로 느끼며 현실을 '다르게 보는' 것은 매우 중요한 단계이다.

어떤 고충지도는 특정 프로세스(예를 들어 소득세 환급을 위한 양식 작성)에서 수행되는 업무의 단계를 순서대로 나열한 후에 불필요하고 복잡한 활동이 너무 많고 그 가치나 목적이 불분명하다는 점을 드러내기도 한다. 다른 고충지도는 고객이 어떤 일을 완성(예를 들어 부엌 개조)하려면 반드시 관여시켜야 할 사람, 조직, 공급자, 자원을 표시하고서 그 속에서 업무의 혼선과 낭비, 과도한 선택사항과 정보의 과부하 등이 발생하고 있음을 지적하기도 한다. 또한, 동일한 가치를 지니지만 서로 배타적이기도 한, 고객 니즈의 '트레이드오프(trade off)' 관계를 나타낸 고충지도도 있다. 이를테면 여러 영역에서 고객들은 저렴한 가격과 품질 중 하나만을, 편리함과 다양함 중 하나만을, 서비스와 스피드 중 하나만을 가질 수 있을 뿐 둘을 동시에 가질 수 없다는 이야기를 듣는다.

고객의 고충지도를 스케치할 때, 스마트한 수요 창조자들은 스스로에게 다음과 같은 질문들을 던진다.

'고객들의 심리는 어떠할까?' '그들은 인생에서 무엇을 원할까?' '기존의 제품들은 고객의 욕구를 어떻게 충족시키고 있을까?' '만약 충족시키지 못한다면, 왜 그럴까?'

'또한 어떤 고충이 고객들을 미치게 만드는 걸까?' '아주 친숙해서 고객들이 알아차리지 못하지만 우리가 바로잡을 수 있는, 그런 고충은 없을까?'라고 질문한다.

고충은 모든 곳에 존재한다. 하지만, 그것을 분명하게 알아내는 시각과 그것을 바로잡겠다는 집요함과 창의력을 지닌 사람은 애석하게도 그리 흔치 않다. 이것이 바로 자동차 여행이 비교적 안전하고 쉬우며 효율적인 것으로 여겨지기까지 수십 년의 시간이 흘러야 했던 이유이고, 디지털 정보 혁명이 잠재력을 최대로 달성하려면 앞으로 수십 년의 시간이 더 흘러야 하는 이유이다.

무엇으로 그들의 고충을 처리해줄 것인가

우리는 지금 고충지도의 관점에서 생각하는 것이 얼마나 중요한지 인식할 줄 아는 몇 명의 개척자들이 주도한, 디지털 산업의 변화를 목격하고 있다. 그들은 고객의 삶을 변화시키며 고객의 고충을 줄여주는 매우 매력적인 제품을 만듦으로써 믿을 수 없을 정도로 강력한 수요를 폭발시킨다. 또한 그들은 첨단기술 산업을 지배하는 게임의 규칙을 뒤바꾸기도 한다.

고충지도를 기반으로 한 사고는 전통적인 관점들을 거꾸로 뒤집어보게 해준다. 이러한 이유로 고충지도의 '장인'들이 주도한 디지털 세계의 변화는 놀랍고도 매우 이례적인 사업 성과를 창출해왔다.

이렇게 변화된 세계에서 어떤 컴퓨터 회사(애플)는 최고의 휴대폰을 만들어 음악 유통사업을 리드하고 있다. 어떤 온라인 회사(넷플릭스)는 텔레비전 네트워크와 케이블TV 회사로 흘러 들어가는 수요를 막아서는 가장 강력한 신흥 경쟁자가 되었다. 다른 온라인 회사(아마존)는 세계에서 두 번째로 큰 유통업체(비록 오프라인 소매점이 없지만)이자 전자기기를 생산하는 가장 혁신적인 업체 중 하나이며, 도서출판 분야에서 점점 강력한 영향력을 발휘하는 기업이 되었다. 그리고 어떤 데이터 기술 회사(블룸버그)는 한때 NBC, 뉴욕타임스, 다우존스와 같은 기업이 지배하던 미디어 산업에서 어깨를 나란히 하고 있다.

기업들의 성과를 보면 '컴퓨터 기업', '미디어 기업', '이동통신 기업', '소비자용 전자제품 기업'과 같은 기존의 꼬리표로 분류하는 일이 의미가 없음을 깨닫게 된다. 대신, '고충 처리자'라는 타이틀을 쓰면 그 기업들을 완벽하게 분류할 수 있다. 오늘날의 첨단산업 분야에서 엄청난 수요의 흐름을 창조하는 기업들은 예외 없이 여러 곳에서 끌어온 다양한 기술을 활용하여 고객의 고충을 없애는 데 최선의 노력을 기울인다. 현재의 '디지털 고충 처리자'들은 PC나 휴대폰 같은 개인 수준의 기술을 뛰어넘어 디바이스뿐만 아니라 고객 니즈에 더욱 즉각적으로 반응하도록 인프라 전반을 재설계하고 있다.

때때로 여러 기술들이 하나로 융합된다. 어떤 때는 디바이스나 정보의 흐름 사이에 존재하는 점들이 서로 연결되기도 하고, 디지털 디바이스를 더욱 사용하기 편리하게 만드는 새로운 기술집약적 도구들이 만들어지기도 한다. 하지만 어떤 경우에도, 성공으로 가기 위한 열쇠는 디바이스의 성능이 아니라 고객의 문제에 초점을 맞춰 혁신을 이루어내려는 노력임을 '고충 처리자'들은 잘 알고 있다.

예전에는 서로 별개의 기술이라고 깔끔하게 분류했지만, 새롭고 고객 중심적인 접근방식은 이제 그런 분류를 무의미하게 만들었다. 우리는 현재 고객들이 쉽고 즉각적이며 언제 어디서든 디지털 제품과 서비스에 접근 가능해야 한다며 매우 당연시하는 '원-클릭one-click의 세계'로 빠르게 움직이고 있다. 그리고 한때 각각의 '수요 공간(각 산업이 배타적으로 수요를 창출할 수 있는 분야를 의미함-옮긴이)'을 규정했던 산업 간의 경계는 이제 그 의미가 퇴색되었다.

수많은 기업들은 현재 전 세계적으로 서로 밀치고 당기는 싸움을 치열하게 전개하고 있다. 그러나 소수의 기업만이 지금 어떤 일이 일어나고 있는지 올바르게 이해하고 있는 듯하다. 예를 들어, 서로 대조적인 길을 걸어온 두 거대기업인 소니와 애플을 떠올려보라.

소니는 원-클릭 게임에서 앞서 나가는 기업이 될 수도 있었다. 현재 서로 융합되는 모든 산업 분야에서 전문성과 경험을 가지고 있었기 때문이다. 소비자용 전자제품 제조업체로 시작한 소니는 컴퓨터산업(바이오Vaio), 이동통신산업(휴대폰), 그리고 미디어산업(콜럼비아스튜디오Columbia Studio, 음악, 게임)에서 각각 위치를 잡았다. 하지만 각각의 사업들은 마치 '사일로'와 같았다. 고객에게 이득을 주고 그들의 사용 체험에 좋은 영향을 미치도록 각 사업을 서로 연결시켜야 했지만 소니는 그렇게 하지 않았다. 바이오 랩톱 컴퓨터를 구입한다 해도 소니 워크맨Walkman으로 음악을 듣거나 콜롬비아스튜디오에서 만든 영화를 보는 일과는 전혀 상관이 없었다. 소니는 네 개의 산업에서 모두 나름의 위치를 차지했지만, 소비자를 위해 사업들을 통합하지 않았고 고객들의 고충을 날려버릴 새로운 도구를 창조하지도 않았다.

이와 대조적으로, 애플의 스티브 잡스는 원-클릭 세계의 개척자였다. 아이팟으로 소비자용 전자제품 시장에 뛰어들 때, 그는 음악과 비디오를 구입하여 정리하고 즐길 수 있게 한 세계 최초(그리고 아직까지는 가장 뛰어난)의 소프트웨어 시스템이자 '온라인 소매점'인 아이튠즈iTunes를 아이팟과 통합했다. 그런 다음, 그는 아이폰을 통해 이동통신 분야로 진입했고, 앱을 비롯하여 각종 서비스를 제공하는 더욱 크고 강력한(아이튠즈를 포함한) 시스템과 아이폰을 통합시켰다. 요즘엔 태블릿 PC인 아이패드iPad의 터치스크린 기술을 영화와 텔레비전 제작자들이 만든 비디오, 출판업자들이 제공하는 디지털 콘텐츠, 그리고 기타 정보

및 오락물들과 연결시키고 있다.

애플은 서로 분리된 네 개의 사업 영역(컴퓨터, 전자제품, 이동통신, 온라인 유통-옮긴이)에 단순하게 참여하기보다는 그 사업들을 통합했던 것이다. 더욱 중요한 사실은 고객의 고충을 없애거나 줄이고 빈틈없이 독창적이며 강력한 '매력적인 체험'을 제공함으로써 디지털 기술과 매력적인 콘텐츠 사이에 뿔뿔이 흩어진 점들을 연결시켰다는 점이다.

사업의 성과는 어떻게 나타났을까? 놀랍게도 누구도 예상치 못한 역전이 벌어졌다. 그것도 아주 큰 스코어 차이로 말이다. 2000년에 소니의 시장가치는 1,400억 달러였고, 애플은 20억 달러에 불과했다. 하지만 이제 애플의 시장가치가 1,700억 달러인 반면, 소니는 30억 달러로 주저앉고 말았다. 수요는 어떤 결과로 나타났을까? 전 세계의 고객들은 '애플'이란 이름을 멋지고 우아하며 강력할 뿐만 아니라 사용하기에 직관적이고 쉬우며 재미있는, 제품과 서비스의 대명사로 인식하고 있다. 즉 최고의 '고충 처리자'로 여기는 것이다.

원-클릭의 세계에서 고객들은 제품들이 자신들에게 편의성, 접근성, 재미의 궁극을 전달하기 위해 기술의 경계를 허물어버릴 거라고 점점 더많이 기대한다. 제품과 서비스가 전통적인 기술이나 기업의 벽 안에 갇혀 있다면, 고객들은 그런 제품과 서비스를 거부할 태세이다. 실제로 매달 많은 제품들이 고객들의 거부 때문에 시장에서 사라지고 있다.

다른 예를 들어보자. 소니 리더Reader의 첫 번째 버전은 2006년 9월에서 미국에서 출시됐는데, 잘빠진 디자인과 이-잉크e-Ink 기술을 채용함으로써 지금껏 나온 제품 중에서 가장 뛰어난 해상도를 자랑하는 혁신적인 디바이스로 평가 받았다. 하지만 거의 아무도 이 제품을 구입하지 않았다. 왜 그랬을까? 세상에서 가장 인기 있는 책들을 무선 인터넷으로 손쉽게 다운로드할 방법을 찾지 못했기 때문이다. 18개월 후에 아마존에서 출시된 킨들은 소니가 이루지 못한 방법을 현실화시켰고 아마존을 이북 리더 시장의 승자로 우뚝 서게 했다.

이북 리더의 경쟁은 '불완전한 제품의 저주'를 분명하게 보여준다. 법칙은 간단하다. 원-클릭 세계에서 어떤 신제품이 고객이 원하는 것의 일부만 제공한다면 수요를 창출하려는 목표를 이루는 데 실패할 것이다.

앱스토어가 없는 아이폰을 상상해보라. 그리고 스마트폰의 가치를 향상시키는 어플리케이션 개발에 헌신적으로 기여하는 수많은 개발자들이 없다면, 아이폰이 과연 존재할 수나 있을지 상상해보라. 만일 아이폰, 앱스토어, 개발자들이 하나로 통합되지 않았더라면, 아이폰은 사람들이 소유하길 열망하는 멋진 디바이스가 아니라, 그저 불평의 대상이 되는 또 하나의 휴대폰에 불과했을 것이다.

지금까지 언급한 애플, 넷플릭스, 아마존과 같은 성공적인 '원-클릭 수요 창조자'들은 새로운 경쟁 체계, 즉 '디자인의 세 가지 차원'이 어떤 모습일지 간접적으로 보여준다. 원-클릭의 세계에서 디자인은 과거보다 열 배나 더 중요해졌다. '디바이스를 디자인'하는 일뿐만 아니라 '고객의 체험을 디자인'하고 그것을 지원하는 '비즈니스 시스템을 디자인'하는 일 역시 그만큼 중요하기 때문이다.

위대한 원-클릭 기업들은 제품의 물리적 디자인을 매우 신중하게 여긴다. 익히 알다시피 애플의 미적 감각은 단연 최고다. 하지만 넷플릭스가 고객들을 가장 효과적으로 서비스할 수 있는 디자인을 찾아내기 위해 자신들의 상징과도 같은 빨간 우편봉투의 디자인을 150번 이상이나 고치고 또 고쳤다는 사실을 아는가? 아마존 웹사이트가 형태와 기능 간의 조합이 매우 뛰어나다는 사실을 정말로 조사해본 적이 있는가(넷플릭스가 자신들의 뛰어난 웹사이트가 아마존의 것을 모방한 것이라고 고백했음을 아는가)? 아니면, 버튼 위치의 미묘한 차이가 킨들을 소니의 리더보다 더 사용하기 쉽고 더 재미있게 만들었다는 걸 알아차렸는가?

그러나 디바이스 디자인보다 훨씬 더 중요한 것은 그 기업들이 그들과 고객 사이의 '체험 연결'을 디자인하는 데 예술가적인 기교를 구사한다는 점이다. 고객이 겪는 시간 낭비, 에너지 낭비, 불안 요소 등을 단 1퍼센트라도 줄이기 위해 시스템, 인터페이스, 정보의 흐름, 서비스 정책, 타사와의 협력 등 여러 측면에서 수없이 많은 조정과 수정을 가한다는 점을 생각해보라. 이러한 모든 차별적 요소들을 합하여 고객에게 제시하면, 고객들은 '고충이 (사실상) 사라진' 생활을 누리기 위해 기꺼이 돈을 지불하려 할 것이다.

세 번째로, 제품이 성공하느냐 실패하느냐의 차이를 최종적으로 결정하는 '비즈니스 디자인'이란 차원이 존재한다. 성공적인 원-클릭 기업들은 세계 정상급의 비즈니스 디자인이 기성복처럼 이미 만들어져 있는 게 아니라, 최소한 혁신적 신제품 개발에 쏟을 만큼의 창의력을 들여 '주문제작'해야 한다는 점을 잘 알고 있다. 독창적인 '가치 명제(고객에게 전달하겠다고 약속한 가치-옮긴이)', 고객에게 전달되는 가치 중 일정 몫을 차지하게 만드는 이익모델, 그 이익을 보호할 수 있는 전략적 통제 장치 등이 비즈니스 디자인에 포함되어야 한다.

그러므로 원-클릭 세계의 출현은 수요를 창조하는 데 여러 가지 시사점을 던져주는 대단히 흥미로운 현상이다. 그러나 그 시작은 아주 단순하다. 기술적인 경계가 무엇이든 간에 고객의 고충에 초점을 맞추려는 총명함과 그 고충을 없애고 말겠다는 굳은 의지를 지닌, 소수의 비범한 사람들이 바로 그 시작점에 서 있다.

블룸버그의 서비스
'보너스를 줘도 포기 못 해!'

1970년대 초에 마이클 블룸버그[3]는 월스트리트의 트레이더들을 몹시도 괴롭히던 고충을 종결시킬 방법을 찾고 있었다. 그의 미션은 사람들로 하여금 '적절한 시점에 필수 데이터에 더 용이하게 접근하게 하여 정보가 곧 이익이 되도록 만드는 것'이었다. 이 미션은 그의 배경과 성격에 이상적으로 딱 들어맞았다.

블룸버그는 고등학생 시절 매사추세츠 주 케임브리지에 있는 어느 전자회사에서 파트타임 직원으로 잠깐 일한 적이 있었다. 그 후 엔지니어링을 전공하기 위해 존스 홉킨스 대학에 들어갔고 졸업 후 하버드 경영대학원에서 석사 과정을 졸업했다. 이후 살로몬브라더스Salomon Brothers에 들어가 장내 트레이더가 되었다. 살로몬브라더스에서 그는 참을성 없고 다혈질적인 모습을 보였다(그의 옛 동료는 블룸버그에 대해 이렇게 회상했다. "그는 항상 소리를 질러댔죠. 한번은 제게 전화를 걸어서 잠깐 기다리라고 하더니만, 3분 후에 돌아와서 '원하는 게 뭐야?'라고 소리를 지르더군요. 전 이렇게 말했죠. 블룸버그, 자네가 나한테 전화했잖아!"). 블룸버그는 트레이더의 시간을 절약해주고 트레이더가 자신의 최우선적인 일, 즉 '돈을 버는 일'에 집중하도록 도와주는 도구가 있다면 그것이 무엇이든 간에 가치 있는 것으로 여겼다. 그는 또한 두뇌 회전이 빨랐고, 의지가 강했으며, 지나칠 정도로 자신감이 충만했고, 주위 사람들로부터 스포트라이트를 받는 걸 좋아했다. 이러한 기질들은 살로몬에서 같이 일하던 동료들을 몹시 짜증나게 만들었지만, 결과적으로 원-클릭 세계의 수요 창조자이자 전례가 없는 독립적인 정치가(블룸버그는 2002년에 뉴욕 시장에 당선되어 지금도 재직 중임-옮긴이)로 경력을 펼치게 해준 원동력이 되었다.

월스트리트에서의 성공은 본질적으로 모두 정보에 달려 있다. 다시 말해, 시장을 움직이는 트렌드, 가격의 변동, 불균형, 이례적인 사건 등을 주변의 다른 트레이더(요즘엔 전 세계의 트레이더)보다 얼마나 더 빨리 인식하느냐에 성공 여부가 달려 있다. 그래서 투자은행, 증권회사, 투자관리사들은 언제나 전보에서 전화에 이르는, 그리고 텔렉스에서 팩스에 이르는 새로운 정보기술을 제일 먼저 받아들이는 얼리어답터들이다.

1970년대 초에 이미 블룸버그는 엔지니어로 일했던 경험을 유감없이 발휘하여 주식 거래로 발생하는 고충을 컴퓨터를 통해 줄일 수 있는 방법을 알아냈다. 살로몬의 정보시스템 책임자로 일하는 동안, 그는 회사 측에 건의하여 백오피스(후선조직)의 메인프레임 컴퓨터와 연결된 워크스테이션을 모든 트레이더에게 한 대씩 지급했다. 당시 이러한 조치는 혁명적인 것이었다. 그런 다음, 트레이더들이 이러한 인프라를 유용하게 사용하도록 하기 위해 프로그래머들을 대거 채용했다. 트레이더로 일한 경험이 있기에 블룸버그는 트레이더들이 어떤 고충지도를 가지고 있는지 알고 있었다. 하다못해 업무환경의 물리적인 요소도 트레이더에게는 골칫거리였다. 이런 이유로 그는 모니터에 나타나는 글자의 가독성과 키보드 버튼의 크기에 집착했다.

그러나 불행하게도 블룸버그의 동료 파트너들은 그의 통찰력이 얼마나 가치 있는 것인지 충분히 인식하지 못했다. 1981년에 살로몬이 상품거래회사인 피브로코퍼레이션Phibro Corporation과 합병될 때, 다혈질인 블룸버그는 "이제 나오지 않아도 됨"이라는, 해고나 다름없는 통지를 받았다. 그는 "그들은 나를 15년이나 부려먹고 내쳐버렸죠"라며 툴툴거렸다.

블룸버그, 메릴린치의 '트집 잡기'로 성공의 날개를 달다

무례한 방법으로 해고되었기에 블룸버그의 콧대 높은 자존심은 상처를 받았다. 하지만 해고는 그의 강력한 기업가적 기질을 드러내는 계기가 됐다. 블룸버그는 파트너 몇 명과 함께 살로몬에서 받은 퇴직금을 투자하여 월스트리트에 정보전자기기를 납품하는 회사를 창업했다. 그는 당시 세 가지의 가치를 목표로 삼았다. 첫째는 주가, 채권가격, 환율 변동과 같은 재무 데이터를 실시간으로 공급하는 것이었고, 둘째는 신속하게 거래를 촉진시키기 위해 트레이더와 백오피스 시스템을 상호연결하는 전자시스템을 구축하는 것이었으며, 셋째는 차익거래의 기회를 발견하거나 주식의 상대적 가치를 비교하는 등의 분석에 사용할 소프트웨어를 제공하는 것이었다.

이런 서비스들은 블룸버그 자신이 트레이더로 일하는 동안 강하게 열망하던 것들이었는데, 그것이 원시적인 전자 장비를 가지고도 가능하다는 사실에 많은 사람들이 관심을 보였다. 월스트리트에서 오랫동안 일한 어느 전문가는 블룸버그가 당시에도 구식이었던 낡은 IBM 셀렉트릭 타자기^{Selectric Typewriter}(세계 최초의 아날로그 방식 워드프로세서-옮긴이)를 단말기에 연결하여 서비스를 시연했다고 기억한다. 하지만 경험이 많고 노련한 트레이더들은 그 원시적인 물건의 능력을 알아차렸다.

드디어 메릴린치^{Merrill Lynch}로부터 첫 번째 주문이 접수됐다. 메릴린치는 당시 자본시장에서 주류가 아니었으므로 성장에 박차를 가할 독특한 경쟁우위를 탐색하던 중이었는데, 때마침 블룸버그의 제품을 발견한 것이다. 메릴린치는 블룸버그의 고객으로 안성맞춤이었다. 메릴린치는 두 명의 트레이더에게 실시간으로 상세하게 그 기술(블룸버그의 서비스)의 장단점을 블룸버그 측에 피드백하라고 지시했다.

블룸버그의 말에 의하면, 메릴린치의 '트집 잡기'는 지속적인 개선작업을 촉진시켰기에 서비스의 성공에 중요한 역할을 했다. 블룸버그가 제공하는 서비스의 장점에 깊은 인상을 받은 메릴린치는 이 서비스 구축에 3천만 달러를 투자했다. 향후 5년 간 블룸버그가 메릴린치의 경쟁자들에게는 이 서비스를 판매하지 않는다는 단서를 달고서 말이다. 단, 메릴린치가 수요의 물꼬가 터져 엄청난 이익을 실현하게 되면 이 단서조항을 폐기하기로 했다. 이렇게 해서 블룸버그 LP(블룸버그가 창립한 회사-옮긴이)는 날개를 달고 도약하기 시작했다.

1980년대에는 전자정보기술의 도구들이 금융전문가들에게 점점 중요해질 거라는 생각에 의문을 품은 예언자가 없었다. 블룸버그에게는 적어도 20여 개의 잠재적인 라이벌이 있었는데, 로이터^{Reuter}와 다우존스$^{Dow\ Jones}$의 전자뉴스서비스 부문인 텔레레이트^{Telerate}가 그 중심에 서 있었다. 헌데 이 경쟁자들은 고객들이 포괄적이고 일반적인 데이터를 필요로 한다고 생각했다. 그러나 블룸버그는 경쟁자들보다 더 많은 것을 알고 있었다. 그는 증권분석가를 여러 명 고용하여 포괄적이고 일반적인 데이터를 트레이더들에게 독특한 가치를 전달하는 독점적인 정보로 변환하도록 했다.

데이터에 가치를 부여하는 변환 과정은 매우 지루하고 따분한 일이었다. 예를 들어, 여러 재무적인 가정을 적용하여 회계연도별로 도출한 기업정보를 서로 쉽고 정확하게 비교할 수 있도록 일정한 포맷에 맞춰 변환하는 일이 그러했다. 그러나 그들은 투자 의사결정 프로세스에서 시간을 잡아먹는 단계들을 없앰으로써 트레이더들의 고충지도를 극적으로 단순화시켰다. 또한 더욱 수준 높은 개선을 이루어냈는데, 예를 들면 수익곡선 분석을 지속적으로 업데이트함으로써 포트폴리오 계획 도구 중 하나인 '왓-이프$^{What\ if}$' 시스템을 통해 트레이더들이 투자 대안들의 결과를 추정할 수 있도록 했다. 또한 컴퓨터를 통해 투자 의사결정을 내리는 '블랙박스'라는 트레이딩 시스템의 지원 프로그램을 제공하기도 했다. 이러한 블룸버그의 도구를 써본 수많은 트레이더들은 그것이 없는 생활은 상상하기 힘들다는 것을 금세 깨달았다.

블룸버그의 직원들에게 왜 그들이 연결이 더 잘 되고 투자가가 더 많이 모이는 텔레레이트보다 고객의 수요를 두고 싸우는 전쟁에서 더 오래 살아남아 있는지 물어보라. 그들은 이렇게 답할 것이다. "텔레레이트는 데이터를 가지고도 아무것도 하지 않았습니다." 반면 블룸버그는 데이터를 가지고 뭔가를 해냈다. 1997년에 프린스턴에 위치한 분석센터에는 900명의 증권분석가들이 일하고 있었다. 트레이더들도 블룸버그로 몰려들었다. 1년 후에 다우존스는 항복을 선언하고 인수가보다 낮은 10억 달러 남짓의 가격으로 텔레레이트를 시장에 내놓았다. 그리고 로이터는 블룸버그와 일전을 벌이기 위해 수천만 달러의 돈을 투자해야 했다.

"우리 제품에는 매뉴얼이 없습니다"

이후 블룸버그 LP는 꾸준히 고객에게 제공하는 정보의 범위, 깊이, 구색, 품질 등을 확장해나갔다. 이 회사는 처음에 채권에 관한 데이터로 시작했는데, 이 분야가 바로 블룸버그가 트레이더로 일하면서 전문성을 쌓은 영역이었기 때문이다. 블룸버그는 계속해서 주식, 뮤추얼펀드, 상품 선물과 옵션, 외국환, 부동산, 그리고 모기지, 주가지수, 이자율에 기반한 파생상품 등 모두 500만 개에 달하는 금융상품으로 확장해나갔다(집카와 마찬가지로, 블룸버그는 고객의 다양한 수요를 만족시키는 것이 얼마나 중요한지를 재빨리 인식했다. 즉, 블룸버그는 고객들의 고충지도가 고객마다 각기 다르다는 점을 알아차렸고, 그에 따라 모든 고객들의 고충을 해소하도록 설계된 독특한 제품들을 개발했다). 개인 트레이더 한 명이 블룸버그가 현재 제공하는 금융 정보의 폭과 깊이를 따라잡으려면 전 세계적으로 모두 200개에 달하는 거래시장과 수천 개의 연구 기관에 접근해야 한다(그만큼 블룸버그가 폭넓고 깊이 있는 정보를 제공한다는 의미임-옮긴이). 블룸버그는 흩어진 점들을 연결하여 원하는 정보에 즉각 접근하도록 해주는 유일한 '커넥터connector'이다.

블룸버그는 속도를 줄이지 않았다. 돈과 관련된 뉴스라면 모두 취합되어 블룸버그가 자신들의 구미에 맞게 디자인한 모니터를 통해 전달되었다. 자체적으로 만든 모니터 화면의 한 구석에는 비디오 링크가 달려 있었는데, 기자회견, 상원(上院)의회에서의 청문회, 종종 신문 기사감이 되는 찰리 로즈Charlie Rose(그가 진행하던 PBS 쇼는 블룸버그의 뉴욕 본사 내 스튜디오로 자리를 옮겼다)의 TV 인터뷰 등을 제공했다. 1990년에 블룸버그는 자체적으로 뉴스 서비스를 출시하여 비즈니스, 정치, 사회, 경제 전반의 뉴스를 제공하기 시작했다. 현재 수십여 개 나라에서 2,300명의 직원들이 라디오 및 텔레비전 인터뷰와 뉴스를 제작·송출하고 있다. 또한 그들은 자체 비즈니스 잡지(『블룸버그 비즈니스위크』)를 발행하고, 케이블TV와 라디오 방송국을 운영하며, AP통신이나 로이터 통신보다 더 지역화된 여러 신문을 통해 뉴스를 전달하고 있다.

블룸버그는 기업용 제품이 거절하지 못할 정도로 매력적일 수 있음을 증명하고 있다. 다음의 사례처럼 누군가가 돈으로 유혹할지라도 말이다.

어느 자산관리 회사의 대표는 블룸버그 머신(블룸버그가 자신들의 서비스를 효과적으로 제공하기 위해 자체 제작한 모니터를 의미함-옮긴이) 하나를 사용하는 데에 매년 1만8,000달러의 비용이 지출된다는 걸 알았다. 그는 자기네 증권분석가들이 블룸버그 머신으로부터 얻는 정보의 가치가 그 정도는 아니라고 생각했다. 그래서 그는 12명의 증권분석가 모두에게 '만일 블룸버그 머신을 포기한다면 보너스를 1만5,000달러까지 올려주겠다'고 제안했다. 하지만 12명 중 11명이 그 달콤한 제안을 거절했다. 어느 증권분석가는 "블룸버그 머신을 포기하는 것보다 지금 받는 보너스에서 1만5,000달러를 깎이는 게 솔직히 더 낫다"고 말한 바 있다.

마이클 블룸버그는 2001년에 뉴욕 시장으로 선출된 후에는 회사 경영에 직접적으로 관여하지 않는다. 그러나 블룸버그가 제공하는 서비스에 대한 열정적인 수요는 수그러들 줄을 모른다. 전 세계에 30만 대 이상의 블룸버그 머신이 설치되어 있고, 각 머신은 한 달에 1,500달러의 매출을 창출하고 있다. 경쟁자인 로이터와 달리, 블룸버그는 고객이 두 번째 모니터를 설치하면 한 대에 한하여 구입가를 1,800달러에서 조금 깎아주는 것 이외에 '대량구매 할인(많이 구입하면 단가를 깎아주는 것-옮긴이)'을 해주지 않는다. 그래서 천 개나 되는 블룸버그 머신을 사용하는 월스트리트의 대형 금융회사나 직원 두 명짜리 가게나 모니터 한 대당 매달 내야 하는 돈은 똑같다. 그리고 '주식거래 실행'과 같은 서비스를 원하면 추가 요금이 부과된다.

깎아주는 것 대신에 블룸버그는 사람들이 무심코 메르세데스나 롤

렉스와 비교하곤 하는, 브랜드 가치에 걸맞은 수준 높은 서비스를 제공한다. "우리의 제품에는 매뉴얼이 없습니다"란 슬로건은 블룸버그가 자랑할 만한 것이다. "블룸버그에는 당장 도와줄 준비가 된 사람들이 1만 명이 넘습니다. 잘 훈련되어 있고 다양한 언어를 구사할 줄 아는 전문가들이 1년에 단 하루도 쉬지 않고 24시간 내내 여러분을 도와줄 겁니다." (수천 개의 데이터 공급원들을 연결시킴으로써 고객들의 고충을 줄이는 능력은 쉽게 이뤄지지 않는다.) 만약 문제를 해결하는 데에 한 두 시간 정도가 주어진다면, 한 전문가에서 다른 전문가로, 한 시간대에서 다른 시간대로 고객의 문제가 빠르게 전달되고 일본어에서 우르드어에 이르는 여러 가지 언어로 도움을 받을 수 있다.

또한, 블룸버그의 서비스 중 몇몇은 고도로 개인화되어 있고 고객에게 큰 가치를 전달해주기 때문에 그것만으로도 블룸버그 서비스가 내뿜는 매력을 쉽게 짐작할 수 있다. 가장 좋은 예는 직장에서 해고된 고객들에게 4개월 동안 집에서 블룸버그 머신을 무료로 사용할 수 있도록 하는 것이다. 그렇다고 해서 서비스의 질이 떨어지거나 서비스의 양이 적어지는 일은 결코 없다. 블룸버그처럼 인정사정없이 해고된, 한때 트레이더였던 사람들은 자신이 느끼는 고충이 바로 그런 공짜 서비스를 원한다는 것을 '상상해낼 줄 아는' 친구를 얻은 셈이다. 해고를 당해 마음이 만신창이가 된 트레이더에게 이런 서비스가 얼마나 심리적으로 큰 위안이 될지 생각해보라. 그리고 블룸버그가 제공하는 정보를 통해 현장감을 유지한다면 새 직장을 얻을 가능성이 얼마나 커질지 생각해보라. 아마란스어드바이저Amaranth Advisor라는 95억 달러 규모의 헤

지펀드가 2006년에 파산했을 때, 블룸버그는 그 회사에 다니던 221명의 직원들에게 계속해서 머신을 사용하도록 했다. 몇 개월 사이에 그들 중 180명이 새로운 직장을 얻었고, 자신들의 취업 조건 중 하나로 블룸버그 서비스를 새로이 제공해줄 것을 요청했다고 한다.

블룸버그 LP라고 해서 경기 변동에 민감하지 않은 것은 아니다. 월스트리트가 2009년에 비용을 대폭 줄이면서 블룸버그의 이용자 수도 1,100명 정도 줄어들었다. 하지만 회사의 경영자들은 오히려 「비즈니스위크」를 인수하고 블룸버그 머신에 2,000개가 넘는 새로운 기능을 소개하는 등 고객들에게 더 많은 가치를 제공하자는 방침을 고수했다. 2010년이 되자 이용자 수가 다시 늘기 시작했다. "우리는 정말로 시장점유율을 회복시켰답니다"라고 피터 그라우어^{Peter Grauer} 회장은 말한다. 그들은 가격 인하 없이 시장점유율을 예전 수준으로 회복해냈던 것이다.

블룸버그 LP는 원-클릭 세계의 구석진 곳에서도 거대한 수요를 창조할 수 있다는 잠재력을 보여준다. 수요라는 '우주'에는 개척자에 의해 정복당하기를 기다리는, 수많은 기회의 땅이 존재한다.

이 말은 기술의 세계에서 일하는 수많은 사람들과 기업들이 지향할 궁극적인 목표가 무엇인지 시사한다. 외따로 흩어져 있는 디지털 세계의 모든 구석구석을 원-클릭 세계로 변환시키라는 것이다. 원-클릭 세계란, 우리를 둘러싼 정보 도구들이 사용하기에 아주 쉬워지고 그것들이 우리의 의식 안으로 곧바로 통합되는 세상이다. 그리하여 마침내 고충이 사라졌다는 기쁨을 누릴 수 있는, 그런 세상이다.

케어모어, 헬스케어의
흩어진 점들을 연결하다

엘렌은 82세의 미망인으로 로스앤젤레스 외곽의 애너하임에 살고 있다. 어느 수요일 아침, 그녀는 여느 날 아침처럼 체중계에 올라섰다. 146파운드라, 좀 높은 것 아닌가? 엘렌은 주방 한구석에서 귀리 시리얼을 그릇에 부을 때 희미하게나마 뭔가 잘못됐음을 느꼈다.

30분이 지나자 전화벨이 울렸다. 헬스케어 센터에 근무하는 산드라였다.

"좋은 아침이에요, 엘렌. 오늘 좀 이상한 걸 느끼셨나요?"

"그래, 내 몸무게가 조금……."

"맞아요." 산드라가 말했다. "146파운드죠. 어제보다 3파운드가 더 나가네요."

"나도 좀 높다고 느꼈어, 산드라."

"오전에 센터에 오실 수 있겠어요?"

"안 돼. 딸이 이번 주에 집에 없거든."

"문제없어요. 차를 보내드릴게요. 한 시간이면 준비하실 수 있겠죠?"

"물론이지. 기다리고 있을게."

과거에 울혈성심부전증을 앓았던 엘렌에게 지난 밤에 몸무게가 3파운드나 늘었다는 것은 좋지 않은 소식이었다. 체액이 차오른다는 증거일지 모르기 때문이었다. 엘렌에 대한 치료는 그날 아침에 바로 시작되어 그녀가 위험한 상태로부터 벗어날 때까지 2주 동안 계속됐다.

엘렌의 친구인 레베카는 다른 헬스케어 회사로부터 서비스를 받는다. 6개월 전에 레베카는 엘렌과 마찬가지로 체중이 늘어나는 증상을 겪었다. 하지만 그녀의 일일(一日) 체중 변화를 병원으로 바로 전송해 주는 '무선통신 체중계'가 없었기에 여러 날 동안 그녀에게 아무런 조치가 취해지지 않았다. 1주일 후에 레베카는 호흡 곤란과 맥박 수 급속 증상으로 인해 응급실로 급히 이송되었다. 그녀는 결국 길고 고통스러운 입원생활을 견뎌야만 했다.

87세의 은퇴한 우체부인 댄은 튼튼했던 다리가 이제 노쇠한데다가 약해져서 휘청거렸다. 그는 두 가지 이유 때문에 병원에 와 있었다. 첫째는 팔과 다리를 강하게 하는 데 도움이 되는 가벼운 근력 운동을 배우기 위해서였고, 둘째는 매월 정기적으로 받는 '발톱 다듬기' 서비스 때문이었다.

댄은 곧잘 넘어지곤 했다. 그의 친구들도 바닥에 넘어져서 다리와 골반이 골절되는 바람에 오랫동안 병원 신세를 지고, 그 후 몇 년 동안 계속되는 통증과 보행의 불편함 때문에 통원 치료를 받느라 생활이 이미 피폐해진 경우가 많았다. 댄의 주치의들은 노인들이 보통 세 가지 원인 때문에 넘어진다는 것을 잘 알고 있었다. 그 세 가지는 바로 허약한 다리, 긴 발톱, 털이 북실북실한 카페트였다. 그들은 이미 댄의 아파트를 방문하여 그의 딸이 80년대산 카페트를 납작한 깔개로 교체했는지의 여부를 확인한 바 있다. 이제 그들은 댄에게 정기적으로 근육 단련 시간과 발톱 다듬기 서비스를 제공한다. 그 결과, 댄을 비롯한 그곳 환자들에게는 넘어지는 사고가 80퍼센트 적게 발생하고 있다.

당뇨병을 앓고 있는 79세의 조셉은 문에 발을 부딪치는 바람에 상처를 입었다. 그는 며칠 동안 치료를 받지 않고 버티다가 절뚝거리면서 가정의의 사무실을 찾았다. 네일러 박사는 상처를 보더니 조셉을 캘리포니아 휘티어^{Whittier}에 있는 클리닉으로 즉시 보냈다.

그곳에 가자 임상 간호사가 상처를 소독하고 붕대를 감아주었다. 그리고 조셉에게 이렇게 말했다. "이틀마다 여기에 오셔서 치료를 받으세요. 상처가 다 나을 때까지 말이죠. 아시겠죠?"

조셉은 후회스러운 듯 웃음을 지으며 고개를 끄덕였다. 그는 전에도 상처를 그냥 뒀다가 똑같은 일을 겪은 적이 있었다.

당뇨병에 걸리면 작은 상처도 심각한 문제가 될 수 있다. 상처를 보호하지 않으면 치료가 불가능해져서 절단 수술을 해야 하는 경우가 놀랄 만큼이나 자주 발생하기 때문이다. 다행히도 조셉의 발은 즉시 적절한 치료를 받았기에 무사할 수 있었다. 조셉만 혜택을 본 것이 아니었다. 조셉과 동일한 클리닉에서 치료를 받은 환자들은 다른 곳에서 치료 받은 환자들에 비해 절단 수술을 받는 경우가 60퍼센트 이상 적었다.

몇 년 전에 네일러 박사는 조셉이 치료 받은 바로 그 클리닉과 함께 협업하기 시작했다.

"솔직히 말해서 처음에는 그곳을 좋아하지 않았습니다. 그들은 어떻게 해야 하는지 시시콜콜한 것까지 정확하게 정해두고 있었죠. 전 그런 게 잔소리 같아서 듣기 싫었죠. 그런데 1년이 지나자 그들이 제공하는 서비스에 고마움을 느끼기 시작했습니다.

1차 진료 의사인 제 상황이 어떤지 아세요? 저는 매일 60명 혹은 70명의 환자를 진료해야 합니다. 중이염에 걸린 아기, 임신한 10대 소녀, 건망증 증상이 시작된 노인들까지 상상할 수 있는 거의 모든 종류의 환자를 다뤄야 하죠. 저는 늘 시간의 압박에 시달리고 선택할 옵션이 별로 없습니다. 환자에게 심각한 문제가 생기면, 저는 두 가지 선택밖에 할 수 없죠. 전문의에게 보내거나, 아니면 종합병원에 보내거나.

그 클리닉은 저에게 세 번째 옵션을 주었죠. 노인 환자가 오면, 클리닉 사람들은 무엇을 해야 할지 정확하게 압니다. 그리고 직원들은 잘 훈련되어 있을 뿐만 아니라 아주 열성적이죠. 그들은 이동수단이 없는 환자를 기꺼운 마음으로 태우러 갑니다. 또한 그들은 치료뿐만 아니라 예방에도 강박적일 정도로 노력을 기울인답니다.

그리고 이거 아시나요? 그들은 제 문제가 무엇인지도 잘 이해하고 있답니다.

그들은 제가 노인 환자들을 잘 치료할 수 있도록 도와주죠. 그게 얼마나 좋

은지 상상할 수 없을 거예요."

비록 가명을 쓰긴 했지만 엘렌과 댄, 조셉과 네일러 박사는 모두 실존인물이다. 또한 그들과 공통적으로 관련된 그 클리닉 역시 실제로 존재한다. 그 클리닉의 이름은 '케어모어CareMore'이다.[4] 캘리포니아 세리토스에 위치한 케어모어는 보험업무와 헬스케어 서비스 업무가 하나로 합쳐진 회사로 캘리포니아 주, 애리조나 주, 네바다 주에 모두 26개의 헬스케어 센터를 운영하며 5만여 명의 노인의료보험Medicare(65세 이상의 노인들이 가입하는 공공의료보험-옮긴이) 환자들에게 서비스를 제공하고 있다. 노인들을 위한 헬스케어에 초점을 맞춘 독특한 서비스를 통해 케어모어는 환자들의 불필요한 사망을 예방하고 입원 기간을 줄이며 삶의 질을 향상시킴으로써 다른 헬스케어 회사가 꿈만 꿀 수밖에 없는 수준의 치료 효과를 달성하고 있다.

케어모어는 대부분의 사람들이 기꺼이 별도의 돈을 더 낼 만큼 향상된 헬스케어 서비스의 수준을 보여준다. 하지만 이러한 성과는 첨단기술을 적용한 절차나 부자들만이 누릴 수 있는 고급 대행 서비스 등을 통해 일구어낸 것이 아니다. 케어모어는 의사, 간호사, 치료 전문가, 환자 사이의 인간적인 연결에 중점을 둔, 단순하고 상식적인 방법을 통해 총비용을 거의 20퍼센트나 감소시켰다. 또한 동시에 환자들의 삶을 연장시키고 삶의 질을 크게 높이는 등 남들이 부러워하는 성과를 창출하고 있다.

케어모어는 아무도 알지 못하는, 하지만 반드시 알아야 하는 미국 헬스케어의 역사, 그 자체다. 케어모어에 대해 처음 들어본 사람들은 항상 이런 동일한 질문을 던지곤 한다. "그들은 어떻게 그렇게 할 수 있죠?" "왜 저나 우리 부모님은 그런 서비스를 못 받는 거죠?"

이익보다 사람을 우선하면 이익을 낼 수 있다

케어모어의 이야기는 거의 20년 전으로 거슬러 올라가, 남부 캘리포니아 지역의 헬스케어 산업 변화에 어떻게 대처할지 깊이 고민하던 셸든 진버그Sheldon Zinberg라는 위장병 전문의로부터 시작된다.

미국의 다른 시장과 마찬가지로, '종합건강관리기구HMO, Health Management Organization'들이 헬스케어 업계를 평정해버렸다. HMO가 내세운 사업의 철학은 사람들에게 매력적으로 들렸다. '체계적인 관리'를 통해 치료 절차를 세심하게 조정하고 치료의 내용을 상세히 안내함으로써 환자의 행복을 극대화하고 경제적인 부담을 최소화할 수 있다는 게 사업철학의 골자였다. 하지만 기업의 의료보험 담당자와 정부기관(이익을 추구하는 투자자들도 마찬가지였음)들이 가하는 압력 때문에 HMO는 수단과 방법을 가리지 않고 비용을 줄이는 데 점점 초점을 맞췄다. 그래서 HMO는 환자의 상태를 악화시킬 가능성이 크고 환자들에게 장기적으로 높은 치료비를 부담하게 하는 '일시적 치료' 방식을 선호하게 되었다. 환자들의 고충지도는 점차 복잡하게 커졌고, 의사들은 점점 쥐어짜였으며, 비용은 계속해서 가파른 상승 곡선을 그렸다.

이런 상황은 셸든 진버그에게 경종을 울렸다. 1960년대에 그는 심장학, 종양학, 류머티스학, 신장학 등 다양한 분야에서 전문성을 갖춘 스무 명 남짓의 의사들과 함께 내과병원을 설립했다. 인터널메디슨스페셜리스트Internal Medicine Specialists, Inc.,(진버그가 세운 내과병원-옮긴이)는 뛰어난 헬스케어 서비스를 환자들에게 제공했고 직원들도 열정적으로 일했다.

그러나 1980년대 말에 몇몇 HMO가 점차 성장하며 시장지배력을 키워가자 위탁 건수가 줄어들었고 서비스에 대한 규제도 크게 강화되었다. 진버그와 그의 동료들은 어쩔 수 없이 보험회사의 보상담당자들과 전화통화를 하느라 더 많은 시간을 써야만 했다. "왜 결장경 검사를 해야 하죠? 환자는 겨우 마흔 살인데 말이죠. 그 검사에 돈을 지불하지 않을 겁니다." 이렇게 말하며 보상금 지급을 거부할 이유를 찾는 보상담당자들은 가히 '고충 창조자'라 불릴 만했다.

내과 전문의인 찰스 홀즈너Charles Holzner는 어느 HMO에서 일한 적이 있다. 그는 HMO에서 벌어진 행태에 대해 가차 없이 묘사한다. "통합적인 헬스케어라고는 눈을 씻고 봐도 찾을 수 없었죠. 저는 환자들을 2~3일 안에 퇴원시킬 수 있었지만, 환자들은 곧바로 병원으로 되돌아오더군요. 치료가 끝나면 환자들을 그냥 퇴원시켜버리고 그들에게 꼭 필요한 후속 치료엔 나 몰라라 했기 때문이죠."

환자 관리가 통합적이지 않고 서비스의 품질이 낮음에도 불구하고 환자들에게 살인적으로 높은 비용을 요구하는, 그야말로 최악의 상황이었다.

셸든 진버그는 HMO가 표방하는 '체계적인 관리'의 충격적인 실태를 목격하고 간담이 서늘해졌다. 이미 60대 초반인 그는 동료들이 으레 그러하듯 은퇴하여 그런 문제로부터 한 발짝 물러날 수도 있었다. 하지만 진버그는 1988년에 개최한 이사회에서 운명적인 발표를 한다. "유일한 해답은 누군가가 '좋은' 헬스케어 프로그램을 시작해야 한다는 것입니다."

그는 그것을 실현할 방법을 찾으려고 그 후 몇 년의 시간을 보냈다.

진버그는 환자들을 불쾌하고 힘들게 만드는 고충들, 즉 그들의 고충 지도에 대해 매우 잘 알고 있었다. 그는 통합 헬스케어 시스템의 요소들이 비용을 줄이는 것보다는 환자의 고충을 줄이는 데 집중되어야 한다는 생각을 오랫동안 가지고 있었다. 신체단련 매니아이기도 한 진버그는 자신의 집에 작은 체육관을 만들어 매일 그곳에서 특정 신체 능력을 강화하기 위한 특별 운동법을 개발하는 데 시간을 보냈다. 그런 운동법은 의학적인 건강 프로그램과 거리가 먼 터라 의사들은 그것이 무엇인지 알 리가 없었다.

전통적인 의학에서는 환자를 통합된 존재라기보다는 기관, 증상, 질환의 단순한 합으로 보는 경향이 있었다. 진버그는 의사, 간호사, 치료 전문가, 트레이너 등 여러 전문가들이 함께 일하면서 지속적으로 고객들에 대한 정보와 통찰을 공유하고, 고객들이 가능한 한 최상의 신체적, 정신적 건강 상태를 유지하도록 모든 필요 서비스를 제공하는 헬스케어 조직의 새로운 모습을 마음속에 그리기 시작했다. 그 조직은 환자를 위해서 외떨어진 점들을 서로 연결해야 하고, 환자를 그 시스템의 중심에 두어야 한다고 진버그는 생각했다.

그런 헬스케어 서비스가 존재한다면, 의사들도 자기 자신이나 가족들을 위해 그 서비스를 꼭 필요로 할 것임이 분명했다. 하지만 그런 서비스에 종사하는 것이 '돈이 되는 일'이라 여겼을까? 1990년대에 일어난 경기 변동 때문에 손해를 본, 그리고 한 팀이 되어 일하기보다 오랫동안 환자의 헬스케어에 대해 독자적으로 결정을 내리던 의사들이 진버그의 새로운 사업 아이디어에 기꺼이 자신의 운을 맡겼을까?

진버그는 거의 2년 동안 의사들이 자신의 아이디어에 동참하도록 무진 애를 썼다. "1991년과 1992년에 와이프는 제 얼굴을 거의 보지 못했답니다"라고 그는 회상한다.

저는 서로 다른 의사들과 일주일에 네 번 정도 저녁 식사를 했죠. 제 아이디어를 설명하기 위해서였는데, 저는 그들에게 빌었답니다. 말 그대로 진짜 빌었죠. 최초로 통합 헬스케어 시스템을 구축하는 데 도와달라고 말입니다. 많은 사람들이 제 부탁을 거절했습니다. 어떤 사람들은 이 일이 아주 훌륭한 일이라고 하면서도 자신들은 너무 바빠서 그런 일을 맡을 수가 없다고 했고, 또 어떤 사람들은 너무 계산적이라서 그런지 제 사업과 관련되고 싶지 않다고 딱 잘라 말하더군요. 저는 모두가 공동으로 소유하는 조직, 그리고 오직 환자들에게 최상의 것을 주는 데 집중하는 조직에 심장과 영혼을 바치기를 의사들에게 바랐습니다. "만약 우리가 이익보다 사람을 우선한다면, 우리는 이익을 낼 수 있다"고 저는 말했죠. 하지만 제 아이디어는 그들을 겁먹게 만들고 말았습니다.

다행히도 몇몇 의사들이 진버그가 하려는 일이 무엇인지 이해했다. 찰스 홀즈너가 전향자 중 한 사람이었다. 그는 현재 케어모어의 수석 의사로 일하고 있다. 진버그와 오랫동안 함께 일했던 동료들이 그와의 개인적인 인맥(이 가운데는 진버그의 환자였던 사람도 있었다)에 의해, 그리고 대의에 헌신하는 그의 열정과 성실성에 감화되어 뜻을 같이하기로 했다. 그리고 저녁식사 후에 벌어지곤 하던 진버그의 열정적인 연설이 가끔은 뜻밖의 효과를 나타내기도 했다. 어느 이탈리안 레스토랑에서 있었던 연설 도중에 한 안과의사가 벌떡 일어서더니 진버그의 말을 중단시켰다. "이봐요, 여러분들!" 그는 소리쳤다. "이것이 바로 우리가 늘 했어야만 하는 일이라고요. 이것이 우리가 의사가 된 이유라고요! 우리 모두가 이걸 기억하려고 굳이 애를 써야 한단 말인가요?" 그날 밤, 몇 명의 의사들이 계약서에 사인했다.

1993년까지 개별적으로 28개의 의원을 운영하던 의사들이 진버그의 새로운 시스템에 합류하는 데 동의했다. 그리고 그 해 6월에 케어모어 메디컬 그룹CareMore Medical Group이 문을 열었다.

진버그는 통합 헬스케어에 대한 그의 비전이 특히 노인들의 니즈에 부합하리라고 항상 생각했고, 그들을 대상으로 할 때 통합 헬스케어가 적은 비용으로 높은 치료 성과를 거둘 것이라 보았다. 위장병 전문의였기에 자연히 그의 환자들 중 많은 이들이 노인 환자였고, 그 자신도 점점 늙어가는 입장이었기에 '노화의 생리학'에 대한 그의 관심은 깊어졌다(이 주제뿐만 아니라 그의 독창적인 운동 프로그램, 영양, 유전, 기억력 등에 대한 그의 견해가 1993년에 『두 번째 인생에서 성공하기Win in the Second Half』라는 책으로 나왔다). 진버그는 노인의료보험을 적용받는 노인 환자들(헬스케어 시스템에서 가장 크게 자금을 고갈시킨다고 여겨지는)에게 조금만 특별한 주의를 기울이면 큰 혜택을 줄 수 있다는 것을 인식했다. 헬스케어 시스템이 통합적으로 운영되지 않은 탓에 노인 환자들은 불필요한 입원, 치료 중복, 오진, 정신적 혼란, 불필요한 고통, 소홀한 관리 등 미국 헬스케어 산업이 가진 최악의 폐해와 고충을 겪을 수밖에 없었다. 간단히 말해, 높은 비용에도 불구하고 전혀 통합적이지 않은 치료, 합병증을 유발하는 치료, 효과가 형편 없는 치료, 그로 인해 계속 이어지는 또 다른 치료로 노인 환자들의 수요를 마구 다루는 게 현실이었다.

하지만 초기에 케어모어는 몇몇 투자자들과 지역 병원들의 압력 때문에 직장의료보험을 적용받는 사람들을 포함하여 모든 연령대의 환자들을 받아들였다. 4년 동안 케어모어는 대부분의 의료기관처럼 이러한 기반 하에 운영됐는데, 환자수가 기대만큼 늘어나지 않는 상황에서 먹고살 만큼의 돈을 벌기 위해 갖은 노력을 다해야만 했다. 그러나 1997년에 영리의료보험 회사들은 케어모어의 성장에 위협을 느꼈던 것인지 케어모어가 자체적으로 구성한 의료보험 상품을 환자들에게 소개하지 말 것을 자신들에게 약속하라고 고집을 부렸다. 진버그와 이사회 임원들이 그런 요구를 받아들이는 데 주저하고 있을 때, 영리의료보험 회사들은 케어모어와의 계약을 돌연 해지해버렸다.

단기적으로 재무상 큰 타격을 받을 수밖에 없었다. 하지만 그것이 장기적으로는 오히려 축복이 되었다. 노인 환자들에게 초점을 맞추고 그들을 시스템의 중심에 두는 '노인 전문 헬스케어 시스템'이라는 원래의 콘셉트로 조직을 개편할 기회가 되었기 때문이었다. 진버그는 이렇게 말했다.

"우리의 콘셉트는 사람들이 생각하는 것보다 훨씬 단순했습니다. 소크라테스의 두뇌가 필요한 일이 아니었죠. 우리는 노인들의 니즈를 경청하는 것부터 시작했습니다. 그리고 우리 스스로에게 물었습니다. '어느 정도까지 그들의 니즈를 만족시킬 수 있을까?' 그래서 우리는 건강 회복과 건강 유지에 필요한 것을 그들에게 효율적으로 제공하는 방법을 알아냈답니다."

모든 수요 창조자들과 마찬가지로 진버그는 고객의 말에 귀를 기울이는 '배짱'을 지녔다. 그러나 고객이 말할 수 있는 내용에는 한계가 있다. 때때로 고객은 자신들의 진짜 욕구와 동기를 털어놓지 않는다(예컨대 "옆집 사람이 배 아파 하라고 메르세데스를 샀답니다"라고 고백하지는 않는다). 그리고 헬스케어와 같이 기술적인 분야에서 특히 그러한데, 고객은 자신이 무엇을 원하는지 진짜로 알지 못하거나 그것을 명확한 언어로 표현할 줄 모르기도 한다. 이것이 영리한 수요 창조자들이 고객과의 대화 기록에 여러 가지 관찰 결과를 추가하는 이유이다. 수요 창조자들은 사람들이 말하는 것과 행동하는 것 사이의 격차를 특별히 세심하게 관찰한다.

마치 "바라보기만 해도 많은 것을 관찰할 수 있다"는 요기 베라^{Yogi Berra}(미국의 전설적인 야구선수이자 감독-옮긴이)의 명언을 따르듯이, 진버그와 홀즈너를 비롯한 동료들은 노인 환자들에게 불필요한 고통을 야기하는 고충들이 어디에서 근본적으로 비롯되는지 그저 바라보는, 헬스케어 업계에서는 꽤 보기 드문 일들을 수행하기 시작했다. 그들은 상류(프로세스의 시작 지점을 뜻함-옮긴이)에서 발생한 근본원인이 하류(프로세스의 후반부. 보통 고객 접점을 의미함-옮긴이)에 이를 때면 때때로 걷잡을 수 없는 파국으로 번진다는 점을 분석을 통해 알아냈다. 그런 다음, 그들은 그런 고충들을 하나씩 제거하기 위한 작업에 돌입했다.

케어모어는 이러한 '상류-하류 분석' 내에 벨연구소$^{Bell\ Lab}$가 1930년대에 처음 개발했고 1950년대에 경영의 구루 에드워드 데밍$^{W.\ Edward}$ ^{Deming}(품질경영의 선구자격인 경영학자-옮긴이)이 다듬은, 오래된 시스템 관리의 원리를 적용했다. 그것은 "1단계에서는 1달러를 들여 문제를 해결할 수 있지만, 10단계에 가서 문제를 해결하려면 30달러가 든다"라는 원리였다. 한 의사의 이야기를 들어보자. "미국의 헬스케어 시스템은 마치 기차 사고가 나기를 기다렸다가 사고가 난 후에 현장을 깨끗이 치워버린다는 관점으로 구축되어 있죠. 우리는 기차 사고를 애초부터 일어나지 않도록 노력한다면 어떤 일이 벌어질지 궁금했답니다."

그들이 초기에 발견해낸 것들 중 하나는 자신들이 관리하는 노인 환자의 3분의1이 의사와의 약속 시간을 어긴다는 단순한 깨달음이었다.

왜 그랬을까? 찰스 홀즈너는 설명한다. "우리가 관리하던 노인들 중 약 40퍼센트는 독거노인들이었습니다. 그들에겐 자신을 돌봐줄 사람이 없었고, 운전도 할 수 없었을 뿐더러, 자식이 있다 해도 먼 곳에 따로 살았죠. 그래서 갑자기 아프기라도 하면 911에 전화를 걸 수밖에 없었죠. 그래서 정기적으로 의사를 만나기로 했어도 약속을 지키지 못하는 경우가 허다했죠."

　케어모어는 전통적이지 않은 색다른 아이디어를 제시했다. 바로 진료 예약일이 되면 환자들에게 무료로 교통수단을 제공하자는 것이었다. 지역의 대중교통 운영회사들은 일거리를 얻게 되어 좋았다. 교통비는 모두 케어모어가 부담했지만 장기적으로는 더 많은 돈을 절약할 수 있었다. 의료 및 헬스케어 서비스를 정기적이고 일관성 있게 제공하면 간단한 문제를 초기에 진단하여 치료할 수 있고, 복잡하고 까다로운 상황을 피할 수 있으며, 입원의 빈도를 떨어뜨릴 수 있기 때문이었다. 환자들에게 무료 교통수단을 제공하자는 아이디어는 대부분의 의사들이 고려해봄직한 일이 아니고, 환자들에게 해가 될지 모를 비의료적인 조건(예를 들어 교통수단이 없는 환자들의 상태—옮긴이)에 초점을 맞추는 것은 의과대학에서 가르치는 과목도 아니다. 그러므로 진버그와 그의 동료들이 나서서 수십 년 동안 형성된 오래된 사고습관을 뜯어 고쳐야만 그런 문제들이 풀리지는 않더라도 최소한 인식될 수 있을 터였다.

　그러나 그들이 이렇게 새로운 방식을 통해 관찰하고 생각하기 시작하자마자, 다시 말해 환자들의 관점에서 헬스케어의 고충을 들여다보고 그것을 제거하기 위해 흩어진 점들을 연결하자마자, 시스템을 개선하여 환자들에게 진정으로 원하는 것을 제공할 기회들이 발견됐다. 그리고 노인의료보험이라는 '지불 모델'은 이러한 헬스케어 시스템의 개선 과정이 이익을 증진시키고 성장과 혁신을 가속시키며 서비스를 향상시키는 결과로 이어지도록 했다.

또 다른 예를 들어보자. 헬스케어 업계에서 진료 약속 어기기, 약을 처방전대로 조제 받지 않기, 복약하지 않기, 운동과 식이요법 따르지 않기, 증상 기록하지 않기 등과 같이 환자들의 불이행[non-compliance]은 심각한 문제이다. 헬스케어 전문가들은 이에 대해 투덜거리지만, 자신들의 근무시간에 부과된 무수히 많은 요구사항 때문에 환자들의 불이행에 대해 그들이 할 수 있는 일은 거의 없다.

케어모어는 다른 접근방식을 택했다. "불이행은 우리의 문제이지, 환자의 문제가 아니다"라고 진버그는 말한 바 있다. 케어모어는 환자들의 이행률을 향상시키기 위해 더 많은 '비의료 서비스'를 일상적인 헬스케어 프로그램에 추가했다. 예를 들어, 헬스케어 전문가를 환자들의 집으로 보내어 체중계를 가지고 있는지 확인하고, 넘어질 우려가 있는 바닥깔개가 있는지 살펴보며, 약 먹을 시간을 됐음을 자동으로 일러주는 일명 '말하는 약상자[talking pill box]'를 전달하는 등의 서비스다.

이러한 혁신적인 조치로 인해 환자들의 건강이 소폭 개선되었고 그에 따라 헬스케어 서비스의 이익률도 향상되었다. 위로만 치솟던 헬스케어 비용이 처음으로 다른 방향으로 움직이기 시작했던 것이다.

케어모어는 여기에서 멈추지 않았다. 케어모어가 다음으로 시도한 것은 노인들에게 많이 퍼져 있고 노인들의 심신을 쇠약하게 만드는 질병인 당뇨병에 대해 공격적인 치료법을 추진한 일이었다. 당뇨병으로 인한 최악의 합병증이 어떻게 발생하는지 조사한 후에 그들은 조기 발견과 주도적인 예방 처치가 쇠약한 노인들을 관리하는 데 있어 얼마나 중요한지, 그리고 치료 효과와 비용 측면에서 얼마나 중요한지 알게 됐다.

당뇨병으로 인한 절단 수술이 최우선적인 조사 대상이었다. 신체의 일부분을 절단까지 해야 하는 일은 보통 반창고와 같은 가정상비약으로 스스로 치료할 수 있는 정도의 작은 상처(예를 들어, 발에 난 상처)에서 시작되곤 한다. 만약 상처가 일주일 이상 치료되지 않으면, 환자는 가정의(보통 1차 진료 의사라고 부름)를 방문할 것이다. 의사는 상처를 소독하고 붕대를 갈아주며 환자에게 주의사항을 일러준다. 하지만 의사의 조언을 환자가 이해하지 못하거나 이해해도 따르지 않을지 모른다. 일주일이 더 흐르면 상처는 악화되어 이제 외과의사에게 가야 하는 상황이 되어버린다. 외과의들은 보통 스케줄이 꽉 찬 가정의가 이런 종류의 문제에 대해 도움을 청할 수 있는 유일한 대상이다.

예약일로부터 진료일까지 보통 2주일이 걸리는 통에, 외과의사는 이미 발생하기 시작한 괴저를 발견하고는 혈관 전문 외과의사와 상담하라고 환자에게 권할 것이다. 다시 2주일의 시간이 흐르고 나면, 상처는 매우 심각해져서 이제 절단이 불가피한 상황으로 치닫게 된다. 절단 수술은 수천 달러의 비용은 차치하고서라도 말할 수 없는 고통을 야기한다. 이 모든 게 눈에 띄지 않는 아주 작은 상처에서 비롯된다.

환자의 입장에서 문제를 바라보는 사람이라면 이런 식으로 시스템을 설계하지 않을 것이다. 또한 그 어떤 환자도 이런 시스템을 원하지 않을 것이다. 이런 시스템이야말로 미국이 그동안 헬스케어에 대해 통합적이지 않은 방식으로 접근하는 바람에 키워온, 시스템이라고 이름조차 붙이기 어려운 시스템이다. '서비스별 수수료 지불'이라는 모델 하에서 작동하는 미국의 헬스케어 시스템 대부분은 서비스를 잘게 쪼개어 환자와 거래하기를 권장하고, 케어모어가 자신들의 시스템 내에 이미 구축하여 별도의 수수료 없이 통합적으로 제공하는 여러 종류의 주도적인 서비스들에 대해 어떠한 보험금도 지급하지 않는다.

케어모어는 '상처 클리닉'을 설립함으로써 기존 헬스케어 시스템에 경종을 울렸다. 이 조직은 작은 상처를 가진 당뇨병 환자들을 최우선적으로 관리할 간호사들로 구성되었다. 그들은 격일로 붕대를 교환해 주고 상처가 예정대로 치유되는지 확인하기 위해 시간을 따로 내어 환자들과 정기적으로 면담을 가진다.

케어모어가 관리하는 당뇨병 환자들의 절단 수술 빈도는 60퍼센트 이상 감소되었다.

너무나 엄격한 정책을 가지고 있어서 진버그와 홀즈너를 질리게 만들어버린 HMO들은 공급에 비해 과도하게 많은 수요가 미국 헬스케어의 주요 문제인 것처럼 행동했다. 그래서인지 문제의 해결책은 가능한 한 자주 "안 됩니다"라고 간단히 말하는 것이라고 그들은 생각했다. 당뇨병에 대한 케어모어의 접근방식은 그러한 생각이 틀렸음을 곧바로 드러냈다. 모든 환자들이 다 그렇겠지만 노인 당뇨병 환자들은 치료를 오랫동안 받고 싶어 하지 않는다. 사실 그들은 되도록이면 진료약속을 미루려고 하고 긴 시간 동안 관리 받지 않으려 한다. 그래서 종종 불필요한 합병증이 발생하고 장기적으로 볼 때 치료비가 과중해지는 문제로 악화되곤 한다. 케어모어가 제공하는 '통합 헬스케어 서비스'는 이러한 현실을 올바르게 인식한다. "안 됩니다, 안 돼요, 안 된다고요"라는 방법을 택하기보다, 환자들에게 효과적인 조기 치료법과 건강과 활기를 유지하는 데 필요한 후속 관리 서비스를 꾸준히 제공함으로써 그들의 비용과 고통을 줄이는 것. 이것이 결국 헬스케어에 대한 사람들의 수요가 진짜 무엇인지에 대한 해답이다.

조정과 통합의 전문가 '포괄치료사'

케어모어가 개척해 낸 가장 중요한 혁신 중 하나는 '포괄치료사the Extensivist'라고 명명된 전문가이다. 환자는 별개의 증상들이 단순하게 합해진 대상이 아니라, 통합된 존재이다. 하지만 헬스케어 산업의 주류 업체들은 이러한 사실을 무시한다. 당뇨병, 쇠약, 천식 등 만성 질환을 앓는 환자들이 받는 헬스케어 서비스에 관한 연구에 따르면, 그들 중 40퍼센트가 평균적으로 11명의 의사를 방문하고, 상위 25퍼센트의 환자들은 9개의 진료과목에서 16명이나 되는 의사를 접한다고 한다. 그리고 그 의사들이 서로 의견을 나누며 일정을 조율하거나 여러 치료법들이 일으키는 한 상호작용에 관해 상의하는 경우는 거의 없다는 결과가 나왔다.

지나칠 정도로 정교하고 복잡한 메커니즘으로 환자를 다루는 일은 효과적이지 못한 방법이다. 하지만 이런 혼란스러움을 정리하는 일은 누구의 몫일까?

일반적으로 그런 부담은 환자에게 주어진다. 여러 의사들이 각각 벌이는 모든 일들을 알고 있는 유일한 사람이 바로 환자이기 때문이다. 그리고 환자는 의사들이 의견을 교환하는 방법에 대해 이의를 제기할 수 있는 유일한 사람이기도 하다. 하지만 그런 역할을 수행할 시간과 에너지 그리고 전문성을 갖춘 환자가 과연 얼마나 있을까? 이처럼 환자가 쇠약하고 나이가 많으면, 의사소통에 실패하여 헬스케어 서비스가 효과적으로 이루어지지 못할 가능성이 커진다.

'포괄치료사'는 흩어진 점과 점을 연결하는 전문가들이다. 자세히 말하면 헬스케어 서비스에 대해 환자가 갖는 고충이 무엇인지 규명하고 환자들이 필요로 하고^{need}, 원하고^{want}, 얻는^{get} 것들이 모두 동일한 것임을 보장하는, 조정과 통합의 전문가들이다.

찰스 홀즈너는 어떻게 이런 새로운 타입의 의료 전문가가 존재하게 됐는지 다음과 같이 설명한다.

케어모어를 시작할 때 우리는 쇠약한 고령 환자들이 재입원하지 않도록 하는 프로그램이 필요하다는 걸 알게 됐죠. 환자들의 15퍼센트 정도가 불가피하게 여러 번 되풀이하며 재입원하곤 했습니다. 알고 보니 우리가 그들을 보통의 환자들처럼 다뤘기 때문이었습니다. 아무도 병원에서 시간을 보내고 싶어 하지 않습니다. 게다가 불필요한 재입원은 에너지와 자원을 크게 낭비하는 처사죠.

환자들을 재입원하지 않도록 하기 위해서 저는 그들을 제 자신처럼 여기고 매주나 격주 단위로 관찰하기 시작했죠. 저는 그들이 수술 후 식이요법을 이해하고 올바르게 따르고 있는지 확인하는, 그들의 개인 주치의 노릇을 했답니다. 하지만 할 일이 엄청나게 빨리 늘어나서 힘들어지더군요. 그래서 저는 진버그 박사에게 말했답니다. "우리는 사람이 더 필요해요"라고 말이죠.

이것이 바로 포괄치료사라는 개념이 어떻게 태어났는지에 관한 이야기이다.

포괄치료사는 헬스케어 분야에서 새로운 종류의 직무로서, 최종적으로 환자의 모든 니즈가 함께 고려되도록 만드는 일련의 강력한 도구를 갖춘 의사를 말한다. 그러한 도구 중 하나가 '페이션트 퀵 뷰Patient Quick View'라고 불리는 '헬스케어 기록 통합관리시스템'인데, 국가 전체적으로 실질적인 근거를 구축하자는 목표를 설정한 2010년의 의료개혁법과 궤를 같이한다. 이 시스템은 법이 제정되기 전부터 이미 케어모어에서 운영되고 있었다. 포괄치료사는 환자의 기록이나 동료 의사가 손으로 휘갈겨 쓴 노트에 의존하지 않는다. 페이션트 퀵 뷰 시스템은 포괄치료사가 버튼을 한 번만 누르면 환자 각각에 대한 완벽한 배경자료를 입수하도록 해놓았다.

포괄치료사들에게 주어지는 또 다른 도구는 노인들에게 가장 흔한 만성질환을 치료하기 위한 일련의 '프로토콜(진료과목별로 상이한 정보나 관점 등을 하나로 통합하고 연동시키기 위한 규칙을 말함-옮긴이)'들이다. 이 프로토콜에는 한창 뜨고 있는 과학인 '근거 중심 의학'의 최신 통찰들이 포함되어 있다. 당뇨병의 예로 돌아가보자. 당뇨병이라고 진단 받은 케어모어의 환자는 포괄적인 건강검진, 상처 치료 및 관리, 불필요한 절단 수술을 피하기 위한 정기적인 발 관리, 당뇨병 환자를 위한 건강 식이 요법, '쉐이프 업 & 레벨스 다운Shape Up & Levels Down'이라고 불리는 운동과 근력 강화 프로그램, 개인별 맞춤 영양식단 등이 포함된 일종의 통합 관리 프로그램에 자동적으로 배속된다. 욕창의 여부와 상처가 아무는 시간 등 십여 개의 수치가 환자별로 적어도 한 달에 한 번씩 모니터링되고 환자 각자의 건강관리 계획이 그에 따라 조정된다.

포괄치료사는 퍼즐의 모든 조각들이 제 위치에 있는지 확인한다. 이것이 바로 포괄치료사의 유일한 일이라고 해도 과언이 아니다. 케어모어의 안내 책자에는 이렇게 적혀 있다. "헬스케어의 통합과 조정은 자원봉사로 할 수 있는 일이 아닙니다." 이 말은 전문가가 수행해야 할 중요한 일이라는 뜻이다. 쇠약한 노인 환자들은 통합적이고 전체적인 개인별 관리를 필요로 하기 때문에 포괄치료사의 역할은 케어모어가 치료 성과와 재무적 이익에 있어 성공을 달성하기 위한 초석이라 말할 수 있다.

케어모어는 말기신장병, 만성폐쇄성폐질환, 고혈압, 울혈성심부전증과 같은 다른 만성질환 치료를 위해 동일한 프로그램을 개발했다. 여러 치료법들을 어떻게 조합해야 환자의 건강에 최상의 효과를 줄 수 있을지 그 증거를 연구함으로써 케어모어는 치료법의 선택이 우연히 정해지거나 의사 개인의 일시적인 기분에 좌우되지 않도록 한다. 이를 위해 의사들에게 로드맵과 함께 '할 일 체크리스트to-do checklist'를 제공하는데, 점보제트기가 활주로를 떠나기 전 '비행 전 점검사항'의 모든 단계가 완료됐는지 확인하기 위해 조종사들이 따라야 하는 체크리스트와 흡사하다.

당연한 말이지만, 포괄치료사는 반드시 식견이 풍부한 의사여야 한다. 하지만 사람을 다루는 스킬과 효과적이고 명확하게 의사소통할 줄 아는 재능이 훨씬 더 중요하다. 홀즈너는 강조한다. "그것은 모두 신뢰에 관한 문제입니다. 제가 환자 관리 업무를 맡게 됐을 때 환자의 신뢰를 얻으면, 제가 하는 모든 말을 그가 따른다는 걸 깨달았습니다. 그래서 우리가 진심으로 그들에게 최상의 관심을 기울이고 있음을 보여주는 것이 강력하고 우호적인 관계로 가는 열쇠입니다."

요즘 홀즈너는 새로운 포괄치료사를 채용할 때마다 대니얼 골먼Daniel Goleman이 쓴 『감성 지능Emotional Intelligence』이라는 책을 권하고 그 책에서 배운 교훈을 업무에 적용하라고 권한다.

포괄치료사는 케어모어의 고객들 중 가장 위중한 15퍼센트의 환자들에게 초점을 맞춘다. 부분적인 이유이지만, 상대적으로 수가 적은 이 환자들이 전통적으로 헬스케어 비용의 70퍼센트나 차지하기 때문이다. 포괄치료사의 가장 중요한 목표 중 하나는 불필요한 입원이나 내원을 방지하는 것이다. 케어모어의 임원인 리바 레신Leeba Lessin은 "환자가 계획에 없던 이유로 병원을 방문하면, 우리는 그것을 실패라고 여깁니다"라고 말한다. 노쇠한 15퍼센트의 환자들에게 효율적이고 완벽하며 통합된 헬스케어 서비스를 제공함으로써 작은 문제가 크게 악화되지 않도록 막을 수 있고, 케어모어가 지불해야 할 다섯 자리 숫자(몇만 달러)가 적힌 청구서의 수를 줄일 수 있다. 결과적으로 모든 환자들에게 제공되는 서비스를 개선하도록 자원들을 여유롭게 운용할 수 있게 된다.

이런 이야기들은 놀라울 정도로 모두 상식처럼 들린다. 케어모어에서 일하는 발루 가드헤Balu Gadhe 박사는 이렇게 질문한다. "돌봐줄 가족이 없고, 냉장고에 음식도 없으며, 약을 살 돈이 없는 집으로 환자를 퇴원시켜놓고, 울혈성심부전증이 발발한 환자를 입원시켜 치료하느라 30만 달러를 낭비하는 이유는 무엇일까요?" 하지만 현재의 '서비스별 수수료 지불'이라는 노인의료보험 프로그램이 치료 커버리지에 커다란 구멍을 야기하고 파편화(통합적이지 않은)된 치료를 권장함으로써 노인 환자들의 비용 부담을 악화시키는 탓에, 헬스케어의 주류업체들은 하루에도 수천 번이나 그런 손해를 자초하고 있다. 이는 환자들이 원하고 바라는 서비스와, 더 좋은 대안이 없어서 어쩔 수 없이 선택해야 하는 서비스 사이에 거대한 격차가 존재한다는 또 다른 예이다.

때때로 케어모어의 '조정팀'은 상식을 뛰어넘는 행동을 한다. 가드헤 박사는 어떤 환자가 자신의 개를 데리고 들어갈 수 없어서 생활지원시설에서 지내야 한다는 충고를 거부했던 사례를 이야기한다. 결국 환자의 사회복지사(케어모어 소속의)가 개를 입양하고 정기적으로 개를 데리고 환자를 방문하기로 약속하면서 문제를 해결했다고 한다.

포괄치료사의 업무는 케어모어가 놀라운 성과를 창출할 수 있도록 기여한다. 예를 들면, 입원 빈도는 업계 평균보다 24퍼센트 낮고, 평균 입원기간은 38퍼센트 짧으며, 입원 환자들의 골칫거리이고 대표적인 의원성(醫原性, 병원이나 의사에게 원인이 있는) 사망원인 중 하나인 욕창이

거의 사라졌다(미국에서는 집에서 요양하는 수많은 노인 환자들이 욕창 때문에 고생하는데, 지난 2년 동안 케어모어가 관리하는 환자들 중 욕창에 걸린 사람은 단 한 사람뿐이었다). '가정 내 후속 관리at-home-follow-up' 프로그램은 환자들이 병원에서 받던 혜택을 계속해서 받도록 해줄뿐더러, 재입원 빈도를 업계 평균의 3분의1 수준으로 떨어뜨렸다.

케어모어는 병원, 가정, 케어모어 클리닉 센터 등 여러 곳에서 회원들에게 서비스를 제공한다. 모든 환자들은 한 지붕 아래에서 일련의 서비스들이 모두 제공되는 케어모어 클리닉 센터에 들어올 수 있다. 건강검진, 자율 트레이닝, 정신건강 및 사회복지 서비스, 건강 및 영양 지도, 진단 및 검사 서비스, 케어모어가 제공하는 혜택에 대한 카운셀링 등이 모두 클리닉 센터에서 이루어진다. 환자들은 X-레이 사진, 각종 검사결과, 잃어버리거나 손상되기 쉬운 문서를 들고서 택시나 버스를 타고 이 병원에서 저 병원으로 더 이상 순례하지 않아도 된다. 케어모어는 환자들에게 '발톱 깎기 서비스'를 해주기도 한다. 발톱 손질이 잘된 노인들의 균형감각이 더 좋다는 걸 여러 연구 결과들이 보여주고 있기 때문이다.

케어모어는 새로운 프로그램들을 지속적으로 시험운용하고 있다. 최근에 이룬 혁신 사례는 울혈성심부전증 환자와 고혈압 환자를 위한 2가지 '무선 모니터링' 장치이다. 첫 번째 무선 모니터링 장치는 체중계인데, 울혈성심부전증 환자들이 매일 몸무게를 재면 케어모어에 있는 간호사에게 데이터를 자동 전송시킨다. 그래서 눈에 띄게 체중이 증가(위험한 체액이 차오른다는 신호일지 모르는)하면 그 정보가 케어모어 측에 곧바로 알려져서 즉각적인 조치가 이루어진다. 두 번째 장치는 고혈압 환자들의 혈압 수치를 케어모어 측에 자동으로 전송하는 혈압계 밴드이다. 환자들은 누군가가 자신들의 상태를 매일 주의 깊게 지켜본다는 사실을 좋아한다. 이러한 무선 모니터링 장치를 6개월간 시험운용했더니, 울혈성심부전증 때문에 재입원하는 경우가 56퍼센트나 하락했다는 결과가 나왔다. 현재 케어모어는 당뇨병 환자들을 위한 모니터링 시스템과, 매일 휴대폰 카메라를 통해 간호사와 대화할 수 있는 시스템을 시험운용중이다.

지속 가능한 수요 창출의 길을 열다

케어모어의 '점과 점을 연결하는' 시스템의 강점은 관련된 모든 사람들에게 여러 혜택들이 풍성하게 제공된다는 것이다.

물론 환자는 최고의 수혜자이다. 환자들이 누릴 '웰빙'의 모든 측면을 고려하는 헬스케어 서비스는 환자들이 스스로 수십 개의 변수들을 계획하고 조직하며 조정하고 추적해야 한다는 부담을 덜어줌으로써 환자들의 어깨를 가볍게 한다. 그렇게 함으로써 환자들의 건강을 회복시키고 회복된 상태를 유지하도록 한다.

케어모어 회원들의 만족도는 이러한 혜택이 얼마나 의미 있는지 반영한다. 97퍼센트의 회원들이 케어모어의 헬스케어 플랜에 '매우 만족' 또는 '만족'한다고 응답했다. 82퍼센트의 회원들은 케어모어의 고객 서비스 담당자가 '항상 예의 바르고 정중하다'고, 74퍼센트는 회원

서비스에 '항상 만족한다'고 대답했다. 또한 80퍼센트 이상이 케어모어를 친구에게 소개한 바 있다고 말했다.

의사들에게도 역시 혜택이 크다. 실제로 환자의 니즈를 의료 행위의 중심에 두고 있는 케어모어 같은 회사와 함께 일할 수 있다는 것은 많은 의사들에게 매우 매력적인 기회이다. 풀기 어려운 환자들의 문제에 대해 케어모어의 전문가들로부터 도움을 받을 수 있기 때문에 1차 진료의(가정의)들의 치료 효과를 향상시키고 이를 통해 환자들과 그들을 돌봐주는 사람들에게 더 큰 만족을 줄 수 있다.

2009년과 2010년 사이 치열한 논쟁으로 미국을 떠들썩하게 만든 의료개혁 이슈, 그리고 셸든 진버그와 그의 동료들이 애초에(미국에서 헬스케어 산업이 지속되기 어렵다고 여겨지던 그 때에) 케어모어를 설립하도록 이끈 이슈는 또 어떠한가?

진버그는 다른 의사들에게 이렇게 약속하며 케어모어 설립에 동참할 것을 설득했다. 만약 여러분이 사람을 이익보다 우선한다면, 여러분은 이익을 얻을 수 있습니다. 기존의 헬스케어 업체와 별다를 것이 없었던 시절(1993~1997년), 케어모어는 1,100만 달러 정도의 누적손실을 기록했다. 그러나 진버그가 꿈꿔온 통합 헬스케어 시스템이 궤도에 오르자 그가 비전으로 제시한 재무적 이익이 점차 현실로 나타났다. 2000년에 케어모어는 흑자로 전환되어 2,400만 달러의 이익을 거둬들였고, 그 이후로 확고하게 흑자를 유지하고 있다.

케어모어의 '이익 논리'는 인습의 틀을 벗어나 있다. 케어모어의 전문가들은 보통의 의사들이 상상하지 못하는 과업과 책임을 이행하고,

케어모어의 직원들은 보통의 헬스케어 업계 종사자들에 비해 환자들 (그리고 환자들의 가족)과 더 많은 시간을 보낸다. 그러나 케어모어가 지출하는 1달러의 돈은 일이 진행되는 과정에서 더 많은 달러를 절약하는 데 기여한다. 그 결과, 케어모어의 회원 관리 비용은 업계 평균보다 18퍼센트나 낮다. 케어모어는 이익 모델의 구축을 통해 비용 곡선의 형태를 반전시킴으로써 지속가능한 개인 헬스케어 서비스 시장으로 가는 길을 열었다.

2006년 1월, 비공개 기업투자 그룹이 케어모어를 인수했고 그 해 3월에 앨런 홉스Alan Hoops가 CEO에 올랐다. 투자의 전제조건은 케어모어의 모델을 복제하여 미국 전역의 노인 환자들에게 차별화된 헬스케어 서비스를 제공하는 전국적인 사업으로 성장해야 한다는 것이었다. 가장 어려운 것은 '환자 우선'이라는 독특한 지향점을 유지하면서 모델을 복제해나가야 한다는 점이다. 만약 케어모어가 이것을 극복할 수 있다면, 미국 헬스케어의 역사에 유례없는 성과가 될 것이다. 홉스는 이러한 도전을 명확하게 인식하는 것이 얼마나 중요한지 강조한다.

그것은 '규모의 성장'이 아닙니다. '규모의 성장'이란 문구는 우리의 시스템을 제대로 작동시키려면 많은 수의 환자가 필요하다는 점을 암시합니다. 하지만 그렇지 않습니다. 우리는 한 지역에 클리닉 센터를 열면 3천~5천 명 정도의 환자를 모음으로써 비용을 줄이고 환자들의 건강 상태를 개선하는 효과를 곧바로 얻기 시작합니다. 그래서 '복제한다'란 표현을 쓴 겁니다. 우리는 현재 우리의 모델을 캘리포니아에서와 마찬가지로 애리조나와 네바다의 여러 지역에 복제하는 중입니다. 문제는 시스템이 제대로 작동할지 더 이상 보장하지 못한다는 점이죠. 우리는 우리의 시스템을 더 많은 사람들에게 제공할 수 있기를 바랍니다. 제 시간에, 수백만 명의 사람들에게 말입니다.

홉스의 최우선 과제는 '복제 전략'이 제대로 실행되어야 한다는 것이었다. 그는 그 과제를 이루어냈다. 헬스케어 서비스의 수준을 향상시키고 회원들의 만족도를 끌어올리면서 새로운 클리닉 센터들을 개설해 나갔던 것이다.

복제 전략의 성공은 쉽게 이루어지지 않는다. 단순하고 정확한 복제를 위해 최고의 업무들을 규명하고 조직화해야 하기 때문이다. 또한 향상의 정도를 측정하고 독려하기 위해 명확한 기준을 만들어 적용해야 하기 때문이다. 무엇보다 가장 어려운 일은 강력한 리더십과 의사소통 그리고 훈련을 통해 '환자 중심의 열정적인 문화'라는 케어모어의 '심장'을 한 곳에서 다른 곳으로 이식하는 것이다.

쉬운 일일까? 그렇지 않다. 하지만 달성 가능한 일이다. 케어모어가 이루어냈듯이 말이다. 신규 클리닉 센터들이 문을 열고 나서 케어모어의 회원 규모는 2005년부터 2010년 사이 매년 15퍼센트 이상 성장했다. 그리고 추가적으로 신규 클리닉 센터를 개설하겠다는 계획이 이미 추진 중이다.

미국의 헬스케어 시스템에서 케어모어라는 존재의 중요성은 분명하다. 케어모어는 모든 노력을 미국 소비자의 특정 소집단, 즉 쇠약한 노인들에게 집중하고 있다. 하지만 이 소집단은 헬스케어의 수요를 파악할 때 매우 중요한 의미를 지닌 집단이다. 원하든 그렇지 않든 노인들이 헬스케어에 쏟아 붓는 국가 예산의 큰 부분을 차지하고 있기 때문이다. 그러나 헬스케어의 많은 서비스들이 그들이 원하는 것이 아니라는 사실은 이미 여러 사례들로 증명되었다. 노인 환자들이 진정으로 바라고 갈구하는 헬스케어 서비스를 제공하는 간단한 일이 국가가 직면한 헬스케어의 위기를 풀어가는 장기적인 방법이 될 것이다.

케어모어의 시스템은 미국이 처한 헬스케어 위기의 완벽한 해결책일까? 물론 그것 자체로는 안 된다. 하지만 앨런 홉스는 케어모어의 모델이 적절하게 적용된다면 만성질환에 시달리는 환자, 마약과 알코올 중독자, 장애인들과 같은 '고위험군'에게 효과적일 거라고 믿는다. 노인 환자들에게 적용되는 기본 원칙들이 그런 환자들에게도 적용될 수 있다. 단절된 신체 부위들의 합이라는 관점이 아니라 전인적(全人的)인 관점으로 환자를 치료한다는 원칙, 모든 전문 의료 서비스와 건강에 영향을 미치는 비(非)의료적인 조치를 함께 통합 제공한다는 원칙, 조기에 환자에게 개입함으로써 의료적인 문제의 발생을 막아야 한다는 원칙, 환자 정보를 정확하게 구축하여 모든 전문가들이 언제든지 열람할 수 있게 한다는 원칙, 식이요법과 운동 등 생활습관의 변화를 통해 환자들의 건강 상태를 호전시킨다는 원칙, 헬스케어의 주요 문제점 해결을 위해 효과적인 헬스케어 서비스가 무엇인지 규정하는 근거 중심의 일관된 프로토콜을 개발하고 적용한다는 원칙들이 바로 그것이다.

무엇보다도 환자들이 헬스케어 업체에게 진정으로 바라는 것을 그들에게 제공해야 한다. 하지만 소수의 의사들만이 환자들의 니즈를 알고 그들의 웰빙에 초점을 맞추고 있다.

만약 모든 미국인들의 진정한 수요를 만족시키는 전국적인 헬스케어 시스템을 갖게 된다면, 그것은 케어모어의 모델을 담고 있을 가능성이 크다. 그렇지 않은가?

Demand

ADRIAN J. SLYWOTZKY WITH KARL WEBER

제3장

배경스토리
Backstory

1. 제품 자체가 아니라 그 너머의 무언가로서, 제품을 매력적으로 만드는 요소. 2. 때때로 간과되는 요소로서, 인프라, 생태계, 비즈니스 디자인 등 수요를 창조하는 데에 필수적인 것들.

1. elements beyond the product itself that help to make a product magnetic 2. unseen, often-overlooked factors, including infrastructure, ecosystem, and business design, that are essential to creating demand

03

중요한 것은
눈에 보이지 않는다
_킨들의 뒷면

지난 수십 년간, 발명가들은 전자책을 꿈꿔왔다. 수많은 위대한 작품들을 언제 어디서든 손쉽게 접근할 수 있는 편리한 방법을 추구했던 것이다. 그들은 말했다. 읽기 쉽고, 이것저것 둘러보는 재미가 있으며, 가볍고, 배터리가 오래 가는 이북 리더를 상상해보라고. 이렇게 매력적인 제품은 열렬한 독서가들을 끌어들일 뿐만 아니라, 기술 애호가들을 열광시키며, 강력하고 새로운 수요의 흐름을 이끌어낼 것이라고.

이것은 소니Sony의 요시타키 유키타Yoshitaki Ukita의 머릿속을 한시도 떠나지 않은 꿈이었다.

유키타는 소비자 수요에 관해 가장 선경지명이 있는 전문가이자 소니에서 가장 재능 있는 제품디자이너 중 한 명이었다. 그는 소니의 디스크맨Discman 출시에 일조했는데, 1984년에 출시된 이 제품은 전설적인 이전 모델 워크맨이 카세트 음악 사업에서 거둔 성과와 비견할 만한 일대 혁신을 CD음악 사업에서 이루어 냈다. 그는 1990년대 중반에 인터넷 관련 기술의 개발 과정에 참여했고, 1990년대 말에는 스마트폰의 초기 모델 개발에 몰두했으며, 2000년대 초반에 이르러서는 '뮤직클립Music Clip'이라는 온라인 음악 유통 네트워크를 형성하는 데 기여했다.

근래에 유키타는 어떤 제품보다도 미디어 산업의 지형을 재편할 잠재력이 크다고 그가 스스로 믿는, 새로운 제품 개발 프로젝트에 참여한 바 있다.

유키타는 우리에게 말했다. "소니는 이미 일본의 영화 사업에 투자했습니다. 영화 산업의 규모가 약 30억 달러에 이르렀던 시기에 말입니다. 그리고 우리는 음악 사업에도 투자를 했는데, 1년에 40~50억 달러의 가치가 있는 시장이었죠. 하지만 우리는 오랫동안 서로 다른 종류의 콘텐츠에 우리의 기술을 적용시킬 방법을 탐색했었답니다. 그 비즈니스를 우리끼리는 '데이터 비즈니스'라 부르곤 했는데, 이 사업은 아주 거대한 기회였죠. 도서, 신문, 잡지, 만화 등 모든 종류의 출판 콘텐츠를 검토해봤더니 일본에서만 부가가치가 260억 달러에 달한다는 걸 알게 됐습니다. 그래요, 맞습니다. 우리는 음악 사업을 주도한 디스크맨처럼 콘텐츠 사업을 이끌 전자기기를 만들어내자는 아이디어에 매우 열광했답니다."

이러한 비전에 영감을 받은 유키타는 2003년에 일본에서 가장 유력한 출판기업 열 곳의 대표들을 도쿄에 있는 소니 본사로 초대했다. 극비 회의를 위해서였다. 누가 보더라도 세계에서 가장 존경 받고 가장 혁신적인 전자회사인 소니가 세계에서 가장 앞서가는 기술에 다가가 있었다. 하지만 콘텐츠는 출판업자들이 쥐고 있었다. 유키타의 비전이 성사되려면, 소니와 함께 회의 테이블에 둘러앉은, 검은 양복을 입은 열 명의 사나이들과의 합의가 무엇보다 필수적이었다.

항상 그러하듯, 의례적인 인사말을 나누면서 회의가 시작되었다. 허나 유키타가 회의에 초대한 이유를 설명하면서 작고 희끄무레한 색깔을 가진 기계의 전원 버튼을 눌러 화면에 마술을 부리기 시작하자 출판업자들은 숨소리를 죽인 채 그 광경을 지켜보았다.

출판업자들은 곧 이북 리더로 만들어질 장치에 부착된 디스플레이를 비롯하여 예전에 만들어진 수많은 종류의 디스플레이를 비교해보았다. 각 디스플레이들은 일본 문자들을 화면에 나타내고 있었는데, 깜박거리는 화면, 어지럽게 깨지는 화소, 갑작스러운 섬광, 낮은 콘트라스트 때문에 읽기가 어렵고 불편했다.

하지만 유키타가 손에 들고 있던 장치의 디스플레이는 아주 달랐다. 그 화면에는 옅은 회색 배경에 산뜻하고 검은 '간지^{Kanji}('漢字'의 일본어 독음-옮긴이)' 문자들이 열을 이루고 있었는데, 깜박거림이 전혀 없고 읽기가 수월했다. 유키타가 디바이스를 창가로 가져가자 도쿄 아침의 강렬한 햇살에도 화면이 그늘에 있을 때와 마찬가지로 잘 보였다. 참석자들은 모두 크게 놀랐다. 직사광선 아래에서 사실상 읽기가 불가능한 노트북 컴퓨터의 모니터나 휴대폰 화면과는 달랐다. 언뜻 보면 전자화면 상의 글씨가 아니라 종이 위에 잉크로 씌어 있는 글씨라고 착각할 정도였다.

"이것이 '리브리'입니다." 유키타는 자랑스러운 듯 말했다. (세계여행 애호가이기도 한 그는 스페인을 여행하는 동안 이 단어를 우연히 떠올리고 잊어버리기 전에 바로 메모해두었다고 한다.) "언젠가 수많은 사람들은 여러분들이 출판한 모든 것들을 이것과 같은 장치로 읽게 될 겁니다."

놀라서 얼굴이 창백해진 출판업자들이 서로 눈길을 주고받는 동안, 유키타는 리브리 안에서 돌아가는 기술에 관해 설명하기 시작했다. 그는 친구가 "방금 윌콕스라는 미국사람을 만났는데, 그 사람이 자네가 진짜로 보고 싶어 할 새로운 장난감을 가지고 있어"라고 전화로 알려준 덕에 그런 디스플레이를 처음 접하게 되었다고 말했다. 바로 다음 날, 유키타는 '이-잉크E-Ink'라는 회사의 영업 대표들과 호텔 룸에서 미팅을 가졌다. 이-잉크는 '마이크로캡슐microcapsule'이라 불리는 독특한 디스플레이 기술의 최신 버전을 개발한 회사였다.

유키타는 흥분을 감추지 못했다. 그는 10년이 넘도록 화면의 글씨를 편하게 읽을 수 있는 더 나은 방법을 찾고 있었다(그는 1992년에 '데이터 디스크맨Data Discman'이라 불리는 정보기기의 수요를 창출하려고 애썼지만 실패로 끝나버린 터였다). 이제 그는 그 방법을 드디어 발견했다. 유키타와 이-잉크의 러스 윌콕스Russ Wilcox는 소니가 이-잉크를 이북 리더에 사용할 첫 번째 회사가 되는 것에 곧바로 합의했다. 몇 개월에 걸쳐 미국의 엔지니어들과 소니의 디자이너들이 한 팀이 되어 일한 결과, 이제 회의실에서 출판업자들의 손에서 손으로 전달되며 신기한 듯 바라보는 시제품이 나오게 된 것이었다.

"리브리는 사용하기 쉽고, 간단하며, 편리합니다." 유키타가 회의실에 모인 출판업자들을 향해 말했다. "그것은 한 번에 500권 분량의 책을 담을 수 있습니다. 허락 없이 복제하지 못하도록 보호장치도 되어 있죠. 또한 배터리를 포함해서 무게가 300그램밖에 나가지 않습니다. 여러분들이 출판하는 책의 평균 무게가 309그램이죠. 헌데 이 기계는 더 가볍습니다!"

그는 화면을 톡톡 두드렸다. "이것이 바로 미래입니다." 그는 선언하듯 말했다. "그리고 소니는 여러분들이 우리의 파트너가 되어 함께 미래를 만들어 나가기를 원합니다. 물론 이익도 내야 하겠죠?"

출판업자들은 오랫동안 말없이 테이블을 응시했다.

유키타가 말한 모든 내용은 의심의 여지가 없었다. 오히려 그 반대였다. 소니를 향한 그들의 태도는 숭배에 가까운 존경심 그 자체였다. 그들은 전 세계를 둘러봐도 소니보다 기술 혁신에 전통적으로 강한 기업은 없고, 소니보다 '수요 창조력'이 강한 기업은 없다고 생각했다. 소니가 출판산업의 지형을 변화시킬 거라고 유키타가 확신한다면, 그들 역시 그렇게 믿을 수밖에 없었다.

이것이 바로 열 명의 출판업자 모두가 침묵을 깨며 동의를 뜻하는 미소를 보인 이유였고, 리브리로 이북을 유통시킬 새로운 시장을 형성하는 데 어떻게 소니와 끈끈한 파트너십을 맺을 것인지 적극적으로 의견을 개진하게 만든 이유였다. 유키타, 그리고 소니라는 위대한 기업과 협업하는 것이 '전자 출판 혁명'에 참여할 수 있는 마지막 기회라는 점을 그들 모두 잘 알고 있었다.

왜 리브리는 실패하고 킨들은 성공했나

오늘날 수요에 있어 가장 인상적인 이야기 중 하나는 거의 600년 전에 구텐베르크^{Johannes Gutenberg}에 의해 시작된 출판업을 다시 재편 중인 '이북 리더의 붐'이라 말할 수 있다. 그러나 출판업에 종사하는 사람들조차 이북 리더의 폭발적 수요에 감춰진 진짜 이야기를 거의 알지 못한다.

대부분의 사람들이 아마존 킨들이 거둔 순식간의 성공이 선명하고 읽기 쉽다는 장점을 지닌 이-잉크 기술을 채용한 덕이라고 생각한다. 그러나 이-잉크의 장점이 킨들의 성공을 설명할 수 있다면, 별로 알려지지 않은 소니의 리브리는 무엇으로 설명할 수 있을까? 리브리는 킨들이 나오기 3년 전에 동일한 이-잉크 기술을 사용하여 대대적인 광고와 함께 활기 넘치는 일본 출판시장에 첫선을 보였지만 완전한 실패로 끝나고 말았다.

일반적으로, 수요의 미스터리를 푸는 열쇠는 언뜻 보기에는 이해가 안 되는 이례적인 퍼즐 조각인 경우가 많다.

킨들의 승리에 대한 올바른 설명은 이-잉크에 있는 것이 아니라 눈에 보이지 않는 것들에 있었다.[1] 쌍둥이처럼 비슷한 제품(리브리를 의미-옮긴이)의 수요가 일본 시장에서 거의 제로일 때, 화면 뒤에 감춰져 눈에 보이지 않는 요소들이 킨들을 강력한 매력을 지닌 제품으로 만들었기 때문이다(앞으로 보게 되겠지만, 크게 보면 리브리의 실패는 유키타와의 운명적인 회의 이후에 열 명의 일본 출판업자들이 뒤에서 벌인 방해 공작 때문이다).

화면 뒤에 감춰진 요소들(간과되기 쉽지만 수요 창조에 매우 중요하다)이 제품의 '배경스토리'를 형성한다.

지금까지 본 영화 중 가장 좋았던 영화를 떠올려보라. 당신은 카리스마 넘치는 스타들, 흥미로운 줄거리 변화, 놀라운 시각 효과 등 주로 화면상의 움직임에 주목했을 것이다. 그러나 내부인들조차 위대한 영화의 진짜 비밀이 대개 배경스토리적인 요소에 잠재해 있음을 깨닫지 못한다. 영화 말미에 사브르^{sabre}(펜싱 경기에 쓰이는 가느다란 칼-옮긴이) 전문가, 효과음 기술, 로케이션 믹서^{location mixer}(음향혼합기술자의 일종-옮긴이), ADR^{Automated Dialogue Replacement}(자동 대사 교환) 편집자, 조명기사, 촬영기사, 조명 보조 등 생소한 타이틀을 가졌지만 영화의 독특한 장면, 소리, 조화, 속도감, 몰입감 형성에 없어서는 안 될 수백 명의 전문가들이 '만든 사람들'이란 자막으로 올라갈 때, 관객들은 배경스토리의 존재를 그저 추측만 할 수 있을 뿐이다. 그들이 없다면, 그리고 그들이 만들어내는 믿을 수 없이 복잡한 배경스토리가 없다면, 줄리아 로버츠^{Julia Roberts}와 제임스 카메론^{James Cameron}과 같은 주인공들의 기여가 제대로 인정 받지 못할 것이다.

같은 이유로, 킨들을 매력적으로 만든 요소들은 눈에 잘 띄지 않을 뿐더러 사전에 알아차리기 힘든 것들이다. 소니는 리브리가 그러한 배경스토리를 가지도록 만드는 데 실패했기 때문에 뼈아픈 '수요 실패'를 경험해야 했다.

바로 다음에 제시할 수요의 이야기에서 숨길 수 없는 패턴 하나가 '톡' 하고 튀어 오를 것이다. '때로 눈에 보이지 않는 것이 제품을 만들기도 하고 파괴하기도 한다'는 것이.

불완전한 제품의 저주

컴퓨터 마우스, 그래픽 유저 인터페이스 등 전자업계의 혁신 이야기들처럼 킨들의 이야기는 1970년대 제록스의 전설적인 연구소인 '팔로알토리서치센터Palo Alto Research Center, PARC'에서 시작한다. 이 연구소의 연구원이었던 니콜라스 K. 셰리든Nicholas K. Sheridon은 흐릿하고 명암대비가 낮아 읽기 힘든 디스플레이 화면이 컴퓨터에 사용된다는 사실에 평소 불만을 느끼던 차에 그 대안을 실험하는 18개월짜리 연구 프로젝트를 진행했다. 1973년 어느 날, 그는 자신이 기리콘Gyricon이라 명명한 장치를 만들었다. 명암대비가 높고 깜박거리지 않는 선명한 이미지를 위해서 이 장치에는 액체 위에 떠다니는 미세한 공 모양의 알갱이들이 사용되었다.

이것이 결과적으로 이북 리더를 제작할 수 있게 된 기술적 돌파구가 되었다. 하지만 제록스는 셰리든의 발명을 써먹을 생각을 하지 않았다. 이를 두고 사람들은 제록스 경영진이 근시안적이라며 비판하지만, 진짜 원인은 그보다 더 큰 것에 있었다. '신기술은 그것 자체로는 수요를 직접적으로 이끌어내지 못한다는 것'이 진짜 원인이었다. 대부분의 경우, 혁신과 수요를 연결하는 경로는 일직선이 아니라 복잡하게 돌고 도는 모양을 띤다. 왜냐하면 뜻밖의 발견, 행운, 통찰이 갑작스레 찾아오기 때문이기도 하고, 서로 관련 없는 수많은 상황들이 우연히 함께 벌어지기 때문이기도 하며, 수요를 여는 비밀의 열쇠인 배경스토리의 요소들이 우연히 발견되고 또한 우연히 만들어지기 때문이기도 하다.

1970년대 중반에는 이북 리더를 성공으로 이끌기 위한 배경스토리를 구축하는 데에 향후 수십 년의 시간이 걸릴 터였다.

이 기술을 실용적으로 응용하는 데 큰 진전을 거둔 것은 1990년대 중반에 조셉 제이콥슨Joseph Jacobson에 의해서였다. 그는 MIT 미디어랩의 젊은 물리학자로서 연구조수인 J.D. 앨버트J.D. Albert와 배릿 코미스키Barret Comiskey와 한 팀을 이루었다.

열렬한 독서광인 제이콥슨은 종이책처럼 독서하기에 간편하고 즐거우면서도 텍스트와 그림을 끊임없이 바꿔가며 화면에 나타낼 수 있는 '이북'이라는 아이디어에 오랫동안 강한 호기심을 가지고 있었다. 1996년에 그는 앨버트와 코미스키에게 셰리든의 방법을 가지고 실험을 수행하라는 지시를 내렸다. 1997년이 되자 '이-잉크'라는 회사 설립의 기초가 될 정도로 기술의 콘셉트가 충분히 마련되었다. 이 세 사람과 함께, 하버드 비즈니스 스쿨을 막 졸업한 러스 윌콕스와, 렉시스-넥시스Lexis-Nexis라는 회사의 전임 사장 제롬 루빈Jerome S. Rubin이 공동으로 창업한 이-잉크는 종이와 비슷한 전자 디스플레이의 프로토타입을 개발하기 시작했다.

시작부터 이-잉크가 가진 기초 기술은 창업자들이 인텔Intel, 모토로라, 필립스, 허스트 인터렉티브 미디어와 같은 회사로부터 1억5,000만 달러에 달하는 투자금을 유치할 만큼 매우 유망하게 보였다. 하지만 혁신에서 수요로 이르는 순환적인 경로는 생각보다 복잡하고 구불구불하며 방향도 이리저리 변한다는 사실이 곧 드러났다. 뒤늦은 깨달음 덕에, 이-잉크의 CEO인 러스 윌콕스는 자신과 동료들이 회사를 시작하는 과정에서 보인 '순진함'을 다음과 같이 표현했다.

"우리는 사람들이 구입하길 원하는 무언가를 만드는 데 2년 정도면 충분하리라 생각했습니다. 그래서 '좋아 보이는' 무언가를 만들자는 관점을 가지고 일을 추진했죠. 하지만 우리가 처음에 알지 못했던, 나중에 시간이 지나고 나서야 배운 교훈은 그저 좋게 보이는 무언가가 아니라 모든 사용 조건 하에서 '오랫동안 좋아 보일' 무언가를 만들려면 2년이라는 시간이 더 필요하다는 사실이었습니다. 다시 말해, 안정성과 튼튼함을 갖춘 제품을 만들기 위해 2년의 시간이 더 필요했죠. 그리고 적절한 비용으로 제품을 반복해서 생산하려면 2년의 시간이 더 든다는 걸 또한 깨달았답니다. 화학, 재료과학, 전자공학, 광학, 기계공학을 한데 아울러 시스템을 디자인하는 일은 꽤나 복잡한 일이었습니다."

2004년이 되자, 이-잉크는 이북에 대해 제이콥슨이 가졌던 초기의 꿈을 비슷하게나마 실현하는 수준까지 기술 발전을 이루었다. 소니의 요시타키 유키타는 일본 시장에 리브리를 출시하기 위해 이-잉크 기술의 사용권을 사들였다. 매연을 뿜으며 힘겹게 달리던 이-잉크는 바로 그 해에 매출의 급등을 경험했다. 마침내 이-잉크는 자신들의 기술을 수많은 고객들의 손에 쥐어줄 기회를 얻은 것이었다.

하지만 또다시 기술과 수요를 잇는 마술 같은 연결은 실현되지 못하고 좌절되고 말았다.

몇 년 후 유키타가 우리에게 고백했듯, 핵심적인 실패요소는 리브리를 지원하기로 한 일본 출판산업의 특성에 있었다. 뛰어난 전자제품의 생산자이자 마케터라는 소니의 명성을 잘 아는 출판업자들은 리브리의 출시가 출판산업에서 '종이 출판' 시대의 종말을 알리는 서막이라고 생각했다. 그래서 그들은 리브리라는 제품의 아이디어를 싫어할 수밖에 없었다. 출판물에 대한 통제력을 상실한다는 두려움, 그리고 불필요한 중간상인이라고 낙인찍힌 채 사라질 것이라는 두려움으로 인해 출판업자들은 그들이 가진 모든 것을 동원해서 이북과 싸움을 벌이기로 결심했다. 그들은 겉으로는 거절을 표하지 않는 일본 특유의 완곡한 어법으로 소니의 리브리를 지원하겠다고 말했을 뿐이었다.

유키타가 출판업자들과 만났을 때, 그들은 겉으로 보기에 긍정적인 반응을 보였다. 그들은 기술을 높이 평가하고 소니의 성취에 찬사를 보냈다. 그들은 자신들의 저작물에 접근할 권한을 제공하겠다고 약속했고 앞으로 나올 새 제품에 투자하겠다는 제안까지 내놓았다. 어느 모로 보나, 소니는 일본 출판시장을 혁신하자는 기치 아래 동맹자들과 강력한 네트워크를 구축하는 데에 성공한 듯했다.

하지만 현실은 판이하게 달랐다. 출판업자들은 리브리를 완전하게 죽이기 위해서 꼭 필요한 만큼 소니와 협력하자고 자기들끼리 조용하게 결의했다. 10명의 주요 출판업자들은 각자 소니에게 100권의 도서에 접근할 수 있는 권한을 주기로 합의했다. 모두 합해 1천 권이면 많다고 생각할지 모른다. 하지만 아무 서점이나 방문해서 서가에 꽂힌 책의 수를 세어보라. 1천 권이 일반적인 서점이나 반스앤노블스 아울렛의 한 코너를 겨우 채울 양밖에 되지 않고, 길어봤자 5분이면 눈으로 죽 훑어볼 수 있는 양이라는 걸 곧 알게 될 것이다.

책을 다운로드 받으려면 불편하게도 리브리를 반드시 PC에 물리적으로 접속되도록 한 것이나, 이북의 소유권이 6일이 지나면 임의로 만료되도록 한 것도 리브리에게 도움이 되지 않았다. 하지만 치명타는 아니었다. 그보다 일본 출판업자들이 물밑에서 벌인 소극적인 공격이야말로 리브리에게 치명타를 가하고 말았다. 리브리는 디자인이 훌륭하고 기술적으로 독보적인 제품이었다. 그러나 겨우 몇 권의 책만 읽을 수 있고 빨리 읽지 않으면 책을 낚아채 가버리는(즉, 책의 소유권이 만료돼버리는) 이북 리더가 좋을 것이 무엇이 있겠는가? 이는 세계에서 가장 위대한 전자회사가 내놓은 기술적으로 최고인 장치에게 비운을 가져다 준 '불완전한 제품의 저주(원-클릭의 세계에서 해서는 안 될 실수)'라 말할 수 있다.

멋진 기술이라도 배경스토리가 엉성하게 설계된다면, 그것은 아무리 화려한 스타들이 출연한다 해도 대사가 터무니없고 줄거리는 따라가기가 버거우며 하품만 나오는 특수효과를 가진 영화와 다를 바 없다. 그런 영화들은 박스오피스 순위에 오르는 영광과는 거리가 멀다.

제프 베조스가 발견한 시장

그러면 이제 35년간의 시도 끝(셰리든이 처음 기반기술을 개발한 지 35년이 흘렀다는 의미임-옮긴이)에 갑작스러운 센세이션을 일으키며 등장한 킨들의 놀라운 성공에 대해 이야기해보자.

세상의 많은 CEO들이 어느 모로 보나 아마존의 창립자인 제프 베조스처럼 똑똑하고 아는 것이 많으며 매우 열심히 일한다. 그러나 베조스는 위대한 수요 창조자로서 다른 CEO들과 구별되는 두 가지 특성을 가지고 있었다.

그중 하나는 사물과 현상들이 어떻게 돌아가는지 지독히도 꼬치꼬치 캐묻는다는 것이다. 또한 그는 강박적이라고 말할 만큼 고객중심적이다. 그는 자신의 사업전략을 이렇게 요약한다.[2] "아주 어려운 문제에 처할 때마다, 그리고 '이렇게 할까, 저렇게 할까'란 무한 반복의 늪에 빠져 결정하지 못하는 딜레마에 처할 때마다, 우리는 이렇게 말하면서 그것을 간단명료한 문제로 바꾸려고 노력한답니다. '음, 고객에게 더 좋은 게 뭘까?'라고 말이죠."

이것은 결코 입에 발린 말이 아니다. 깔끔하고 명료한 웹사이트 디자인, 원-클릭 쇼핑의 간단함, 수많은 소매업자들로부터 빈틈없이 물품을 공급받는 능력, 고객 리뷰와 개인화된 제품 추천처럼 야단스럽지 않지만 항상 부가가치를 창출하려는 능력 등 아마존의 모든 요소들은 고객들이 쉽고 완벽한 쇼핑을 체험할 수 있도록 맞춰져 있다. 아마존의 이러한 원칙은 매출에 나쁜 영향을 주더라도 흔들리지 않는다.[3] 예를 들어, 책이나 CD를 많이 소유한 고객들이 어쩌다 실수로 이미 구입한 제품을 주문하는 경우가 발견되면, 아마존은 고객이 '주문 확인' 버튼을 누르기 전에 경고 메시지를 보여준다. 그렇다. 이것은 매출을 스스로 까먹는 행위이다. 아마존 내부에서도 꼭 그럴 필요가 있느냐는 목소리가 나온다. 하지만 베조스는 말한다. "우리는 이런 기능이 고객에게 도움이 된다는 것을 알고 있습니다. 그러니 그렇게 합시다." 길게 보면, 만족한 고객들이 아마존의 사이트를 다시 찾아올 것이라고 그는 믿는다.

베조스와 그의 회사는 초창기부터 이런 접근방식을 따랐다. 이익 창출이 불가능하다고 생각되던 서비스를 제공했던 탓에 해마다 적자에 시달리고 있을 때에도 그랬고 지금까지 쭉 이런 기조를 유지하고 있다. 이렇게 하여 아마존은 세계에서 두 번째로 가치가 큰 유통회사(1위는 월마트)이자 가장 수익성 있는 기업 중 하나가 되었다.

베조스의 특성 중 나머지 하나는 다른 사람들에게는 없는 특별한 통찰력을 가지고 있다는 점이다.

2004년으로 돌아가 보자. 소니의 리브리를 처음 본 사람들은 "참 멋진 장치야. 누가 이걸 살지 궁금한데?"라고 말했을지 모른다. 아마도 도서 유통업자는 "대개 이런 이북 리더들이 나왔다가 사라지는 꼴을 많이 봤지. 우리 고객들은 종이책의 느낌과 냄새를 좋아한다고"라고 말하여 콧방귀를 뀌었을 것이다. 이러한 반응들은 충분히 예상했던 바였다.

그러나 제프 베조스가 리브리를 처음 봤을 때(진짜로 그는 이-잉크의 조셉 제이콥슨이 시연하던 회의장에서 리브리를 처음으로 보았다) 그는 이렇게 말했다. "어허, 이 기계가 내 사업을 망하게 만들 수 있겠구먼."

이제 그 말은 틀린 것으로 판명 났다. 일본어만 지원되고 읽을 수 있는 책의 양이 고작 1천 권에 불과한 장치는 아마존에게 아무런 위협을 줄 수 없기 때문이었다. 그러나 베조스는 리브리 이후의 차세대 제품을 마음속에 그려볼 수 있었다. 그는 리브리의 차세대 버전이 여러 언어를 지원할 수 있고, 인터넷에 무선으로 접속이 가능하며(그리하여 컴퓨터와의 물리적 접속을 통해 다운로드 받는 방식이 아니라 책을 즉시 구매할 수 있으며), 아마존이나 1997년에 설립된 반스앤노블(이 생각에 베조스는 약간 몸서리를 쳤다)이 구축한 거대한 온라인 서점에 접근할 수 있으리라 상상했다. 다시 말해, 그의 머리속에는 놀라운 디스플레이 기술과 함께 뛰어난 배경스토리가 뒷받침된 이북 리더가 그려졌다.

이런 이북 리더는 고객들의 도서 구매방식을 뒤바꿔놓을 잠재력을 가지고 있었다. 또한 아마존도 제거하지 못했던, 아직 남아 있는 여러 고충들을 날려버릴 수 있었다. '아마존을 통해 이틀 안에 책을 받아보는 것을 좋아하는 수많은 고객들이 있다.' 베조스는 분명히 이렇게 생각했을 것이다. '많은 사람들이 2분 안에 책을 배달 받는다면 어떻게 될까?'

베조스는 리브리 30대를 주문한 다음 직원들에게 그걸 가지고 놀아보고 연구하라고 지시했다. 아마 분해하거나 어설프게 고쳐보기도 했을 것이다. 그런 다음 그는 곧바로 이-잉크의 사람들을 만나 이렇게 물었다. "미국 시장을 타깃으로 더 나은 이북 리더를 당신들과 우리가 함께 만들려면 어떻게 하면 좋을까요?"

어떤 면에서 이것은 아마존이 도전하기엔 아주 이상한 프로젝트였다. 아마존은 삼성과 같은 전자회사가 아니었고, 애플과 같은 컴퓨터 제조회사도 아니었으며, 노키아와 같은 무선통신 장비업체도 아니었다. 삼성, 애플, 노키아. 이들이야말로 이-잉크와 파트너십을 맺어도 전혀 이상할 게 없는 회사들이었다. 그러나 베조스는 자신이 가장 잘 하는 것을 바로 실행에 옮길 줄 아는 사람이었다. 그가 가장 잘 하는 것이란, 고객의 고충지도를 통해 사업을 되돌아보고 지도가 시사하는 새로운 형태의 수요를 간파한 다음 "그 수요를 만족시키려면 아마존에게 무엇이 필요한가?"라는 질문을 던지는 습관이다. 만약 답이 '뛰어난 이북 리더 만들기'라면, 그것이 바로 아마존이 해야 할 일이 된다.

베조스는 조심스럽게 프로젝트에 착수했다. 회사가 성공을 거두며 빠르게 성장할 때는 회사의 주력사업 조직이 혁신적인 잠재 제품이나 서비스에 투자하고 관리하기가 매우 어렵다. 내부자들이 벌이는 경쟁, 예산의 압박, 꾸며낸 위협, 고정관념적인 생각 등 교활하게 프로젝트를 탈선시키려는 상습적인 행동들이 발생할 가능성이 너무나 크기 때문이다. 그래서 베조스는 그의 오른팔이라 할 수 있는 스티브 케셀^{Steve Kessel}에게 그 일을 맡겼다. 케셀은 인맥이나 영향력으로 보아 회사 내 외부 사람들의 관심을 결집시키는 데 문제를 일으키지 않을 사람으로 여겨졌다. 베조스는 케셀에게 '디지털 부문 수석 부사장'이란 새로운 직책을 부여하고 프로젝트를 관장할 독립사업조직을 만들었다. 그는 이 조직에 첩보소설에나 나올 법한 '랩126^{Lab126}'이란 이름을 붙였다.

랩126은 캘리포니아 쿠퍼티노라는 기술의 온상(이 도시에는 애플의 본사도 위치하고 있음-옮긴이)에 자리를 잡았는데, 이곳은 최고의 인재를 확보할 수 있고 시애틀에 있는 본사의 압력으로부터 보호 받을 수 있는 최적의 장소였다. 랩126에 대한 그날그날의 관리는 그레그 제어^{Gregg Zehr}가 맡았는데, 그는 전 직장 팜^{Palm}, 리눅스^{Linux}, 애플에서 젊은 나이에 큰 성공을 거둔 사람이었다. 제어는 여러 분야에서 뛰어난 기술을 보유한 사람들을 차례차례 채용했다. 이로써 그들은 세계에서 가장 좋은 이북 리더를 디자인하는 작업에 착수했다. 리브리가 구축하는 데 실패했던 '배경스토리 요소'들을 포함해서 말이다.

"만일 누군가가 우리의 온라인쇼핑 사업 모델을 파괴하려고 한다면, 그 누군가는 바로 우리일 것이다"라고 말하며 제프 베조스는 결의를 다졌다.

30년 만에 거대한 수요의 문을 열어젖히다

그러는 동안, 소니의 유키타는 이북 리더에 대한 자신의 꿈을 포기하지 않았다. 랩126의 팀이 프로젝트에 돌입했을 때에도 소니는 리브리의 약점과 계속 씨름 중이었다. 그리고 2007년 초 미국 시장에 '소니 리더'라는 새로운 이북 리더가 출시되었다. 이 제품은 비록 여전히 무선인터넷 접속 기능을 적용하지 않았지만, 리브리에 비해 콘트라스트와 가독성이 향상된 6인치 크기의 대형 스크린을 장착했다. 버튼은 예전보다 훌륭하게 디자인되었고 장치가 손에 감기는 느낌도 편안했다. 제품 리뷰어들은 시적인 표현을 써가며 찬사를 아끼지 않았다. "아름답다", "기이하고 놀랍다", "우아하다", "감동적이다"란 단어들이 여기저기에서 튀어나왔다.

리브리의 실망스러웠던 배경스토리를 업그레이드하기 위해서 소니는 애플의 아이튠즈 스토어^{iTunes Store}와 비슷한 '커넥트^{Connect}'라고 불리는 도서몰을 구축했고, 커넥트를 통해 판매할 매력적인 도서들을 모으기 위해 출판업자들과 함께 열심히 작업했다. 하지만 한 가지 문제가 있었다. 소니 리더가 출시될 당시, 커넥트는 아이튠즈와의 경쟁 레이스에서 크게 뒤처져 이미 빈사 상태에 빠져 있었다는 점이다. 리브리 이후 이루어진 제품 향상에도 불구하고 고객들의 쇼핑 체험은 재미나 흥분과는 거리가 멀었다. 어떤 리뷰어는 2007년에 이렇게 썼다.[4]

"소니가 금년 초에 온라인 스토어인 커넥트의 음악 부문에서 패배를 인정했다 해도, 이북 부문은 아직까지 정상적으로 돌아가고 있다. 어쨌든 돌아가고는 있다. 소니는 스토어에 2만 권 이상의 책을 보유할 거라 말하면서 이 정도의 도서 규모면 독자들의 다양한 취향을 만족시키는 데 충분하다고 생각하는 것 같다. 사용법이 간단한 이 스토어에는 「퍼블리셔스위클리」가 제공하는 서평과 함께 독자들이 리뷰를 쓸 수 있는 공간이 있다. 불행히도 그 공간은 대부분 비어 있다. 『괴짜경제학 Freakonomics』, 『티핑 포인트 The Tipping Point』, 스티븐 콜버트 Stephen Colbert 의 『나는 미국이다(그리고 당신도 마찬가지!) I Am America(And So Can You!)』와 같은 유명한 책조차도 코멘트가 달리지 않았다. 이런 모습은 커넥트가 마치 자동판매기들만 가득한 유령도시와 같다는 인상을 준다. 우리는 그 도시의 자동판매기에서 무엇이든 원하는 것을 가질 수 있고, 자동판매기를 코카콜라로 채우기 위해 누군가가 도시로 들어와야 한다는 점을 안다. 하지만, 맙소사. 그것은 진짜 텅 비어 있는 것 같다고!"

만약 소니가 자체적인 판매 사이트가 아니라 반스앤노블이나 보더스와 같은 메이저 도서판매체인, 혹은 오리건 주 포틀랜드에 있는 '파월스$^{Powell's}$'나 덴버에 있는 '태터드커버$^{Tattered Cover}$'와 같은 독립적인 서점업체와 협업을 했더라면 수요의 역사가 어떻게 바뀌었을까? 소니 리더가 도서 콘텐츠를 다운로드 받을 수 있도록 무선인터넷 기능을 갖추고 아마존만큼 광범위한 온라인 도서망과 연결될 수 있었더라면 어땠을까? 아마 아마존이 자신들만의 장치 개발에 전념하는 동안 소니 리더가 이북 리더 수요의 수문을 활짝 열어젖혔을지도 모른다.

하지만 그런 일은 일어나지 않았다. 소니는 배경스토리의 취약성이 리브리의 몰락을 어떻게 야기했는지 똑똑히 목격했음에도 불구하고 이북 리더의 미래에 있어 배경스토리가 얼마나 중요하고 얼마나 결정적인지 완전히 이해하는 데 실패하고 말았다. 소니가 창조해낸 새로운 배경스토리는 향상된 것이었지만 충분하지는 않았다. 또 하나의 '불발탄'이 이북 리더라는 길고 긴 대하소설에 추가되고 말았다. 소니 리더의 실패는 결국 이-잉크의 종말을 알리고 이북 출판이라는 성배를 향한 탐험을 멈추게 만든 치명타가 되었을까?

그렇지 않다. 14개월 후인 2007년 11월에 아마존이 킨들을 출시했기 때문이다.

솔직히 말해 킨들은 이북 리더로서 소니 리더를 능가할 만한 특징적인 강점이 없었다. 사실 킨들은 기술적인 면에서 소니의 것에 미치지 못했다. 예를 들어 소니 리더는 여덟 단계로 그레이 스케일 톤을 조절할 수 있었지만, 킨들은 네 단계 밖에 되지 않았다. 그러나 화면의 이면에 감춰진 것들은 화면 성능의 격차보다 훨씬 중요했다.

킨들의 장점은 첫째, 무선인터넷 접속으로 책을 다운로드할 수 있다는 점이었다. 이것은 이전의 이북 리더들이 채택하지 못했던 매우 결정적인 인프라였다. 사실 USB케이블을 써서 PC에 접속하는 것이 아주 힘든 일은 아니다. 하지만 제품을 사용하기 위해 필요한 단계, 제약사항, 장치가 하나씩 늘어날수록 제품의 매력은 크게 줄어들고 만다. PC와 연결할 필요가 없다는 것은 킨들 사용자들에게 자유를 선사했고 킨들에게 마술과도 같은 매력을 가져다주었다.

더 중요한 것은 타의 추종을 불허하는 아마존의 이북 카탈로그였다. 10년 이상 세계에서 가장 큰 온라인 서점을 운영해오면서, 제프 베조스는 모든 주요 출판업자들과 돈독한 관계를 구축했다. 이를 통해 그는 2003년에 텍스트를 디지털화하여 '책 본문 검색하기'란 기능을 최초로 선보인 바 있다. 이제 그는 고객이 이북을 통해 얻는 체험들을 잊을 수 없는 것으로 만들기 위한 강점들을 갖춘 셈이었다. 킨들이 출시되는 날, 8만8,000권의 이북이 다운로드 가능했는데, 「뉴욕타임스」가 선정한 모든 최신 베스트셀러들이 포함되어 있었을 뿐만 아니라 소니보다 네 배 이상 큰 규모였다.

더 좋은 것은 아마존 아이디를 가진 사람이라면 누구나 한 번 클릭만으로 그 책들을 구입할 수 있다는 것이었다. 대부분 10달러 정도의 가격에 판매되었는데, 대형 페이퍼백 책이나 하드커버 책에 비하면 상당히 할인된 가격이었다. 킨들을 통해 「뉴욕타임스」나 다른 정기간행물들을 정기구독하는 것도 가능했기에, 킨들은 최신 뉴스를 온라인으로 접하는 데에 있어 노트북 컴퓨터를 대체할 간편한 도구가 되었다.

하지만 베조스가 구사할 수 있었던 또 다른 배경스토리의 힘은

6,500만 온라인 쇼핑객들과 지속적으로 유지된 관계에서 찾을 수 있다. 이 고객들 중에는 아마존이 구매습관을 파악해놓은 수백만 명의 열렬한 독서애호가들이 포함되어 있다. 소니의 온라인 북스토어를 방문한 사람들이 유령의 도시를 배회하는 기분이 들었다면, 킨들 사용자들은 자신들의 선호에 따라 책을 추천받고 동일한 관심사를 가진 독자들의 생생한 리뷰를 읽을 수 있는, 친근하고 익숙한 장소에 와 있는 느낌을 가질 수 있었다.

킨들이란 기계 자체를 들여다보면 무선인터넷 접속, 아마존과 출판업자들 간의 관계, 온라인 북스토어의 방대함과 편리함, 개인화된 도서 추천 등은 눈에 보이지 않는다. 그러나 이러한 모든 배경스토리 요소들은 보이지 않지만 강력한 것들로서, 이전의 이북 리더 모델에서는 부족했던 매력을 킨들에 부여함과 동시에 고객이 이북으로부터 갖는 체험을 드라마틱하게 향상시켰다. 399달러라는 만만치 않은 가격에도 불구하고(그리고 일반 상점이 아니라 아마존을 통해서만 구입이 가능했음에도 불구하고), 킨들의 초도 물량은 다섯 시간 반 만에 매진되어버렸다.

30년이 넘는 시간이 지나고 나서야, 갑작스럽게 이북 리더 기술은 아마존이 고객에게 이-잉크 화면 자체를 뛰어넘는 다양한 장점들을 제공한 덕에 거대한 수요의 광맥에 도달했던 것이다.

수십 명의 독자들과 인터뷰를 진행하고 나서 우리는 2007년에 이북 리더의 수요가 창출되도록 기여한, 또 하나의 요소를 알게 되었다. 바로 환경을 중시하는 소비자 계층이 성장했다는 것이다. 우리가 인터뷰한 사람들 중 상당수가 자신들의 아파트에 쌓여 있는 신문, 잡지, 책을 인쇄하기 위해 나무를 희생시켜야 한다는 생각에 거부감을 드러냈다.

내 손에 들고 있는 종이의 느낌과 냄새가 좋다고 말하면서 이북 리더 화면을 터치하기를 거부하는, 여전히 종이책을 선호하는 사람들이 많다. 하지만 요즘 그런 사람들의 수는 종이 사용에 죄책감을 느끼는 사람들의 수와 비슷하거나 오히려 적을지도 모른다. 종이 사용에 대한 사람들의 생각은 킨들의 성공적인 출시에 그다지 중요하지 않은 요소로 여겨졌다. 하지만 이제 그 중요성이 계속 커지고 있는 게 사실이다.

이러한 모든 이유로 인해 킨들은 이-잉크가 찾으려 했던 수요의 획기적인 진전을 이루어냈다. 어떤 애널리스트는 2008년 말에 킨들의 판매량이 50만 대에 달했고 대략 2억 달러의 매출을 달성했으리라 추정했다. 이는 이북 산업이 아직 초기라는 점에서 놀라운 도약이다.

'고객 중심'이라는 본성에 충실하고 수요에 초점을 맞출 줄 아는 기업인 아마존은 '킨들1'에서 멈추지 않았다. 킨들1이 나온 지 14개월 후(2009년 2월)에 보다 향상된 성능을 갖춘 킨들2가 출시되었다. 킨들2는 가격이 359달러로 소폭 낮아졌고, 광택이 나는 재질을 사용했으며, 보다 인체공학적인 디자인을 채용했다. 또한 이-잉크 디스플레이의 화면전환 속도가 빠르게 향상되었고, 자동으로 책 내용을 큰 소리로 읽어주는 '텍스트 읽기 기술'이 새로이 적용됐다. 이전 모델과 같이 킨들2는 진열되자마자 날개 돋친 듯 팔려 나갔다. 급기야 10월에 대중 문화의 아이콘인 오프라 윈프리Oprah Winfrey는 그녀가 진행하는 토크쇼에서 킨들2와 '사랑에 빠졌다'고 말할 정도였다(이-잉크의 직원들은 회사의 넓은 작업장 겸 회의장에 모여 제프 베조스가 무료 이북이 저장된 킨들 여러 대를 오프라의 스튜디오에 있던 관객들에게 공짜로 나눠주는 TV 장면을 함께 시청했을 때, 그리고 그들에게 새롭게 주어진 가장 큰 문제가 킨들 판매량을 쫓아가도록 이-잉크 필름의 생산 속도를 증가시키는 것임을 깨닫고 두려움에 휩싸였을 때 느꼈던 전율을 떠올리며 활짝 웃는다).

2009년 5월, 킨들의 세 번째 모델이 제품 라인업에 추가되었다. 9.7인치로 커진 화면을 채용한 '킨들DX'는 PDF 파일을 읽을 수 있고 (당연히 킨들 포맷으로 디지털화된 책도 읽을 수 있다) 필요에 따라 가로나 세로 모드로 화면을 회전시킬 수 있다. 그리고 2010년 8월에는 또 하나의 모델이 새롭게 등장했다. 좀 더 향상된 성능을 갖추었고 가격은 파격적인 수준으로 낮아졌다(와이파이 버전이 139달러, 3G 버전이 189달러).

아마도 가장 중요한 사실은 (현재 아마존에서 킨들을 총괄하는 수석 부사장 스티브 케셀의 말에 의하면) 킨들 사용자들이 택배와 같은 예전 방식으로 책을 구입할 때보다 2.7배나 더 많은 책을 구입한다는 것이다. 면도기 제조기업인 질레트가 '이중 면도날'이란 아이디어로 시장을 석권했다는 이야기를 들어본 적이 있을 것이다. 그런 질레트라면 고객들이 평소보다 2.7배나 자주 면도하고 싶게 만들 방법을 과연 내놓을 수 있었을까? 새로운 수요를 창조하는 일에 대해, 그리고 회사의 핵심을 구축하는 일에 대해 토론해보라.

현재, 아마존이 강력한 매력과 배경스토리를 지닌 제품을 통해 이북 리더의 잠재 수요가 미미하리라는 세간의 의심을 물리쳤다는 사실에 고무되어, 원-클릭 세계의 여러 경쟁자들이 급성장하는 이북 리더 산업을 차지하기 위해 바삐 움직이고 있다.

소니는 아직 이 게임을 포기하지 않았다. 2009년 8월, 소니는 '데일리에디션Daily Edition'이라는 새로운 버전을 내놓았다. 이 제품은 그레이스케일 톤의 단계를 8단계에서 16단계로 늘림으로써 더욱 상세한 이미지 표현을 가능하게 했다. 또한 소니는 배경스토리를 향상시키기 위해 여러 가지를 완료했다. 데일리에디션은 킨들과 대적할 수 있을 정도로 북스토어를 강화한 것은 물론이고, 결국 무료로 3G 무선통신 서비스를 제공하기로 했다. 비록 아직까지는 킨들에 한참이나 뒤처진 2등이지만, 소니가 이북 리더 시장에 입학시킨 이 '신입생'은 꾸준한 수요의 흐름을 유지하며 선전 중이다.

아마존과 소니가 '이북 리더 전쟁'을 치르는 동안, 2009년 10월에 반스앤노블은 이북 리더 시장의 3번째 메이저 제품인 '누크Nook'를 출시했다. 누크는 킨들과 매우 유사하게 생겼지만, 이-잉크 디스플레이 아래에 작은 컬러 터치스크린이 입력장치로 장착된 것이 특징이었다. 누크의 콘텐츠 소스는 반스앤노블닷컴이 가진 방대한 북스토어였지만, 아마존과 비교하면 그저 두 번째 규모에 불과했다.

2010년 3월에는 애플이 아이패드를 가지고 아주 다른 방향으로 이북 리더 시장에 끼어들었다. 시끌벅적한 반응을 일으키며 등장한 아이패드는 이-잉크의 흑백 화면을 버리고 풀 컬러를 표현하는 멀티터치 LED스크린을 채용했다. 애플과 같은 원-클릭 기업의 대가들이 대개 그러하듯, 이북 리더로서 아이패드는 아주 훌륭한 배경스토리의 지원을 받고 있다. 아이패드에서는 누크와 킨들 북스토어에 접속하기 위한 앱을 모두 사용할 수 있기 때문에 다른 어떤 장치보다 더 많은 이북에 접근이 가능하다. 2010년 말 기준으로 700만 대가 넘는 아이패드가 판매되었고, 이와 유사한 터치스크린 태블릿 PC들이 급증하기 시작했다. 예를 들어 반스앤노블은 LED스크린을 채용한 새로운 이북 리더를 출시하여 '누크 컬러^{Nook Color}'란 이름을 붙였다.

마지막으로 2010년 12월에 또 하나의 메이저 업체가 이북 시장에 진출하는 모습을 사람들은 목격했다. 바로 구글 이북스토어^{Google eBookstore}가 첫선을 보인 것이다. 이 새로운 온라인 도서판매 사이트는 세계에서 가장 큰 이북 카탈로그를 자랑했다. 누구나 허가 없이 사용할 수 있는 공짜 이북 200만 권을 포함하여 총 300만 권이 넘는 규모였다. 구글 이북은 장치에 종속되지 않는 포맷으로 제공됐기 때문에 아이패드, 아이폰, 아이팟 터치, 누크, 소니 리더, 일반 PC 등 킨들만 제외하고는 사실상 모든 장치에서 읽을 수 있었다(물론 해커들이 구글의 이북 파일을 킨들용으로 전환하도록 설계된 소프트웨어를 금세 만들어냈다). 구글은 미국 전역의 독립적인 서점상들과 파트너십을 맺고 싶다는 의사를 발표하면서 배경스토리의 일대 전환을 꾀했다. 구글은 서점상들에게 즉각적이고 낮은 비용으로 이북 시장에 접근할 수 있는 권한과, 아마존이라는 거대한 판매망 때문에 매출이 계속 추락하는 상황을 타파할 수 있는 방법을 제공하기로 약속했다.

2007년에 아마존에 의해 촉발된 이북 혁명은 앞으로 좀 더 새롭고 좀 더 예측 불가능한 발전을 파생시킬 가능성이 크다. 하지만 지금은 킨들이 이북 리더의 길을 계속 주도하고 있다. 2010년 말 현재, 8백만 대의 킨들이 판매된 것으로 추정된다(정확한 수치는 영업 비밀이라 공개되지 않는다). 킨들의 판매량이 증가하면 이북 매출도 같이 성장한다. 아마존의 발표에 따르면, 이북 포맷과 종이 포맷 둘 다 가능한 책의 경우, 킨들을 통한 판매량이 거의 절반에 이른다고 한다.

이북 리더에 대한 수요의 돌파구가 마침내 열렸고, 그것도 아주 크게 열렸다. 그러나 책 읽기의 새로운 방식(즉, 이북)이 진화하는 동안 누가 수요의 가장 큰 몫을 차지하게 될까? 이 질문의 대답은 부분적으로는 독서애호가들이 어떤 장치에 결국 매력을 느낄 것인가에 달려 있다. 하지만 이 질문의 대답은 각 기업이 창조해내는 배경스토리가 얼마나 강력하고 얼마나 완벽할지, 그리고 출판업자, 서점상, 디자이너, 유통업체, 프로그래머, 기타 협력업체들과의 네트워크가 얼마나 강하고 얼마나 창의적일지에 더 많이 달려 있다.

앞으로 10년 동안, 이북이 더욱 일반화된다면 화면의 뒷면에 존재하는 것들이 예전보다 더 큰 의미로 다가올 것이다. 이는 구(舊) 미디어 기반의 기업들이 디지털 시대가 그들을 쓸모없는 존재로 만들 것이라고 종종 말하곤 하는 두려움이 기우에 불과함을 의미한다. 디지털 시대는 그들로 하여금 경쟁력 있는 상품을 창조하고 전달하는 자로서 오랫동안 쌓은 자신들만의 경험을 충분히 기회로 활용할 수 있도록 해주기 때문이다.

잊을 수 없는 줄거리, 멋진 등장인물들, 의식을 고양시키는 통찰, 열정적이면서 좋은 생각을 연상시키는 시 등 잘 만들어진 이야기들의 힘을 배가시킬, 빠르고 유연한 기술을 보유한 출판업자를 떠올려보라. 그렇다면, 수많은 젊은이들이 이북 리더라는 새로운 매체로 책을 읽는 기쁨에 푹 빠지도록 기회를 제공해야 하지 않을까? 오프라 윈프리의 '북클럽Book Club(윈프리의 쇼에서 책을 소개하는 코너-옮긴이)'으로부터 J.K.롤링J.K. Rowling의 '해리포터' 시리즈까지 지난 세대에 벌어진 출판 시장의 커다란 현상들은 올바른 시기에 올바른 방법으로 올바른 독서 체험이 따라붙어야 수요가 발생할 수 있다는 점을 알아차리게 해준다. 강력한 배경스토리의 연결에 의해, 이북 리더는 우리가 이제 막 이해하기 시작한 방법들로 여러 종류의 독서 체험을 배가시킬 수 있다.

이 모든 것들을 상상하라. 그리고 이렇게 질문하라. 미래의 책 수요에는 한계가 있을까?

테트라팩,
배경스토리 바깥으로
걸어 나오다

    미국인들이 유럽을 방문하여 경험하는 작은 문화적 충격들 가운데 하나는 파리나 베를린, 혹은 로마에 있는 친구의 아파트에서 저녁 식사 후 커피를 준비하는 일을 거들 때 발생한다. "우유가 어디 있지?" 그들은 소형 냉장고를 놀라운 듯 들여다보며 이렇게 묻는다.

    "찬장 안에 있어." 아니나 다를까, 선반 위에 네모난 우유팩이 놓여 있고, 그 옆에 오렌지주스, 스크램블드 에그 믹스, 요거트, 푸딩 등이 팩으로 나란히 줄지어 있다. 미국인들 같았으면 실온에 보관한다는 걸 꿈조차 꾸지 못할 음식들이다.

    어떻게 된 일일까? 유럽인들은 미국의 가정들이 몇 대에 걸쳐 준수해온 '음식 안전'의 기본 규칙을 모르는 걸까?

    이 질문에 대한 답은 수요의 '우주' 안에서도 매우 흥미로운 곳으로 우리를 안내한다. 다시 말해, 어떻게 문화와 심리가 수요의 형성에 영향을 미치는지 명확하게 보여주는 이야기로 우리의 손을 잡아끈다.

신선한 달걀노른자와 버터, 여기에 레몬주스를 살짝 뿌려서 만든 전통 네덜란드 소스가 에그스 베네딕트와 같은 음식에 들어가거나, 삶은 아스파라거스 싹이나 데친 연어살에 곁들여질 때의 풍부한 맛을 떠올려보라. 만약 네덜란드 소스가 냉장되지 않은 채 종이팩에 담겨 있다가 당신의 접시 위에 뿌려진다면 어떻게 반응하겠는가?

만일 당신이 대부분의 미국인들과 같다면, 입맛이 달아나버린 데다 먹으면 위험할 것 같은 생각에 절대로 그 음식을 먹지 않겠다고 고집할 것이다.

하지만 사실을 따져보면 당신은 아마도 그토록 위험하게 보이는 음식을 이미 먹어본 적이 있을 것이다. 전통적인 재료들이 함유된 이 네덜란드 소스 제품은 유럽인 친구의 찬장 안에 있던 우유처럼 냉장고가 없어도 보관이 가능한 특별한 팩에 담겨 있다. 방부제나 화학물질이 들어 있지 않은 이 소스는 모든 건강 및 안전 기준을 만족할 뿐만 아니라 아무 것도 없는 상태에서 네덜란드 소스를 만드는 것보다 훨씬 빠르고 간편하다.

더구나 매우 놀랍게도 그것은 맛이 진짜로 좋다. 어떤 미국인 요리사는 "내가 만든 네덜란드 소스와 이 제품의 차이를 구별하기가 어렵다"고 인정하기도 했다. 종이팩에 담긴 유동식품liquid food들은 그 수가 계속 늘고 있고 미국 전역의 식당이나 호텔에서 점점 더 많이 판매되고 있는데, 이미 만들어져 판매되는 네덜란드 소스는 그런 제품 중 하나일 뿐이다.

이것은 최근에 실험실에서 찬장으로 '곧바로 뛰어오른' 과학적 성과일까? 결코 그렇지 않다. 종이팩에 든 음식에 대한 수요의 파도가 형성되기까지는 50년이 넘는 시간이 걸렸다. 현재까지 미국의 소비자들은 자신들이 먹는 고급 저녁 식사 중 일부가 냉장되지 않은 종이팩에서 나온다는 사실을 알고 싶어 하지 않는다.

여기에 그러한 혁신의 배후에 서 있는 놀라운 기업이 있다. 이 기업은 '익명의 혁명'이라 일컬을 수 있는 일, 즉 거의 완벽히 무명인 상태를 유지하면서 우리의 '먹는 방법'을 변화시키고 있다.

또한 이 회사는 20세기의 가장 중요한 음식물 포장기술을 발명했다는 찬사를 받을 뿐만 아니라, 이 회사의 포장기술은 뉴욕 현대미술박물관의 영구전시품으로 선정될 만큼 뛰어난 디자인을 보유하고 있다. 미국인들 중 아주 소수만이 '테트라팩(Tetra Pak)[5]'이란 이름을 들어본 적이 있겠지만, 사실 당신이 즐겨먹는 음식을 제조하는 여러 회사의 경영진들은 이미 테트라팩을 잘 알뿐더러 매년 테트라팩의 독특한 전문성에 점점 더 많이 의존하고 있다.

매우 흥미롭게도 현재 '테트라팩 이야기'의 새로운 장(障)이 시작되고 있다. 거의 아무도 들어본 적 없는 독특하고 놀라운 제품이 어둠의 바깥으로 걸어 나와 과연 수요를 끌어모을 수 있을지 시험대에 올라서 있는 것이다. 다른 누군가의 배경스토리에 적힌 일부분으로서가 아니라, 자신만의 힘으로 말이다.

얼굴 없는 혁명

무균 팩 포장법은 스웨덴의 루벤 라우싱Ruben Rausing이 만든 발명품이었다. 1910년대에 뉴욕의 콜롬비아 대학에서 비즈니스를 공부하는 동안, 라우싱은 전국적인 제품유통, 셀프서비스 쇼핑, 최초의 슈퍼마켓 등 현대적인 식료품 유통기술의 확산에 매료되었다. 그러한 트렌드가 결국 유럽에 들이닥칠 것이라 확신한 그는 변화에 대비하기 위한 방법을 궁리하기 시작했다.

스웨덴으로 돌아온 라우싱은 에릭 오켈룬트Erik Åkerlund라는 투자자와 팀을 이루어 '오켈룬트앤드라우싱Åkerlund & Rausing'이라는 회사를 설립했다. 이 회사는 20세기에 시작된 새로운 소매업의 시대에 대응하기 위해 포장법 개발에 모든 역량을 집중했다. 예를 들어, 선적용과 벌크 판매용으로 예전부터 사용하던 낡은 밀가루 통을 대신하기 위해 소비자용으로 소형 밀가루 포장을 만든 것이 대표적이었다.

1930년대에 라우싱의 관심은 포장법과 유통방식이 시급히 개선될 필요가 있던 또 다른 전통적 일상품에 쏠려 있었다. 그것은 바로 우유였다. 당시 스웨덴에서 우유는 다루기 불편한 금속 용기에 담겨 벌크로 팔리거나, 대용량의 유리병(미국에서처럼)에 담겨 팔렸다. 이런 포장방식은 한창 부상 중인 '셀프서비스 식료품점(자신이 원하는 제품을 스스로 고르는 방식의 식료품점-옮긴이)'과는 맞지 않았다. 라우싱은 우유 소비자와 생산자가 공통적으로 겪는 고충을 제거할 수 있는 새로운 우유 포장법들을 실험하기 시작했다.

그는 먼저 오염물질에 노출되지 않도록 용기 안에 우유를 밀폐 포장하는 문제를 해결해야 했다. 그래야 우유를 오래 진열할 수 있기 때문이었다. 그것은 라우싱이 여러 해 동안 해결해야 했던, 아주 골치 아픈 공학적 도전과제였다.

1943년에 라우싱은 아내인 엘리자베스와 점심을 먹으면서 이 문제에 관해 이야기를 나누었다. 갑자기 아내가 소리쳤다. "긴 튜브로 우유를 끊기지 않게 채운 다음에, 튜브를 끊어냄과 동시에 밀봉하면 어때요?" 엘리자베스의 아이디어는 '우유를 끊기지 않게 채우면 골치 아픈 불순물의 원인이 되는 포장 안의 기포가 제거되리라는 것'이었다.

라우싱은 미심쩍어 했다. "그건 불가능한 것 같소. 뜨거운 클램프로 열을 가해 밀봉한다면 우유가 탄 맛이 날 테니 말이오."

그러나 그의 아내는 이렇게 반문했다. "해보긴 했나요?" 라우싱은 나중에 이 상황을 이렇게 말했다. "그렇게 당연하면서도 이치에 맞는 말을 하다니, 정말이지 아내는 훌륭했죠." 점심식사 후 그는 실험실로 돌아가 우유로 가득 채워진 종이 실린더 몇 개를 밀봉해보고, 탄 맛이 느껴지지 않는다는 걸 알게 됐다. 우유로 채워진 부분이 밀봉되면서 용기가 4면체^{tetrahedral} 모양을 띠게 되었는데, 라우싱은 그 모양에서 착안하여 이 용기에 '테트라팩^{tetrapak}'이라는 이름을 붙였다.

하지만 우유를 끊기지 않게 주입하면서 진공포장하는 방법을 찾기는 쉽지 않았다. 이 문제를 풀려면 여러 겹으로 된 종이, 플라스틱, 가볍고 유연하며 무색 무미하고 새지 않는 포일(얇은 금속 포장지) 등 여러 가지 분야의 혁신이 필수적이었다. 또한 포장용기와 내용물을 짧은 시간 내에 동시에 살균하는 방법과, 모든 프로세스가 빠르게 자동적으로 실행되도록 기계 시스템들이 서로 맞물려 돌아가게 만드는 기술이 필요했다. 하다못해 한 번에 생산된 수많은 4면체 모양의 용기들을 출하하려면 어떻게 쌓아 올리느냐는 문제도 퍼즐 맞추기처럼 어려웠다. 라우싱의 동료 해리 예룬트Harry Järund는 여섯 면으로 이뤄진 바스켓을 설계함으로써 18개의 테트라팩 용기를 깔끔하고 빈틈없이 쌓을 수 있는 방법을 고안해냈다.

이러한 각각의 조각들이 제자리를 찾기까지 거의 10년의 시간이 필요했다(나중에 라우싱이 북유럽 사람 특유의 절제된 표현을 써서 "아무도 전에 해보지 않은 일을 하는 것은 진짜로, 아주 어렵다"라고 언급했다). 본래 오켈룬트 앤 라우싱의 자회사로 시작한 테트라팩컴퍼니Tetra Pak Company는 1952년 9월에 자신들의 첫 번째 포장 시스템을 스웨덴의 '룬트 낙농협회'에 납품했다. 2개월 후에 이 낙농협회는 1데시리터짜리 무균 테트라팩에 크림을 담아 출하하기 시작했다.

테트라팩의 시스템은 즉각적으로 낙농업의 배경스토리를 향상시켰다. 여러 가지 혜택이 소비자에게 직접 흘러들어갔다. 깡통과 달리, 테트라팩의 종이팩은 개봉하기 위해 별도의 도구가 필요하지 않았다. 소비자는 그냥 종이팩의 한곳을 찢은 다음 내용물을 붓거나 직접 마실 수 있었다(이것은 웃어넘길 이야기가 아니다. 포장의 역사를 살펴보면 기이한 사실이 발견된다. 1813년에 금속 캔이 발명되었는데, 1858년이 되어서야 깡통따개가 발명되었다. 45년 동안 사람들은 깡통을 따기 위해 끌이나 곡괭이를 사용했다). 병이나 항아리와 달리, 테트라팩의 종이팩은 쉽게 깨지지 않기 때문에 내용물이 손실되거나 깨진 유리 파편에 노출될 위험이 없었다. 테트라팩이 개발한 독특한 '순간살균법(15초간 최소한의 열을 가하는 살균법)'으로 맛이나 질감에 미치는 영향을 최소화했기 때문에 우유와 같은 액상 내용물을 자연 상태에 가깝게 유지할 수 있었다. 그리고 살균된 종이팩 자체는 캔이나 병에서 느껴지는 '깡통 냄새'나 이상한 냄새를 풍기지 않았다. 한 번 개봉한 후에 일부 내용물을 냉장할 때도 마찬가지였다.

식품가공업자, 도매상, 소매상들도 테트라팩의 발명으로 혜택을 받았다. 종이팩의 가벼운 무게와 흔히 보기 힘든 기하학적 디자인 덕에 출하 비용이 급격히 감소되었다. 빈 공간 없이 종이팩들을 채울 수 있는 6면 바스켓은 원통 모양의 병이나 캔 여러 개를 묶어 싣는 것보다 주어진 공간에 더 많은 내용물을 실을 수 있기 때문이었다.

더욱 중요한 것은, 우유와 같이 쉽게 부패되는 제품을 테트라팩으로 포장하면 냉장 장치 없이도 최대 1년까지 신선하게 유지되기 때문에 공장에서 식료품점에 이르는 '냉각체인'이 필요 없어진다는 것이었다. 더 이상 냉장차나 냉장기차가 필요 없다는 뜻이었다. 결과적으로, 출하될 수 있는 제품이 극적으로 확대됨에 따라 하나의 공장이 더 많은 고객층을 커버하고 그만큼 비용을 절감하게 되었다. 테트라팩 용기를 통해 에너지를 절약할 수 있다는 말은 요즘 우리가 '더 작은 탄소 발자국'이라 부르는 것과 의미가 통한다.

간단히 말해, 테트라팩은 극적으로 향상된 배경스토리를 통해 유제품 업체들이 가진 고충지도를 재편했다. 곧이어 테트라팩은 여러 종류의 식품 생산 기업들을 위해 동일한 일(고충지도의 재편)을 시작했다.

우직하게 자신들의 의지를 밀고 간 테트라팩의 종이팩은 매력적인 제품이었다. 소비자들은 기쁜 마음으로 그것을 받아들였고, 기업들은 운영방식을 개선하고 성과를 향상시키기 위해 테트라팩의 제품을 긍정적으로 수용했다. 식료품 회사들은 조리음식의 장점을 개발도상국을 포함하여 더 넓은 시장으로 확산시키기 위해 냉장장치가 필요 없는 테트라팩의 포장법을 즉각 사용하기 시작했다.

1964년에 유럽 이외의 지역으로는 처음으로 레바논에서 테트라팩 포장 시스템이 운영되기 시작했다.[6] 이 기술은 케냐에 1972년, 브라질에는 1978년, 그리고 중국에는 1979년에 차례로 보급되었는데, 사탕수수 주스와 국화차와 같은 음료들이 테트라팩에 의해 처음으로 포장돼 판매되었다. 오늘날 170개국에서 테트라팩 포장 설비들이 가동 중에 있다.

이렇게 형성된 수요의 파도는 루벤 라우싱을 세계에서 가장 성공한(그리고 가장 부유한) 기업가 중 한 사람으로 만들었다. 2010년에 테트라팩의 연 매출은 89억5,000만 유로(약 125억 달러)에 달했다. 테트라팩은 1년에 1,450억 개의 포장용기를 생산하고 있는데, 이 수는 전 세계의 남녀노소들에게 20개씩 나눠줄 수 있는 엄청난 양이다. 또한 앞서 언급했듯이, 라우싱의 테트라팩 원본 디자인은 뉴욕 현대미술박물관의 영구전시품으로 소장되어 있는데, 그 옆으로 프랭크 로이드 라이트Frank Lloyd Wright(미국의 천재적 건축가-옮긴이)의 '낙수장Fallingwater(라이트가 1936년에 완성한 저택-옮긴이)'과 '임스체어Eames chair(찰스&레이 임스 부부가 만든 모더니즘 양식의 의자-옮긴이)'와 같은 20세기 디자인의 아이콘들이 어깨를 나란히 하고 있다.

왜 미국에선 먹히지 않을까?

헌데, 라우싱의 발명품 수요가 이상하게도 뒤처져 있는 시장이 있다. 바로 지구에서 가장 부유하고 가장 중요한 소비 시장인 미국이다. 테트라팩이 미국에 도착했을 때, 테트라팩의 매력과 수요를 이끌어내는 잠재력은 거의 완전히 사라지고 말았다.

60년간 미국인들은 완고할 정도로 무균팩에 든 음식이나 음료 대부분을 구입하려 들지 않았다. 예외가 있다면, '테트라 브릭스$^{Tetra Briks}$'라 불리던 1인용 어린이 주스가 유일했다. 이것은 윗부분에 있는, 포일로 막혀 있는 작은 구멍 안으로 빨대를 꽂아서 마시는 제품인데, 1980년대에 미국에서 선풍적인 인기를 끌었다. 하지만 테트라팩이 만든 다른 종류의 팩들(삼각 지붕 모양의 '테트라 렉스^{Rex}'와 '테트라 웨지^{Wedge}' 등)은 미국 소비자들로부터 수요를 이끌어내기 위해 고군분투해야 했다. 왜 그럴까? 유럽인들에게 매력적인 테트라팩이 왜 미국에서는 먹히는 않는 걸까?

이렇게 다른 소비자의 태도 이면에는 연구 주제로 삼을 만한 흥미로운 문화적, 사회적 요소들이 존재한다. 가장 중요한 요소는 미국에서 냉장고가 조기에 보급되었고 1930년대 초에 이르러서 많은 미국 가정의 필수품으로 자리 잡았다는 사실이다.[7]

이와 대조적으로, 기술역사가인 데이비드 랑드$^{David\ Landes}$는 1960년대에 프랑스에서 가전제품의 수요가 얼마나 저조했는지 그 이유를 이렇게 썼다. "주부들은 음식을 냉장하면 맛이 나빠질 게 빤하다고 주장했다. 1970년대에 미국 가정의 99퍼센트가 냉장고를 소유한 반면, 서

유럽은 그 비율이 72퍼센트에 불과했다."

거대한 냉장고가 떡 하니 자리 잡은 미국식 부엌의 물리적인 구조가 미국 소비자들의 행동양식(수요에 큰 영향을 미치는 구매, 저장, 식품 사용 등의 습관)을 형성했다. 작은 가게와 여러 시장을 돌아다니며 생선이나 고기, 채소, 치즈, 빵, 와인 등의 식료품(이웃들의 근황 소식과 함께)을 매일 구입하는 유럽의 도시 거주자와 달리, 미국인들은 거대한 슈퍼마켓에서 한 번에 일주일치 식료품을 구입한 다음 집으로 가져와 여러 자루의 음식들을 자신들의 거대한 냉장고와 냉동고에 저장하는 데 익숙하다. 결과적으로 미국인들은 상하기 쉬운 음식이 낮은 온도에서 보관되지 않으면 불신할 수밖에 없는 조건 속에서 살아온 것이다.

우리가 예전에 연구를 통해 밝혀낸 원리가 하나 있다. 바로 '서로 다른 유형의 고객들은 매력을 서로 다르게 정의한다'는 것이다. 테트라팩과 같이 여러 유형의 고객을 넓게 상대하는 회사들이 직면하는 가장 큰 도전 중 하나는 모든 고객들에게 매력적으로 느껴질 제품을 제공하는, 비용효과적인 방법을 찾아야 한다는 것이다.

이런 상황 하에서 미국인들은 실온에서 보관된 음식의 안전성에 관해 막연한 불안감과 부담을 느낄 수밖에 없고, 미국 시장을 직접적으로 공략하려는 테트라팩의 노력은 힘에 겨울 수밖에 없다. 미국 소비자들이 테트라팩의 존재를 잘 알더라도 그들은 테트라팩을 어린이용 주스와 연계시킬 뿐, 네덜란드 소스와 같은 고급제품이 담긴다는 좋은 이미지를 연상하지 않기 때문이다.

그래서 테트라팩이 미국 소비자 시장으로 침투하기로 한 첫 번째

'습격'은 간접적인 경로를 따르는 것이었다. 테트라팩은 미국인들에게 음식을 제공하는 많은 회사들의 배경스토리 속에서 점점 중요한 역할을 담당하며, 가정에서나 레스토랑에서나 무균포장된 음식들을 수많은 미국인들의 접시 위로 나르고 있다. 하지만 미국인들은 여기에 테트라팩이 깊이 관여한다는 사실을 알지 못한다.

가히 '보이지 않는 수요'라고 부를 만하다.

조용한 습격, 소비자는 모르지만 기업은 다 아는

테트라팩과 같은 '위대한 배경스토리 기업'을 구축하려는 도전의 과정은 놀라울 정도로 복잡하다. 어떻게 수요가 최소한 3단계의 레벨에서 일어나는지 이해해야 하기 때문이다. 테트라팩은 가장 가까이에 있는 고객들(테트라팩의 상품과 서비스를 구매하는 식품 포장업체), 그 고객들의 고객들(포장업체로부터 제품을 구입하는 식료품점 등의 소매상), 그 고객들의 고객들(모든 복잡한 기계들을 작동시키는 돈을 궁극적으로 지불하는 최종소비자)을 생각했다.

이런 사고방식은 오늘날의 복잡한 '다층적 세계 경제' 안에서 필수적이다. 테트라팩이 탁월한 기업이 되기 위해 배운 것들은 이런 사고방식에 딱 들어맞는다.

식품 포장업체 레벨에서 수요를 조성하기 위해 테트라팩은 무균팩을 뛰어넘는 주목할 만한 일련의 혁신을 이루어냈다.

스웨덴의 한 낙농협회에 첫 번째 테트라팩 시스템을 설치하기 전,

루벤 라우싱과 그의 직원들이 10년 동안 복잡한 여러 문제들을 한 번에 해결하기 위해 소요한 시간은 테트라팩이 프로세스 관리, 장비 디자인, 재료 과학, 미생물학, 그리고 균질화, 증발 건조, 여과 테크닉 등의 역량을 개발하는 데 엄청난 도움이 되었다. 현재 그들은 기업고객들에게 이득이 되도록 비용 절감 방법을 개발하고, 효율을 개선하며, 작업정지시간을 줄이는 데에 이러한 스킬들을 활용하고 있다. 무엇보다 테트라팩은 기업고객들이 새로운 시장에 새로운 제품을 출시하고 새로운 매출 기회를 창출하는 데 도움을 주고 있다.

예를 들어, 테트라팩은 '호이어 딥블루 아이스크림 프리저Hoyer DeepBlue Ice Cream Freezer'라는 향상된 아이스크림 생산 시스템을 개발하여 유제품 업체들과 돈독한 관계를 형성했다. 스위스의 과학자 E. J. 빈트합E. J. Windhab은 아이스크림이 제조되는 동안 냉동 프로세스를 변형시킨다는 설계 아이디어를 가지고 있었는데, 이 아이디어를 바탕으로 만들어진 것이 바로 '딥블루'이다. 딥블루는 생산 프로세스를 더 짧고 더 단순하게 만들고, 자본 지출을 절감하며, 작업정지시간을 단축시키고, 폐기물을 줄이는 등 기업고객들에게 상당히 놀랄 만한 여러 가지 혜택을 준다. 더욱 인상적인 것은 딥블루에 의해 생산된 아이스크림은 크림 맛이 뛰어나고 '입술에 닿는 감촉'이 더욱 부드러워서 제품에 들어가는 크림이나 유지방의 양을 줄일 수 있다는 점이다. 건강에 대한 소비자의 관심이 점점 커지고 있기 때문에 이것은 사업에 있어 아주 큰 강점이고 건강에 좋은 빙과류에 대한 수요를 창출하는 환상적인 배경스토리적 요소이다.

딥블루로 만든 새로운 저지방 아이스크림을 맛본 사람들은 테트라 팩의 혁신적인 냉동기 디자인을 절대 알아차리지 못할 것이다. 하지만 그것은 여러 식품기업의 배경스토리 중 결정적인 부분을 차지하고 있으며, 테트라팩이 창출해낸 뛰어난 수요 창조 아이디어 중 하나일 뿐이다.

식품 가공업체들을 위한 테트라팩의 감성적인 매력은 기술적인 창의성보다 훨씬 깊게 다가온다. 만약 '매력 = 기능 x 감성 (M=F x E)'이라면, 테트라팩이 가하는 감성적 느낌은 고객사들과 형성한 친근한 사업관계로부터 나온다.

여기가 바로 비즈니스 디자인을 향한 테트라팩의 범상치 않은 접근 방식이 중요해지는 곳이다. 배경스토리의 대가들은 항상 "우리 조직은 고객들에게 서비스하고 그들에게서 뭔가 배우도록 최적화되어 있는 가?"란 질문을 던진다고 언급한 바 있다. 테트라팩을 이끄는 경영진은 반복해서 정밀한 질문을 던지고 그 답을 성취하기 위해 필요하다면 회사 전체를 다시 설계했다.

대부분의 기업 간 관계는 '영업'과 '구매'라는 이름이 붙은 부서를 통해 이루어진다. 사실상 영업사원과 구매담당자, 이 두 사람만이 관계 형성에 관여한다. 두 회사의 다른 직원들은 서로 요청하고, 서로 설계하여 제품을 제조하고, 서로 출하한 후에 애프터서비스를 해야 하지만, 직원들은 보통 자기 자신을 기업 간 관계의 일원으로 생각하지 않을뿐더러 그렇게 행동하지도 않는다.

테트라팩은 이와는 매우 다르게 운영된다. 새로운 고객사(예를 들어,

중국의 유제품업체, 스페인의 시리얼 제조업체, 인도의 과즙음료업체)를 확보하면,
테트라팩은 식품가공팀과 포장 전문가들을 고객사의 공장으로 파견하
여 운영실태를 점검하고 니즈를 분석하도록 한다. 공장 라인으로 투입
되어 산출되는 생산의 흐름, 일반적인 생산 목표와 출하 일정, 병목현
상과 장비 고장의 원인, 폐기물과 부패 발생의 빈도, 비용 절감과 효율
극대화 기회 등을 집중적으로 연구하기 위해서이다.

테트라팩은 고객사에 파견되어 아주 상세하게 고충지도를 그려낸
다음 그 고충들을 줄이거나 제거할 방법을 집중적으로 탐색하는 수천
명의 과학자와 엔지니어(공정과 재료 부문의 전문가들)를 확보하고 있다("폐
기물이 만들어지는 곳이면 어디든지"라고 테트라팩의 홍보담당자는 말한다. 그것은
'완벽하지 않은 시스템'임을 가리키는 지표이고, 테트라팩이 용납할 수 없다고 간주할
만큼 중요한 것이다).

마지막으로, 테트라팩은 고객사에게 자신들의 특정 설비를 설치할
것을 권장한다. 필요하다면 고객사 직원에 대한 철저한 교육, 지속적인
모니터링과 업그레이드 조건을 함께 제안하기도 한다. 포장설비의 실
제적인 제조는 '시스템 공급자'라고 불리는 수백 개의 현지 업체를 아
웃소싱하여 이루어지고 그 업체들은 다시 '부품 공급자'로부터 부품을
공급 받는다. 장비 제조가 아웃소싱됐다 하더라도 테트라팩만이 제공
할 수 있는 독특한 가치, 즉 식품 가공 시스템에 대한 노하우는 아웃소
싱할 수 없는 내부의 자산이다.

테트라팩과 고객사와의 관계는 거래와 계약에만 초점을 맞추는 일
반적인 판매 관계가 아니라, 일이 더 잘 돌아가게 만들 새로운 방법을

찾기 위해 여러 접점에서 지속적으로 관계 맺으며 고객사의 삶과 일 속에 깊게 자리 잡는 것이라고 볼 수 있다. 영업과 구매 부서뿐만 아니라 엔지니어링, 제품 개발, 품질관리, 마케팅, 고객 서비스, 재고관리, 물류, 재무, 인사, 교육 등의 부서들 모두 고객사와의 관계 맺기에 꾸준히 관여한다. 영업사원과 구매담당자, 이 두 사람만이 1년에 한두 번 만나 계약조건을 협상하는 그런 관계는 결코 아니다.

이 모든 것들이 또한 영업 관리자의 역할을 변화시키고 있다. 테트라팩의 홍보담당자는 이렇게 설명한다. "전통적인 영업사원과 달리, 우리의 '핵심 고객 관리 매니저'는 단순한 영업 행위를 뛰어넘는 일을 수행합니다. 그에게는 고객이 사업을 성장시키도록 도와줄 책임이 있죠. 그의 일은 회사에서 만든 제품을 고객사에 밀어내는 것이 아닙니다. '저는 당신의 성장 파트너입니다.' 그 사람의 자세는 항상 이래야 하죠."

테트라팩의 '고객중심 비즈니스 모델'이 얼마나 특이한지 강조하지 않을 수 없다. 스위스에 본거지를 둔 가장 큰 경쟁사인 'SIG콤비블록^{SIG} Combibloc'은 전통적인 구조를 가지고 있는데, 소위 '라인 기능(생산, 기술, 구매 등)'들은 분리되어 운영되고 '마켓 중심의 기능(영업, 서비스, 사업개발 등)'은 병렬적으로 운영된다. 이런 방식으로 조직된 대부분의 기업들은 고객을 상대하는 관리자들과 실제로 제품을 만들어내는 엔지니어, 과학자, 디자이너 사이가 '점선'으로 미약하게 연결되어 있기 때문에 역할이 불분명해지고 우선순위를 혼동하는 일들이 종종 벌어지곤 한다. 아마도 이것이 SIG콤비블록이 무균포장에 대한 세계적인 수요를 끌어오기 위해 테트라팩과 벌이는 경쟁에서 한참이나 뒤처진 이유 중 하나일 것이다. 테트라팩의 고객중심 비즈니스 모델은 조직 전체에 깊게 침투해 있다. 회사의 R&D 부문조차도 1990년대 초에 기술과 전문성에 기초한 전통적인 조직구조를 고객별 특정 프로젝트를 중심으로 한 '다기능 팀cross-functional team' 조직구조로 교체했다. 그 결과, 1994년과 1999년 사이에 테트라팩의 R&D 서비스에 대한 수요가 일곱 배나 증가했고, 엔지니어들이 출원한 특허 수도 그만큼 증가했다.

어떻게 테트라팩의 독특한 비즈니스 모델이 기업고객들의 배경스토리를 풍부하게 했는지 관련된 사례를 살펴보려면,[8] 이 회사가 중국의 유제품 제조업을 성장시키고 붐을 일으키는 데에 어떻게 도움을 주었는지 떠올리면 된다. 1998년 초에 이 회사는 중국 전역의 학교에 우유급식을 본격적으로 실시하기 위해 교육자들과 정부의 보건 담당 공무원들과 함께 일했다. 중국 유제품 업체들을 위한 포장 시스템 설계는 테트라팩이 기여한 것의 일부일 뿐이다. 테트라팩은 유제품에 대한 올바른 인식을 심는 데 집중했는데, 어린 학생들에게 우유가 영양 면에서 얼마나 좋은지에 관해 가족 구성원들과 교사들을 교육하고, 중국에서 생산되고 가공되는 원유(原乳)의 품질을 향상시키기 위해 낙농업자들을 훈련시키기도 했다. 예를 들어, 2008년에 260명의 농부들이 테트라팩이 후원하는 '낙농학교'에 다니며 젖소 사육에 필요한 생산성 높은 신기술을 습득했다. 그리고 2009년에 테트라팩은 상하이 인근에 위치한 푸동Pudong에 기술센터를 개설하여 중국의 식료품 시장이 특별히 직면한 엔지니어링, 경영, 마케팅의 문제를 연구하고 해결하는 데 집중하도록 했다. 예를 들어 이 기술센터는 지역 수송 문제에 대한 전문가적인 정보와 가이드를 제공하기 위해 지방도로의 상태를 분석하는 일을 수행하기도 했다.

어떤 중국 신문은 테트라팩이 나라의 사회, 교육, 건강 생태계 분야에 얼마나 폭넓게 관여하는지 조사한 바 있는데, 이 회사가 언론매체에서 자주 '참견쟁이(즉, 간섭하기 좋아하는 외부 세력)'라는 별명으로 불린다는 점을 발견했다. 하지만 그 기사는 이렇게 글을 이어갔다. 하지만 사람들은 테트라팩이 참견쟁이가 되는 걸 반대하지 않는 것 같다.

교훈은 이렇다. 한 회사가 고객사의 배경스토리를 형성하는 데에 친밀한 역할을 수행하는 것은 위협적으로 느껴질지 모른다. 그러나 그 결과가 매력적인 제품과 지속적인 수요 성장으로 이어질 때, 그러한 친밀함은 무서운 것이라기보다 고마운 것이다.

사실 이런 방식의 연결은 테트라팩을 매력적인 '배경스토리 기업(다른 회사의 배경스토리로서 역할을 수행하는 기업-옮긴이)'으로 만드는 감성적 에너지의 원천이다. 웨그먼스, 케어모어, 킨들 등의 소비제품들은 예상하지 못한 즐거운 방식으로 일상생활을 더 좋게(더 맛있게, 더 창조적으로, 더 건강하게, 더 편리하게) 만듦으로써, 고객이 '나는 그것이 없는 삶을 상상할 수 없을 정도로 그것을 사랑한다'라고 말하도록 유도함으로써 감성적 연결에 불꽃을 일으킨다. 테트라팩과 같은 산업용 제품은 고객사의 생산성, 효율, 혁신을 배가시킬 수 있는 직원들의 능력을 통해 고객사의 감성을 촉발시킨다. 그리하여 '우리의 테트라팩 팀은 너무나 소중해서 그들 없이 생산 문제를 해결한다는 걸 상상할 수 없다'라는 반응을 일으킨다.

처한 상황이 다르면, 느끼는 혜택도 다르다. 감성적 어필의 강도 또한 그러하다.

인간적인 연결을 기초로 기업 간에 지속적으로 감성적 유대감을 구축하는 일은 수천 명의 직원들에게 여러 가지 특이한 자질을 요구한다. 기술적인 재능뿐만 아니라 능숙한 대인관계 스킬, 폭넓은 사업 통찰력, 테트라팩과 고객사 모두의 목표에 치열하게 몰입하는 능력 등이 그것이다. 테트라 팩이 비록 몇몇 사람들만 영업 비밀을 알고 있는 비공개회사이지만, 그들이 팀을 육성하는 시스템을 짧게나마 살펴보는 것은 가능하다.

예를 들어, 테트라팩은 최근에 처음으로 '내부 커뮤니케이션'을 전담하는 부사장을 채용했다. 테트라팩의 사업전략을 깊게 이해하고, 그 전략이 특정 과제와 어떤 관련이 있는지 인식하며, 고객사의 목표를 이해하고, 고객사가 목표 달성에 몰입하도록 돕는 것이 직원들의 역할이다. 그 부사장의 임무는 바로 이것을 직원들에게 인식시키는 일이다. 많은 기업들이 이런 개념들을 그저 입에 발린 말에서 그친다. 테트라팩과 달리 이런 개념들에 큰 중요성을 부여하지 않고 구체적인 투자도 하지 않는다.

또 다른 예는 '라이브LIVE'라고 불리는 테트라팩의 독특한 프로그램이다. 이것은 4시간에 걸쳐 직원 관계와 팀워크 구축을 위한 각종 이벤트를 벌이는 프로그램인데, 다큐멘터리 스타일의 영화, 연설, 음악, 게임, 인터뷰, 질의응답 시간, 프레젠테이션 등 청중이 참가하는 활동으로 구성된다. 이 프로그램은 25개 언어로 번역되어 세계 곳곳에 퍼져 있는 2만1천 명 테트라팩 직원들 모두에게 전달되는데, 회사가 그만큼 내부 커뮤니케이션을 얼마나 중요시하는지를 나타내는 투자라 할 수 있다.

테트라팩의 고객들과 이야기를 나눠보면, 이러한 직원들의 헌신과 몰입이 얼마나 성과로 이어지는지 엿볼 수 있다. 필 마짜^{Phil Mazza}와 닉 마르셀라^{Nick Marsella}는 1933년부터 뉴욕 주 북부에서 사업을 영위해온 바이른데어리^{Byrne Diary}의 임원들이다. 그들은 바이른이 우유와 크림 제품의 유통기한을 연장시킬 방법을 테트라팩에게 요청했을 때 관계의 시작이 다소 어려웠다고 이야기한다. "우리는 그들의 서비스가 충분히 강력하다고는 생각하지 않았습니다." 닉은 회상한다. 이런 미심쩍은 반응을 접하고 테트라팩은 바이른으로 자신들의 북미 담당 부사장을 보내어 협조 체계를 공고히할 실행계획을 함께 수립하게 했다. 그런 다음, 테트라팩은 서비스 부문 전체를 스웨덴으로 파견하여 재교육을 받고 스킬을 업그레이드하도록 했다. 하루나 이틀이 아니라, 한 달 내내 말이다.

이제 테트라팩은 바이른의 문제를 신속하고 효과적으로 처리해줄 뿐만 아니라, 더욱 효율적이고 지속가능해지고 더 많은 이익을 창출하도록 바이른과 주도적으로 협업하고 있다. "작년에 우리는 그간 특별한 문제가 발생하지 않았던 곳에서 몇 가지 문제를 발견했습니다." 닉이 웃으면서 설명한다. "우리는 더 많은 것을 파악하고자 했습니다. 테트라팩은 곧바로 세 명으로 이루어진 팀을 파견하여 브레인스토밍을

하도록 했죠. 그들은 우리와 함께 이틀 동안 운영 과정을 면밀히 살펴
보고 우리 직원들과 회의하면서 우리의 운영 프로세스를 개선할 방법
을 규명하고자 했습니다." 바이른이 처한 문제를 이해하는 것과 바이
른의 성공을 도울 혁신적인 방법을 고안하는 것이 공동의 목표였다.

'듣고, 이해하고, 성장시켜라Hear me, know me, grow me.' 테트라팩 임원들
이 말하는 이 메시지는 고객과의 모든 대화에 내포되어 있다. 이 메시
지는 또한 테트라팩의 이름으로 맹세하는 고객 서비스의 주문이기도
하다. 이 세 마디의 문구는 바이른데어리와 함께 형성한 역동적인 관
계를 정확히 포착해내고 있다.

웨그먼스를 비롯한 위대한 수요 창조 기업들과 마찬가지로, 테트라
팩은 직원들이 매력의 핵심 원천이라는 점을 잘 알고 있다. 그리고 실
제로 직원들에게 투자한다.

최초의 고객에게 매력을 어필하라

테트라팩은 엄청난 성공을 거두었고 거대한 수요의 흐름을 창출했
다. 정면으로 나서지 않은 채 고객사와 함께 일하면서 말이다. 고객사
가 자신들의 사업을 증대하기 위해 제조 시스템을 새로 구축할 때 테
트라팩의 고객 중심 접근방식은 빛을 발한다. 하지만 그러려면 시장
변화에 따라 지속적으로 혁신하고 개선해야 한다. CEO 데니스 욘슨
Dennis Jnsson이 지적하듯, 테트라팩이 지난 수십 년간 설치한 9천 개의 생
산 라인들은 회사의 최대 강점이자 최대 약점이기도 하다. "설치된 지

평균 13년 정도 됐는데, 가까운 시일 내에 설비의 많은 부분을 교체해야 합니다. 만약 우리가 고객사들의 이익을 증대시킬 새로운 해결책을 제시하지 못한다면 경쟁자들에게 문을 열어주고 말 겁니다."

또한 순수한 '배경스토리 기업'으로서의 성장에는 한계가 존재한다. 고객들이 무균팩에 포장된 제품을 경험 삼아 구매하는 것조차 꺼리는 거대한 미국 시장에서는 특히 그러하다. 만약 테트라팩이 자신들의 노하우가 지닌 혜택을 주스 제조업체 이외의 미국 기업들에게 베풀기를 원한다면, 배경스토리 바깥으로 걸어 나와서 소비자들이 무균포장이 제공할 수 있는 안전함, 편리함, 비용 절감, 향상된 맛을 발견하도록 해야 한다.

요즘 테트라팩은 유럽에서처럼 미국 소비자들에게 매력적인 기업으로 인식되도록 정면으로 나와 몇 가지 활동을 벌이고 있다.

그중 하나는 소비자들의 고정관념이나 선입견이 형성되지 않은 제품류에서 테트라팩이 성공할 수 있는 발판을 찾는 것이다.[9] 동네에 있는 식료품점의 유제품 코너를 두유 진열장과 대조해보라. 유제품들은 전통적인 플라스틱 용기나 종이곽에 담겨 냉장되어 있고, 두유는 냉장되지 않은 상태로 밝은 빛깔의 테트라팩 용기에 담겨 있다. 오랫동안 냉장 우유에 익숙한 미국인들을 무균팩 포장으로 전환하도록 설득하는 것은 쉽지 않다. 하지만 두유에 대해서는 기대를 버릴 필요가 없다. 홍콩의 비타소이^{Vitasoy}란 회사가 1979년에 샌프란시스코 차이나타운의 상점 몇 곳에 처음으로 납품하면서 두유가 미국 시장에 알려지기 시작했다. 이 '처녀 시장'은 혁신의 기회를 제공했고 테트라팩은 그 기회를 놓치지 않았다.

고급 식품 시장은 또 다른 기회를 제공한다. 1990년대 중반에 플로리다에 기반을 둔 '쉐프크리에이션스$^{Chef\ Creations}$'라는 회사는 자신들이 만든 특별 음식을 레스토랑, 급식업체, 호텔, 카페테리아 등 식품 서비스 업체들에게 제공하기 위해 더 나은 방법을 찾고 있었다. 테트라팩은 자신들이 유럽에서 완벽하게 성공을 거둔 배경스토리 마술을 부려서 쉐프크리에이션스에게 파트너가 될 것을 제안했다. 테트라팩에서 파견한 팀은 쉐프크리에이션스와 함께 일하면서 '테트라 브릭^{Brik}' 기술을 소스류와 디저트류에 적용했다. 당연히 맛의 품질이 보장되어야 했다. 쉐프크리에이션스로부터 팩에 포장된 네덜란드 소스를 공급받는 레스토랑의 손님들이 그 소스를 고급식당에 걸맞은 음식으로 받아들이도록 만들기 위해서이다. 물론 부패 가능성에 대해서는 의심의 여지가 없어야 했다. 안전성 문제보다 식료품 사업을 빠르게 망하게 하는 요인은 없기 때문이다.

테트라 방식으로 포장된 쉐프크리에이션스의 음식들은 현재 미국의 고급 식품 시장에서 커다란 존재감을 구축했다. 아마 당신은 미국 전역의 고급 레스토랑에서 식사를 할 때 필시 그들이 만든 소스와 디저트를 즐긴 적이 있을 것이다. 쉐프크리에이션스의 홍보담당자는 결혼식에 사용할 300개의 크렘브륄레$^{crème\ brûle}$(설탕을 태워 만든 캐러멜 위에 커스터드 크림을 뿌린 디저트-옮긴이)가 필요했던 어느 케이터링 업자가 겪은 에피소드를 즐겨 이야기한다. 몇 년 전에는 애를 먹었을 곤란한 요구를 테트라팩이 등장하면서 만족시킬 수 있었다.

테트라팩의 종이팩은 또 다른 배경스토리의 틈새를 파고드는 방법을 찾아냈다. 여러 레스토랑들은 테트라팩의 종이팩에 든 푸딩, 스프, 달걀을 손님에게 내놓고 있다. 휴스턴에서 커피숍을 운영하는 캐롤 화이트Carol White는 상온에 두어도 상하지 않고, 냉장고 공간도 절약할 수 있기 때문에 무균팩에 담긴 두유를 사용한다고 말한다. 그녀는 목소리를 낮추면서 이렇게 덧붙인다. "우리 고객들은 이 사실을 몰라요. 그들은 사실 차이를 느끼지도 못한답니다."

하지만 현재 테트라팩의 리더들이 품고 있는 가장 고민스러운 질문은 이것이다. '미국인들이 무균팩 포장을 좋아하게 될까? 자신들이 먹는 음식이 무균팩에 포장된 것이라는 사실을 알아도?'

예전에는 이 질문에 '아니다'란 대답이 나왔지만, 조금씩 '아마도'와 '그렇다'로 변하는 중이다.

미국인들은 마침내 종이팩에 든 성인용 식품과 음료라는 발상에 서서히 익숙해지기 시작했다. 요리사, 미식가, 새로운 음식에 도전하는 사람 등 자칭 식도락가들이 이 아이디어의 발전을 주도하고 있다.

2004년에 식도락가들이 가장 좋아하는 잡지 중 하나인「쿡스 일러스트레이티드Cook's Illustrated」가 팩에 든 치킨스프와 전통방식으로 캔에 담긴 여러 종류의 치킨스프를 대규모로 비교시식하는 행사를 벌였다. 총편집자인 잭 비숍Jack Bishop은 이렇게 발표했다.

"팩에 든 치킨 스프가 확실히 더 맛있다. 분명히 그 차이를 느낄 수 있을 것이다."

그리고 주부들에게 이런 충고를 덧붙였다.

"깡통따개를 쓰레기통에 버려라."

그 후에 곧이어, 「뉴욕타임스」 기자 케이트 머피Kate Murphy는 자신의 시식 결과를 이렇게 전했다.[10] "나는 종이팩에 든 으깬 토마토(파르말렛Parmalet에서 나온 포미Pomi라는 제품)와 캔에 든 으깬 토마토(델몬트Del Monte가 만든 제품)를 비교했다. 종이팩에 든 토마토는 농도, 풍미, 색깔 면에서 더 좋았다. 그리고 나는 고상한 체하는 미식가 모임을 위해 쉐프크리에이션스에서 나온 제품으로 레스토랑이나 식품 서비스 업체에서나 맛볼 수 있는 크렘브륄레를 만들었다. 사람들 모두 그것을 좋아했고, 조리법을 묻기까지 했다."

이제 막 형성 중인 새로운 수요에 대한 흥미로운 이야기에서 쉐프크리에이션스를 언급한 머피의 기사는 하나의 연결고리일 뿐이다. 그녀의 기사가 나왔던 당시(2004년 3월)에는, 종이팩에 담긴 특선 식품들은 오직 레스토랑과 식품 도매 공급업자들에게만 판매되었다. 지금은 소비자와 주부들을 위한 유통시장(슈퍼마켓 등)에서 테트라팩의 공간이 서서히 늘고 있다. 6.45온스짜리 무균 '테트라 웨지' 파우치로 포장된 알프레도 소스, 치킨 그레이비, 네덜란드 소스 등을 이제 크로거Kroger, 세이프웨이Safeway, 윈-딕시Winn-Dixie와 같은 식료품 체인점에서 구할 수 있다. 또한 볼프강 퍽Wolfgang Puck 스프와 브라질 구오메이Brazil Gourmet 과즙음료, 수크 와일드 가든Souk Wild Garden 후무스와 아르떼올리바ArteOliva 엑스트라 버진 올리브유 등 테트라팩 용기에 담긴 특선 식품들의 종류가 점점 늘고 있다(다음에 쇼핑을 가거든 눈을 크게 뜨고 테트라팩 용기를 찾아보라.

예전엔 잘 몰랐던 포장용기들이 얼마나 많은 진열대에 놓여 있는지, 그리고 그것들이 지금 집에도 있다는 사실에 놀랄 것이다).

테트라팩은 소비자들이 원하는 바를 연구하고 혁신적인 포장법의 효과를 테스트하고 시연하기 위해 어떠한 어려움도 마다하지 않는다. 이 회사는 전 세계에 12곳의 R&D센터를 운영 중인데, 특히 이탈리아 모데나에 위치한 소비자 콘셉트 연구소^{Consumer Concepts Lab}는 산업 디자이너, 심리학자, 그래픽 아티스트, 엔지니어들이 포함된 다기능 팀^{cross-functional team}들이 포장과 관련하여 소비자들이 보이는 실제 행동을 연구한다. 예를 들어, 테트라팩이 고용한 민속지학자들은 클립보드와 비디오카메라를 들고 식료품점을 방문하여 소비자들의 최종적인 구매 결정뿐만 아니라 그들이 음식 포장의 외관, 형태, 크기, 스타일 등에 어떤 반응을 보이는지 꼼꼼히 기록한다.

마케팅 담당 임원인 크리스 케니얼리^{Chris Kenneally}는 테트라팩 R&D팀의 임무를 전형적인 '고충 종결' 방식으로 표현한다. "가장 좋은 신규 포장법을 발견하기 위하여 많은 콘셉트가 평가될 필요가 있습니다. 그 팀의 업무는 소비자 니즈 목록을 추려내는 것에서 시작하죠. 그렇게 하여 현재의 제품(포장법) 포트폴리오와 비교하고 그 차이를 규명한답니다." 이러한 연구에 기반하여 디자이너들은 다수의 새로운 제품 프로토타입(2008년에만 9,436가지)을 만들어내고 테스트를 통해 실현 가능한 콘셉트(2008년에 626가지)들을 추려낸 다음, 최종적으로 출시할 몇 종의 제품(총 9종)을 결정한다.

특히 '테트라 리카르트^{Recart}'와 얽힌 이야기는 테트라팩이 수요 창조

능력을 강화하기 위해 소비자와의 직접적인 접촉을 어떻게 활용하는 지를 분명하게 보여주는 사례이다. 2004년에 출시된 '테트라 리카르트'는 테트라팩의 전통적인 포장법에 적합하지 않은 '알갱이 함유 음식'의 정제 방법인 레토르트 살균(가압 가열 방식의 살균-옮긴이)용으로 디자인한 최초의 무균팩이다. 이 무균팩은 호멜 칠리^{Hormel Chili}라는 제품의 포장용기로 시장에 첫선을 보였다. 하지만 판매량은 실망스러운 수준이었고 호멜^{Hormel}사는 이 무균팩 사용을 중단했다.

테트라팩은 단념하지 않고 소비자들의 도전에 정면으로 맞섰다. 델 몬트의 포장용기 공급업체가 된 테트라팩은 코렐리^{Corelli}라는 브랜드명을 사용하여 으깬 토마토, 저며낸 토마토, 토마토 소스의 자체 생산 라인을 구축했다. 그런 다음, 선별된 유통업체를 통해 12주 동안 테스트를 진행했다. 결과는 고무적이었다. 소비자들은 금속 캔보다 테트라 리카르트에 든 음식이 더 신선해 보인다는 반응을 보였고, 매장 관리자들은 직사각형 모양의 무균팩이 원통형의 캔보다 진열하기가 더 효율적이라며 선호했다. 또한 판매량은 캔에 든 제품과 비교하여 29퍼센트나 많았다. 이러한 데이터를 확보한 테트라팩은 식품 포장업자들에게 테트라 리카르트의 장점을 교육했고, 감미(甘味) 옥수수알부터 물기 많은 고양이 사료까지 여러 음식에 이 새로운 포장법을 적용하기 위한 길을 열었다.

이러한 테트라팩의 노력으로 점점 더 많은 식품군에서 무균팩 포장법이 수용되었다. 소비자의 태도에 변화가 일어나기 시작했다는 또 다른 신호는 '하이 클래스' 제품인 와인이 무균팩으로 포장되어 나오는 사례가 서서히 확산되고 있다는 점이다. 이런 현상은 미국 소비자들이 매력을 느끼는 포장용기를 개발하기 위해 테트라팩의 내재적 성격(유럽에 뿌리를 둔)을 '환경 영향성 최소화'라는 또 하나의 성격과 연결시키려는 시도이다.

와인 수입업체 'J. 소이프^{J. Soif}'의 설립자이자 사장인 매튜 캐인^{Matthew Cain}은11 공인된 유기농 말벡^{Malbec} 포도로 제조한 새로운 와인의 용기를 만들어달라며 테트라팩에 의뢰했다. 테트라팩이 와인 수입업체에 기여할 환경경제학적 혜택을 확신했기 때문이다.

"오랫동안 이 업계에 있다 보니 와인 비즈니스에 문제가 있다는 걸 깨닫게 됐죠." 그는 설명을 이어간다. "80퍼센트의 와인이 1주일 안에 소비됩니다. 1리터짜리 와인 9개를 40파운드가 나가는 상자에 넣어 수천 마일을 싣고 가야 한다는 건 말이 되지 않죠."

비록 테트라팩이 인기를 끌고 있었지만 캐인은 이 대안적 포장법이 과연 와인에 적당할지 의심하면서 선택하기를 주저했다. 다른 것도 아니고 고급 와인이니 말이다. "이곳 미국에서는 대안적 포장법이 일종의 술책이라 여겨졌답니다"라고 그는 언급한다. 하지만 2008년에 유가가 급등하면서 경제가 비틀거리고 소비자들이 돈을 절약할 방법을 찾기 시작하자, 테트라팩의 경제적 논리가 설득력을 얻게 되었다. 특히 환경보호에 대한 인식으로 그런 논리는 더욱 힘을 얻었다.

무거운 유리병과 비교할 때 무균팩의 환경친화적인 성격은 정보에 밝은 와인 애호가들이 느끼는 매력의 중요한 요소이다. 또한 테트라팩이 이미 통달한 '3단계 수준의 사고법(제조업체, 유통업체, 소비자에 대한 사고법)'을 보여주는 생생한 사례이기도 하다. 이러한 환경친화적 장점을 활용하는 것이 쉽지만은 않았다. 사실 잠시 동안이었지만 테트라팩을 비롯한 몇몇 회사들은 무균팩을 재활용하는 시스템이 없다는 이유로 환경주의자들의 공격을 받기도 했다.[12] 급기야 메인 주(州)는 1988년에 무균종이팩을 금지하는 법을 통과시키기까지 했다. 당시 테트라팩의 CEO였던 우노 크젤버그Uno Kjellberg는 경쟁사들에게 유례없는 공동 협력을 제안했다. 이렇게 하여 공동으로 설립된 '무균포장업 협회'는 재활용 프로그램을 개발하고 자신들의 '제품 발자국('탄소 발자국'을 빗대어 만든 말-옮긴이)'을 줄이기 위해 환경과학자와 엔지니어들과 협력했다. 이러한 노력을 통해 1991년에 메인 주의 법을 원래대로 뒤집었을 뿐만 아니라, 테트라팩의 미국 지사장인 데니스 욘슨은 1996년에 앨 고어Al Gore 부통령에 의해 백악관으로 초대되어 '지속 가능한 성장'에 기여한 공로로 대통령 표창을 받기도 했다.

환경을 지향함에 따라 테트라팩은 수요 사슬의 3단계(제조업체, 유통업체, 소비자) 전체에서 '친구'를 얻었다. CEO 욘슨은 이렇게 말한다. "유통업체들은 환경에 대한 인식 확산을 주도하면서 소비자들의 관심에 다가가고 있습니다. 유통업체들의 그런 노력을 돕는 것이 우리 생활의 일부이고, 앞으로도 우리의 사업을 수행하기 위한 일상적인 전략을 형성할 겁니다. 우리가 유통업체가 아닌 공급업체로 남기를 여전히 원한다면 말이죠."

'옐로우+블루Yellow+Blue'라는 브랜드 명으로 판매되는, 매튜 캐인의 유기농 와인 포장 라인에는 이제 말벡뿐만 아니라, 아르헨티나의 토론

테스^{Torrontes}, 칠레의 소비뇽 블랑^{Sauvignon Blanc}, 스페인의 로제^{Ros}가 포함되어 있다. 이 와인들 모두 와인 마니아들로부터 향이 좋다는 평가를 받았다. 하지만 제품의 환경친화적인 특성은 이 와인들을 특별한 제품으로 만들어준다. 캐인은 전통적인 유리병과 비교하여 다음과 같이 냉정하게 이야기한다.

> 맞아요, 유리병은 재활용할 수 있습니다. 하지만 그 과정에 드는 비용이 비쌉니다. 그리고 재활용하는 사람들은 사실 별로 없어요. 미국에서 15퍼센트의 와인병이 재활용되고 나머지는 매립지에 묻힙니다. 유리병과 테트라팩의 재활용률은 이제 거의 같죠. 또한, 하나의 와인병을 매립할 수 있는 공간에 테트라팩은 30개나 묻을 수 있습니다. 비교가 안 되는 거죠.

캐인은 좀 더 놀라운 통계치를 하나 더 제시한다. "와인병 하나를 운송할 때 운송 중량의 절반을 포장재가 차지합니다. 테트라팩을 쓰면 93퍼센트가 와인이고 나머지 7퍼센트만이 포장이죠." 오랫동안 가장 완벽한 천연 포장이라고 알려져 온 달걀조차도 총 중량의 13퍼센트를 달걀껍질이 차지한다. 상상해보라. 자연을 능가할 만한 환경친화적 포장법을!

환경친화성은 테트라팩 제품에 감성을 불어넣고 소비자 수요를 자극하는 요소로 점차 인식되고 있다. 하지만 미학적 요소도 그러하다. 제품의 시각적인 매력은 '테트라 프리즈마^{Prisma}'의 등장을 통해 강조되기 시작했다. 테트라 브릭의 최신 변형 모델인 이 팩은 키가 더 크고 날씬하며 직육면체의 모서리 두 개를 깎아내 8각형 모양으로 만든 제품으로서 금속처럼 보이는 효과를 연출할 수 있다. 이와 더불어 프리즈마에서 일어난 시각적 혁신은 현대적인 사무용 건물이나 프랭크 게리Frank Gehry(비대칭적인 건물을 주로 설계한 미국의 건축가-옮긴이)의 박물관 디자인을 어렴풋하게 닮은 포장용기를 만들어냈다. 소비자가 처하게 될 모든 상황에 적합하도록 완벽하게 만들자는 테트라팩의 슬로건에 부합되도록 말이다. 눈에 띄는 디자인은 완전히 새로운 고객군을 창출했다. 바로 '포장상품(제품 자체로 정체성을 드러내는 데 한계가 있어서 포장의 힘을 빌려야 하는 상품들. 음료나 음식이 대표적임-옮긴이)'을 만드는 기업들인데, 그들은 자신들의 제품이 소비자의 눈길을 사로잡을 만한 독특하고 고급스러운 외양을 갖기를 간절히 원한다.

'스트림캡StreamCap'이라 불리는 새로운 '나사 마개screw cap' 디자인을 추가한 프리즈마는 내용물을 따라내기 쉽고 개봉한 흔적이 잘 보이며 다시 봉할 수 있기 때문에 와인 용기로는 아주 매력적이었다. 캐나다이구아Canadaigua란 와인 회사는 2005년에 레드 상그리아와 화이트 상그리아를 프리즈마에 담아 시장에 내놓았다. 시장의 좋은 반응에 고무되어 이 회사는 현재 동일한 프리즈마 용기를 사용하여 포도 수확 연도별로 와인 제품 시리즈를 출시하고 있다.

테트라팩에게 지금은 미국 시장에 팩에 든 와인을 판매하기 위해 힘을 쏟을 완벽한 시기일지 모른다. 무균포장이란 개념을 점차 수용하는 시장 분위기와, 시장에서 점점 목소리를 키워가는 열렬한 '녹색 소비자(환경보호의 관점으로 제품과 서비스를 택하려는 소비자 계층-옮긴이)'의 성장과, 경제 불황의 여파로 증가된 가격민감도를 하나로 결합해보라. 그러면, 수요의 잠재적 대전환을 나타내는 공식을 얻을 수 있을 것이다. 그것은 바로 테트라팩이 이상적으로 시장에 포지셔닝됐다는 점이다.

고객의 고객이 원하는 것

테트라팩의 이야기는 수요에 대해 매우 흥미로운 교훈을 준다.

첫째, 테트라팩이야말로 언뜻 보면 간단할지라도 수요의 획기적 진전을 이루는 과정이 대부분의 경우 아주 복잡하다는 것을 일깨우는, 무척 매력적인 사례라는 점이다. 루벤 라우싱은 1930년대에 우유를 포장하는 새로운 방법을 구상하기 시작했다. 그가 그 아이디어를 가지고 새로운 시스템을 만들기로 결정하기까지 몇 년의 시간이 흘렀고, 실용화하는 데 또다시 10년의 시간이 더 소요됐다. 이 대하드라마 같은 이야기는 위대한 아이디어가 수요의 결실로 나타나려면 시간, 인내심, 돈에 대한 엄청난 투자가 필요하다는 진지한 메시지를 전해준다. 또한, 뛰어난 혁신을 추진하기 위한 가장 좋은 시기는 항상 '어제'임을 다시 한 번 상기시킨다.

두 번째 교훈은 수요와 인프라라는 배경스토리 요소 사이에 '상호의존성'이 존재한다는 것이다. 넷플릭스가 창안한 '우편을 통한 영화 대여' 서비스의 수요는 DVD와 DVD플레이어라는 인프라가 구축되고 나서야 비로소 존재할 수 있었다. 집카가 창안한, '언제든 차를 잡아타고 간다'란 시간제 자동차 렌탈 서비스의 수요는 자동차를 추적하고 예약하기 위한 인터넷이란 인프라 없이는 존재할 수 없었다.

마찬가지로, 무게가 가볍고 편리하며 냉장할 필요가 없는 식료품 포장용기의 수요는 테트라팩이 그런 포장용기를 만드는 기계 설비를 개발하고 나서야 비로소 존재할 수 있었다. 그러나 같은 이유로, 테트라팩의 인프라(다양한 종류의 무균팩을 수백만 개 규모로 생산할 수 있는, 전 세계에 퍼져 있는 공장들을 포함함)는 라우싱의 포장용기가 최초의 고객들에게 매력적으로 어필하지 못했다면 결코 구축되지 못했을 것이다. 또한, 라우싱은 절대 시장을 형성하지 못할 우스운 콘셉트를 가진 애송이 취급을 받고 비즈니스 역사의 각주로 밀려나버렸을 것이다. 그리고 오늘날 우리가 판지와 포일로 만든 종이팩으로 스프, 주스, 와인을 포장한다는 이야기를 하지도 않을 것이다.

인프라와 수요는 손에 손을 잡고 함께 성장한다. 각각은 서로에게 의존한다. 멈추지 않고 각각을 개발하는 일은 우리 경제의 장기적인 건강과 안정을 결정한다.

결과적으로, 테트라팩의 이야기는 개별 소비자들의 전체적인 수요 구조가 서로 의존적임을 강력하게 시사한다. 세계에서 가장 큰 배경스토리 공급업체 중 하나로서, 테트라팩은 유제품 업체와 식료품 가공업체 등의 기업들을 대상으로 매출을 올리며 이익을 창출한다. 그러나 만약 편리함, 신선함, 풍미, 적당한 가격 등 일반 가정에서 식품에 대해 무엇을 원하는지 이해하지 못한다면, 테트라팩의 이익은 빈약해지고 말 것이다. 아마도 테트라팩이 기업고객들에게 주는 가장 큰 혜택은 자신들의 '고객의 고객(즉 최종소비자)'이 무엇을 원하는지를, 그리고 앞으로 몇 달 후나 몇 년 후에 무엇을 원하게 될지를 감지하고 제공하는 능력이다.

결국 식료품 수요의 어마어마한 피라미드가 식탁에 둘러앉은 당신의 가족에게 일제히 다가와 질문을 던지기 때문이다. "저녁 식사로 뭘 먹을 건가요?"라고.

Demand

ADRIAN J. SLYWOTZKY WITH KARL WEBER

제4장

방아쇠
Trigger

1. 제품에 대해 아는 것과 그것을 구입하는 것의 차이. 2. 매력적인 제품에 열광케 하여 사람들을 고객으로 재빨리 전환시키는, 비즈니스 디자인의 중요한 요소 중 하나. 3. '내가 진짜로 원하는 것'을 살 수 있도록 도와주는 '어떤 것'. 4. 구경꾼을 고객으로 변화시키는 '어떤 것'.

1. the difference between hearing about a product and buying it 2. a critical element in the business design that makes it easy for people to get truly excited about a magnetic product and transform themselves into customers 3. something that helps me buy something I really want 4. something that turns fence-sitters into customers.

04

넷플릭스와
200년 된 비밀병기

    2001년은 리드 해스팅스가 비디오 연체료로 40달러를 물어내야 해서 적잖이 짜증스러워했던 때로부터 4년이 흐른 뒤였고, 그때 겪은 고충 덕에 넷플릭스를 설립하여 새로운 영화 대여 방식을 시도한 지 3년이 흐른 후였다.

    보든 칼리지에서 수학을 전공하고 스탠포드에서 컴퓨터 과학 석사 학위를 딴 후에 소프트웨어 장애 처리 회사인 '퓨어소프트웨어^Pure Software(후에 더 큰 회사에 매각됨)'를 창립했던 해스팅스는 과학과 첨단기술 비즈니스 모두에 대해 잘 알고 있었다. 적극적인 소비자이기도 한 그는 소비자의 인간적인 측면도 잘 이해하고 있었다. 그는 단순하면서도 핵심적인 통찰을 기반으로 넷플릭스를 설립했다.[1] 그것은 인터넷이라 불리는, 당시에는 다소 생소한 인프라가 영화를 선택하는 데 더 빠르고 편리한 방법의 기반이 된다는 통찰이었다. 아마존 덕에 이미 도

226

서 분야에서 인터넷이 필수적인 도구가 됐듯이 말이다.

두 번째로 이루어진 혁신은 바로 DVD의 발명인데, 그것은 해스팅스의 흥미를 강하게 불러일으켰다. 비디오카세트는 무겁고 부피가 크며 깨지기 쉬운 반면, DVD는 얇고 가벼워서 고객에게 배달하기가 훨씬 쉬웠다. 자신의 아이디어를 테스트하기 위해 해스팅스는 CD 한 묶음을 산 다음(DVD를 바로 구할 수 없었기 때문임), 그것을 우편봉투에 넣고 동네 우체국을 통해 발송했다. 이틀 후 자신이 부친 CD 묶음은 우편함에 도착했다. 봉투를 연 그는 산산이 부서진 조각들을 볼까 두려웠지만, 모두가 온전한 상태였고 재생 또한 잘 되었다.

해스팅스는 후에 우편을 통해 DVD를 발송하는 일이 자신이 했던 첫 번째 실험처럼 간단치만은 않다는 것을 배우게 된다. 그러나 그때 경험한 실험의 성공이 그를 고무시켰던 건 사실이다. 아마도 인터넷과 DVD를 결합시키면 블록버스터, 무비갤러리Movie Gallery, 할리우드비디오Hollywood Video, 그리고 가족이 경영하는 수많은 비디오 대여점처럼 크고 복잡한 유통 방식이 사라질 것이라 그는 생각했다. 또한 영화를 대여할 때 고객들이 느끼는 짜증스러운 고충들을 줄이거나 없앨 수 있을 거라 생각했다. 즉, 대여하기에 적당한 영화를 찾기가 어렵다는 곤란함(내 배우자가 어떤 영화를 좋아할까? 이 영화는 아이들이 보기에 적당할까? 이 어드벤처 영화는 폭력이 지나치게 사실적일까, 아니면 폭력 장면이 있더라도 장난 수준에 불과할까?), 한창 잘나가는 영화가 다 대여되고 없을 때 느끼는 실망감, 한 번은 대여하러 또 한 번은 반납하러 대여점에 두 번이나 다녀와야 하는 불편함, 무엇보다 과중한 연체료 때문에 느끼는 짜증이 바로 고객이 감수하던 고충들이었다.

해스팅스는 곧바로 일을 시작했다. 그와 직원들은 고객들이 영화를 선택할 수 있도록 넷플릭스 웹사이트의 첫 번째 버전을 개발했고, 캘리포니아 북부의 스카츠 밸리Scotts Valley에 위치한 본사 근처에 DVD 발송을 위한 창고를 만들었다. 그런 다음, 다양한 종류의 영화를 구입하고 자신들의 서비스를 마케팅하기 시작했다.

그러나 그들의 첫 번째 제품(엄밀히 말하면 제품이 아니라 서비스지만, 이 책에서 제품이란 말은 제품과 서비스를 통칭한다-옮긴이)은 매력과는 거리가 멀었다. 요즘의 방식처럼 그때도 넷플릭스는 인터넷을 통해 영화를 선택하게 하고 우편으로 DVD를 배달하는 서비스를 제공했다. 하지만 영화 한 편에 4달러를 받고 연체료를 부과하는 등 기존의 방식을 따랐다. 해스팅스를 짜증나게 했고 동시에 새로운 사업에 대한 영감을 준 그 연체료를 부과했던 것이다. 또한, 이 신생기업은 입소문을 일으키기 위해 다른 유통업체에서는 구할 수 없는 콘서트 예매권, 연예 관련 포스터, 기타 상품 등 '핫 스터프hot stuff'를 판매할 수 있는 권리를 따냈다.

이처럼 패키지화된 서비스를 접한 고객들 대부분은 무관심한 반응을 보였다. 그 당시 넷플릭스는 대형 쇼핑몰에 딸린 비디오 대여점들보다 그저 조금 나을 뿐이었다. 사람들을 기존의 대여 방식에서 새로운 대여 방식으로 끌어당기려면 더 큰 매력이 넷플릭스에게 필요했다.

해스팅스는 재빨리 고객의 뜻을 알아차렸다. 그 후 여러 달에 걸쳐 수많은 '재혁신' 과정이 이루어졌다는 사실은 그만큼 수요를 창조하는 일이 복잡하다는 점을 여실히 보여준다.

해스팅스는 영화 몇 편을 보든 상관없이 한 번만 '구독료'를 납부하는 방식으로 요금체계를 간단하게 변경했고 연체료를 폐지했다. 또한 매스컴의 관심은 받았지만 수요는 거의 없었던, 비디오와 관련 없는 제품들을 포기하기로 했다. 또한 그는 고객들이 접근할 수 있는 영화 타이틀의 수를 크게 확장하는 데 투자했다. 이렇게 하여 비디오를 대여할 때 고객들이 느끼는 최악의 고충 중 하나, 즉 보고 싶은 영화를 빌리러 동네 대여점에 갔다가 허탕을 치고 돌아오는 실망감을 없애고자 했다. 그리고 그는 여러 가지 요금 체계와 요금 수준을 실험하기도 했다.

아마도 가장 중요한 것은 넷플릭스가 현재까지 유지하고 있는 전통을 해스팅스가 뿌리내리게 했다는 점이다. 그 전통은 바로 '테스트하기 전까지는 아무것도 바꾸지 마라. 많은 것들을 돌려보고, 테스트하고, 다시 테스트하라'이다. 해스팅스는 새로운 아이디어가 얼마나 잘 돌아가는지 관찰하고 검사하기 위해 '임상 테스트'를 즐겨 한다. 이것이 넷플릭스를 잘 아는 사람들이 이 회사를 일컬어 '컴퓨터 과학자가 경영하는 엔터테인먼트 기업'이라고 종종 표현하는 이유이다.

수십 번의 재설계 후에 해스팅스는 마침내 오늘날의 넷플릭스와 거의 같은 비즈니스 모델을 구축했다. 그리고 사용하기에 즐거운 매력적인 제품으로 놀라운 수요의 흐름을 창출하는 기업이 되었다.

하지만 2001년까지 수요의 흐름은 그저 수도꼭지에서 물이 한 방울씩 흘러내리는 꼴에 불과했다. 전국의 넷플릭스 회원 수는 기껏해야 50만 명이었다. 이 정도는 신생기업으로서 훌륭한 성과였지만, 미국에서 영화를 시청하는 가정이 1억3천만 세대인 점을 감안하면 미미한 수준에 불과했다. 블록버스터의 매출(51억 달러)에 비해 넷플릭스의 매출(7,600만 달러)은 '새 발의 피'나 다름없었다.

해스팅스는 넷플릭스의 제품이 블록버스터보다 더 낫다는 걸 알고 있었다. 더 편리하고, 더 저렴하고, 고객들이 느낄 고충은 거의 없었다. 몇 안 되는 열성 고객들은 넷플릭스의 서비스를 매우 좋아했다. 게다가 여러 설문조사 결과들은 상당히 많은 수의 잠재고객들이 넷플릭스에 대해 잘 알고 있음을 보여주었다. 하지만 성장은 여전히 느렸다. 도대체 왜 그랬을까?

왜 더 많은 사람들이 가입하지 않을까?

수요 창조자가 되려는 많은 이들은 매력적인 제품이 고객이 원하는 모든 것이라고 생각한다. 하지만 그렇지 않다. 고객과 이야기를 나눔으로써 얻는 가장 가치 있는 교훈 중 하나는 구매의사를 결정하는 것이 관성과 회의주의, 나태와 습관, 무관심에 의해 상당히 크게 지배받는다는 점이다. 이것이 바로 고객들이 뛰어난 신제품을 접하게 돼도 실제로 구매하는 시점은 몇 개월 후이거나 심지어 몇 년 후인 이유이다. 제품의 매력은 사람들의 관심을 모을 수는 있지만, 특별하면서도 행동을 유도하는 '방아쇠'가 없으면 사람들은 구매를 망설이게 된다.

넷플릭스의 입장에서 2001년의 상황은 매우 다급했다. 넷플릭스는 온라인 DVD 대여 사업으로부터 수요의 흐름을 창조하고 통제할 '기회의 유효기간'이 얼마 남지 않았음을 깨달았다. 수많은 기업가들은 물론이고 전 세계가 이미 인터넷의 혁명적인 힘에 주목하고 있었다. 해스팅스는 자신이 '인터넷을 통한 영화 대여'라는 아이디어를 세계에서 최초로 생각해낼 만큼 똑똑한 사람이 아니라는 점을 잘 알았다. 만약 그가 넷플릭스를 빠르게 성장시키지 못했다면, 누군가가 비슷하지만 조금 더 나은 서비스를 가지고 시장에 침투해 돌풍을 일으키며 시장을 석권했을지 모른다(사실, 온라인 영화 대여 사이트들이 그때 이미 우후죽순 생겨나기 시작했다. DVD오버나이트[DVDovernight], 그린시네[GreenCine], DVD애비뉴[DVDAvenue], 렌트DVD히어[Rent DVD Here], 렌트애니메[Rent Anime], 클린플릭스[Clean Flicks] 등이 주요 경쟁 사이트였다).

더구나 해스팅스는 엔터테인먼트, 유통, 온라인 판매 분야에서 강력한 브랜드를 가진, 거대하고 자금이 풍부하며 경험이 많은 기업들 중 하나가 결국 그가 발견한 기회를 똑같이 발견하리라 확신했다. 그는 블록버스터가 넷플릭스를 물 밖으로 몰아내기 위해 온라인 영화 대여 사업에 5억 달러를 투자하기로 했다는 헤드라인 기사를 언젠가는 읽게 되리라 매일 상상하곤 했다. 블록버스터가 아니라면 아마존이, 아마존이 아니라면 월마트나 애플, 혹은 디즈니가.

해스팅스의 유일한 희망은 성장하는 것이었다. 레이더에 감지되지 않도록 조용히, 그러나 빠르게 성장하여 거대 기업들 중 하나가 온라인 비디오 대여 사업이야말로 신경 쓸 만한 가치 있는 사업이라고 결정을 내릴 때, 넷플릭스는 이미 앞서가 있음으로써 후발주자들을 맥 빠지게 만들어야만 했다. 느리지만 꾸준한 성장이 그런대로 괜찮은 선택일 수는 없었다.

그래서 해스팅스와 직원들을 고민에 빠지게 한 질문은 "왜 더 많은 사람들이 가입하지 않는 것일까?"였다.

넷플릭스의 핵심 리더 일곱 명(이들 대부분은 지금도 회사 경영에 참여하고 있다)은 자신들의 분석적인 성향을 십분 발휘하여 보유 중인 고객들에 관한 데이터를 집중 분석함으로써 해답을 찾아나가기 시작했다. 희망적이면서 이례적인 데이터가 그들의 눈에 바로 들어왔다. 샌프란시스코 만(灣) 지역에서 넷플릭스의 침투율은 2.6퍼센트였는데 미국 내 다른 지역보다 두 배 정도 높은 수치였다. 만약 그들이 미국 전역에서 동일한 비율로 고객들을 끌어모을 수 있다면, 회원 수가 다섯 배로 늘어나서 270만 명이 넘으리라 추산했다.

그렇다면 샌프란시스코 만 지역은 대체 무엇이 달랐던 걸까? 왜 넷플릭스의 제품은 보스턴이나 시카고, 마이애미보다 샌프란시스코 만에서 더 매력적으로 보인 걸까?

경영진들은 각자 자신만의 이론을 가지고 있었다. 한 사람이 의견을 제시했다.

"샌프란시스코 만 지역은 우리의 본사가 위치한 곳입니다. 아마도 우리 직원들이 넷플릭스에 대해 여기저기 말을 많이 하고 다녀서 친구들과 이웃들을 가입하도록 했겠지요."(이것은 타당하지 않았다. 왜냐하면 큰 영향을 끼치기에 넷플릭스의 직원 규모가 얼마 되지 않았기 때문이다.)

또 다른 사람이 말했다. "이 지역은 첨단기술자들이 많이 사는 곳이에요. 그들은 인터넷에 관한 한 도사라서 온라인 쇼핑에 매우 익숙하죠."(물론 이 지역엔 기술적으로 수준 높은 사람들로 이루어진 동네가 많았지만, 그들이 넷플릭스에 가입하려고 떼 지어 몰려오지는 않았다.)

어떤 이는 이렇게 생각했다. "이곳은 상대적으로 부유한 동네입니다. 솔직히 말해서, 넷플릭스는 사치품이지 필수품이 아닙니다. 아마 소득이 많은 사람들이 영화를 보는 데 더 많은 돈을 쓰겠죠."(맞는 말이다. 그러나 다시 말하지만, 뉴욕이나 보스톤, 그리고 여러 도시들에도 부유한 사람들이 많이 살았다. 하지만 그들은 넷플릭스에 몰려오기는커녕 관심조차 두지 않았다.)

다른 임원이 말했다. "아마도 샌프란시스코 만 지역이 캘리포니아 주에 있기 때문입니다. 이곳은 영화산업의 본거지죠. 이 지역에 영화광들이 득시글거리는 게 틀림없습니다."(이런 논리라면 로스앤젤레스가 넷플릭스에게 가장 큰 시장이어야 한다. 하지만 LA는 샌프란시스코에 한참 못 미쳤다.)

마침내 리드 해스팅스가 논쟁의 끝을 선언했다.

"더 이상의 이론은 필요 없습니다. 더 많이 연구해봅시다." 이로써 넷플릭스의 고객과 비(非)고객들의 사고방식과 태도를 조사하기 위해 미국 전역의 도시에서 집중적인 설문조사가 실시됐다. 왜 자신들의 제품이 다른 지역보다 샌프란시스코 만 지역에서 강력한 매력을 발산하는지, 그 이유를 찾아내자는 특별한 목표를 가지고서 말이다.

아무도 생각지 못했던 성공의 비밀 병기

결과가 나오자 넷플릭스 사무실에서는 번뜩이는 통찰력이 떠올랐다. 샌프란시스코 만 지역의 넷플릭스 고객들이 설문에 응답한 비율은 다른 지역에 비해 컸다. 이 점이 설문 결과에서 유일한 차이였는데, 회원 가입률의 차이를 설명하기에 충분할 만큼 컸다. 사실상 샌프란시스코 만 지역의 모든 넷플릭스 회원들은 그들이 얼마나 '빨리' 영화를 받아 보는지 입에 침이 마르도록 칭찬을 아끼지 않았다. 허나 미국의 다른 지역 사람들은 사실상 아무도 그렇게 느끼지 않았다. 이것이 문제의 핵심이었다.

설문 결과를 본 넷플릭스 본사 사람들은 머리를 세게 한 방 맞은 기분이었다. 차이가 난 이유는 이제 너무나 분명해졌다. 바로 모든 DVD를 발송하고 수취하는 유통 센터가 샌프란시스코 만 지역에 있었기 때문이다! 오클랜드나 샌 라파엘, 아니면 팔로알토에 사는 고객이 월요일 아침에 영화를 반납하는 우편물을 넷플릭스로 부치면, 창고에는 보통 화요일에 도착한다. 그러면 동일한 영화를 신청한 다른 고객에게 같은 날 우편을 발송하면, 그 고객은 수요일에 영화를 받을 수 있다. 48시간 정도 지나서 말이다.

이와 대조적으로, 뉴헤이븐이나 볼티모어, 그리고 시애틀에 사는 고객은 4일이나 5일, 심지어 6일이나 기다려야 새 영화를 받아볼 수 있었다. 이 정도의 지연은 넷플릭스를 잊어버리기에 충분히 긴 시간이었고, 다음 영화를 기다리며 규칙적으로 '영화 감상 시간'을 계획하는 사람들을 실망시키기에 충분한 시간이었다.

신청일 다음날에 영화를 받는 고객들은 넷플릭스의 효율성과 편리함에 매료되었다. 그들은 방금 본 DVD를 넷플릭스로 부치자마자 다음 영화를 기대하기 시작했고, 친구들, 가족, 이웃사람들에게 넷플릭스의 믿을 수 없는 속도와 확실함을 자랑하고 다녔다.

반면에 5~6일 만에 새 영화를 받는 고객들은 점차 이런 반응을 보였다. '너무 지루해!'

조금은 아이러니했다. 넷플릭스는 인터넷과 DVD라는 놀라운 기술에 기반하고 있었을 뿐만 아니라 훌륭한 프로그래머들이 만든 상당히 뛰어난 소프트웨어를 운영 중이었기 때문이다. 넷플릭스는 첨단기술의 정수를 보여주는 기업이었다. 하지만 이제 이 회사의 리더들은 충격적이고 약간은 유감스럽게도 성공의 이면에 감춰져 있는 비밀병기가 바로 일찍이 200년 전에 벤저민 프랭클린이 기반을 세우고 미국 우편국U.S. Portal Service 의 공무원들이 운영해온, 첨단기술과는 거리가 먼 '우편배달 시스템'임을 깨달았다.

그리고 그 다음에 일어난 일들은 성공적인 수요 창조자로서 리드 해스팅스가 가진 또 하나의 기질을 여실히 보여주었다. 그는 이토록 아주 특이한 진실을 발견하자마자 곧바로 행동에 돌입했다.

2002년 1월 21일, 넷플릭스는 로스앤젤레스의 바로 아래에 있는 산타애나Santa Ana에 두 번째 유통센터를 개설했다. 그 다음 달에는 세 번째 유통센터를 보스턴 교외의 우스터Worcester에 열었다. 그 후 몇 주 동안 해스팅스와 직원들은 로스앤젤레스와 보스턴에서 회원가입률이 어떻게 변하는지 면밀히 관찰했다. 가입률은 꾸준히 오르기 시작하더니 급기야 샌프란시스코 만 지역보다 두 배나 큰 수준까지 상승했다. 그 지역의 넷플릭스 회원들은 갑작스레 48시간 안에 새로운 영화를 받아보게 됐다는 걸 알고 놀라움을 감추지 못했고, 자연스럽게 자신들의 친구와 이웃들에게 이 소식을 전했다. 그리고 그런 이야기를 전해들은 사람들은 넷플릭스에 가입하기 시작했다. 이것은 가능성 높은 추측이다. 왜냐하면 과학적인 연구 정신이 철저한 넷플릭스는 결과를 왜곡할 수 있는 지역 광고나 프로모션을 철저히 삼갔기 때문이다(유통센터 설치에 따른 효과만을 따져보기 위해 다른 활동을 스스로 제한했다는 뜻임-옮긴이).

1년이 지나기 전에 아홉 곳의 유통센터가 추가로 문을 열었다. 그리고 2003년에는 12곳이 새로 설치되었다. 그 결과, 새로운 유통센터가 개설된 모든 지역에서 가입률이 즉각 두 배로 뛰어 올랐다.

마치 한 도시에서 다른 도시로 스위치를 켜듯 전파되는 유통망은 자동차의 시동키처럼 넷플릭스의 수요를 촉발시켰다.

2010년 말 현재 넷플릭스는 56개의 유통센터를 운영 중인데, 미국인들 대부분이 신청일 다음날 영화를 받아볼 수 있는 체계가 갖춰진 셈이다. 넷플릭스의 회원 수는 이제 2,000만 명이 넘는다. 리드 해스팅스의 수요 창조 엔진이 여전히 성장할 여지가 충분하다는 걸 알 수 있는 대목이다(저자에 의하면 미국의 세대 수가 1억3,000만이므로, 회원 수가 더 성장할 여지가 있음-옮긴이).

2001년이 되기 전에 리드 해스팅스와 직원들은 새로운 수요를 창조하는 데 필수적인 첫 번째 구성요소인 '매력적인 제품'을 세상에 내놓았다. 그러나 매력적인 제품으로는 충분하지 않았다. 2001년에 그들이 놓쳤던 것은 '수요의 방아쇠'였다. 수요의 방아쇠는 무관심한 구경꾼들로 하여금 매력적인 제품에 진정으로 열광하게 하고 스스로 고객이 되도록 만드는, 비즈니스 디자인에 있어 아주 중요한 요소이다.

사실 우리는 이런 효과가 작용하는 모습을 이미 살펴봤다. 앞에서 '밀도'가 어떻게 집카의 인기에 핵심 성공요소가 되었는지, 그리고 '보고 싶은 책에 즉각 접근할 수 있는 강점'이 어떻게 킨들에게 중요한 차별요소가 되었는지 기억할 것이다. 그것들이 바로 수요의 수도꼭지를 튼 방아쇠였다. 넷플릭스의 수요를 최대화시킨 결정적 방아쇠는 바로 '배달 속도'였다.

아마 당신은 방아쇠의 힘을 경험한 적이 있을 것이다. 당신이 구입한 최신 '위대한 제품'을 떠올려보라. 그런 다음 생각해보라. 그 제품을 처음 알게 된 날과, 현금이나 신용카드로 '턱' 하니 결제하고 집으로 그 제품을 가져온 날 사이에 얼마나 많은 시간이 흘렀는가를 말이다.

제품을 알게 된 날과 실제로 구입한 날의 차이가 바로 수요의 방아쇠를 의미한다. 방아쇠는 고객의 관성을 극복하고 제품의 매력을 강화하는 작용을 한다. 어떤 방아쇠는 매력의 '기능적 측면'을 강화함으로써 그런 작용을 한다. 예를 들어 이런 방아쇠는 제품의 가격을 합리적인 수준으로 조정하고, 제품을 더욱 편리하게 하며, 제품을 좀 더 고객 맞춤식이 되도록 만든다. 다른 종류의 방아쇠는 제품의 '감성적 울림'을 크게 하는 작용을 한다. 훌륭하고 기발한 광고, 프로모션, 마케팅, 입소문 캠페인 같은 것들을 통해서 말이다. 그리고 어떤 방아쇠는 고객에게 샘플(견본품). 무료 체험, 할인 멤버십 등을 제공하고 시험 사용 후에 구입하도록 함으로써 고객의 마음을 움직이기도 한다. 제품의 매력에 지속적으로 긍정적인 효과를 가져오는 방아쇠는 효과가 그때뿐인 방아쇠보다 더욱 강력한 힘을 발산한다(넷플릭스의 초스피드 배달 서비스는 전자의 훌륭한 사례이다).

매력적인 제품들은 희소가치가 있고 놀라운 것들이다. 그러나 방아쇠가 없으면, 매력적인 제품이라 해도 수요를 거의 창출하지 못한다. 하나의 방아쇠(둘이나 셋이면 더 좋다)를 탐색하고자 하는 노력이 사실상 수요 창조를 다루는 모든 이야기에서 뚜렷하게 나타나는 특징이다.

'익일 배달'의 꿈을 완성시킨 넷플릭스의 봉투

2001년에 리드 해스팅스와 넷플릭스의 직원들에게 '익일 배달'에 관한 아이디어가 '강림'할 때까지, 그들은 이미 3년 동안 '위대한 수요의 방아쇠'가 '발사'될 곳으로 자신들의 회사를 도약시키기 위해 믿을 수 없을 정도로 열심히 일했다. 집카, 킨들, 테트라팩 이야기와 마찬가지로, 넷플릭스라는 대하소설은 수요를 창조하는 일이 얼마나 어려운지, 그리고 얼마나 많은 영리한 움직임이 모든 '위대한 수요 창조 조직'의 역사에 숨어 있는지를 생생하게 보여준다.

리드 해스팅스는 퓨어소프트웨어를 설립하여 키워낸 경험을 통해 많은 것을 배웠다. 그는 이런 말을 즐겨 한다. "첫 번째 회사에서 변변치 못했던 것이 저에게는 큰 행운이었죠. 직원 수가 10명에서 640명으로 늘어나면서, 저는 물속에 잠겨 있는 것 같은 기분이었습니다. 정말 마음이 복잡했죠." 자신감을 상실한 그는 이사회에 자신을 해고해 달라고 요청하기도 했고, 회사의 매출이 1996년에 목표를 달성하자

솔직히 안도했을 정도였다. 그는 회사를 그만두고 쉬는 동안 그의 경험을 곰곰이 생각하고 다음에 시작할 사업에 적용하기 위해 교훈을 정리했다.

해스팅스가 배운 교훈 중 하나는, '제품을 지원하는 데 필요한 배경스토리를 창조하려면 아무런 사전 준비 없이 모든 것을 다 만들겠다고 생각하는 것보다 회사 외부의 자원을 잘 사용하는 것이 중요하다'는 점이었다. 어디에 있는지 모르는 새로운 수요를 탐색하고자 할 때, 수많은 배경스토리의 세부 요소를 습득할 수 있는 시간과 돈, 재능과 열정은 결코 충분하지 않다. 바퀴를 다시 발명하려고 자원을 투자하는 일은 실패를 위한 레시피이다.

그래서 해스팅스와 직원들은 배달 인프라를 구축하려고 애쓰기보다는(즉 수많은 곳의 부동산을 구입하고 공장을 세우기 위해 거액을 투자하기보다는), 이미 존재하는 배달 인프라를 이용하는 방법을 찾아내는 데 역량을 집중했다. 물론 그것은 넷플릭스에게 수요의 방아쇠 역할을 제공하게 될 '미국 우편국'이었다.

하지만 동네 우체부의 '등에 업혀 가는 것'은 결코 쉽지 않은 일임이 밝혀졌다. CD 묶음을 우편봉투에 넣어 부쳐본 해스팅스의 약식 실험은 그가 보낸 우편물을 처리했던 그 지방 우체국만이 영화 디스크를 안전하게 다룰 수 있다는 걸 보여줬을 뿐이다. 와이오밍과 알래스카에 있는 작은 시골 우체국부터, 첨단기술이 적용된 여러 종의 기계설비로 수많은 편지와 소포를 분류하는 대도시의 거대한 우편집중국까지 우편 서비스를 담당하는 곳의 형태는 매우 다양했다. 미국 전역에 흩어져 있는 고객들에게 서비스하기 위해 넷플릭스는 이러한 모든 형태(규모)의 우편 서비스 취급처와 협업해야 했다. 파손율을 아주 낮게 유지하면서 말이다(자신을 이제 막 넷플릭스에 가입한 영화광이라고 간주해보라. 부서진 디스크가 얼마나 적어야 서비스에 기분이 상하지 않을까? 하나나 두 개? 아마도 그보다 많으면 안 될 것이다).

초창기 넷플릭스의 직원이었던 짐 쿡^{Jim Cook}은 이렇게 회상한다.

> 우체국의 후선업무가 어떻게 이루어지는지 이해하기 위해서 저는 여러 날에 걸쳐 가장 큰 우편집중국 몇 군데를 돌아다니며 주의 깊게 관찰하고 수많은 질문을 던졌죠. 저는 고속으로 돌아가는 원형 드럼 몇 대에 의해 편지가 분류되는 모습을 지켜봤죠. 맹렬하게 돌아가는 금속 드럼은 한 시간에 4만 개 이상의 표준 규격 우편물을 분류하고 처리했지만, 얇은 플라스틱으로 된 DVD는 그 과정에서 온전하게 살아남지 못할 게 분명했습니다. 가슴이 철렁 내려앉은 저는 사업 아이디어가 사라져버리는 듯한 기분이 들었죠. 하지만 그때 저는 좀 더 크고 '납작한' 모양의 우편물과 잡지를 분류하는 별도의 컨베이어 벨트를 발견했답니다. DVD가 든 넷플릭스의 우편물이 어떻게 편지 분류 드럼이 아니라 항상 컨베이어 벨트에 의해 처리되도록 보장할 것인지가 저에게 주어진 과제였습니다.

넷플릭스는 자동으로 컨베이어 벨트에 의해 처리되도록 독특하고 독창적인 우편봉투를 디자인하는 데 공을 들였다.[2] 그 봉투는 DVD를 안전하게 담아야 하고, 반송 처리 기계로부터 DVD를 보호해야 했다.

또한 그 봉투는 우편요금이 선납된 반송용 봉투를 안에 넣어 제공해야 했는데, 그래야 넷플릭스 창고 직원들이 흠집을 내거나 동봉된 디스크를 떨어뜨리지 않으면서 봉투를 쉽고 빠르게 개봉할 수 있기 때문이었다. 그리고 무게가 늘면 그만큼 회사가 부담할 우편요금이 증가하기 때문에 봉투는 가능한 한 가벼워야 했다.

그들은 계속해서 시도하고 또 시도했다. 초창기의 봉투들은 어떤 것은 종이로, 또 어떤 것은 판지로 만들어졌다. 플라스틱으로 만든 봉투도 있었는데, 쉽게 부서지고 재활용이 안 되는 단점이 있었다. 어떤 봉투는 내부에 DVD를 고정시키고 보호하기 위해 스티로폼을 넣기도 했는데, 이것 역시 잘 부서질 뿐만 아니라 무게가 많이 나갔다. 비행기로 운반하는 동안 부풀어 있도록 하기 위해 공기를 충전한 후 밀폐한 봉투도 만들었다. 그리고 고객이 스티커를 벗겨내면 넷플릭스의 반송처 주소가 드러나는 봉투도 있었지만 너무 복잡하다는 단점이 있었다. 어떤 봉투의 겉면엔 8개의 글머리 기호와 최소 76개 단어로 된 사용자 준수사항이 적혀 있기도 했다.

넷플릭스는 완벽한 봉투를 발견하기까지 수십 번을 반복해야 했다. 그들은 잇따라 특이한 것들을 발견했는데, 반송처 주소를 봉투 안에 거꾸로 인쇄하는 게 작업을 더 효율적으로 만든다는 사실이 대표적인 예이다. 결국 그들은 가볍고 견고한 종이로 만든 봉투를 개발해냈다. 이 봉투에는 디스크를 안전하게 보관하도록 내부에 칸막이가 있었고, 봉투를 열지 않고도 DVD 재킷 위의 바코드를 읽도록 틈을 만들어 두었으며, 유료광고를 유치할 수 있는 공간까지 있었다. 최종적으로 선택된 디자인은 단순하면서도 선명했고 눈길을 끌었다. 가장 중요한 것은 그 봉투가 우편 서비스를 통해 발송하는 DVD의 파손율을 1퍼센트 아래로 하락시켰다는 점이다.

아마도 당신은 넷플릭스의 고객이 아니더라도 이 봉투를 잘 알고 있을 것이다. 밝은 빨강색으로 된 이 봉투는 많은 우체국에서 처리하는 일일 우편물 발송량의 25퍼센트를 차지하고 있다(5억 달러에 달하는 넷플릭스의 1년간 우편요금은 미국 우편국의 운영예산 중 상당히 큰 부분을 차지하고 있다).

봉투 하나를 디자인하는 데 모두 150가지 버전을 테스트했다는 게 과하다고 생각할지 모른다. 그러나 넷플릭스 디자인이 변경한 모든 세부사항에는 아주 작은 고객의 불편과 고충이라도 반드시 줄이겠다는 의지가 담겨 있었다. 봉투를 개봉하는 시간을 3초 줄이는 것과 파손된 DVD의 발생률을 0.8퍼센트에서 0.6퍼센트로 줄이는 것은 사소하게 보일지 모른다. 그러나 수천만의 고객 수와 수억 개의 우편물 수를 곱해보라. 그러면 넷플릭스 회원들에게 주어지는 혜택이 상당히 크다는 걸 깨닫게 된다.

같은 시기에, 헤스팅스와 직원들은 넷플릭스의 제품을 진정 매력적으로 만들기 위해 바로 시작해야 할, 그 밖의 수많은 세부사항들과 씨름하고 있었다(이러한 집요함은 위대한 수요 창조자들 사이에서는 일반적이다).

그들은 자신들이 있어야 할 곳에서 혁신을 꾀했고, 자신들이 있을 수 있는 곳이면 어디든지 다른 것을 모방했다. 수개월 간의 실험을 통해 직송^{direct mail} 담당자, 기계 기사, 소프트웨어 개발자들은 매일 수백만 개의 DVD를 분류하고 부칠 수 있고 에러 발생률이 거의 없는 독창적인 초고속 광학 스캐닝 기계들로 놀라운 유통 시스템을 구축했다(넷플릭스의 시설 중 한 곳을 방문하는 행운을 얻은 우리는 다른 사람들과 마찬가지로, 캘리포니아 프리몬트^Fremont에 있는 유통센터를 둘러보고 거대한 규모와 믿을 수 없을 정도로 효율적인 시스템에 입을 벌리지 않을 수 없었다). 아무도 이와 같은 시스템을 가지고 있지 않다. 그런 시스템을 단지 보유하기만 해도 경쟁 서비스를 출시하려고 애쓰는 다른 회사를 단념시키기에 충분할 것 같다.

해스팅스는 처음부터 뛰어난 웹사이트를 디자인하려고 자금과 창조적인 에너지를 낭비하기보다는, 아마존의 웹사이트를 연구하고 90퍼센트 이상을 모방하는 기지를 발휘했다. 넷플릭스의 사이트는 아마존 사이트의 메뉴 체계, 제품과 버튼의 위치, 검색 도구, 고객 리뷰와 전문가 평가란 등을 본떴고, 심지어 웹페이지 로딩 속도를 빠르게 하려고 크기가 작고 해상도가 낮은 그림을 쓰는 법까지 모방했다.

아마 당신은 이러한 전략을 '독창성을 위한 모방'이라고 부를지 모른다. 이는 정확한 표현이다. 물론 신사업 디자인의 핵심이 모방에 기초해서는 안 된다(넷플릭스의 경우, 핵심은 '인터넷과 우편을 통해 믿을 수 있고 편리하며 알맞은 가격의 영화 대여 서비스'이다. 독창적인 웹사이트 디자인은 이러한 핵심에 해당되지 않는다). 위대한 예술가와 작가들과 마찬가지로, 위대한 수요 창조자들은 작은 것들을 모방하는 데 부끄러움을 느끼지 않는다. 그럼으로써 그들은 중요한 것에 자신들의 독창성을 집중할 수 있다.

빠르면서도 남들이 알아차리게 성장하기 위해, 해스팅스는 비싸기만 한 광고보다는 '바이럴 마케팅^viral marketing(인터넷 사용자들이 자발적으로 제품이나 서비스를 홍보하도록 널리 퍼뜨리는 마케팅 기법-옮긴이)'과 입소문 방식을 선호했다. 또한 그는 넷플릭스가 회원을 모집하는 데 도움이 될 마케팅 파트너들을 찾았다. 해스팅스는 미국에서 판매되는 DVD 플레이어의 85퍼센트를 차지하는 소니, 도시바, 파나소닉과 합의를 맺어 출시되는 모든 DVD 플레이어에 넷플릭스 서비스의 무료체험권을 제공하기로 했다.

일반적인 상황이라면 제조업체들은 이런 계약을 맺는 데 주저하기 마련이다. "하지만 그 당시 DVD 플레이어 제조업체들은 레이저디스크나 베타맥스처럼 자신들이 실패한 사례로 남을까 봐 아주 두려워했답니다"라고 짐 쿡은 설명한다. 그래서 그들(DVD 제조업체)은 고객들에게 DVD플레이어 한 대에 열 편의 무료 영화 대여권을 주자는 아이디어를 좋아할 수밖에 없었다. 제휴업체의 마케팅 파워를 활용하는 '배경스토리 생태계'를 구축함으로써 넷플릭스는 다른 도전과제에 필요한 자원을 희생시키지 않으면서도 고객의 범위를 확장시킬 수 있었다.

영화 대여 서비스에 대해 고객이 느끼는 고충을 해결하는 기술을 차례로 연마해가는 동안 넷플릭스는 위대한 수요 창조자라면 으레 그렇게 하듯이 스스로에게 이런 질문을 던졌다. "우리 고객들을 위해 흩어진 점들을 연결시키려면 무엇을 해야 할까?" 제품의 가치를 향상시키기 위해 넷플릭스는 영화 대여뿐만 아니라, 영화 선택을 잘 하도록 편리하고 개인화된 '대기 영화' 목록, 영화 미리보기와 비평가들의 코멘트, 곧 출시될 영화에 대한 선(先)예약 기능 등 많은 것을 제공했다.

그러나 가장 강력한 서비스 향상은 '시네매치Cinematch'라 불리는 영화 추천 엔진으로 이루어졌다. 여기에서 다시 해스팅스가 세계에서 앞서나가는 온라인 유통업체인 아마존에서 영감을 얻었다는 점이 드러난다. 아마존은 도서 추천 목록을 알고리즘적으로 도출하는 개념을 처음 시도했다. 츠타야ᵀsutaya(일본의 비디오 대여 체인-옮긴이)도 아마존과 동시에 자신들만의 미디어 추천 시스템을 개발했다. 시네매치는 한 고객이 과거에 내린 평가를 기초로 그가 특정 영화를 어떻게 평가할지 예측한다(넷플릭스 회원들은 평균 200개 이상의 영화를 평가한다). 넷플릭스 회원의 60퍼센트가 매일 시네매치가 추천하는 수많은 영화 목록 중에서 자신이 볼 영화를 선택할 만큼 인기를 끌게 됐다.

'대기 영화' 기능과 결합된 이 추천 엔진은 전통적인 영화 대여 서비스에 대해 고객들이 느끼던 가장 큰 고충 중 하나, 즉 비디오 대여점의 통로를 서성거리며 금요일 밤을 무료하게 보내야 하는 성가심을 제거하는 데 큰 도움을 준다. 자신만의 '대기 영화' 기능을 활성화시키자마자 시네매치의 개인화된 추천 알고리즘이 적용되어 좋아하리라 예상되는 영화 제목이 열 편, 혹은 스무 편 이상 떠오르고, 그중 하나를 신청하는 순간 그 영화 DVD가 고객의 우편함에 도착할 준비를 끝낸다.

오랜 시간 동안 해스팅스와 직원들은 지속적으로 실수를 통해 배우고 고객의 고충지도를 개선할 기회를 탐색하면서 자신들의 제품을 다듬고 향상시켰다.

예를 들어, 넷플릭스는 한때 검사요원들을 채용한 적이 있는데, 그 직원들은 회원들이 반송한 DVD를 고속으로 재생하면서 흠집과 화면상의 결함이 있는지 비디오 모니터를 통해 살피는 임무를 담당했다.

나중에 넷플릭스는 동일한 작업을 더욱 정교하게 자동으로 수행하는 전자 스캐닝 디바이스를 개발함으로써 사람에 의한 검사 작업을 없앨 수 있었다.

변화하는 환경에 대응하고 계속 높아지는 고객들의 기대감을 충족시키기 위해 넷플릭스는 제품에 수정을 가할 필요가 있었다. 리드 해스팅스와 직원들은 이러한 현실을 본능적인 수준으로 깊게 이해하고자 했고, 자신들의 분석지향적인 성향에 걸맞게 항상 변화하는 고객들을 연구하는 데 지독하게 집중했다. 넷플릭스는 온라인, 전화, 우편, 방문 인터뷰 등을 통해 평균 200가지에 이르는 별도의 설문조사를 진행하고 있다('미디어 고고학자'의 역할을 담당하는 넷플릭스의 직원들은 고객들이 영화나 TV쇼를 시청할 때 어떻게 그리고 언제 '잠시 멈춤' 버튼을 누르는지, 리모콘을 어디에 두는지, 언제 그리고 왜 그들이 시청을 끝내는지 등 그들의 행동을 관찰하기 위해 옆에 앉아 있는 것이나 다름없다). 그리고 미국 전역에 있는 넷플릭스 지점에서는 고객들로 이루어진 포커스 그룹 미팅이 정기적으로 열린다. 이 미팅은 마케팅 전문가들이 아니라 엔지니어들이 진행하는데, 나중에 소프트웨어 코드를 프로그래밍할 때 자신들이 알게 된 고객 관련 이슈를 반영하기 위해서다. 이와 함께, 최근에 본 영화를 받아보는 데 얼마나 걸렸는지 등의 질문이 담긴 이메일을 정기적으로 발송한다(넷플릭스는 이런 이메일을 매일 200만 통 정도 발송한다). 넷플릭스는 회원들의 분위기를 즉시 파악하기 위해 24시간 안에 설문조사를 실시할 수 있다.

넷플릭스의 사람들은 리드 해스팅스가 가진 엔지니어로서의 배경과 강박적이라 할 만큼 작은 세부사항에 집중하는 회사의 특성을 서로 연결시키는 것을 좋아한다. "퓨어소프트웨어의 제품은 다른 사람들이 만든 소프트웨어에서 버그를 찾는 소프트웨어였죠"라고 어느 넷플릭스 직원은 우리에게 말했다. "리드의 전반적인 성향은 다른 사람들이 '모든 게 다 좋아'라고 생각하는 것에서 잘못된 부분을 찾아내는 것이랍니다." 이러한 사고방식이 넷플릭스로 하여금 흠집 난 DVD를 발송하거나 DVD에 라벨이 잘못 붙거나 하는 에러 발생률을 1퍼센트 아래로, 0.1퍼센트 아래로, 그리고 다시 0.01퍼센트 아래로 낮추도록 한 원동력이다. 이렇게 에러 발생률 수치가 낮아질 때마다 울리는 째깍 소리는 고객의 고충이 그만큼 제거된다는 걸 의미한다.

잠자던 골리앗의 반격

한편, 해스팅스와 직원들이 자신들의 제품을 시작하고 시스템을 구축하며 비즈니스를 개선하는 동안, 그들의 잠재적 경쟁사들은 무엇을 하고 있었을까?

놀랍게도 그 답은 '아무것도 하지 않았다'이다. 몇 개월이 그냥 흘러갔다. 그리고 다시 몇 년이 흘렀다. 넷플릭스는 초기에 느리게 성장했으나 '배달 속도'라는 방아쇠를 발견한 이후부터는 더욱더 빠르게 성장을 이어갔다. 블록버스터는 아무런 대응을 하지 않았다. 월마트나 애플도, 영화 제작사나 기타 대형 미디어 기업들도 마찬가지였다. 넷플릭스가 발견한 새로운 수요는 대부분의 잠재 경쟁자들에게 눈에 띄지 않은 모양이었다.

블록버스터를 비롯한 그 어떤 업체들도 2003년(즉 넷플릭스가 사업을 시작한지 4년이 지난 후)까지 아무런 반응을 보이지 않다가, 드디어 월마트가 자신들만의 웹 기반 영화 대여 서비스를 출시하자 넷플릭스의 주가는 폭락했다. 세계에서 가장 큰 기업이 진출한다는 소식은 경쟁자의 등골을 오싹하게 만들기에 충분했다. 하지만 2005년에 월마트는 몇 안 되는 회원들을 넷플릭스로 이관하면서 영화 대여 사업에서 철수하고 말았다.

같은 해에 블록버스터가 경쟁에 뛰어들었다. 넷플릭스보다 58개월이나 늦게 진출한 이 회사는 대규모로 사업을 전개해나갔다. 블록버스터는 넷플릭스보다 낮은 가격과 더 많은 영화 타이틀(2만5,000 대 2만)을 강점으로 내세웠다. 넷플릭스의 주가는 다시 급락했다. 잠자던 골리앗이 드디어 깨어나자 다윗은 큰 위험에 처할 수밖에 없었다.

그러나 넷플릭스는 마치 오랫동안 준비하고 있던 것처럼 신속하고 단호하게 대처했다. 그들은 가격을 인하하여 블록버스터의 가격에 맞췄다. 그리고 꾸준히 영화 타이틀 수를 확장시킴으로써 2005년 말에 넷플릭스는 블록버스터를 크게 앞지를 만큼 많은 영화 타이틀을 보유하게 되었고, 그 이후로 계속 우위를 유지하고 있다. 또한 넷플릭스는 영화 추천 엔진을 향상시키는 데 박차를 가했다. 다윗은 자신의 새총을 장전하고 또 장전하면서 당황해하는 골리앗 쪽으로 계속 공격을 가했다.

그럼에도 불구하고 블록버스터는 강력하게 맞섰다. 이 회사는 온라인 사업을 구축하고 홍보하는 데 5억 달러를 투자했다. 초기에 블록버스터는 완전히 별개인 두 개의 서비스를 그대로 유지했다. 조금 이 상한 전략이었는데, 회사의 가장 큰 잠재적 경쟁우위인 거대한 비디 오 대여 체인망을 활용하는 데 실패했기 때문이었다. 하지만 2007년 초에 블록버스터는 온라인 서비스와 자기네 대여점들을 강하게 묶는, '토털액세스Total Access'라 불리는 새로운 프로그램을 발표하며 방침을 변경했다. 이로써 '블록버스터 바이 메일Blockbuster by Mail' 고객들은 다 본 후 아무 대여점에나 영화 디스크를 반납하면 영화 한 편을 공짜로 빌 려볼 수 있었을 뿐만 아니라, 우편을 통해 다음에 볼 영화를 정기적으 로 받을 수도 있었다.

토털액세스는 매력적인 패키지로서 블록버스터가 한참 만에 첫 번 째로 내놓은 매력적인 제품이었다. 실제로 2007년 2분기는 넷플릭스 의 회원 수가 줄어든, 역사상 유일한 시기였다. 블록버스터로 고객들이 이탈한 것이 이유였다. 잠시 동안이었지만, 블록버스터가 약진하여 시 장을 석권할 것이라는 리드 헤스팅스의 악몽이 현실로 나타나는 듯 보 였다.

그러나 토털액세스는 블록버스터에게 두 가지 골칫거리를 안겨줬 다. 하나는 체인에 속한 대여점 주인들 대대수가 이 프로그램에 참여 하기를 거절했다는 것이다. 다른 하나는 토털액세스가 너무나 많은 공 짜 영화를 제공하는 바람에 블록버스터가 회원을 한 명 모집할 때마다 사실상 손해를 본다는 것이었다.

헤스팅스와 직원들은 다각도로 수치를 분석한 끝에 블록버스터의 전략이 지속 불가능하다고 결론 내렸다. 그들은 힘들더라도 자신들의 길을 유지하면서 제품의 질을 지속적으로 향상시키기로 마음을 다잡았고 머지않아 블록버스터가 수건을 던지며 패배를 인정하기를 기대했다.

몇 개월이 흐르자 드디어 결판이 났다.

2007년 중반에 블록버스터는 자금 압박과 프랜차이즈 점주들의 불만에 굴복하여 토털액세스 시스템을 대폭 변경했다. 가격을 인상했고, 공짜 영화교환권 수를 크게 제한했으며, 그 이후부터 대여점으로 디스크를 반납하는 고객에게는 별도의 수수료를 물렸다. 새로이 변경된 토털액세스는 고객들의 상품 선택에 혼선을 불러일으켰다. 우편만을 통해 한 번에 하나씩 DVD를 받을 수 있는 상품은 1개월에 8.99달러였고, 우편으로 받아 대여점에 반납할 수 있는 상품은 한 번에 세 개의 DVD를 빌릴 수 있고 한 달에 다섯 개까지 대여점에서 영화를 교환할 수 있는 옵션으로 1개월에 17.99달러의 요금을 받았다. 이 밖에 여러 옵션에 따라 가격 조건이 달랐다. 많은 고객들은 새로운 프로그램이 자신들에게 선택의 여지를 많이 주기보다는 혼동만을 야기한다고 불평했다.

고객 리뷰를 전문으로 다루는 웹사이트 '기즈모도Gizmodo'는 이러한 프로그램 변경을 분석한 후에 "고맙습니다, 블록버스터. 넷플릭스를 더 쉽게 추천할 수 있게 해줘서"라고 결론 내렸다.[3]

자욱했던 먼지가 걷히고 나자 넷플릭스는 온라인 영화 대여 사업에서 블록버스터를 멀찌감치 따돌리며 앞서나갔다. 넷플릭스의 회원 증가 퍼레이드는 재개되었다. 2008년 말에 이르자 넷플릭스의 기업 가치(주식의 시가총액 기준으로)는 블록버스터의 열 배를 뛰어 넘었다. 2010년에 블록버스터는 파산하고 말았고, 2011년에 블록버스터의 비즈니스 자산들은 경매에 부쳐졌다.

새로운 시장, 새로운 도전

현재 넷플릭스의 비즈니스 디자인은 마치 기름이 잘 쳐진 기계처럼 매우 아름답다. 친구들에게 말하지 않고는 배길 수 없는, '극도로 매력적인' 제품을 2천만 명이 넘는 회원들에게 제공하니 말이다.

하지만, 리드 해스팅스와 직원들은 이미 다른 이슈에 관심의 초점을 맞추고 있다.

예전의 VHS와 마찬가지로 DVD 기술은 유효기간이 영원하지 않다. 다음 세대에는 영화 다운로드와 비디오 스트리밍이 영화 유통 방식의 핵심이 될 터이다. 미국 우편 시스템에 편승한, 넷플릭스의 믿을 수 없을 정도로 효율적인 배송 시스템은 점차 쓸모가 없어질 것이 분명하다. 게임의 법칙이 변화하는 이 상황에서 넷플릭스는 고객보다 한발 앞서 다가가고 경쟁자들보다 두 발 앞서갈 만큼 충분히 민첩하게 움직일까?

이 질문의 답은 요즘 들어 분명해지고 있다.

일찍이 2008년에 넷플릭스는 조용히 비디오 스트리밍의 인프라를 침투하기 시작했다. 2009년 중반에 넷플릭스가 제공하는 비디오 스트리밍은 PC, 엑스박스360^{Xbox360}, 소니의 플레이스테이션 3, 삼성과 LG

가 만든 블루레이 디스크 플레이어, 티보^{TiVo}와 로쿠^{Roku}(넷플릭스에서 분사됨)와 같은 전문 비디오 녹화기 등을 통해 이미 3백만 가정에 서비스 되었다. 2010년엔 닌텐도 위, 애플의 아이폰, 아이팟 터치, 아이패드, 애플 TV 등 더 많은 장치들이 목록에 추가되었다. 2010년 말에 이르러 넷플릭스는 200종 이상의 장치를 통해 1,000만 명 이상의 회원들에게 스트리밍 서비스가 제공될 것이라고 전망했다.

그렇다고 해서 해스팅스와 직원들이 DVD와 우편 발송 서비스를 버리려고 준비한다는 말은 아니다. 대신에 그들은 몇 년에 걸쳐 점차 스트리밍 쪽으로 이전되도록 유도하고 있다. "넷플릭스는 3막짜리 연극입니다"라고 홍보 담당자인 스티브 스와지^{Steve Swasey}는 말한다.

> 1막은 철저히 '우편을 통한 DVD'였죠. 2010년에는 우편을 통한 DVD와 비디오 스트리밍 서비스가 공존하는 2막에 들어섰답니다. 그리고 비디오 스트리밍만 존재하고 DVD 없는 3막은 그 누구의 예상보다 빠르게 다가오고 있죠. 사실 우리는 2010년 10월에 캐나다에서 '순수한 스트리밍' 서비스를 시작했답니다. DVD는 아예 없죠.
>
> 우리는 앞으로 몇 년 동안 미국의 넷플릭스 회원들에게 DVD를 계속 발송할 겁니다. 하지만, 넷플릭스가 2011년에 제2의 지역으로 진출하면서 국제적인 확장을 모색한다면, 그 서비스 방식은 순수한 스트리밍일 겁니다.

비록 전문가들 대부분의 예상보다 훨씬 빠르게 나타나고 있음에도 불구하고, DVD에서 스트리밍으로 완전히 이전될 정확한 시기를 예상하는 일은 쉽지 않다(스트리밍만으로 서비스하는 상품이 2010년 11월 미국에 출시됐다). 그러나 그런 일이 일어난다면 넷플릭스는 언제든 준비가 되어 있을 것이다.

비디오 스트리밍 서비스는 새로운 비즈니스 모델을 필요로 한다. 저작권법의 '최초 판매의 원칙'the first-sale doctrine(적법한 복제본 소유자는 저작권자의 독점적 배포권을 침해하지 않는 범위 내에서 자신의 복제본을 자유로이 처분할 수 있다는 원칙-옮긴이)하에서, DVD를 구입한 사람은 누구나 사실상 아무런 제약 없이 그것을 판매하거나 빌려줄 수 있다(저자나 출판사에게 로열티를 지불하지 않고서 중고 도서를 팔 수 있는 것과 같은 원리이다). 하지만 스트리밍 콘텐츠를 판매하려면 장기적인 매출을 공유할 목적으로 소유권자나 저작권자와 계약을 맺어야 한다.

이러한 변화가 넷플릭스의 정교한 비즈니스 모델에 재무적으로 악영향을 미치게 될까? 반드시 그런 것은 아니다. DVD 발송이 감소하면서 연간 5억 달러에 달하던 우편요금의 많은 부분이 새로운 스트리밍 사업에 점점 더 많이 투자될 것이기 때문이다. 스티브 스와지는 이렇게 말한다. "물리적인 유통비용(우편요금과 유통센터 운영비 등-옮긴이)을 반으로 줄이자마자 영화제작사와 함께 쓸 수 있는 2억1,000만 달러의 여유자금이 생길 겁니다. 이 자금은 월마트에 필적하는 규모인데요, 우리를 영화제작사들의 가장 큰 고객 중 하나로 만들기에 충분한 돈이죠."

앞서 생각할 줄 아는 헤스팅스와 직원들은 여러 해 동안 영화제작사, TV 네트워크, 프로덕션 등의 콘텐츠 제공업자와 관계를 돈독히 유지하면서 그 분야의 일에 전념하고 있다. "우리의 전략은 바로 그들에게 큰 수표를 써주는 것입니다"라고 해스팅스는 쓴웃음을 지으며 말했다. 넷플릭스는 현재 디즈니 채널, NBC유니버셜NBC Universal, 워너브라더스Warner Bros., MGMMetro Goldwyn Mayer's Inc., CBS, 20세기폭스20th Century Fox, 라이온스게이트Lionsgate, 뉴라인시네마New Line Cinema, 에픽스Epics 등 여러 콘텐츠 제공업자들과 계약을 맺음으로써 고객들이 수만 가지의 TV 프로그램과 영화를 스트리밍으로 시청할 수 있도록 해놓았다.

이 '새로운 세계'는 넷플릭스에게 새로운 경쟁자들이 출현했다는 것을 의미한다. 훌루Hulu와 유튜브YouTube처럼 광고 기반의 비디오 스트리밍 기업, 애플과 아마존처럼 다운로드 건당 요금을 청구하는 기업, 케이블 TV회사 '콤캐스트온디맨드Comcast On Demand'처럼 시청 건당 요금을 청구하는 기업들이 바로 넷플릭스의 새로운 경쟁자로 등장했다. 넷플릭스는 '구독료 기반의 스트리밍 서비스'라는 전혀 다른 비즈니스 모델을 제시했다. 비디오 스트리밍 서비스가 더 많은 미국 가정에 침투하면서 이 비즈니스 모델들이 모두 성장할 것이고 해스팅스도 그렇게 되기를 기대하고 있다.

넷플릭스는 여러 사람과 동시에 체스 게임을 벌이는 시장의 다음 국면에서 이미 주도적 위치를 점하고 있다. 하지만 고객의 새로운 고충 지도는 어떤 모습을 띠게 될까? 그리고 무엇이 앞으로 수요를 촉발시키는 핵심 방아쇠가 될 것인가? 어디서든 접속 가능한 편의성일까(만약 그렇다면 넷플릭스는 거의 모든 주요 전자업체들이 만든 수백 종의 디바이스에서 돌아가고 있으니 이미 크게 앞서고 있는 셈이다)? 독점적인 고급 콘텐츠일까? 아니면, 집에서 즐기는 3D 영상처럼 시청의 질을 놀랍게 향상시키는 기술적인 우위일까? 혹시, 전 세계에 퍼진 일군의 사람들에게 사랑 받는 제품들에 관해 실시간으로 이벤트를 벌이는 등 소셜 네트워킹 서비스에 오락적인 요소를 혼합하는 것이 수요의 방아쇠는 아닐까?

　현재로서는 아무도 답을 알지 못한다. 리드 해스팅스도 마찬가지이다. 그러나, 우리는 그 답을 첫 번째로 발견할 사람이 그가 아니라는 것에 내기를 걸지는 않을 것이다.

네스프레소와
예전엔 거의 없던 수요

수요 창조를 향한 두 개의 이야기가 서로 같은 경우는 없다. 넷플릭스는 전형적인 '다윗 대 골리앗' 이야기이다.[4] 창립자인 리드 해스팅스와 그의 패기만만한 직원들은 산업을 리드하던 거인의 코 아래에 거대하고 새로운 수요의 흐름을 창조해냈다.

이제 망원경의 반대편을 통해 바라보자. 기존의 비즈니스 모델과 적합하지 않는 바람에 새로운 수요 창조라는 작은 불꽃을 타오르게 만드느라 고군분투했던, 거대하면서도 매우 성공적인 기업의 이야기를 들여다보자. 이 이야기는 아주 다른 성격의 도전을 전해주고 있지만, 놀라운 반전과 우여곡절들이 더 많다.

이 이야기는 1970년대 초 스위스 제네바에 위치한 바텔연구소[Battelle Research Institute]에서 시작된다. 이 연구소는 과학자들이 새로운 종류의 1인용 에스프레소 추출 머신의 기본 디자인을 개발하는 곳이었다.

1974년에 이 디자인의 상용화 권리가 네슬레^{Nestle}에게 팔렸다. 스위스에 본사를 둔 네슬레는 소비자용 포장상품 부문에서 세계에서 가장 큰 회사다. 곧바로 네슬레의 엔지니어 에릭 파브^{Eric Favre}가 이끄는 팀은 에스프레소 추출 머신의 추가적인 기술 개발을 위해 10년 이상의 시간을 투자했다.

1980년대 중반에 이르자 '네스프레소^{Nespresso}'라고 명명된 새로운 머신이 완벽한 성능에 도달했다. 프리웨팅^{pre-wetting}(물에 적심), 에어레이션^{aeration}(공기에 쐼), 추출^{extraction}의 3단계 과정을 통해 네스프레소 추출 머신은 최적의 압력과 열을 가하여 커피팟^{coffee pod}(티백처럼 필터 안에 1회분의 갈린 커피 원두를 담은 것. 보통 '캡슐'로 불린다-옮긴이)으로부터 커피 향을 팽창시키고 물에 용해시킨 다음 뽑아 내렸다. 그렇게 함으로써 다른 머신들보다 쉽고 청결하게 맛있는 커피를 만들어냈다. 덩치가 크고 고장 나기 쉬울뿐더러 경험 많은 바리스타의 숙련된 조작을 필요로 하는 전통적인 에스프레소머신들과는 달리, 네스프레소는 작으면서도 믿음직했고 조작법이 간단했다. 이 독창적인 기술은 30개의 개별 특허를 통해 보호받았다.

네스프레소 머신은 커피 애호가들에게 여러 가지 혜택을 누리도록 했다. '한 번에 한 컵'이라는 추출 용량은 개인이 쉽게 에스프레소 커피를 즐길 수 있게 했다. 네스프레소는 알루미늄 포장지 색깔을 다르게 하여 여러 종의 커피팟(캡슐)을 선택할 수 있도록 했다. 그래서 저녁식사에 초대된 손님들은 리스트레또^{ristretto}(정교함을 위한 라틴 아메리카산 순수 아라비카 원두와 강렬함을 위해 약간의 로부스타를 혼합한), 카푸리키오

capriccio(만족스럽고 부드러운 에스프레소), 볼루토Volutto(라틴 아메리카산 조생 원두의 풍부한 달콤함이 우아하고 미묘한 향취를 선사하는) 등 다양한 커피를 즐길 수 있었다. "나에게 완벽한 제품을 만들어달라. 그러면 나는 그것을 더욱 원할 것이다"라는 말처럼 개별 소비자들의 다채로운 수요에 대응하는 것은 수요를 배가시키는 힘이 된다.

이러한 특성 덕에 가장 입맛이 까다로운 에스프레소 마니아들조차 네스프레소 머신을 인상적이라고 평가하면서 이렇게 언급했다.[5] "내가 그처럼 여러 가지 에스프레소 맛을 경험해본 것은 이번이 처음이다. (네스프레소 머신을 쓰면) 누구라도 좋은 에스프레소를 언제나 만들 수 있다. 네스프레소 머신은 전문가의 품질로 커피를 뽑을 수 있는 가장 깔끔하고 쉬운 방법이다."

네슬레는 바로 이것이 수요 창조를 위한 절호의 기회라고 생각했다. 세계에서 가장 인기 있는 음료를 만드는 편리하고 새로운 기술인데다 수많은 고객들이 좋아할 만한 혁신적인 특성들을 갖추었으니 말이다. 그러나 네스프레소의 초기 수요는 지지부진했다. 여러 가지 이유로 네스프레소의 사업은 거의 소멸되기 직전이었다.

무엇이 문제였을까? 문제는 소비자들의 관성을 극복해내고 잠재적인 수요를 진짜 수요로 전환시킬 방아쇠가 없었다는 것이었다. 방아쇠를 찾기 위한 고된 여정은 네스프레소라는 대하드라마의 중심 테마를 이루고 있다.

네슬레의 비밀 실험실

네스프레소 이야기를 이해하기 위한 하나의 열쇠는 거대하고 성공적인 조직 안에서 획기적인 신사업을 구축하기 위해 얼마나 특별한 도전을 행했는지 살펴보는 것이다.

네스프레소라는 사업의 기회가 떠올랐을 때, 네슬레는 80개국에 수십만 명의 종업원을 거느리며 '스위스 시계처럼 정확하게' 해마다 수백억 달러의 매출과 이익을 벌어들이는, 이미 세계에서 가장 큰 기업 중 하나였다. 네스프레소 추출 머신을 상용화할 기회는 이 거대 기업에게 '로스트 앤드 그라운드$^{roast \& ground, R\&G}$ 커피'의 세계로 들어가는 문을 열어주었다. R&G 커피 시장에서 네슬레는 4위라는 부진한 성적을 내고 있었다(반면, 네슬레는 '네스카페'라는 브랜드로 이미 인스턴트커피 시장을 지배하고 있었다). R&G 커피가 전 세계 커피 사업의 70퍼센트를 차지했기 때문에 네슬레의 경영진들은 어떻게 자신들이 수억 명의 고객들을 확보하고 이익을 낼 수 있을지 오랫동안 고민했다. 그리고 네스프레소야말로 그 해답이 될 수 있을 것 같았다.

하지만 쉬운 일은 아니었다. 포장 커피가 아니라 추출 머신으로 브랜드를 구축하겠다는 아이디어는 네슬레 경영진 대부분의 본능에 반하는 것이었다. 가전제품 분야에서 네슬레는 경험이 전무했기 때문이다. 또한, 기존의 비즈니스 모델과 들어맞지 않는 완전히 새로운 제품을 출시한다면 네슬레의 규모와 자랑할 만한 실적은 양날의 칼이 될 터였다. 회사의 엄격한 경영시스템과 보수적인 경영 스타일은 근본적으로 새로운 시장에서 실험적인 시도를 하기보다는 기존 사업을 보호하고 확장하는 데 더 적당했기 때문이다.

CEO인 헬무트 마우허Helmut Maucher는 네슬레와 같은 거대 기업이 '수요의 혁신'을 이루는 게 얼마나 어려운지 익히 알고 있었다. 틀을 깨는 사고방식을 가진 마우허는 병에 든 생수의 막대한 잠재력을 알아본 사람 중 하나였고, 생수가 붐을 이루기 전에 페리에Perrier, 비텔Vittel과 같은 브랜드를 인수하도록 했다. 그는 성숙 시장에서 새로운 수요의 흐름을 창조하는 것이 경쟁에서 승리하기 위해 네슬레가 응해야 할 핵심적인 도전과제라고 믿게 되었다. 또한 그는 네슬레의 규모, 역사, 문화가 그러한 도전을 수행하는 데 도움이 되는 자산일 수도 있고 반대로 장애물일 수도 있다는 점을 잘 알고 있었다.

생수처럼 네슬레의 포장상품 라인업에 새로이 추가되는 제품들은 전통적으로 해오던 사업 방식에 아주 적합했다. 하지만 네스프레소 추출 기술은 그렇지 못했다. 그래서 1986년에 네스프레소 머신이 출시될 최종적인 준비가 끝나자, 마우허는 네슬레의 다른 사업으로부터 이 신사업을 보호하기 위해 몇 가지 조치를 취했다.

그는 회의적으로 따지고 들며 바로 이익을 내라고 종용하는 기업문화로부터 네스프레소 사업을 보호하기 위해 네슬레가 전액 출자한 별도 법인을 만들었다.

그런 다음, 그는 본사 맞은편에 위치한 건물에 신생 법인을 입주시켰다. 이런 조치는 규모를 확장시킨다는 상징적인 제스처였다. 당시 네스프레소 부문의 임원이었던 카밀로 파가노Camillo Pagano는 이렇게 설명했다.

"네스프레소 사업은 물리적으로 네슬레 바깥으로 나왔기 때문에 회사에 신뢰감을 줄 수 있었고 회사의 모든 규율에 대항해 싸울 필요도 없었습니다. 혁신을 시도하면 곧바로 조직의 저항에 부딪히곤 합니다. 네스프레소처럼 작은 '위성'은 어떻게 사업을 차별적으로 발전시킬 것인지에 관한 통찰을 직원들이 갖도록 만들 수 있습니다. 분사는 직원들을 교육시키고 테스트할 수 있는 기회를 주죠. 직원들이 실수를 범한다 해도 대가가 크지 않습니다."

파가노가 이끄는 여덟 명의 네스프레소 팀원들과 엔지니어 파브Favre는 새로 만든 '비밀 실험실'에 안락하게 들어앉아 커피팟 기술을 상용화하기 위한 작업에 돌입했다. 아마도 그들은 네슬레의 전통적인 본거지에서 떨어져 나온 개척자로서 자신만만함과 불안감이 뒤섞인 감정을 느꼈을 것이다.

불행히도 그들의 파일럿 제품은 시장의 반응을 전혀 일으키지 못했다. 팀원들은 대부분의 에스프레소가 만들어지고 서빙되는 카페, 레스토랑, 사무실 등에 네스프레소 머신을 시험 삼아 마케팅했다. 그러나 머신의 두 가지 주요 장점인 작은 크기와 사용의 용이성이 그런 시장에 아무런 의미를 주지 못했다. 사무실과 레스토랑의 주방 대부분은 공간이 특별히 좁지 않았고, 바리스타들은 빠르고 간편한 에스프레소머신(네스프레소)을 자신들의 생계를 위협하는 물건으로 간주했다. 1987년까지 제작된 머신 중 절반만이 판매되었다.

이런 상황이라면 대개 거대 기업들은 자연스레 신생 사업을 철수시키거나 매각하는 조치를 취할 것이다. '포장상품으로 세계 1위인 회사가 잠재력이 입증되지 않은 실패한 주방용 가전제품까지 왜 신경을 써야 하나?' 아마도 네슬레 내부의 많은 사람들이 이런 의문을 던지기 시작했을 것이다. 어떤 사람들은 네스프레소 팀이 누리는 특별 대우에 짜증을 냈을지도 모른다.

하지만 카밀로 파가노는 이 신기술에 한 번 더 기회를 주어야 마땅하고 주장했다. 그는 마우허를 설득하여 또 하나의 전례 없는 결정을 내렸는데, 바로 1988년에 네스프레소의 책임자로 장 폴 가이야르Jean-Paul Gaillard를 채용한 것이었다.

네슬레는 외부에서 임원을 채용하는 일이 좀처럼 없다. 가이야르는 네슬레에 입사하기 전에 '담배 제국' 필립모리스Philip Morris에서 '말보로 클래식Marlboro Classics'이라 불리는 의류 부문의 출시를 담당하던 사람이었다. 파가노는 네스프레소가 거대하고 전통적인 비즈니스의 근거 없는 통념을 따르고 있다고 느꼈다.

가이야르는 단순한 외부인이 아니었다. 또한 그는 외부인의 시각으로 사고할 줄 아는 사람이었다. 그것도 아주 엄청나게 말이다. 자신만만하고 말하기를 좋아하며 화끈한 성격을 가진 그는 네슬레가 일반적으로 채용하던 내향적이고 정치적이며 보수적인 직원들과는 정반대의 사람이었다.

또한 그는 자신이 고안하지 않은 구조와 시스템에 대해 쉽게 만족하지 않고 완강했으며 고집이 세고 성격이 급했다. 파가노는 "우리는 네슬레의 관리자처럼 행동하지 않을 사람을 찾아야 했습니다"라고 회상한다. 분명 가이야르는 거기에 딱 들어맞는 사람이었다.

입사하자마자 가이야르는 네스프레소의 미래가 '가정용 시장'에 달려 있다는 결정을 내렸다. 네슬레 이사회에서 그는 "스타벅스와 같은 고급 커피를 좋아하는 부유하고 고등교육을 받은 주부들이 집에서 사용하기 위해 에스프레소 추출 머신을 구입할 것"이라고 선언하듯 말했다. 가이야르의 말은 중저가를 표방하던 '레스토랑 및 사무실 전략'으로부터, 네슬레가 경험이 적은 또 하나의 영역인 '고급 럭셔리 소비 시장'으로 극적으로 전환하자는 것을 의미했다.

아쉽게도 가이야르에게는 자신의 전략을 뒷받침할 증거가 부족했다. 게다가 설문조사 데이터와 시험판매 결과는 가정용 에스프레소머신의 잠재적 수요가 얼마 되지 않을뿐더러, 커피팟 하나의 가격이 25 스위스 상팀(약 16센트)을 넘으면 절대 수요를 일으키지 못한다는 사실을 보여줬다(가이야르의 목표 가격은 40상팀이었다). 테스트를 위해 다섯 곳의 고급 가전제품 매장에 100대의 네스프레소 머신을 설치해주고 공격적으로 제품을 홍보해달라고 요청했지만, 결과는 참패였다. 30대도 팔리지 않았던 것이다.

그러나 가이야르는 그만둘 생각이 없었다. 그는 확신에 차서(언제나 근거는 적었지만) 동료 임원들을 일일이 붙잡고 네스프레소의 거대한 수요 흐름이 곧 터져 나올 것임을 설득하고 다녔다. 이사회 연설에서 가이야르는 맥 빠지게 만드는 숫자들을 별로 중요치 않은 듯 얼버무리고 조금이라도 긍정적인 부분이 있으면 최대한 '마사지'를 가함으로써 시험판매 데이터의 가장 좋은 측면만을 강조했다. 그런 다음, 그는 팩스와 휴대폰도 초기에 시장성을 시험할 때 좋은 결과가 나오지 않았다는 것을 지적했다.

가이야르의 이러한 말과 행동은 포장상품에 집중하는 회사의 사업에 네스프레소가 악영향을 미치는 방해꾼이 아님을 네슬레의 이사회 멤버들에게 이해시키려는 의도였다. 그러나 CEO인 마우허는 개성이 강한 가이야르를 지지했다. 이사회 멤버들은 모든 의심을 억누르고 네스프레소에 관한 가이야르의 계속되는 실험을 지원하기로 했다.

네스프레소의 수요가 어딘가에서 발견을 기다린다는 것, 가이야르는 이를 증명할 기회를 한 번 더 얻었다. 그러나 결과에 대한 압박은 더욱 심해졌다.

커피 세계로 가는 관문이 되다

카페, 레스토랑, 사무실 등에서 네스프레소가 실패하자 가이야르와 직원들은 가정용 시장으로 물러섰다. 의도했다기보다는 선택의 여지가 없었기 때문이다. 그들은 '혁신적인 제품만으로는 거대한 수요를 창출하는 데 충분하지 않다'라는, 이미 다른 사람들이 배웠던 교훈을 즉시 깨달았다.

가정용 시장에서 새로운 에스프레소머신(네스프레소)의 판매가 더디게 일어나자 부정적인 사건들이 꼬리에 꼬리를 물고 이어졌다. 대부분의 가전제품 매장들은 잘 알지 못하는 기계를 들여놓으려 하지 않았고, 여러 종류의 커피팟을 공급받는 것도 꺼려했다. 커피팟이 팔리는 속도가 지지부진하자 이미 매장에 공급된 커피팟은 신선도가 떨어졌고 그에 따라 고객들의 불만은 커졌으며 결국 네스프레소의 수요는 미미할 수밖에 없었다. 하강의 소용돌이는 아직 유모차에서 벗어나지 못한 네스프레소를 파괴하려고 위협했다.

이러한 상황은 거대 기업에 속한 야심만만한 관리자들이라면 누구나 직면하게 되는 위기였다. 이 점에서 가이야르는 새로운 수요 창조의 방법을 찾으려는 실험의 필요성과 네슬레의 보수적인 문화 사이의 보이지 않는 긴장과 갈등을 매우 효과적으로 다루었다. 그러나 만약 그가 네스프레소 머신 매출에 시동을 거는 '수요의 방아쇠'를 찾을 수 없다면, 그리고 신선도가 떨어지기 전에 커피팟들을 모두 매출의 파이프라인으로 밀어 넣지 못한다면, 결국 아무 의미도 없었을 것이다.

필사적인 가이야르는 네슬레의 동료들에게 정통적이지 않은 해결책을 제안했다. 바로 소비자들에게 직접 마케팅하는 것이었다.

"고객들이 전화로 커피팟을 주문하면, 우리는 재빨리 우편으로 발송할 겁니다." 그는 희망을 갖고 이렇게 말했다. "이틀 만에 커피가 문 앞에 도착한다니, 얼마나 편리합니까! 우리는 우리의 서비스를 '네스프레소 클럽'이라고 부를 겁니다. 그리고 네스프레소 머신을 구입한 모든 고객들을 자동으로 가입시킬 겁니다."

직접판매 방식으로 네스프레소 커피팟의 신선도를 보장할 수는 있겠지만, 여기에는 심각한 문제들이 숨어 있었다. 그중 하나는 네스프레소 머신을 판매하는(최소한 판매하려고 노력하는) 독립 유통업체들이 네스프레소가 자기네들을 건너뛰고 직접 소비자를 상대하겠다는 아이디어를 싫어했다는 점이다. 또한 그들은 고객들이 커피팟을 자기네 매장에서 구할 수 없다는 걸 알게 되면 매장을 찾는 발길을 끊을까 우려했다.

더 심각한 문제는 회사의 역사를 죄다 살펴봐도 네슬레가 고객에게 직접판매를 한 적이 단 한 번도 없었다는 것이었다. 오랫동안 성공적인 실적을 기록한 거대 기업에게 완전히 새로운 비즈니스 모델을 제안하는 일은 항상 반대를 불러일으키는 법이다. 이런 상황 하에서 대부분의 기업 임원들은 가이야르의 제안에 실망스러운 반응을 보였을 것이다. '커피머신도 못 팔면서 클럽을 운영하겠다고?'

그러나 가이야르의 회유와 마우허의 재촉에 못 이겨 네슬레의 이사회는 직접판매 방식을 승인했다. 네스프레소 팀과 가이야르에게는 공중 줄타기와 같은 순간이었다. 만약 그들이 이 승부에서 패배한다면, 네스프레소는 나락으로 굴러떨어질 것이 확실했다.

가이야르는 크게 심호흡을 하고 네스프레소 클럽 개설을 선언했다.[6]

첫째 날에 세 사람이 등록했다.
둘째 날에 일곱 명이 더 등록했다.
셋째 날에는 아무도 가입하지 않았다.

극도로 자신감을 보이던 장 폴 가이야르조차 사업을 재고해야만 했다. 그러나 시간이 흘러 몇 주가 되고 몇 개월이 지나자 가입자 수는 몇 십 명 수준에서 몇 백 명 수준으로 천천히 증가하기 시작했다. 신규 회원들은 매년 300~400달러 정도를 구입하는, 네스프레소 커피팟의 꾸준한 고객이 되었다. 시작한지 2년이 흐른 1990년에 네스프레소 클럽은 스위스, 프랑스, 일본, 미국에서 모두 2,700명의 회원을 보유했다. 1992년에 독일, 벨기에, 네덜란드, 룩셈부르크로 진출했고, 1996년엔 스페인, 오스트리아, 영국까지 범위를 확장했다. 그 해 말이 되자 네스프레소 클럽은 전 세계에 22만 명의 회원을 거느리게 됐다. 1년 후에는 30만 명에 이르렀고 네슬레에 1억4천만 달러 수준의 매출을 안겨주었다.

이러한 성과는 네스프레소라는 제품을 유지하기에 충분했다. 또한 네스프레소의 고객, 네스프레소의 경영진, 네스프레소의 이익에 있어 일석삼조의 뚜렷한 혜택을 가져다준 것으로 밝혀졌다.

먼저 고객들에게 직접판매 방식은 지속적이고 수준 높은 서비스와 함께 신선한 커피 캡슐의 공급을 보장해주었다. 네스프레소 클럽은 48시간 내에 커피와 액세서리를 배달했고, 처음에는 전화를 통해, 나중에는 온라인을 통해 고객에게 도움이 되는 정보를 끊임없이 제공했다. 이렇게 훌륭한 서비스는 네스프레소 사용자들이 자신들의 머신과 커피를 애용할 가능성뿐만 아니라, 자발적으로 친구들에게 추천케 함으로써 매출이 늘어날 가능성을 끌어올렸다(같은 맥락에서, 넷플릭스가 새로운 유통센터를 세워 배달시간을 줄일 때마다 회원들이 얼마나 열정적으로 입소문을 퍼뜨렸는지, 그래서 얼마나 회원 수가 치솟았는지 떠올려보라).

시간이 흐르면서 네스프레소 클럽이 고객에게 주는 혜택은 꾸준히 증가했다. 회원들은 '특별한정판' 커피, 1년에 두 번 발간되는 잡지 「네스프레소」(광택지에 8개국어로 인쇄되어 15개국에 배포되는, '커피 즐기기 가이드' 잡지), 다양하고 아름다운 액세서리(도기와 은으로 된 컵과 접시 그리고 그릇,

우유거품 제조기와 히터, 청소 키트, 얼음 깨는 기구 등)를 접할 수 있는 기회를 제공받기 시작했다. 네스프레소 머신이 고장 나면 무료로 다른 머신을 대여해주었으며, 고객의 기록을 살펴보고 필터 세척 시기가 되면 청소 키트를 우편으로 보내주기도 했다.

우연히도 네스프레소는 첫 번째 거대한 '수요의 방어쇠'를 만들어 낸 셈이었다. 네스프레소 클럽 덕에 고객들의 입소문은 네스프레소를 위한 강력한 수요 창조의 도구가 되었다. 프랑스의 네스프레소 고객들을 대상으로 한 설문조사에서[7] 응답자 중 71퍼센트가 "나는 이 제품을 정말 좋아합니다"라고 응답했다. 이는 경쟁사의 커피머신 사용자보다 2배에 달하는 결과이다. 그리고 61퍼센트의 고객들은 최소한 한 달에 한 번은 대화 도중에 네스프레소의 장점을 칭찬한다고 답했다.

이와 동시에, 네스프레소 클럽은 경영진들이 고객들에게 직접적으로 마케팅 메시지를 전달할 수 있는 플랫폼이 되었다. 또한 네스프레소 클럽은 수요 창조에 도움이 되도록 마케팅 담장자들에게 가치 있는 고객 데이터를 다량 제공해주었다. 어떤 고객들이 커피, 액세서리, 과자류 등을 대부분 구입할까? 그들의 소비 패턴은 시간이 지남에 따라 어떻게 변할까? 계절에 따라 다른 구매 습관을 보이는가? 고객들은 어떤 종류의 특가품을 좋아하는가? 네슬레의 마케터들은 네스프레소 클럽이 제공하는 수많은 데이터를 체로 걸러내며 이러한 질문에 답할 수 있었다. 그리고 클럽은 유통업체의 중간 마진 없이 직접판매를 가능하게 함으로써 네스프레소의 이익률을 크게 신장시키는 데 기여했다. 높은 이익률은 네스프레소의 이익에 곧바로 반영되었다.

아마도 가장 주목할 만한 것은 네스프레소가 직접판매 모델을 통해 500년이나 된 커피 사업을 혁신시키기 시작했다는 점이다. 애플의 아이팟이 아이튠즈 스토어의 '음악 세계'로 가는 관문이고, 아마존의 킨들이 아마존 북스토어의 '독서 세계'로 가는 관문이듯이, 네스프레소 머신은 클럽 회원들에게 '커피 세계'의 관문이 되었다. 「파이낸셜타임스Financial Times」의 칼럼니스트 존 개퍼John Gapper는 네스프레소 머신에 대해 이렇게 썼다.

"네스프레소가 나타나기 전에는 그런 물건이 나에게 필요하리란 생각을 하지 못했다. 하지만 나는 이제 그것을 가졌고, 그것에 깊은 애착을 느낀다."

수요를 폭발적으로 확산시킨 결정적 방아쇠

새로운 커피 추출 기술이 개발된 지 20년이 넘게 흐른 1990년대 중반에 이르자, 수요는 드디어 흐르기 시작했다. 그리고 그때 네스프레소는 두 번째이자 더욱 강력한 수요의 방아쇠를 발견했다.

새로운 시장을 탐색하던 네스프레소는 1994년에 비행기 1등석 주방용으로 디자인한 커피머신을 내놓았다. 이것은 매우 성공적인 조치로 판명되었다. 상대적으로 작은 시장인 항공업계가 직접판매의 가치를 누리도록 했기 때문이 아니라, 자기네 머신으로 뽑은 커피를 맛보게 하는 것이 잠재 고객들에게 얼마나 엄청난 영향을 끼치는지 인식했기 때문이었다.

스위스항공은 네스프레소를 기내에서 서빙한 첫 번째 항공사였다. 다른 항공사들이 따라 하기 시작하자 네스프레소 머신의 판매는 오르기 시작했다. 연관관계는 분명하게 나타나기 시작했다. 부유하고 여행이 잦으며 지적 수준이 높은 1등석 승객들이 네스프레소 머신 판매에 있어 완벽한 고객집단임이 드러났다. 곧이어, 항공기의 1등석 객실 이외의 장소에서 네스프레소 시음 서비스가 제공되었다. 프랑스, 벨기에 등 유럽의 최고급 레스토랑에 머신을 판매했다. 정치가와 저널리스트를 포함한 선택된 오피니언 리더들에게는 자신들의 사무실에서 VIP 손님용으로 사용하라고 머신을 무료로 증정하기도 했다. 네스프레소의 매출 성장률은 향상되기 시작했다.

가이야르와 네스프레소 팀은 발을 헛디뎌 휘청거리다가 무엇이 유일하면서 가장 강력한 수요의 방아쇠가 될 수 있는지 우연히 알아냈다. 그것은 바로 네스프레소를 체험할 기회를 고객들에게 주는 것이었다. 그 후 몇 년 동안, 다양한 상황과 장소에서 머신을 체험한 수천, 수백만의 커피 애호가들이 점점 네스프레소의 고객이 되었다.

1997년 8월에 혈기 왕성한 장 폴 가이야르는 네슬레 내에서 다른 임무를 수행하기 위해 네스프레소를 떠났고 그 후 네슬레를 퇴사했다. 네스프레소에서 그가 맡았던 자리는 네슬레의 종신 임원인 네덜란드 태생의 헹크 크바크만Henk Kwakman이 넘겨받았다. 가이야르처럼 고집불통의 카우보이라기보다 전통적인 네슬레 문화에 딱 들어맞는, 매우 구조화된 관리자임에도 불구하고 크바크만은 가이야르가 개척한 혁신들 중 그 어느 것도 축소시키지 않았다. 대신 그는 가이야르의 혁신을 더 밀고 나아갔다.

그러나 가이야르와 달리 크바크만은 수요 창조 전략을 수립하는 기초로서 집중적인 고객조사의 가치를 강조했다. 그는 자신의 새로운 임무를 시작하고 나서 몇 개월 동안, 소비자들이 느끼는 에스프레소의 진정한 '의미'가 무엇인지 조사하라는 과제를 냈다. 커피 애호가들이 네스프레소를 자연스럽게 선택하도록 유도하고, 꾸준하지만 더딘 성장 속도를 극적으로 높이려면, 수행할 작업이 무엇인지 차례로 규명하는 것이 조사의 목표였다.

유럽 5개국의 커피 애호가들을 대상으로 한 네스프레소의 설문 결과는 몇 가지 중요한 시사점을 드러냈다. 첫 번째는 에스프레소가 소비자들에게 매우 감성적인 의미를 가진다는 것이었다. 감성은 맛에서 시작된다. '혀를 위한 탱고'라는 크바크만의 화려한 표현처럼 짧고 강렬하게 발산하는 풍미가 감성을 불러일으킨다. 그러나 여기에서 그치지 않는다. 에스프레소를 사랑하는 사람들은 만져지지 않는 질적 요소를 연관시키곤 한다. 최신 패션과 첨단 유행을 선도하는 이탈리아의 미식가가 된 느낌과, 세련된 레스토랑에서 즐기는 멋진 식사로 대표되는 풍족한 생활을 에스프레소에서 연상하는 것이다. 본질적으로 에스프레소는 '섹시한' 음료다. 실용주의자가 잠을 깰 목적으로 마시는 평범한 모닝커피 한 잔과는 거리가 멀다.

네스프레소를 완벽한 머신으로 만들기 위해 그동안 공들였던 모든 기술적인 노력을 되짚어보던 크바크만과 직원들은 최종적이고 결정적인 기술 개발 단계가 남아 있지 않는 한 여기에서 멈춰야 한다는 점을 깨닫기 시작했다. 네스프레소라는 제품에 감성을 불어넣어 에스프레소 마니아들이 이제껏 말로 드러내지 않은 기대와 갈망에 대답해야 한다고 생각했기 때문이다.

조사연구팀은 계속해서 더 깊이 파고들었다. 응답자의 15퍼센트는 에스프레소머신을 구입했지만 실망했던 것으로 나타났다. 그들이 구입한 제품은 네스프레소가 나오기 전의 재래식 제품이 대부분이었는데, 물의 압력이 부족해서 커피 추출량이 부족했고, 커피 위에 생겨야 할 크레마crema(에스프레소를 추출할 때 생기는 밝은 갈색 거품-옮긴이)가 없었으며, 바디감이 부족했다. 또한 다양한 풍미의 커피를 즐길 수도 없었다. 집에 에스프레소머신을 보유한 사람들 중 절반은 이미 사용을 중단한 상태였다.

최종적으로, 연구자들은 에스프레소 애호가들 중 단 1퍼센트만이 네스프레소에 대해 들어본 적이 있다는 걸 알게 됐다. 네스프레소를 구입한 사람들은 대부분 만족했지만 그들의 의견은 상당히 미온적이었다. 일반적인 커피머신에 비해 잘 만들어졌지만 진정한 매력은 없다는 의견이었다. 게다가 상대적으로 비싼 가격은 구입하고자 하는 열망에 찬물을 끼얹었다. 그리고 여러 사람들이 작지만 비위에 거슬리는 고충 하나를 언급했는데, 추출 후 다 쓴 캡슐(커피팟)을 제거할 때 주방 조리대 위에 어김없이 커피 방울을 흘리게 된다는 것이었다.

대체로 이 조사연구는 수요의 획기적인 돌파구를 열려면 네스프레소가 가야 할 길이 아직 얼마나 많이 남았는지 뚜렷하게 보여주었다. 실망스러운 결과였지만 크바크만은 커피 방울을 흘릴 수밖에 없다는 불만을 듣고 오히려 기뻐했다. 그는 "문제가 발견된다면, 비즈니스가 발견된다는 것이다"라고 말하며 전 세계의 위대한 '고충 처리자'들이라면 누구나 추구하는 철학을 깔끔하게 요약했다.

크바크만과 직원들은 커피 애호가들에 대한 통찰을 기초로 네스프레소를 다시 디자인하는 과정에 착수했다. 먼저 네스프레소 머신 자체를 재설계하는 것부터 시작했다. 거의 2년의 시간이 이 일을 완료하는 데 소요됐다.

커피 방울을 흘리는 문제를 해결하는 것은 그다지 어렵지 않았다(빈 커피 캡슐이 추출 후에 자동으로 빠지도록 칸을 나누는 방법으로 해결했다). 가전제품 제조업체와 긴밀하게 협조하면서 해결하고자 했던 더 큰 도전과제는 검은 사각형 박스 모양의 전통적인 머신 디자인을 우아하고 섹시한 장치, 즉 크바크만의 표현대로 '커피의 아르마니Armani (이탈리아의 명품 브랜드)'로 변모시키는 것이었다. 수개월 간의 실험 끝에 그들은 날씬한 아르데코Art Deco풍의 디자인부터 거친 표면의 스테인리스 스틸과 선명한 컬러 패널을 강조한 초현대적인 스타일까지 일련의 디자인들을 내놓았는데, 「뉴욕New York」이란 잡지로부터 이런 평가를 받았다.

"기계 장치를 좋아하는 사람들을 유혹하고 케케묵은 파크애비뉴Park Avenue(뉴욕의 중심가-옮긴이)의 주방을 현대화시키기 위해 디자인된, 레이싱 카처럼 날렵한 머신이다."

제품의 섹시함을 더욱 강화하려는 조치로 크바크만과 직원들은 디자이너들과 협력하여 이제 막 싹트기 시작한 브랜드를 위해 새롭고 좀 더 우아한 로고를 만들었다. "저는 나이키의 광적인 팬이었습니다"라고 크바크만은 회상한다. "저는 그들이 자신들의 심볼을 모자, 티셔츠, 바지, 신발 위에 부착해서 일관성 있게 나이키 이미지를 강화하는 방식이 정말 마음에 들었습니다. 사람들에게 나이키를 여러 번 되풀이해서 말하지 않아도 되는 그 방식 말입니다." 마치 한쪽 하이힐 구두가 다른 쪽 구두 위에 살짝 얹혀 있는 듯 미묘한 모양으로 새로이 디자인된 'N' 로고는 추출 머신, 커피 포장지, 컵과 스푼 등에 즉시 새겨졌는데, 핸드백 위의 루이비통 모노그램이나 자동차 후드 위의 메르세데스 벤츠 심볼처럼 명품 이미지를 은은하게 풍겼다.

이러한 디자인 혁신은 제품의 매력을 집중적으로 강화하기 위한 중대한 조치였다. 네스프레소는 드디어 잃어버린 감성적 에너지를 발견했다.

동시에 크바크만은 자신의 머신이 좀 더 넓은 시장으로 진출하기를 바랐다. 그렇게 하면 머신의 가격을 확실하게 내릴 수 있을 터였다. 그는 소매가격을 인하함에 따라 발생하는 재무적인 리스크를 추산하면서 네스프레소의 제조 파트너업체들과 협상을 벌였다. 사실상 크바크만은 최신 스타일의 머신이 잘 팔려서 생산량이 빠르게 증가하고 제조원가가 급락할 것이라는 내기에 네슬레의 돈을 건 셈이었다. 결국 이 새로운 제품의 라인업은 최소 199달러짜리 제품부터 가정의 수도와 연결되고 다양한 기능을 탑재한 2,000달러 이상의 제품까지 다양한 가격대를 가지게 됐다.

네스프레소는 이제 대부분의 커피 미식가들이 감당할 수 있는 가격이 되었다. 수요는 곧바로 반응하기 시작했다. 그러나 크바크만은 아직 끝내지 않았다. "우리가 우선순위를 높게 설정한 시장에서 우리가 아는 것은 별로 없습니다. 입소문은 느리게 일어납니다. 우리는 네스프레소를 알리기 위한 다른 수단을 찾아야 합니다."

아마도 광고가 적당한 수단일 것이다. 그러나 네스프레소의 지면광고는 수요에 거의 영향을 미치지 못했다. 광고 전략을 재고하던 크바크만과 직원들은 장 폴 가이야르가 발견했던 방아쇠를 다시 찾아냈다. 바로 '체험'의 힘을 말이다. 어떻게 광고하면 네스프레소 머신을 체험해보고 싶다는 욕구를 자극할 수 있을까? 어떻게 광고하면 브랜드를 단순히 알고만 있는 사람들을 구매로 유도할 수 있을까?

해결책은 지면 광고에서 텔레비전 광고로 전환하는 것이었다. 물론 더 비쌌지만, TV라는 매체는 네스프레소 머신의 아름다움, 간결함, 속도, 우아함을 생생하게 보여줄 수 있었다. 텔레비전 광고는 단순히 묘사만 하는 지면 광고보다 더 나았고, 그 효과는 놀라웠다. 2000년 크리스마스 시즌에 첫 번째 방송광고가 나가자 수요가 반응하기 시작하여 매출이 몇 배 이상 증가했다.

비록 텔레비전을 통한 간접 체험이었지만, 이 체험은 수요에 방아쇠를 당기는 놀라운 힘을 다시 한 번 드러낸 셈이었다.

고객에게 제품을 좋아할 기회를 주어라

체험의 힘에 대한 크바크만의 믿음은 계속 커져갔다. 그와 직원들이 잠재 고객들에게 누리도록 한 독창성에 대한 믿음 또한 강해졌다.

그들은 더 많은 항공사들이 네스프레소를 1등석 승객들에게 서빙하도록 설득했다. 2000년에 20개 항공사가 보유한 1,100대의 항공기에서 이 머신을 사용하고 있었고, 매년 350만 명의 승객들이 네스프레소의 향과 풍미를 경험할 수 있었다.

　　그러나 승무원이 만든 에스프레소를 맛보는 것보다 더 좋은 것은 머신 자체를 체험해볼 수 있는 기회였다. 네스프레소는 자신들의 멋진 머신을 잘 진열하는 것 이상의 일을 하도록 유통업체들을 독려하기 위해 그들과 긴밀히 협력하기 시작했다. 2000년까지 유럽과 미국 도처에 있는 유통업체들은 네스프레소 머신을 동작시키는 법에 관하여 광범위한 교육을 받았다. 네스프레소는 고객들에게 "에스프레소머신을 살 계획이라면 어디에서 구입하시겠습니까?"라고 질문함으로써 목표로 삼을 매장 목록을 만들기도 했다. 그런 다음, 그들은 소비자들이 지명한 매장을 유통업체로 선정하기로 계약을 맺었다. 곧 수백 개의 유통업체들이 네스프레소 머신을 선보였고, 머신을 사용하는 재미와 간편함을 시범해 보이면서 소비자들의 관심을 끌어당겼다.

　　또한 크바크만과 직원들은 체험이라는 방아쇠를 좀 더 효과적으로 만들 수 있는, 매우 중요하면서도 새로운 요소를 발견했다. 그것은 정말로 간단했다. 많은 유통업체들이 네스프레소 머신을 시범해 보이는 데 그쳤지만, 몇몇 다른 업체들은 한발 더 나아가 네스프레소 커피팟에서 방금 추출한 커피를 고객들에게 무료로 제공했다.

　　결과는 충격적이었다. 유통업체들의 조사에 따르면 머신을 시범해 보이면서 진짜 커피를 제공하는 매장은 단순히 시범만 하는 매장에 비해서 매출이 여섯 배나 높았기 때문이다.

이로써 네스프레소를 맛보고 머신을 사용해보는 것이 수요를 끌어당기는 데 매우 중요한 역할을 한다는 것이 분명해 보였다. 이는 뒤늦은 깨달음이었다. 생각해보라. 2007년과 2010년 사이에 수십만 명의 고객들이 지금껏 접하지 못했던 킨들을 구입했다(킨들은 2010년 중반에 미국의 대형 할인점인 '타깃' 매장에 진열되고 나서야 소매점에서 구할 수 있었다).

수요 창조자가 되려는 사람에게 한 가지 조언을 한다면, 어떤 종류의 방아쇠가 구경꾼들을 고객으로 전환시킬지 밝혀내는 일은 연역적인 논리로 추론할 수 있거나 다른 사업에서 나온 증거로 증명할 수 있는 것이 아니다. 시도해보고 어떤 일이 일어나는지 관찰하는 것이 중요하다. 어떤 제품들은 고객에게 체험할 기회를 줄 필요가 없다. 하지만 네스프레소와 같은 제품은 체험에 달려 있다. 고객들에게 제품을 좋아할 기회를 주라. 그러면 많은 고객들이 좋아할 것이다. 하지만 체험 없이는 아무것도 일어나지 않는다. '아무것도 일어나지 않는다'는 말은 수요의 세계에서 가장 무서운 말이다.

타의 추종을 불허할 정도로 강력한 체험의 힘은 네스프레소라는 수요의 수문을 활짝 열어젖혔다. 네스프레소의 임원들은 이브로쉐Yves Rocher와 같은 고급 화장품 제조업체들의 전략을 모방하여 백화점과 이렇게 협상했다.

"우리에게 가장 좋은 층의 공간을 20제곱미터 정도 주십시오. 우리는 '매장 내 매장store-within-a-store' 형태로 네스프레소 매장을 설치할 겁니다. 제품 시범과 시음용 커피 서빙에 능숙한 우리 회사의 종업원들이 손님들을 맞을 거고요. 우리는 직원을 고용해 머신을 판매할 텐데요, 그러면 수익은 귀하의 백화점으로 흘러들어갈 겁니다."

파리에 있는 유명 백화점 갤러리 라파예트Galeries Lafayette는 이러한 제안을 처음으로 수용한 백화점이었다. 이렇게 함으로써 이 백화점에서의 네스프레소 머신의 판매는 1년에 50대 수준에서 700대 수준으로 상승했다. 곧이어 유럽에 있는 주요 유통 체인 모두가 자신들만의 네스프레소 샵을 요청하게 되었다.

이러한 성공은 좀 더 색다르고 좀 더 과감한 수요 창조 전략으로, 다시 말해 세계에서 가장 우아한 200개 도시의 번화가에서 네스프레소 소매점 체인을 여는 전략으로 이어졌다. 2001년, 그들은 먼저 파리의 중심가에 네스프레소 부티크 한 곳을 시험적으로 개설했다. 판매가 예상치를 뛰어넘자 크바크만의 머리속에는 이러한 콘셉트를 복제해도 좋다는 청신호가 켜졌다.

유명 건축가가 반짝반짝 빛나는 나무, 금속, 유리 패널로 디자인한 네스프레소 부티크는 이제 200개로 늘어났고 취리히, 밀라노, 런던, 도쿄, 리오데자네이로, 뉴욕 등 세계에서 가장 화려한 도시의 가장 웅장한 번화가에 위치해 있다. 머신 구매에 관해 조언하는 전문가들이 직원으로 일하면서 고객들에게 다양한 종류의 커피를 맛보게 하고 커피와 곁들여 먹을 과자와 패스트리도 서빙한다. 네스프레소 부티크는 사람들이 머신을 체험해보고 커피를 맛볼 수 있는 가장 흥미로운 방법을 제공하는 셈이다.

바쁜 아침이면 샹들리제 거리에 있는 오리지널 네스프레소 매장 앞에 건물을 빙 돌아 길게 줄을 선 사람들을 볼 수 있다. 새로운 장치가 출시될 때 여느 애플 매장 앞에서 목격할 수 있는 광경처럼 말이다. 부티크를 개설한 이후 네스프레소의 매출 곡선은 위를 향해 가파르게 솟구쳤다. 2001년에 28퍼센트, 다음해엔 34퍼센트, 또 다음해엔 37퍼센트, 그리고 다시 42퍼센트라는 매출 성장률을 기록했는데, 200개 이상의 애플 매장이 2001년에 처음 문을 열 때 애플 제품이 기록한 매출 급등과 묘하게 닮은 면이 있다.

현재, 좋은 인력들로 구성된 부티크 네트워크가 꾸준히 확장되면서 네스프레소 직원들 중 80퍼센트가 소비자들을 직접 대면하는 업무를 수행하고 있다. 그들은 회사가 수요의 형태를 변화시키는 데 앞서 나갈 수 있도록 고객들의 귀중하고 생생한 목소리를 지속적으로 피드백 한다.

건성으로 네스프레소를 바라보는 사람들은 성공의 비결이 멋지고 당당한 영화배우 조지 클루니가 출연한 광고 때문이고, 아메리카컵 요트 경기와 칸영화제 등 화려한 이벤트를 후원하기 때문이라고 말한다. 그러나 2006년에 방영된 클루니의 광고는 네스프레소 성장의 핵심 동인은 아니다. 광고가 네스프레소의 인지도를 높이는 데 도움을 주었지만, 항공기 객실, 백화점, 독립적 네스프레소 부티크에 이르기까지 머신을 체험하게 한 전략이 고객을 만들어낸 진정한 힘이다.

구경꾼들을 고객으로 전환하는 일은 많은 회사들도 마찬가지이듯 여전히 네스프레소가 도전해야 할 과제이다. 우리가 조사한 바에 따르면, 고객들 중 57퍼센트가 네스프레소를 알게 된 후 최종적으로 구입하기까지 1년 이상의 시차가 있다. 두 가지의 강력한 방아쇠(네스프레소 클럽과 체험의 기회-옮긴이)가 없었다면 진정한 수요는 일어나지 않았을 것이다. 현재, 네스프레소 구매의 절반가량은 입소문을 통해서 이루어지고, 나머지 절반은 1등석 항공기 객실과 전자제품 매장 혹은 네스프레소 부티크에서의 공짜 체험을 통해서 발생하고 있다.

집카의 '밀도'와 넷플릭스의 '배달 속도'와 마찬가지로, '체험'은 네스프레소의 수요를 최대화하는 결정적인 방아쇠가 되었다.

여러 방아쇠들은 상호 배타적이지 않다. 그것들은 종종 서로가 서로를 강화하기 때문이다. 가장 효과적인 방아쇠 중 하나이지만 만들어내기 가장 어려운 것 중 하나이기도 한 입소문이 대표적인 예이다. 매력적인 제품들은 운이 좋게도 고객들의 대화에 불꽃을 일으키는 강력한 이야깃거리가 있기 때문에, 제품의 매력을 배가시키는 다른 방아쇠들이 다시금 입소문을 자극하고 판매를 증가시킬 수 있다. 긍정적인 상승효과를 스스로 강화하는 셈이다. 네스프레소는 이러한 '역학'의 전형적인 사례이다. 현재, 네스프레소의 신규 고객들 중 50퍼센트가 다른 사람의 추천을 통해 제품을 구입한다. 친구나 가족과 함께 맛있는 커피를 마시는 것보다 더 자연스러운 것이 무엇이 있을까? 위대한 커피머신 제조업체와 그들의 놀라운 매출에 대해 호기심이 생기는 건 당연한 결과이다.

헹크 크바크만은 자신만의 절제된 방식으로 인습타파주의적인 가

이야르보다 더 많은 창의력과 용기를 보여주었다. 그는 제품에 감성을 불어넣는 것이 결정적으로 중요함을 발견했고, 시간과 노력을 투여해 우아하고 섹시하게 보이도록 그리고 효율적으로 작동하도록 네스프레소 머신의 모습을 변신시켰다. 그는 화려한 이미지를 강화하는 광고와 디자인을 창조하는 데에 앞장섰다. 무엇보다 그는 네스프레소의 '매장 내 매장' 개념을 창안함으로써 '체험'의 힘을 끌어올렸고, 동료들에게 설득하여 독립매장인 네스프레소 부티크를 여는 데 투자했다. 이것이 바로 네스프레소의 경쟁자들이 감히 시도하지 못할 대담한 내기였고, 네스프레소는 그 내기에서 위대한 승자가 되었다.

새로운 시장을 여는 유일한 열쇠는 '시도하는 것'

네스프레소라는 드라마는 잠재 수요를 실제 수요로 이끈 방아쇠의 발견에 달려 있었다. 하지만 수요는 다면적이다. 네스프레소의 계속적인 성공 뒤에는 고객들의 경험을 놀라운 수준까지 끌어올리는 데 공헌한, 여러 가지 '배경스토리의 성장'이라는 중요한 요소가 있었다.

앞에서 이미 이러한 배경스토리의 많은 예를 언급했다. 추출 머신 뒤에 숨겨진 기술적인 독창성, 네스프레소 클럽 직원들이 제공한 고품질 서비스, 고객들이 제품 체험을 재미있게 느끼도록 매장 직원들에게 실시한 교육 등이 바로 그것이다. 하지만 또 다른 하나는 네스프레소 제품을 위해 세계적 수준의 전용 공급망을 구축하는 데 몰입했다는 점이다. 이렇게 장기적으로 지향할 줄 아는 능력은 네슬레가 지닌 굉장한 장기 중 하나다.

헹크 크바크만은 네슬레의 임원인 루퍼트 개서Rupert Gasser를 신뢰하고 있다. '오래된 커피맨'으로 불리는 개서는 오랫동안 네스프레소 프로젝트를 내부에서 지원해오던 사람이다. 네스프레소가 폭발적인 성장기에 접어들던 2000년에 개서는 네스프레소가 모(母)기업에게 커피 공급을 의존해오던 관행을 끊어야 할 때가 왔다고 생각했다. 그는 크파크만에게 이렇게 말했다. "만약 미술관을 경영할 계획이라면, 당연히 미술에 대해 무언가를 배워야 하겠죠. 커피 부티크를 경영하고 싶다면, 커피에 대해 배워야 할 겁니다."

개서의 독려와 네슬레의 대대적인 투자를 힘에 업은 네스프레소는 자체적인 공급 인프라를 구축하기 시작했다. 제품의 품질을 모니터하고 커피에 대한 지식을 네스프레소의 마케터와 서비스 담당자에게 전수하기 위해 여러 명의 커피 전문가들을 직원으로 채용했다. 그리고 2002년에는 스위스 오르베Orbe에 네스프레소 커피팟을 생산하기 위한 전용 공장을 설립했다. 현재, 네스프레소는 브라질, 콜롬비아, 서아프리카 등의 커피 플랜테이션을 정기적으로 방문하는 농장 전문가 네트워크를 보유하고 있다. 농장 전문가들은 브로커와 농장주를 만나 적합한 농장을 선정하고 수확된 커피를 선별하는 일을 수행한다. 이 모든 것이 네스프레소의 수요가 지속적으로 확장됨에 따라 매우 높아진 제품 기준을 유지하기 위해서이다.

네스프레소에 있는 어느 누구도 고객들이 응당 기대하는 '혀 위에서의 탱고'라는 강렬한 느낌을 더 이상 받지 못하는 때가 오기를 바라지 않는다. 그들은 지금 이 순간에도 그런 일이 일어나지 않도록 배경스토리의 인프라에 투자하고 있다.

크바크만은 2002년에 네슬레 내에서 새로운 임무를 맡기 위해 자리를 옮겼다. 그의 후임자는 사업의 성장에 계속 박차를 가했다. 2010년에 네스프레소의 CEO 리차드 지라도트Richard Girardot는 부티크의 수가 두 배 이상 증가하여 총 500개에 이른다고 말했다.

우리가 지라도트에게 네스프레소는 어떻게 고객 행동과 취향의 최신 변화를 따라가는지 질문하자, 잠깐 생각하더니 이렇게 대답했다.

"우리의 최우선 업무는 '듣는 것'입니다. 우리는 1천만 명의 고객을 보유하고 있죠. 그들은 우리와 항상 소통합니다. 그들이 무엇을 좋아하고 무엇을 좋아하지 않는지를 말이죠. 또한 그들은 꾸준히 아이디어를 창출해낸답니다. 우리의 고객은 최고의 영업사원이라는 점을 알아 주십시오. 그들은 정말로 우리 제품에 신경을 쓴답니다."

그는 자신의 아이폰을 가리키며 말했다.

"저는 오늘만 해도 고객들로부터 세 통의 편지를 받았습니다. 이것이 우리가 초점을 맞춰야 하는 부분이죠. 해답은 대부분 거기에 있습니다. 우리는 그저 들어야 합니다."

그는 말을 이어갔다.

"동일한 메시지가 항상 고객들로부터 들어오고 있는데, 품질에 대해 그들이 광적으로 좋아한다는 내용입니다. 그것이 바로 오늘도 내일도 우리 직원들과 제가 세계를 돌아다니면서 가장 좋은 커피 농장을 찾는데 시간을 쏟는 이유죠. 우리는 4만 명의 농장주들과 관계를 구축했지만, 항상 새로운 농장을 찾아 다닙니다. 필요하다면 그들이 농장 일을 시작하도록 돕기도 한답니다. 확실하고 뛰어난 커피 공급원을 찾는 일은 '마술'의 시작입니다. 그리고 고객들처럼 우리도 그 일에 아주 광적이랍니다."

현재, 네스프레소는 네슬레의 가장 빨리 성장하는 브랜드로서 2005년부터 2010년(중간에 세계적인 금융위기가 있었음)까지 30퍼센트가 넘는 연간성장률을 기록했다. 2009년에 네스프레소의 성장은 네슬레의 전체 성장 중(인수합병은 제외)에서 4분의 1을 차지하는 기염을 토했다. 1,000만 명의 클럽 회원을 보유한 네스프레소는 유럽에서 개인용 커피머신 시장의 선두주자이다. 2010년 4월에 회사는 경쟁자이면서 '에스프레소의 요람'이라고 불리는 이탈리아 브랜드 라바짜Lavazza의 매출을 추월했다고 자랑스럽게 발표했다. 네스프레소의 연간 매출액은 30억 달러에 이른다. 물론 경쟁자인 스타벅스의 매출액 100억 달러에는 미치지 못하지만, 커피 잔 기준으로 본다면 네스프레소는 사실상 시애틀에 본사를 둔 스타벅스 체인보다 매년 더 많은 커피를 판매하고 있다.

네스프레소는 현재 몇몇 '전선'에서 강한 도전에 직면하고 있다. 하나는 자신들이 창조해낸 수요의 흐름이 방향을 바꾸지 않도록 법적인 전투를 벌이는 것이다. 비록 특허를 통해 네스프레소 디자인의 독점적 지위를 보호하고 있지만, 적어도 두 개의 회사가 네스프레소 머신에 꼭 맞게 디자인한 커피팟을 판매하려고 한다. 그중 한 회사가 에티

칼 커피 컴퍼니^{Ethical Coffee Company}라는 신생기업으로, 다른 사람도 아니고 장 폴 가이야르가 그 회사를 이끌고 있다.

파이의 크기는 크다. 네스프레소 캡슐(커피팟)의 가격은 상당히 저렴해서 요즘에는 한 개 가격이 55~62센트 정도밖에 되지 않지만, 1천만 명의 네스프레소 애호가들이 매일 소비하는 양을 감안하면 보호할 가치가 있고 싸울 가치가 있는, 대단히 환상적인 매출이 매일 발생하기 때문이다.

네스프레소는 수십 년간의 실험과 공들여 개발한 방아쇠들이 남들이 넘보지 못할 경쟁우위가 된다는 점을 인식하면서 이러한 도전에 대비하고 있다. 지라도트는 말한다. "만일 경쟁자가 이 시장으로 진입하길 원한다면, 저는 그들에게 행운을 빈다고 말해줄 겁니다. 허세 부리는 말로 들리지 않길 바라지만, 네스프레스 직원들이 20년 넘게 이룬 업적은 쉽게 모방할 수 없답니다. 우리의 대답은 대답하지 않는 것입니다." 그는 웃으며 말한다.

두 번째로 네스프레소를 압박하고 있는 도전과제는 유럽 이외의 지역으로 성공을 확장시켜 나가는 일이다. 특히 그들은 북미 시장에서 단순한 발판 그 이상을 추구한다. 큐리그^{Keurig}('그린 마운틴 커피'란 회사가 소유), 플라비아^{Flavia}('마스 캔디' 그룹의 일원), 이탈리아의 라바짜와 일리^{Illy} 등 다른 경쟁자들이 먼저 미국 시장을 침투했지만, 아무도 네스프레소처럼 최고급 이미지나 상대적으로 매력적인 제품을 가지지 못했다.

그러나 네스프레소가 직면한 훨씬 더 커다란 도전은 시장 자체의 특성일지 모른다. 유럽인들과는 달리, 대부분의 미국인들은 에스프레소 애호가가 아니다. 적어도 아직은 아니다. 미국의 전국커피연합회에 따르면, 미국 성인들의 68퍼센트가 최소 1주일에 한 번 커피를 마시지만, 에스프레소를 마신다는 사람은 겨우 8퍼센트에 지나지 않았다.

그러나 미국 시장은 변화하는 중이라서 네스프레소가 미국에서 에스프레소의 향후 성장을 주도하고 구가하는 좋은 위치를 선점하게 될지 모른다. 최근 5년 동안 미국에서의 매출이 1천5백만 달러에서 1억 5천만 달러로 상승한 것만 봐도 네스프레소에는 충분한 성장 잠재력이 있다.

네스프레소의 역사야말로 사람들의 발이 닿지 않은 땅을 개척해온, 놀라운 이야기이다. 수요 창조의 과정은 주로 미지의 것을 존중하고 발견하며 재편하는 과정이다. 네스프레소는 과거에 여러 차례 이런 과정을 되풀이해야만 했고 미래에도 그렇게 하려고 한다. 헹크 크바크만은 말한다. "만일 시장에서 새로운 무언가를 개척해내려 한다면, 참조할 사례도 없고 로드맵도 없습니다. 그래서 시도하는 것이 열쇠입니다. 아무도 무엇이 일어날지 알지 못하죠. 그래서 더 많은 것을 시도할수록, 더 많은 것을 발견하고 더 빨리 배우고 더 빨리 갈 수 있습니다."

엄청난 성공에도 불구하고 '발견'에 대한 네스프레소의 몰입은 사라지지 않을 것임을 누구나 확실하게 느낄 수 있다.

Demand

ADRIAN J. SLYWOTZKY WITH KARL WEBER

제5장

궤도
Trajectory

1. 제품의 매력적인 성격이 시간에 따라 향상되는 속도. 2. 수요의 동인으로서, 지속적인 품질 향상을 의미함.

1. the rate at which the magnetic characteristics of a product are enhanced over time 2. continuous quality improvement as a driver of demand.

05

더 빨리 더 스마트하게
_티치포아메리카, 교육의 수요를 재편하다

소설가이자 사회비평가이면서 『멋진 신세계Brave New World』의 저자이기도 한 올더스 헉슬리Aldous Huxley가 좋아하던 좌우명이 있다.[1] "모든 것에 부족함이 없는 것이 정말로 충분한 것이다." 우리는 수요의 세계를 연구하는 동안 이러한 원리를 여러 번 목격했다. 수요 창조자에게 매력적인 제품을 만드는 일은 필수적이지만, 그것만으로는 충분하지 않다. 왜냐하면 고객의 고충지도를 이해해야 하고, 그들의 고충을 줄이거나 모두 제거하기 위해 어떻게 하면 흩어진 점들을 연결할 수 있을지 고민해야 하기 때문이다. 고객과의 감성적인 연결이 매우 중요하긴 하지만 역시 그것만으로는 충분하지 않다. 모든 배경스토리 요소들이 준비되어 있는지 확인함으로써 '불완전한 제품의 저주'를 반드시 피해야 하기 때문이다. 하지만 그렇게 한다 해도 여전히 충분하지 않다. 소비자의 관성을 극복하고 잠재 수요를 진짜 수요로 변환시키고 싶다면 가장 강력한 방아쇠들을 찾아 효과적으로 활용해야 하기 때문이다.

더욱이 위대한 수요 창조자들은 강력한 수요의 흐름을 창출하는 것만으로는 충분하지 않다는 사실을 본능적으로 알고 있다. 언제나 변하며, 언제나 커지기만 하는 고객들의 기대 수준을 만족시키고 또 넘어서기 위해 집중적이고 꾸준하게 개선 과정에 몰입하지 않는다면 말이다. 자신의 최고 성적에서 10분의 1초를 줄이기 위해 하루도 쉬지 않고 훈련하며, 가끔은 극적이고 새로운 기술을 창안함으로써 자신의 스포츠 종목에서 대변혁을 일으키고 놀라운 성적을 기록하는 올림픽 출전 선수처럼, 수요 창조자는 항상 훈련하면서 더 좋아지고 더 빨라지는 방법을 꾸준히 탐색한다.

최초 출시된 이후에 제품이 더 좋아지는 속도를 '궤도'라고 부른다. 궤도의 경사가 급할수록, 고객에게는 이득이 된다. 어떤 제품들은 각도가 겨우 5도밖에 안 되는, 피상적인 개선을 이루는 반면, 어떤 제품들은 45도 정도의 엄청난 경사로 개선되기도 한다. 경사가 급한 궤도는 기존고객을 만족시키고 신규고객을 끌어모은다. 또한 경쟁자가 되고자 하는 기업들의 기를 죽이기에 충분한 신호를 내보낸다. "만약 너희 회사가 우리가 창조한 수요를 건드리고 싶다면, 우리 제품과 비슷한 것을 만들어봤자 소용없다. 왜냐하면 너희가 시장에 진입할 때 우리는 산 위로 2마일을 더 올라가 있을 테니까."

궤도의 관점으로 생각('궤도적 사고')하느냐의 여부가 종종 수요 창조의 승자와 낙오자를 구별하는 기준이 된다. 얼마 전까지 페이스북 FaceBook은 소셜 네트워킹 분야에서 마이스페이스에 뒤진 채 2위를 달리고 있었다. 하지만 뉴스코프^{Newscorp}가 2005년에 마이스페이스를 인수한 후 혁신에 실패했고, 반면에 페이스북은 혁신에 빠르게 투자했다. 2009년이 되자 페이스북은 마이스페이스를 추월했다. 지금은 두 회사 간의 경쟁이 치열했는지 기억조차 하기 힘들 정도이다.

성장의 가속도를 붙이는 수요의 불꽃

가파른 궤도를 구축하기 위해 리드 해스팅스가 보인 헌신적인 노력은 근래에 가장 흥미롭고 가장 유명하며 가장 과학적인 도전 중 하나에 불꽃을 당겼다. 바로 1백만 달러가 수여되는 '넷플릭스상^{Netflix Prize}'이다.[2] 이 상은 영화 추천 기능을 하는 시네매치 시스템의 정확도를 10퍼센트 이상 향상시킬 수 있는 사람에게 주어진다.

2006년 10월에 시작된 이 독특한 경쟁 레이스는 180개국에서 대학교, 연구기관, 기업 연구소 등 전문가 팀부터, 심리학자 개빈 포터^{Gavin Potter} 등의 독립적인 학자에 이르는 3만5천 명 이상의 사람들을 끌어모았다. 행동경제학이 이룩한 통찰에 기반하여 접근방식을 선택한 포터는 자신의 딸이자 고등학교 3학년생인 에밀리를 수학 조수로 등록시켜서 경쟁에 참가했다(포터의 도전이 돈키호테 같다고 느낄지 모른다. 그러나 한때 그의 점수가 6위까지 오른 적이 있었다).

마치 스포츠 경기처럼 전 세계 사람들이 지켜보는 가운데 열띤 경쟁을 펼친 결과, 2009년 9월에 수학자, 엔지니어 컴퓨터 과학자 등 7명으로 이루어진 '벨코어스 프래그매틱 케이어스^{BellKor's Pragmatic Chaos}'팀에게 넷플릭스상이 수여되었다.

영화 추천 시스템의 정확도를 10퍼센트 향상시키는 일은 그다지 대단치 않은 것처럼 들린다. 그러나 취향에 딱 들어맞는 훌륭한 영화를 추천하는 것은 넷플릭스를 매우 매력적으로 만들고 고객의 고충을 줄이는 결정적 도구들 중 하나이다. 이 경쟁을 통해 넷플릭스는 영화광의 취향과 선호에 관하여 여러 가지 새로운 통찰을 얻을 수 있었다. 예를 들어, 특정 영화에 대한 고객의 평가점수는 시간이 지나면서 특별한 방향으로 이동하는 경향이 있다. 사람들은 보통 로빈 윌리엄스^{Robin Williams}의 감동적인 영화 〈패치 아담스^{Patch Adams}〉를 보고 난 직후에는 높은 점수를 준다. 그러나 숙고할 시간을 가진 사람들은 현저하게 낮은 점수를 주는 경향이 있다. 반면, 복잡한 심리 스릴러인 〈메멘토^{Memento}〉를 보고 나서는 몇 주 동안(복잡하게 얽힌 줄거리를 점점 풀어갈수록) 정반대의 패턴이 나타난다.

또 하나의 발견은 대부분의 영화들이 장르, 스타일, 시대, 배우 등 카테고리별로 일관된 반응을 이끌어내는 경향이 존재한다는 점이다. 존 웨인의 서부영화를 좋아한다면 존 웨인의 다음 영화도 좋아하는 것처럼 말이다. 그러나 몇몇 영화들은 이러한 경향과 맞지 않아 보인다. 별난 독립영화인 〈아이 ♥ 허커비스^{I ♥ Huckabees}〉와 〈나폴레옹 다이너마이트^{Napoleon Dynamite}〉가 바로 그러한 예다. 이 두 영화는 호불호가 명확하게 갈리는 반응을 유발시키는데, 도대체 각각을 어떤 카테고리의 영화로 분류해야 하는지 분명하지 않다(예를 들어 〈아이 하트 허커비스〉를 좋아한다는 것은 〈나폴레옹 다이너마이트〉를 좋아한다는 것과 상관이 없어 보인다. 어느 영화를 가져다 비교한다고 해도 마찬가지다).

세 번째 통찰은 우승자인 벨코어 팀이 발견한 것인데, 넷플릭스 사용자의 평가점수는 사람들이 점수를 입력하는 순간에 감도는 분위기에 일정 부분 영향을 받는 것으로 나타났다. 당연한 이야기인 것 같지만, 미묘하면서도 유용한 의미를 갖는 발견이 아닐 수 없었다. 넷플릭스의 고객이 시청한 영화에 대해 부정적인 비평을 쓰려고 웹사이트를 방문했다고 가정해보자. 만일 그가 다른 영화들을 평가하기 위해 사이트에 오래 머물러 있는 경우라면, 그가 내리는 점수는 다른 때보다 더 낮아질 가능성이 있다. 벨코어 팀은 이것이 일시적으로 발생하는 편향임을 깨닫고서 사용자들의 선호를 예상하는 방법과 영화 추천 시스템을 수정하는 방법을 터득했던 것이다.

넷플릭스는 '영화 추천의 과학'에서 우위를 유지할 만하다. 넷플릭스 고객들은 잘못된 추천을 받을 때마다 실망하거나 화를 낼지 모른다. 심지어 무시 당했다는 느낌까지 가질 고객이 있을지 누가 아는가? 그래서 넷플릭스는 영화 추천의 정확도를 10퍼센트 향상시키는 일이 고객을 유지하는 데 100만 달러 이상의 가치가 있다고 생각한다(넷플릭스는 10퍼센트의 개선 이후에 고객만족과 고객유지율이 오르기 시작했다고 확실하게 말한다).

넷플릭스상이야말로 리드 해스팅스가 최고의 수요 창조자가 될 자질이 있음을 보여주는 단적인 사례이다. 그는 매력적인 제품을 만들기 위해 오랜 기간 노력하면서도 남들보다 앞서나가기를 멈춘 적이 단 한 번도 없다. 그와 직원들은 고객이 가장 중요하게 여기는 관점을 항상 염두에 두고 좀 더 나아질 방법을 실험하며 계속 전진했다. 개선의 가파른 기울기는 넷플릭스를 매력적으로 유지시키고, 수많은 고객들이 제품에 관해 활발한 이야기를 주고 받도록 불꽃을 일으킨다.

스물한 살 대학생이 발견한 거대한 기회

대부분의 미국인들과 전문가들이 어떠한 개선도 이제 불가능하리라 결론 내린 영역에서 '가파른 궤도'를 나타내는 놀라운 사례가 있다. 오랫동안 실망스러운 통계치, 골치 아픈 재무 상태, 정치적인 의견 충돌로 점철된, 공교육 분야에서 말이다.

어떤 스물한 살의 여성이 250만 달러의 창업 기부금과 프린스턴 대학 졸업논문을 쓰며 발전시킨 아이디어로 자신을 무장하고서 이 분야에 낙하산을 타고 뛰어 들어갔다. 웬디 코프Wendy Kopp는 미국 교육이 필요로 하는 것은 수평선을 유지하는 궤도를 가파르게 끌어올리는 길임을 꿰뚫어 보았다. 그러한 통찰을 실행에 옮길 그녀만의 수단은 자신이 설립하여 이끌고 있는 비영리조직, '티치포아메리카Teach for America, TFA'이다.[3] 현재 이 조직은 점차 강력하게 고조되는 교육 개혁 운동의 최전선에 서 있다. TFA는 미국 교육의 미래를 결정하는 여러 부분에서 가파른 궤도를 오르는 중이다.

코프의 여정은 1988년에 시작되었다. 프린스턴 대학 4학년이던 그녀는 미국 교육 시스템을 개선시키기를 희망하는, 장차 교사가 될 사람들이 가진 고충지도를 우연히 접했다.

졸업반이었던 저는 별다른 야망 없이 현실적으로 적당한 직업을 찾으려고 애쓰고 있었죠. 그러다가 제 생각에 가르치는 일이 가장 적당해 보여서 취업 상담실을 찾아갔습니다. 그곳 사람들은 저에게 교사 양성 사무실을 소개해 주더군요. 그곳은 해마다 열 명에서 스무 명 정도의 프린스턴 학생들에게 교사 자격증을 따도록 도와주던 곳이었죠. 허나 프로그램 등록이 이미 마감돼 버렸답니다. 그런데 그들은 저에게 입사지원서와 전국의 학교들이 보내온 자격요건들로 가득 찬 캐비닛을 가리키더군요. 서류들은 온통 엉뚱하게 매치되어 있거나 여러 색깔들이 난무하고 종잡을 수 없는 용어들이 뒤섞여 있었습니다.

이런 상황에서 대부분의 젊은이들은 못마땅하거나 무관심한 듯 눈을 굴리다가 자신들의 희망 직업 목록에서 교사라는 직업을 지워버릴 것이다. 그러나 코프는 리드 해스팅스나 마이클 블룸버그와 같은 수요 창조자들처럼 고충지도가 '기회의 지도'가 될 수 있음을 간파했다. 그녀는 또한 미국 최고 대학의 재능 있는 학생들이 진정으로 원하는 경력과 그들에게 전통적으로 소개되던 직업 사이에 커다란 격차가 존재한다는 점을 깨달았다. 그리고 위험에 처한 공립학교 학생들이 받는 교육과 그들에게 필요한 교육 사이에도 똑같이 엄청난 격차가 있음을 알게 되었다.

이렇게 불일치하는 수요에 흥미를 느낀 코프는 아이디어를 하나 떠올렸다. '평화봉사단The Peace Corps을 본뜬 교사봉사단을 만들 수는 없는 걸까?' 그녀의 아이디어는 이랬다. 먼저, 관료적인 채용 관행을 배제하고 2년 간의 교직 임무에 기꺼이 헌신하고자 하는 대학 졸업생들을 모은다. 그런 다음, 경험 많은 교사들이 실천적인 내용을 중심으로 그들을 집중적으로 교육한다. 그러면 재능 있는 젊은이들을 간절히 필요로 하는 도시와 지방 빈민지역의 학교들은 그들이 교사로 와주기를 바랄 것이다. 연중 내내 피드백과 멘토링 등의 방법으로 그들을 지원하면, 자신들이 가르치는 학생들과 함께 의미 있는 성과를 달성하는 데에 매진하리라 코프는 생각했다.

코프는 자신과 같은 처지의 젊은 친구들(그들 대다수가 그녀처럼 직업을 구하려고 애쓰고 있었다)이 세상에 진정한 변화를 일으킬 기회가 주어진다는 측면에서 이러한 임무를 아주 매력적으로 여기리라 확신했다. 만약 교사봉사단이 교직을 원하도록 재능 있는 젊은이들을 자극하고 그들을 교직이란 직업에 만족시킬 수 있다면, 그러한 이상을 가진 젊은 교사들이 미국에서 가장 도외시된 학군의 학생들에게 고품질 교육에 대한 새로운 수요를 불러 일으키지 못할 이유가 있을까?

코프는 일을 시작했다. 그녀는 교육이라는 대의를 위해 기부금을 배정해 둔 여러 기업으로부터 종자돈을 모금하고, 전국을 순회하면서 대학 캠퍼스들과 인맥을 형성하기 위해 그녀처럼 최근에 대학을 졸업하고 사회의식을 가진 다섯 명의 인력을 채용했다. 그들은 힘든 노력 끝에 1년 안에 총 500명으로 이루어진 TFA의 첫 번째 '교사 클래스'를 개설했다.

TFA는 여름 내내 교사봉사단원들을 집중적으로 교육시킨 후, 새로운 인재가 투입될 필요가 있다고 선정된 여러 지역학교에 지원하도록 했다. 교사봉사단원들은 1990년 가을부터 미국 전역의 학교에서 교직 임무를 시작했다.

웬디 코프의 '궤도적 사고'

출발은 인상적이었다. 코프의 확신이 옳았다는 첫 번째 증거는 미국의 젊은이들 가운데 교직에 도전하고자 하는 진짜 수요가 그동안 잠재해 있었다는 것이다. 그러나 아직 시작일 뿐이었다. TFA를 설립하기 전부터 코프는 이미 '궤도적 사고'를 단련하고 있었다. 그녀는 "우리의 사업이 매우 성공적으로 출발한다면, 그것은 우리의 일이 얼마나 긴급하고 얼마나 국가적으로 중요한 임무인지 인식하는 계기일 뿐이다"라고 쓴 적이 있다(성공적인 출발 후에 해야 할 일이 더 많고 더 어렵다는 의미임-옮긴이).

1999년에 코프의 '교사 채용 팀' 직원은 열 명으로 늘어났다. 2010년에는 그 수가 142명으로 늘어나 미국 전역의 350개 이상의 캠퍼스에서 보수를 받고 일하는 학생 대표들과 협업하고 있다. 현재, 우수 대학에서 TFA 채용 담당자들의 존재는 대형 컨설팅 회사나 투자은행에서 나온 채용 담당자만큼이나 친숙하다. 그들은 주립대학, 전통적으로 흑인들이 주로 다니는 대학 등 여러 교육기관에 상주하고 있다. 그들은 학교에서 가장 재능 있는 학생이 누구인지 잘 파악할 수 있는 교수, 경력상담자, 학장들과 꾸준히 교류하고 있다. 학생회 간부, 흑인 또는 히스패닉 학생 모임의 간부, 남학생 사교 클럽 회장 중에도 그들이 만나지 않는 사람은 거의 없다.

아마 당신은 TFA가 장시간 노동, 빈약한 자원, 따분하고 지루한 환경, 실망스러울 정도로 느려터진 진척 과정 등 교직의 여러 가지 어려움을 대수롭지 않게 이야기하며 지원자들을 끌어들이는 것은 아닐까 의심할지 모른다. 그러나 진실은 그 반대다. TFA의 채용 담당 임원인 엘리사 클랩Elissa Clapp은 이렇게 말한다.

> 우리가 사람들에게 요구하는 일(교직)은 믿을 수 없을 만큼 도전적인 직업입니다. 그래서 우리는 사람들이 그것을 제대로 이해하도록 있는 그대로를 열심히 설명한답니다. 우리에게는 어떤 장애물에도 불구하고 계속 밀고 나갈 사람들이 필요합니다. 교실에서 기적을 일구어내기 위해 기꺼이 지루한 시간을 견딜 수 있는 사람들 말입니다. 사실, 여기에 있는 우리들은 이런 말을 종종 한답니다. "우리가 하는 일은 마술이 아니다. 고된 노력이야말로 마술이다." 그래서 우리는 '교사봉사단'의 현 멤버들과 최근에 봉사단 미션을 마친 사람들을 캠퍼스로 데려가서 지원을 고려하는 학생들에게 진짜 이야기를 전달합니다. 진정으로 고된 도전에 매력을 느끼는 사람들이 바로 우리가 원하는 유형의 사람들입니다.

현재, 미국 전역의 수많은 대학생들이 이토록 의미 있는 도전을 갈 망하며 자신들을 교사봉사단의 대기 목록에 오르게 해달라고 강력하게 요청하고 있다. 2011년에 TFA가 내놓은 5,000개의 일자리에 4만 8,000여 명의 대학 졸업생들이 지원했는데, 이는 2009년의 지원자 수보다 2,000여 명이 증가한 수치이다. 이 믿기 어려운 수치는 TFA의 공격적인 채용 방식이 직접적으로 낳은 결과이다. TFA에 대해 알기 전에는 지원자 여섯 명 중 한 명만이 교사가 되기를 고려했던 것만 봐도 그렇다.

TFA는 거의 40개에 이르는 대학에서 최고의 채용기업으로 손꼽히고 있다. 아이비 리그 대학 졸업생의 12퍼센트가 2010년에 TFA에 지원했고, 그중 13퍼센트는 하버드 대학교 출신이었다. 또한, 역사적으로 흑인들이 주로 다니는 스펠만 대학$^{Spelman\ College}$의 4학년 학생들 중 20퍼센트가 TFA에 지원했다.

TFT가 설립된 지 6년이 흐른 1996년에 웬디 코프는 교사봉사단 멤버로서의 활동이 언젠가는 '로즈 펠로우십$^{the\ Rhodes\ Fellowship}$(남아공 식민지 정치가로 활동한 로즈의 유언에 따라 모교인 옥스포드 대학교에 설립한 권위 있는 장학금-옮긴이)'처럼 명예로운 일로 여겨지기를 희망한다고, 조금은 경솔하게 말한 바 있다. 하지만 그녀의 경솔한 희망사항은 이제 현실이 되었다. 아무도 존재하리라 믿지 않았던(웬디 코프는 예외였다) 수요가 바로 기름이 쏟아져 나오는 유정인 것으로 밝혀졌다.

아마도 코프 자신이 교사가 되고픈 열정을 공유하고 있었기 때문에 젊은이들을 교직에 열광하도록 만들 수 있다는 자신의 능력을 확신했을 것이다.

"저는 제가 그토록 열정을 느낀 이 일에 어떻게든 안착한 것이 기쁩니다. 20년 동안 제가 진정으로 원하는 일을 찾으려고만 했지 조금도 에너지를 쏟아보지 못했거든요."

대부분의 수요 창조자들처럼, 코프는 매우 똑똑하다. 하지만 더 중요한 것은 그녀가 자신의 비전에 전적으로 투자할 만한 강력한 심장을 가졌다는 점이다.

지원자 수가 가파르게 증가하면서도 그들의 자질은 계속해서 상승하고 있다. 2010년에 봉사단 멤버들의 평균 학점은 3.6점(4.0 만점 기준)인 것으로 나타났다. 이 점수는 TFA 역사상 가장 높은 점수이다. TFA의 채용 노력이 꾸준히 확대되면서 똑똑한 미국 젊은이일수록 '난 가르치는 게 싫어'라고 생각할 거라는 광범위한 선입견이 거짓으로 드러났다. 이것이 바로 TFA를 가파른 기울기로 향상시킨 세 가지 결정적인 요소 중 첫 번째 것이다.

예술의 영역을 과학의 영역으로

두 번째 요소는 좀 더 중요한 것으로, 젊은 교사봉사단원들이 가르치는 학생들의 학업성취도가 꾸준히 향상되고 있다는 점이다. 똑똑하고 좋은 의도를 가진 대학 졸업생들을 미국 전역의 문제 많은 학교로 파견하는 것만으로는 충분하지 않다. 학교는 성과를 달성하기를 원한다. 성적을 향상시키고, 시험 점수를 높이며, 학생들이 읽기와 수학, 과학과 역사에서 예전보다 나아진 역량을 갖추기를 바란다.

이러한 목표를 달성하기 위해, 코프는 교실 안에서 실제로 적용할 수 있는 교육 방법에 관한 정보, 통찰, 지식을 개발하기 위한 시스템을 구축했다. 전통적으로 가르치는 일을 워낙 중요하게 여긴 터라 사람들은 교직을 말로 정확하게 표현하기 불가능한 '예술'의 영역으로 간주해왔다. 그러나 현재, 이러한 고정관념은 변하기 시작했다.

TFA의 봉사단 멤버들은 5주간의 '여름학교'에서 집중적으로 교육을 받고 난 이후에야 학교에 배치될 수 있다. 또한 2년간의 교직 임무를 수행하는 동안에도 추가로 여러 교육과 지원을 제공받는다.

성과는 인상적이었다. TFA의 교사(봉사단의 멤버)들은 교육의 역사에서 가장 철저하고 가장 세심하게 관찰된 사람들이라 할 만하다. 2002년부터 진행되어온 연구는 다양한 결과를 보여주었는데, 최근의 조사에 따르면 공인받은 TFA 봉사단 멤버들은 교사자격증, 교직과정 수료증, 석사 학위 등 전통적으로 인정되는 자격증이 없음에도 불구하고 주요 과목인 수학, 과학, 읽기에서 다른 신임 교사들보다 더 효과적으로 가르칠 뿐만 아니라 경험 많은 교사들과 비교해도 동일한 교수 능력을 보인다고 한다.

더욱 인상적인 것은 코프와 TFA의 경영진들이 조직 구성원들에게 해마다 향상된 성과를 향해 가파른 비탈길을 오르라고 독려하는 방법에 있다. 저널리스트인 아만다 리플리Amanda Ripley는 교사의 교수능력에 관한 TFA의 전례 없는 연구를 검토한 적이 있다.[4]

여러 해 동안, TFA는 여러 가지 가설을 테스트하고 채용 방식과 교육 방식을 정교화하면서 자신들만의 철학을 다듬어갔다. 오랜 시간 동안 TFA는 특이한 실험을 진행 중이다. 금년(2009~2010년)에 50만 명에 이르는 미국 어린이들이 TFA 교사들로부터 가르침을 받고 있는데, TFA는 그중 85~90퍼센트 아이들을 대상으로 시험 성적 데이터를 추적관리하고 있다. 그 학생들 거의 대부분은 가난한 가정의 흑인이거나 히스패닉이다. 또한 TFA는 7,300여 명의 교사와 관련된 막대한 양의 데이터를 보유하고 있다. 이 정도의 교사 규모는 거의 워싱턴 D.C. 소속 교사의 두 배에 달한다.

앞에서 넷플릭스를 '컴퓨터 과학자가 경영하는 엔터테인먼트 기업'이라고 언급했다. 웬디 코프는 컴퓨터 과학자가 아니다. 그녀는 공공 및 국제관계학을 전공했지만, TFA 전체에 '숫자 지향의 문화'를 천천히 스며들게 했다. TFA의 인적자원 전략 담당 임원인 아만다 크래프트Amanda Craft는 우리(저자들)에게 이렇게 말했다. "우리는 지독할 정도로 데이터 지향적입니다. 우리는 문자 그대로 무엇이 제대로 돌아가고 무엇이 그렇지 못했는가에 따라 매년 우리의 모델과 프로세스를 변화시킵니다. 그러한 수정 과정은 늘 한결같죠."

멤피스에서 뉴멕시코까지, 피닉스에서 샬롯까지, 그리고 L.A. 동쪽에서 트윈시티까지 곳곳에 산재한 학교와 그 학교에 파견된 교사들에 관해 TFA가 수집한 막대한 양의 자료에도 그러한 정신이 깃들어 있다. TFA는 최초로 이 광범위한 자료를 통해 특출한 역량을 보이는 교사의 자질을 객관적으로 정의할 수 있었다. TFA의 연구원들은 '교사 평가 회의'를 주재하고, 각종 설문조사와 인터뷰를 실시하며, 교사와 지원팀 간의 '반성 회의'를 정기적으로 열고, 가장 효과적인 교수법을 가려내기 위해 학생들의 학습 관련 데이터를 분석함으로써 교실에서 어떤 일들이 벌어지는지 연구해오고 있다.

TFA의 분석가들은 능력 있는 교사들이 공통적으로 나타내는 특별한 행동 특성들이 무엇인지 규명해 냈다. TFA의 학습 담당 임원인 스티븐 파Steven Farr는 자신의 책 『리더십으로서의 가르침Teaching as Leadership』이란 책에서 그러한 여섯 가지 행동 특성을 설명하고 분석해놓았다. 현재, TFA의 '교사 양성 및 지원개발 부문' 내의 전문가들은 여름학교에서 실시하는 교사 후보자 교육의 전략과 전술에 그런 행동 특성들을 반영한다.

또한 교실 내에서 교사와 학생이 실제로 상호작용하는 모습을 찍은 비디오 클립을 활용하여 교수 방법을 생생하게 보여주고 있다. 그렇게 함으로써 TFA의 봉사단 멤버들로 하여금 어떤 교수 방법이 효과적인지 확인하고, 자신의 교수 방법과 비교하며, 빠르고 구체적으로 교수 방법을 개선할 수 있도록 도와준다. 시행착오가 아니라 '최고의 교사'로부터 배우게 하는 것이다.

파는 이렇게 말한다.

"가장 능력 있는 교사들이 행동하는 모습을 지켜보면, 최고의 교사는 복제 가능하다는 생각이 확실하게 든답니다. 결코 마법이 아니죠. 우리는 최고의 교사가 어떤 사람인지 말로 표현할 수 있습니다. 그래서 자질을 갖춘 많은 교사들이 자신의 교수 능력을 더욱더 향상시킬 수 있답니다. 가장 능력 있는 교사들이 일반적인 교사들과는 다르게 행동한다는 사실을 깨닫기만 하면 되죠."

또한 TFA는 연구 결과를 기초로 잠재력이 높은 교사를 규명하기 위한 시스템을 개발했다. 예를 들어, 교사봉사단 멤버 390명의 성과를 연구한 펜실베이니아 주립대학교의 심리학 교수 안젤라 리 더크워스 Angela Lee Duckworth는 다지형 문항으로 평가한 '인내심' 항목에서 높은 점수를 얻은 교사들이 다른 교사들에 비해 학생들의 학업성취도를 31퍼센트 높였다는 사실을 발견했다.

더욱 놀라운 점은, '삶에 대한 만족도'가 높은 교사들이 다른 교사들에 비해 43퍼센트나 높은 학업성취도를 이끌어냈다는 것이다. 더크워스의 연구 결과는 인내심 있고 삶에 대해 만족하는 교사들이 교실 내에서 학생들과 더 열정적으로 더 활기차게 의사소통하리란 점을 시사한다. TFA는 현재 신규 지원자들을 평가할 때 인내심, 삶에 대한 만족도 등과 같은 핵심적 성격 특성을 신중하게 테스트한다. 이러한 성격 특성들은 TFA의 독특한 '선발 모델'에 포함된 30개 이상의 입력 항목 중 몇 가지일 뿐이다.

그렇다면 훌륭한 교사인지 아닌지를 가려내는 특성인 '삶에 대한 만족도'는 누가 어떻게 측정할 것인가?

당연히 제기해야 할 중요한 질문이다. 수요 창조자들은 섣부른 가정이나 직관, 혹은 상식에 의존하지 않는다. 그들은 증거를 파고들고 증거가 이끄는 곳으로 따라간다. 그러다가 종종 예상치 못한 장소에 수요가 숨어 있음을 발견하기도 한다.

교사들의 성과를 측정하고 향상시키기 위해 객관적인 기준과 기술을 개발하는 일은 매우 크고 복잡한 도전과제다. 그러나 TFA의 노력은 학생들의 학업성취도 기준을 높이 설정해도 될 정도로 이미 결실을 맺기 시작했다. 내부 연구에 따르면, 교사봉사단 멤버가 가르친 학생들의 학업성취도는 해마다 향상되는 것으로 나타났다. 학업성취도 개선의 기울기는 수학과 읽기 능력이 향상된 수많은 어린이들이 이제 고등교육과 21세기의 직업에 도전할 준비를 잘 갖추었음을 보여주고 있다.

하지만 가까이에서 TFA 교사들과 그들이 가르친 학생들의 이야기를 들어보면 통계치 이상의 깊은 인상을 받게 된다. 예일 대학교를 졸업한 유나 킴Yoona Kim은 현재 뉴욕의 스페니시 할렘에서 3년째 특수학교 학생들을 가르치고 있다. 전통적으로 그곳의 아이들은 대수롭지 않은 존재로 여겨져 왔다. 하지만 킴의 교실에서는 그렇지 않다. "TFA에 대해 제가 진정으로 존경하는 것이 하나 있다면, 교육자로서 교수 능력을 끊임없이 향상시키기를 강조한다는 것입니다. 그러려면 가르칠 것과 가르치는 방법을 알아내기 위해 학습 데이터를 지속적으로 평가하고 반영할 필요가 있습니다." TFA를 매우 효과적인 조직으로 만들어 주는 '궤도적 사고'는 킴과 같은 교사봉사단원들 개개인들에게 전수되었다.

TFA가 개발한 도구들은 킴과 그녀의 학생들 각자가 자신만의 궤도를 오르도록 돕고 있다.

수학과 읽기 시간에 저는 뉴욕 주가 학년별로 정한 학습기준들이 모두 기입된 스프레드시트에 뭔가를 기록합니다. 학습기준의 평가지표는 '절대적으로 필수적임'에서 '별로 중요하지 않음'까지 단계적으로 분포되어 있죠. 만약 한 학생이 어떤 학습기준에 70~79퍼센트 정도밖에 도달하지 못하면, 저는 그 셀을 노랗게 칠합니다. 69퍼센트 이하면 빨갛게 칠하죠. 특정 학습기준에 대해 화면을 아래로 스크롤하며 저는 이렇게 반성하곤 합니다. '대부분의 셀이 노랗고 빨갛군. 이 학습기준을 다시 가르쳐야겠어. 왜 아이들이 그 학습기준에 대해 저조한 성적을 보였을까? 내가 효과적으로 가르치지 못했기 때문일까? 아니면, 아이들에게 더 반복시킬 필요가 있었는지도 몰라. 스마트보드 (프레젠테이션을 띄워놓고 그 위에 글자를 쓰거나 그림을 그릴 수 있도록 한 전자 장비-옮긴이)와 같은 교보재를 활용하거나, 보충수업을 하면 어떨까?' 라고 말입니다. 저는 학생별로, 학습기준별로 데이터를 분석함으로써 교육 방식을 차별화하는 데 도움을 줄 패턴을 인지하기 시작하죠. 그 스프레드시트는 TFA가 봉사단 멤버들에게 제공하는 뛰어난 '반성' 도구입니다.

킴은 학생들로 하여금 열의를 가지고 재미있게 수업에 참여하도록 만드는, 간단하지만 강력한 방법을 가진 교사로 그녀의 멘토와 동료 멤버들로부터 인정을 받았다. 그녀는 학습기준을 항상 높게 설정하고 수업을 시작한다.

"생각보다 높은 학습기준이라 해도 학생들은 충분히 성취할 수 있습니다. 교사들도 가능하다는 걸 알고 있죠. 하지만 교사들이 어떻게 그걸 알까요? 왜냐하면 교사들이 학습기준을 계획하고 학습기준이 성취 가능함을 학생들에게 보여주기 때문입니다."

킴의 교실을 방문하면 그녀가 매일 이러한 원칙을 어떻게 적용하는지 볼 수 있다. 작문 과제에 관해 학생 개개인과 이야기를 나누든, 아니면 새로운 수학 개념을 학생 전원에게 설명하든, 킴은 개인 수준에서 학생들과 꾸준히 상호작용하고 있다. 그녀의 눈은 혼동, 불확실함,

해방감, 흥분, 이해 등의 감정을 나타내며 조용히 교실을 살핀다. 그녀가 가르치는 17명의 학생들 각자로부터 받은 미묘하고 비언어적인 피드백을 기초로, 그녀는 가르치는 템포, 스타일, 구조를 반복적으로 조정한다. 그녀는 사례를 가지고 더 토론할 필요가 있을 때와, 작은 농담, 기억의 실마리, 가벼운 재촉, 장난스러운 구슬림 등이 학생들의 집중력과 학습태도를 유지하는 데 가장 효과적일 때를 감지할 줄 안다.

이렇게 교묘하게 상황에 '적응'할 줄 아는 능력이 TFA 연구원들에 의해 규명된, 가장 능력 있는 교사들이 보이는 여섯 가지 특성 중 하나다. 그 교사들은 교실에서의 '훌륭한 수업'이 잘 짜인 수업계획을 단순하게 따른다고 해서 이루어지는 것이 아님을 잘 알고 있다. 스티븐 파는 이렇게 설명한다.

"훌륭한 수업은 항상 계획을 스마트하게 조정해야 가능합니다. 제가 지금껏 가르친 학생들 중 단 한 명도 제가 계획을 종이에 쓰며 기대했던 것과 같은 학생은 없었기 때문입니다."

킴은 이러한 조정 능력이 자신의 효과적인 교수 능력에 결정적인 요소라고 여긴다. "저는 가르치는 노력의 95퍼센트를 학생 개개인의 니즈에 '적응'하는 데에 쏟아야 한다고 생각합니다"라고 그녀는 말한다. 한 학년을 가르치는 동안 그녀는 학생들이 언어, 그림, 실습 등 어떤 정보를 통해 교육을 최대로 흡수하는지 파악한다. 그녀는 각 학생의 가족 상황을 이해하고 특정 아이와 어떻게 하면 가장 잘 연결할 수 있는지 결정할 때 그런 이해를 활용한다. 이는 능력 있는 교사들이 항상 그리고 때에 따라서 본능적으로 지녀야 할 기법이다. TFA는 봉사단 멤버들이 그런 기법을 더 빨리, 더 의식적으로, 더 효과적으로 배우고 활용하도록 돕는다.

학생들이 스킬, 지식, 자신감을 향상시키면, 킴은 잘 따라오는 학생들의 '작은 승리'에 항상 상을 수여한다. 주별 과제에서 80점 이상 점수를 얻은 학생들을 칭찬하기 위해서 그녀는 '클럽 80'을 만들었다. 킴은 이 클럽에 오른 학생들의 이름을 교실 벽에 붙이고 금요일이면 가입증명서를 수여하는 작은 행사를 연다. 킴이 가르치는 아이들은 자신들이 쓴 에세이를 온라인 잡지 형태로 발행하고 시에 관한 팟캐스트를 직접 제작하기도 한다. 그렇게 함으로써, 인쇄되어 나온 자신의 이름을 보거나 친구들이 자신이 만든 작품을 청취하고 칭찬할 때, 학생들은 형언할 수 없는 전율을 경험한다. 잔잔한 물결이 바로 여기로부터 퍼져나간다. 킴은 말한다.

"학생, 부모, 가족, 후견인 모두가 학습 과정에 참여하는 것, 그리고 학생이 목표에 도달할 때 열렬히 축하해주는 것이야말로 진정한 가르침이죠."

킴의 동료 교사인 파커 라이더-롱매이드Parker Rider-Longmaid는 필라델피아에서 7학년과 8학년을 대상으로 수학과 과학을 가르쳤다. 그는 자신의 경험을 '감정적으로 고갈 상태'였다고 표현한다. 그러나 그 역시 어떻게 하면 교수 능력과 학생들을 다루는 역량을 계속 향상시킬 것인가라는 문제에 사로잡혀 있었다. 그는 TFA의 프로그램 디렉터들이 교사들에게 여러 테크닉을 공유하고 더 나은 교수법을 전수하기 위해 개최한 워크숍에 매월 참가했다. 또한 그는 꾸준히 노트와 교과목 모듈을 동료들과 교환했다.

"저는 수학 과목의 훌륭한 노트를 여러 권 확보했습니다. 과학 과목도 마찬가지였죠. 그리고 우리는 서로 교환했답니다. 그렇게 해서 많은 시간을 절약할 수 있었죠."

자신이 가르치던 8학년 학생들의 동기를 불러 일으킬 도구를 찾던 라이더-롱메이드는 80개 대학에 편지를 써서 패넌트(가늘고 긴 삼각 모양의 깃발-옮긴이)를 보내달라고 요청했다. 12개 대학에서 이 요청에 응답했다. 그는 각 대학의 그림과 함께 패넌트를 교실에 걸었다. 학생들 대부분에게 멀게만 느껴졌던 상상이 손에 잡힐 듯 아주 명확하게 보이기 시작했다.

"학생들과 저는 시에서 가장 좋은 고등학교 몇 곳으로 입학하기 위해 곧바로 시험 준비에 돌입했습니다. 대학 입시를 위한 일종의 시운전 격이었죠"라고 라이더-롱메이드는 회상한다. 시험을 준비하는 동안 점점 더 많은 학생들이 대학에 관해 생각이 달라지기 시작했다. TFA가 고객의 마인드에 어떤 영향을 끼쳤는지 생각해보라. 처음에 부모들은 이런 인식을 가지고 있었다. "저에게 학교는 아무런 필요가 없어요. 제 아이들에게도 필요 없을 거고요. 어쨌든 제 아이들은 대학에 가지 않을 거예요. 그런다고 뭐가 달라지나요?" 그리고 배움에 열정을 가진 학생들도 친구들의 암묵적인 압력과 자신들에게 대한 낮은 기대감 때문에 한풀 꺾여 부모들과 생각이 같았다.

그러나 킴이나 라이더-롱메이드와 같은 교사와 몇 주를 함께 공부하고 나면 뭔가 변화하기 시작한다.

"선생님이 제게 배려해주고, 여러 가지 이야기를 해줍니다. 제가 하는 경기를 보러 가고, 부모님과 이야기를 나누기도 하고요."

학생들뿐만 아니라 부모들도 이렇게 말하기 시작한다.

"다른 학교에서는 이런 경험을 못 했어요. 저는 아이가 쓴 에세이를 온라인으로 읽고, 팟캐스트를 통해 아이가 낭송하는 시를 듣습니다. 어떻게 아이가 컴퓨터 실력을 키워가는지 지켜볼 수도 있죠. 저는 이런 교육이 아이들에게 정말로 도움이 된다고 믿습니다."

어느 순간, 학생과 부모 모두 보이지 않는 선을 넘는다. 기대가 바뀌는 것이다. '아마 나도 대학에 갈 수 있을 거야'라고 생각했다가 '나는 대학에 갈 거야'로 변한다.

이런 말이 밖으로 튀어나오자마자 제대로 된 교육을 원하는 수요가 점점 더 많은 학생들 사이에서 구체화되기 시작한다. 어떤 학생들은 그러한 교육을 강렬하게 요구하게 된다.

'난 관심 없어'에서 '난 진정으로 원해'라는 말로 전환되는 순간에 수요가 발생한다. 또한, 고객의 마음이 '난 관심 없어'에서 '나는 집카를 원해' 혹은 '나는 넷플릭스를 원해'로 전환되는 순간 수요가 손에 잡힐 듯 명확해지는 것이다.

작은 기적들이 하루에도 수백 번씩 교실에서 벌어지고 있다.

우리는 그런 기적이 수백 번이 아니라 수백만 번 일어나기를 원한다. 그러한 수요를 창조하기 위한 비밀 코드는 이미 밝혀졌다. 지금 필요한 것은 수요의 규모를 확대하는 일이다.

새로운 도전 과제

학교가 능력 있는 교사들을 발굴하여 학생들의 동기를 자극하고 격려하는 검증된 방법을 훈련시키도록 하기 위해 TFA는 시스템을 구축 중이다. 이렇게 함으로써 TFA는 세 번째이자 가장 저항이 큰 도전과제를 수행하고 있다. 그 도전과제란 바로 교육에 대한 미국인들의 태도를 변화시키는 것이다.

미국의 현재 교육 실태에 대해 교직에 있는 사람들보다 더 깊이 실망하는 사람은 없다. 어떤 교육자들은 위험에 처한 아이들을 포기해버리고, 그 대신 교외에 위치한 명성 있는 학교의 얼마 안 되는 교직 자리를 얻으려 애쓰고 있다. 다른 교육자들은 활기를 잃어버린 학교 시스템 하에서 주어지는 턱없이 적은 지원에 패배감을 느끼고 퇴직 때까지 가능한 한 활동을 최소화하다가 조용히 퇴직하곤 한다. 또 다른 교육자들은 TFA의 학습담당 임원인 스티브 파가 '낮은 기대심으로 자욱한 스모그'라고 일컫는 불쾌한 분위기로 인해 무력감에 빠져 있다.

> 우리는 사적인 관계에서도 그러한 스모그를 자주 들이마시곤 합니다. 월마트에서 TFA 교사인 크리스탈 브라케Crystel Brakke가 학교에서 쓸 물건을 구입하려 할 때, 낯선 사람이 그녀를 가로막고 있으면 아이들을 가르치는 일을 하는 자신이 얼마나 미안하게 생각되는지 말할 때처럼 말입니다. 또는, 냉소적인 학교 행정가가 2학년 담당 교사인 엘레이나 문베스Alaina Moonves에게 특수교육이 필요한 학생들에게 핑거페인팅과 손가락 인형놀이나 계속 시키라고 넌지시 제안한 때도 그렇죠.

TFA의 연구 결과는 교사, 교장, 학교 행정가 모두가 '스모그 들이마시기'를 멈추고 효과적인 교육 프로그램을 구축하고 제공할 수 있다는 희망을 준다. TFA가 직접 관리하는 학교의 아이들뿐만 아니라 미국 전역의 모든 아이들에게 말이다.

교사들의 교수 능력 향상을 돕기 위한 TFA의 많은 도구들은 출판물과 온라인을 통해 누구나 접근할 수 있다. 정확하게 입증되지 않았지만, 점차 많은 교사들이 자신들의 능력을 강화하는 데 그 도구들을 활용하고 있다고 한다. 스티브 파의 말에 따르면, 이미 미국 전역에서 점점 더 많은 학교들이 자체적인 교사 채용 방안, 교사 평가 방안, 교사 훈련 프로그램 등을 설계하고자 할 때 TFA에 도움을 요청하고 있다. 학교 개혁에 우선순위를 두고 있는 '빌 앤드 멜리나 게이츠 재단Bill & Melina Gates Foundation'의 연구원들은 TFA의 연구 프로그램을 지원해주고 연구 결과물들을 교육 관련 커뮤니티 전체로 확산시키고 있다. 그리고 '정상을 향한 레이스Race to the Top'를 교육의 이니셔티브로 설정한 연방 정부의 교육부Department of Education는 교사 채용, 교사 훈련, 우수교사 유지를 위한 효과적이고 새로운 방법을 구현하는 학군을 대상으로 추가로 자금을 지원하고 있다.

이러한 분위기는 전통적으로 학교의 책임(예를 들어, 시험)을 강조하던 관행이 훌륭한 교사를 발굴하고 육성하는 TFA의 집중 영역을 포함하는 방향으로 서서히 확산되고 있다는 것을 의미한다. 변화에 충격을 받았던 교육자들은 이제 이러한 접근방식을 신뢰한다. '뉴 티처 프로젝트New Teacher Project'라 불리는 비영리 단체의 대표 티모시 달리Timothy

Daly는 이런 변화를 일컬어 "교수법 개혁의 빅뱅이다. 정말 엄청나다"라고 말한다.

물론 TFA에 대한 비판적인 시각도 엄연히 존재한다. 어떤 사람은 TFA의 모델이 똑똑하고 젊은 교사들을 그저 수천 개의 교실에 파견하는, 단순한 미봉책이라고 여긴다. 국가의 공교육 시스템을 어렵게 만드는 충분치 않은 자금 지원 등 구조적인 문제를 해결하지 못한다는 이유 때문이다.

또 어떤 사람은 TFA가 배출하는 2년짜리 봉사단 멤버들이 아이들이 필요로 하는 정식 교사라기보다 가르치기를 즐기는 단순한 자원봉사자일 뿐이라고 말한다. 미국 교육 전반에 TFA의 교육 방법론 효과를 확산시키는 일도 비평가들의 부정적 반응을 야기시킨다. 비평가들은 TFA의 교사봉사단 멤버들이 모든 학교의 모든 아이들을 가르칠 수 없다면, 그렇게 해서는 안 된다고 비판한다. 하지만, 교수 능력에 관한 TFA의 연구로 얻은 가장 강력한 교훈들은 결국은 모든 교사들이 사용하는 도구에 반영될 수 있다.

코프와 그녀의 지지자들은 TFA 동창생들(교사봉사단 멤버로 일했던 사람들)이 사회 전반에서 영향력을 발휘해야 한다는 가치를 강조한다. 예를 들어 많은 이들이 이미 교육 개혁 운동의 선봉에 서서 주정부나 지방정부를 위해 일하고 있다. 사실, 코프의 핵심 통찰 중 하나가 TFA를 '교사 양성 사업'이 아니라 '리더 양성 사업'으로 봐야 한다는 것이었다고 스티븐 파는 말한다. 즉, 사회 각계 각층(교직을 포함하여)에서 수많은 젊은이들이 미국 사회 전체의 교육 수요를 완전히 탈바꿈시키도록 하는 것이 TFA의 이상 중 하나이다.

비록 온라인 영화 대여와 교육 개혁은 공통점이 별로 없지만, 사업 방식의 관점에서 보면 넷플릭스와 TFA의 이야기는 하나로 수렴된다. 두 조직은 모두 수많은 사람들이 무시하거나 어쩔 수 없이 받아들이고 만 고충지도 속에 잠재적 수요가 도사리고 있음을 깨달은, 통찰력 있는 리더에 의해 설립됐다. 두 조직은 세부사항을 면밀하게 살피고, 사람들이 전통적으로 만족하던 것이 아니라 그들이 진정으로 원하는 것에 끊임없이 집중하면서, 국가적 기간 시스템을 이용해 지역 서비스를 극적으로 개선시킴으로써 빠르게 성장했다. 또한 두 조직은 매우 정교하면서도 효과적으로 고객의 니즈에 대응할 수 있도록 해마다 유례 없는 조사를 실시하고 그 결과를 토대로 현재 가파른 개선의 궤도를 구축하고 있다.

이렇게 강력한 수요 창조 도구로 무장한 웬디 코프와 TFA는 다른 것도 아니라 바로 '미국의 혁신'을 겨냥하고 있다. 그들의 목표는 교육 불평등 때문에 시민들 중 절반이 비생산적이고 보람 없는 삶으로 마감하는 일을 더 이상 경험하지 않도록 하는 것이다. 그렇게 되려면 아직 가야 할 길이 멀다. 하지만 지금까지 이룬 진전은 주목할 만하다. 2010년 4월, 코프는 한 인터뷰에서 이렇게 밝힌다.

제가 이곳에 몸담은 지 20년 동안, 우리는 탁월한 진전을 이루어냈습니다. 20년 전에는 저소득층 학생들에게 기회를 주면 학업적으로 뛰어난 성과를 거둘 수 있다는 뚜렷한 사례가 아주 적었죠. 요즘은 그러한 증거들이 차고 넘칩니다. 탁월한 성과를 달성한 교사와 학교에 관한 사례가 수백 개나 되죠. 현재 여러 지역에서 학생들의 '발전 궤도'에 있어 단순한 개선이 아니라 완전히 새로운 변화를 경험한 학교의 수가 점점 늘고 있습니다. 그래서 일상적인 대화가 바뀌었죠. 이제 문제는 사회적으로나 경제적으로 압박을 받는 학생들을 공평한 경쟁의 장으로 진입시킬 수 있느냐 없느냐가 아니라, 전체적인 시스템 하에서 학생들의 성취가 가능하냐 불가능하냐가 되었습니다.

전국적인 혁신의 최전선에 서있는 조직이 스물한 살 먹은 대학생의 꿈으로부터 갑자기 탄생했다는 사실은 오랫동안 억제된 수요가 한 번 촉발되면 사회를 완전히 탈바꿈시킨다는, 믿기 어려운 힘의 크기를 말해준다.

최고의 점심
_프레타망제와
완벽한 샌드위치를 향한 탐험

수요 창조는 결코 '한 번 만에 완전하게' 이루어지는 법이 없다. 제품의 성공적인 출시만으로 수요 창조가 이루어지지는 않는다. 허나 어찌 됐든 수요가 발생하기 시작하면, 예상 밖의 수많은 장소에서 펼쳐지는 길고 복잡한 과정 속에 수요는 날마다 일어난다.

뉴욕 금융구역 내 브로드가 60번지에 있는 프레타망제Pret Manger라는 샌드위치 가게의 점장 트레이시 진젤Tracy Gingell이 보여주는 놀라운 수요 창조자의 역할을 한번 살펴보자.[5]

2009년에 그 매장을 담당하게 됐을 때, 진젤은 자신의 가게로 수요를 성공적으로 창출하는 데 가장 큰 장애물이 무엇인지 금방 알아차렸다. 그것은 근처에 있는 여러 음식점들과의 경쟁이 아니었다. 아삭아삭하고 맛있는 샌드위치를 매일 새로 만들기 위해 신선한 토마토, 양상추, 아보카도를 충분히 확보하기가 어렵다거나, 가게에서 가장 인기 있는 샌드위치에 들어갈 유기농 방목 닭고기의 가격이 너무 높아서도 아니었다. 그렇다고 프레타망제의 많은 단골들이 경제적 압박 때문에 돈을 절약하려고 집에서 점심을 싸오기 시작해서도 아니었다.

트레이시 진젤의 가장 큰 적은 따로 있었다. 바로 엔트로피(자연계의 무질서도를 말하는 물리학 용어. 이 책에서는 깨끗하게 보이는 것이 그냥 두기만 해도 자연스레 더러워진다는 의미로 쓰였다-옮긴이)였다.

그는 자신의 가게에서 가장 눈에 띄는 장식물 중 하나인 크리스탈 샹들리에를 살펴보려고 사다리를 오르다가 처음 이러한 사실을 깨달았다. 샹들리에는 먼지를 뒤집어쓰고 있었다.

만약 당신이 프렛Pret(프레타망제의 약칭-옮긴이) 가게에 가본 적이 있다면 그곳의 놀랍도록 깨끗한 인테리어에 좋은 인상을 받았을 것이다(사람들은 보통 프레타망제의 특징을 이야기할 때 '반짝반짝'과 '휘황찬란한'이란 표현을 하곤 한다). 진젤도 브로드가에 위치한 자신의 가게가 모든 고객들이 보고 싶어 할 만큼 아주 깨끗하다는 점을 인정한다. 그러나 겉으로 보기에 휘황찬란한 샹들리에로 올라간 그는 먼지가 수북이 쌓인 크리스탈과 못 쓰게 된 전구들이 그대로 방치된 모습을 발견하고 말았다. 프레타망제의 베테랑 직원인 진젤은 충격을 받았지만 한편으로는 열정이 솟아올랐다. 그는 곧바로 작업을 시작했다.

"저는 두 시간 동안 크리스탈을 모두 빼낸 다음 한 번에 네 개씩 윤을 냈습니다. 그리고 크고 밝은 새 전구로 다 갈아 끼워 넣었죠. 청소를 끝내니 정말 멋져 보였습니다. 기분이 아주 좋더군요!"

먼지 쌓인 샹들리에는 더 큰 문제가 존재함을 알리는 가장 확실한 증상이라는 것이 곧 밝혀졌다. 진젤은 가게 점원들과 대화를 나누면서 이야기의 조각들을 점점 짜맞추기 시작했다. 2008년에 경기가 침체되어 매출이 급감할 때 전임 점장은 점원들의 근무시간을 줄였는데, 그 조치가 청결함에 대해 프렛이 설정한 높은 기준을 조금 미달하는 상황을 야기했던 것이다. 점원들의 사기는 떨어졌고, 프렛의 인기 비결인 '언제나 쾌활한 서비스'는 일관성을 잃어버리고 말았다. 매출은 점차 감소했다. 매출 추락의 소용돌이는 처음에는 작게 시작됐지만, 멈출 생각을 하지 않았다. 조금 지나자 매출 급락은 되돌릴 수 없는 지경에 이르렀다.

외부로부터 새로운 힘을 꾸준히 공급받지 못하는 시스템이 으레 그러하듯, 브로드가 60번지에 있는 이 샌드위치 가게는 에너지가 점차 소실되고 질서가 줄어드는 현상인 엔트로피에 굴복당하고 있었다.

진젤은 자신의 상사에게 전화를 걸었다.

"잠시 영업을 중단해야겠어요. 가게를 뜯어 고칠 생각입니다. 그리고 친절한 점원, 놀라운 서비스, 맛있는 음식 등 프레타망제의 레시피대로 일이 돌아가도록 해야겠어요. 그러면 가게가 성장하고 이익이 늘어날 겁니다."

그 후 6개월 동안 진젤은 자신의 계획을 실행에 옮겼다. 그는 다른 프렛 지점에서 자신이 개인적으로 훈련시킨 직원을 포함하여 새로운 점원들을 채용했다. 그리고 매장 전체를 대청소하고 산뜻하게 정비하는 등 일련의 작업을 진행했다. 몇 주 동안 그는 의도적으로 인력을 과

다하게 운용하고 스테인리스 진열대를 산뜻하고 매력적인 음식들로 채워 넣었다. 이런 조치는 매장에 확실하게 에너지를 주입함으로써 엔트로피를 물리치고 수요의 물꼬를 트기 위해서였다.

효과가 있었다. 몇 개월 안에 브로드가 60번지에 위치한 이 매장은 맛있게 보이는 샌드위치, 스프, 디저트, 기타 먹을 거리를 가득 쌓아 놓고, 점원들이 만면에 미소를 띠고 꾸준하게 밀려드는 고객들을 우아하리만큼 효율적으로 서빙하는, 환하게 빛나는 가게로 변모했다.

우리에겐 프렛 체인점을 모두 다녀본 친구가 하나 있는데, 그는 이곳이야말로 '뉴욕에서 가장 뛰어난 프렛 매장'이고, 트레이지 진젤은 '전형적인 프렛 사람'이라고 칭송을 아끼지 않는다. 진젤과 그의 점원들은 가파른 기울기로 매장을 향상시키기 위해 계속 밀어붙이고 있다.

"우리는 하루에 두 시간씩 오로지 음식 진열에만 신경 쓰는 사람이 세 명이나 됩니다. 우리는 우리의 음식이 항상 섹시하게 보이길 원합니다. 샐러드 위의 아보카도는 미학적인 관점에서 반드시 이런 각도로 놓여져야 합니다. 하지만 샐러드 속에 들어가는 모든 재료들이 보이도록 해야 하죠. 그래야 사람들이 먹고자 하는 음식을 살펴볼 수 있을 테니까요. 여기 뒤에 쓰레기통이 하나 있는데요, 요리사가 생각하기에 음식이 완벽하게 보이지 않으면 곧바로 버리기 위해서랍니다." (우리가 트레이시 진젤을 만난 지 몇 개월이 흐른 2011년 봄에 그는 시카고에 있는 매장을 맡기 위해 뉴욕을 떠났다.)

엔트로피는 사업을 끈질기게 위협하는 요소이다. 여러 곳에 분산되어 위치한 수천 개의 매장이 수백만 명 분의 식사를 빠르고 저렴하게 제공해야 하고, 동시에 높은 기준의 품질, 맛, 영양, 서비스를 한결같이 유지해야 하는 패스트푸드 사업보다 엔트로피를 가장 큰 위협으로 여기는 사업은 없을 것이다.

패스트푸드 산업의 거대기업들은 표준화를 엄격하게 적용하고, 거대한 '중앙 집중식 공급망'을 구축(공급망은 소고기와 닭고기부터 사과와 감자에 이르는 식료품을 '제조'하기 위한 전문 공장으로부터 시작된다)하며, 최소 단위로 작업을 세분화해 역량이 일천하고 훈련을 덜 받은 직원들이라도 어떤 작업을 하다가 즉석에서 다른 작업을 오고 가며 수행할 수 있게 함으로써 엔트로피의 공격에 저항하고 있다. 기준은 엄격하다. 하지만 그 수준은 낮다.

이것은 프렛의 모델이 아니다. 물론 다른 패스트푸드 기업들처럼 프렛도 성장하기를 원한다. 세계의 여러 도시에서 신선하고 건강에 좋은 맛있는 샌드위치를 제공하면서 말이다. 하지만 프레타망제는 한 번에 몇 개씩 매장을 확장해나가면서도 가파른 궤도로 개선을 이루어내기 위해 역량을 집중하고 있다. 그래야 경쟁 패스트푸드 체인들이 프렛에 대항하는 데 애를 먹을 것이기 때문이다.

이러한 일을 성공시키기 위해 필요한 에너지의 중요성은 아무리 과장해도 지나치지 않다. 그 에너지의 많은 부분이 오늘날 가장 왕성하고 가장 열정적인 비즈니스 리더 중 한 사람인 줄리안 멧칼프Julian Metcalfe로부터 발산되고 있다. 트레이시 진젤이 브로드가 60번지에서 사다리에 올라가 방치된 샹들리에의 크리스탈을 일일이 닦아내기 시작했을 때, 그는 바로 줄리안 멧칼프의 정신을 그대로 실천하고 있었던 것이다.

뿌리칠 수 없는 프렛의 유혹

멧칼프가 식당 주인도, 요리사도, 사업가도 아니었던 1986년으로 돌아가보자.

미술학교 학생이었다가 공인건축사가 된 스물세 살의 멧칼프는 몇 가지 분야에 조금씩 발을 담가봤지만 그 일들에 애착을 느끼지 못했다. 그는 대단히 고집스러운 성격에, 쉽게 만족하는 스타일이 아니어서 다른 사람들이 무시하거나 어쩔 수 없이 받아들이는 고충을 그냥 넘어가지 못하는 경향이 있었다. 그런 그의 신경을 가장 크게 거슬리게 하던 것은 런던 중심지에서 먹을 수 있는 점심의 질이 최악이라는 사실이었다. 무엇을 선택하든 모두 형편없었다. 하얀 테이블보가 덮인 값비싼 레스토랑을 예약하면 몇 시간씩 기다리기 일쑤고 많은 돈을 내야만 오만하고 적대적이기까지 한 웨이터가 서빙하는, 사전에 감조차 잡을 수 없는 품질의 식사를 먹을 수밖에 없다. 아니면, 매장 앞에 딸린 작은 샌드위치 코너로 머리를 숙이고 들어가 질척거리는 양상추, 며칠 지난 계란, 질긴 고기, 말라비틀어진 토마토 등 입맛을 뚝 떨어뜨리고 가짓수도 별로 없는 음식을 선택해야 한다. 더욱이 그런 '특권'을 얻으려고 길고 긴 줄을 감수해야 한다.

"왜 이런 형편없는 것들을 참아야 하지?"

멧칼프는 의문이 들었다. 이는 수요 창조의 세계에서 '유레카'와 같은 순간이었다. 멧칼프는 대부분의 사람들이 대수롭지 않게 취급하거나 어쩔 수 없이 받아들이는 고충이 무엇인지 들여다보고 기회를 발견했던 것이다. 멧칼프는 말한다.

"우리는 프레타망제를 세웠습니다. 단순히 음식을 제공하기 위해서가 아니라, 고객을 짜증나게 만드는 것들이 무엇인지 조사하고 그것들을 제거하기 위해서였죠."

멧칼프는 센트럴 런던 폴리테크닉 칼리지Central London polytechnic college에서 만난 친구 싱클레어 비첨Sinclair Beecham과 한 팀이 되었다. 그들은 첫 12개월 동안 8만 파운드의 손실을 입었고 시행착오를 반복하며 몇 년간 비참할 정도로 고군분투했다. 멧칼프는 빅토리아 가에 세운 첫 매장 내 주방에서 닭고기를 요리하고, 빵을 굽고, 소스를 만지작거리느라 수없이 많은 시간을 보냈다. 또한 그는 군침이 도는 샌드위치나 샐러드의 질감, 맛, 색깔의 완벽한 조합을 찾기 위해 여러 종류의 토마토, 아보카도, 가지를 시험해보기도 했다. 마치 '점심'을 실험하는 미치광이 과학자처럼 말이다.

1990년에 멧칼프와 비첨은 드디어 사람들에게 인정 받는 메뉴를 가지게 됐다. 빅토리아 가의 매장은 처음으로 흑자로 전환되었다. 그들은 첫 번째 매장에서 번 돈을 장비, 장식, 인력, 기타 필수품 등에 재투자하여 두 번째 매장을 열기로 했다. 두 번째 매장은 15개월 안에 재정적으로 자립했다. 프레타망제는 그렇게 순항하기 시작했다.

프렛에 대해 연구해보면 이 패스트푸드 체인을 독특하게 만든 매력적인 요소가 무엇인지 밝히는 것은 그렇게 어려운 일은 아니다. 매장들을 살펴보면 되기 때문이다. 프렛 매장 중 서로 똑같은 곳은 하나도 없지만, 모든 매장은 하나의 정교한 미적 감각을 공유하고 있다.[6] 「뉴요커The New Yorker」라는 잡지는 이를 잘 포착하고 있다. "그곳에는 마치 브루클린의 파크 슬로프에 있는 동네 커피숍과 비슷한 분위기가 숨쉬고 있다."

이런 분위기에 스테인리스 스틸로 만든 진열 선반의 차갑고 청결한 이미지와 천장에 배관이 그대로 드러나 있는 거친 느낌 등 세련된 산업 스타일의 실내장식이 더해져 있다. 하지만 따뜻한 나무 색감의 작은 테이블과 개인용 의자, 그리고 짙은 갈색 가죽을 입힌 기다란 소파가 그런 차가운 느낌을 완화시킨다. 천장에 둘러쳐진 조명에는 어딘가에 자주색 전구가 있는 것처럼 따뜻하고 은은한 빛으로 실내를 비추고 있다.

프렛에 가면 따뜻하게 손님을 맞는 점원들도 볼 수 있다. 고객들은 프렛 사람들이 한결같이 젊고 매력적이며 영리하고 친절하다는 데 예외 없이 동의한다. 점원들은 프렛에서 일하는 것을 좋아하는 듯 행동한다. 아니 실제로 그들은 그곳에서의 일을 좋아한다. 그렇기 때문에 그들은 즐겁고 매우 효율적인 서비스를 고객에게 제공하는 것이다.

최근에 우리의 친구 제임스가 처음으로 프렛 매장에 간 적이 있다. 연달아 약속된 여러 개의 비즈니스 미팅에 참석하기 전에 샌드위치를 빨리 먹을 수 있길 바라면서 말이다. 제임스에게 치킨 아보카도 샌드위치를 판매한 점원은 그가 함께 마실 음료를 구입하지 않아서 염려스러웠던 모양이다. 제임스가 샌드위치를 다 먹자 그 점원은 테이블로

다가와 포장지를 치우면서 이렇게 물었다. "뭘 좀 가져다 드릴까요? 물한 잔 어떠세요?" 우리에게 그 이야기를 하면서 제임스는 머리를 가로 저었다. "그는 그럴 필요가 없었는데 말이야." 제임스는 경탄해 마지않았다. 그는 다음에 간단한 먹을 거리가 필요하면 프렛에 꼭 들르겠다는 생각을 마음에 새겨두었다. 진심 어린 서비스가 그를 그렇게 만들었다.

물론 가장 중요한 것은 음식이다. 프렛의 음식은 다른 패스트푸드점이나 델리 가게, 소규모 식당에서 먹을 수 있는 음식과 눈에 띄게 다르다. 다른 점들 중 한 가지만 들자면, '진짜' 신선하다는 것이다. 프렛에서는 모든 샌드위치를 만들어진 날에만 팔아야 한다(남은 샌드위치는 2009년에만 12만 파운드 이상의 음식을 가난한 자들에게 배급했던, 뉴욕 시의 '시티 하비스트'와 같은 자선단체에 매일 기부된다). 한두 입만 먹어봐도 그 차이를 확실히 느낄 수 있다. 크림 같은 느낌의 마요네즈, 아삭아삭한 양상추, 쫄깃쫄깃한 닭고기와 햄, 물기가 많고 톡 쏘는 듯한 토마토 맛이 혀를 자극한다. '반드시 만든 날에만 팔아야 한다'는 원칙은 첨가제와 방부제의 필요성을 줄여주는데, 프렛은 그런 것들을 사용하지 않기 위해 최선의 노력을 한다. "프렛의 음식은 진짜입니다"가 회사의 주술문(呪術文)일 정도이다. 주로 고도로 가공된 냉동음식을 판매하는 패스트푸드점이나, 신선도가 의심스러운 음식을 제공하는 여러 델리 가게와 식당과는 확실히 대조적인 모습이다.

재료 역시 품질이 뛰어나다. 프렛에 열광적인 사람들이 마치 트레이딩 카드trading card(스포츠 선수나 유명인의 얼굴이 인쇄된 카드. 주로 아이들의 수집

용임-옮긴이)를 교환하듯 재미 삼아 주고 받는 '프렛 요리법' 몇 가지를 들어보자.

'나무에 달린 아보카도의 모든 면을 균등하게 숙성시키기 위해 규칙적으로 열매를 손으로 돌려줘야 하고, 수확 후에는 매장까지 실온 상태로 운반해야 하며, 매일 아침 프렛의 주방에서 얇게 썰어야 한다……프렛은 손으로 직접 채취한 바질basil (허브의 일종-옮긴이)몇 다발을 주문하고 매일 배달되어온 바질을 한 번에 한 잎씩 샌드위치에 넣는다……스낵바에서 쓰일 귀리와 과일을 발이 네 개 달린 주걱을 사용해 손으로 섞는다……프렛의 모든 에스프레소는 알고 보면 더블샷이나 마찬가지다(왜냐하면 14그램의 커피가 들어가니까)…….'

아니면, 현재 프렛 메뉴에 올라가 있는 100가지의 특이한 아이템 중 몇 가지를 떠올려보라. 샌드위치 종류로는, 발사믹치킨&아보카도, 파르메산치즈가 들어간 에그샐러드&시금치, 천천히 구운 쇠고기&블루치즈, 훈제햄&달걀, 섬머허브&후무스 등 매우 다양하다. 또한 치킨 할라페뇨 핫 랩, 연어&현미 샐러드, 참치 니수아즈, 얇은 브리치즈&토마토 바게트 등도 있다. 당근과 생강, 이탈리안 웨딩, 모로코산 렌즈콩 등 스프의 종류도 다양한데, 각각의 메뉴에 일곱 가지 곡물로 만든 갓 구운 롤빵이 함께 서빙된다. 전형적인 고객의 관점, 즉 손쉽게 빨리 먹을 수 있고 맛도 있는 점심거리를 원하는 바쁜 사무실 근로자나 쇼핑객의 관점에서 볼 때, 프렛의 음식은 최상의 선택이다. 일반적인 영국인이나 미국인에게 괴이하거나 정이 안 가는 인상을 주는 것이 아니라, 지극히 평범한 점심식사 거리와 프렛을 확실하게 구별시키는, 세련되고 국제적인 감각의 분위기를 자아낸다.

자신들의 메뉴가 사람들의 흥미와 놀라움을 일으키도록 하기 위해서 프렛은 지속적으로 새로운 메뉴를 테스트하면서 매장 안팎으로 아이템을 순환시킨다. 새로운 샌드위치와 스프가 진열대 위에 자리를 잡으면 "저는 오디션을 통과하여 이렇게 만들어졌답니다"라고 적힌 스티커를 붙이고 고객들의 눈길을 유도한다. 고객의 요청(매일 매장마다 아침 조회를 통해 이것을 검토한다)에 의해 어떤 아이템이 다시 진열되면, "제가 돌아왔습니다!"란 스티커가 붙여진다.

"저는 프렛을 아름답게 만들어진 스위스 시계의 내부에 비유하곤 합니다." 줄리안 멧칼프는 말한다. "1만 개의 톱니들이 모두 맞물려 돌아가야 시계가 작동합니다. 있잖아요, 시계 전체가 작동되기 어렵게 만들려면 톱니 수십 개만 망가뜨리면 충분하답니다."

톱니가 모두 잘 돌아갈 때, 즉 우아한 실내장식, 친절하고 효율적으로 움직이는 점원들, '똑똑한' 마케팅, 무엇보다 신선하고 맛있는 음식들이 한꺼번에 다가올 때, 고객들은 프렛의 매력적인 유혹을 뿌리치기 힘들 것이다.

출시와 동시에 개선의 상승 궤도를 준비하라

하지만 지금껏 살펴봤듯이, 매력적인 제품을 구축하는 일은 결코 한 번의 시도만으로 끝나지 않는다. 만약 끊임없이 수요를 이끌어내길 희망한다면, 제품 판매에 돌입하자마자 곧바로 '개선의 상승 궤도'를 구축할 준비를 갖춰야 한다.

이것은 아주 긴요한 과제인데, 수많은 경쟁자들이 이미 존재해 있고 진입장벽도 매우 낮은 패스트푸드 업계에서 특히 시급하다. 패스트푸드 업계는 말 그대로 매일 경쟁에 직면한다. 멧칼프는 그런 상황을 이렇게 말한다. "당연히 고객들은 이곳저곳 여러 매장을 돌아다닙니다. 만약 그들이 매일 프렛에 온다면 일주일에 20~30파운드를 쓰겠죠. 그러면 의심의 여지없이 그들은 다른 대안을 고려할 겁니다."

프렛은 이에 대한 대응책으로 뚜렷이 구별되는 세 가지 차원의 개선 속도를 높이기 위해 박차를 가하고 있다. 그중 한 차원은 품질, 맛, 가격의 적절성, 음식의 전체적인 매력 등을 꾸준히 개선하는 것과 관련되어 있다. 다른 차원은 이미 높은 수준에 도달한 고객 서비스를 유지하고 더욱 향상시키는 데 집중한다. 나머지 한 차원은 매장 수를 확장하여 프렛이 전 세계의 더 많은 사람들에게 편리한 대안이 되도록 하는 것에 초점을 맞춘다.

처음 두 가지 차원의 도전과제, 즉 음식의 품질과 서비스를 유지하고 개선하는 일은 설립자이고 '궤도적 사고'에 선천적인 재능을 가진 사람에게 꼭 맞는 역할인 '크리에이티브 디렉터'로 불리는 줄리안 멧칼프가 총괄하여 관리 중이다. "저는 절대 만족하지 않습니다"라고 멧칼프는 말한다. "모든 것은 항상 조금씩 더 나아질 수 있습니다. 저는 제 업적을 칭찬하는 말을 정말로 좋아하지 않습니다. 저는 제가 한 일에서 즐거움보다는 실책을 보려는 경향이 있습니다."

개선에 대한 멧칼프의 집착은 정말로 진실한 것일 뿐만 아니라 멧칼프 자신에게 분노를 일으키는 원천이기도 하다. 그는 아주 빠른 속도로 이렇게 말한다.

"그것(개선)이야말로 그저 그런 것과 위대한 것의 차이입니다. 우리가 만든 몇몇 샌드위치는 한마디로 끝내주는 것들이라 시장에서 통하고 있습니다. 좋은 치즈를 얻으려면, 그리고 좋은 마요네즈 믹스를 구하려면 공급자들과 수년 간 돈독한 관계를 맺어야 하죠. 당신은 헬맨스Hellmann's(캐나다의 마요네즈 전문 식품회사-옮긴이)의 마요네즈 믹스를 사러 갈 수 없습니다. 아주 간단하게 보이지만 실은 그렇지 않죠."

프렛은 꾸준히 제품을 '재발명'한다. 이미 인기가 높고 성공을 거둔 제품이라 해도 예외는 없다. 그래서 프렛의 피클 레시피는 열다섯 번, 초콜릿 브라우니는 서른여섯 번, 당근케이크는 오십 번이나 수정되었다. 전하는 바에 따르면, 레스토랑 경영자이자 영국 요리의 대모라 할 수 있는 샐리 클락크Sally Clarke는 멧칼프와 9개월 동안 같이 일하면서 과자 하나를 만드는 데 완벽을 기했다고 한다.

또한 멧칼프는 프렛이 제공하는 음식의 질을 색다른 방식으로 향상시키기 위해 박차를 가하고 있다. 점심시간에 고객들이 느끼는 고충 중 하나가 그의 동기를 자극했다. 그것은 바로 소금, 설탕, 화학첨가제, 그리고 환경적으로 재앙에 가까운 공장형 농장에서 생산된 여러 종의 식재료를 사용해 점심거리로 만든 대부분의 패스트푸드 품질이 역겨울 정도로 건강에 좋지 않다는 사실이었다. 환경보호에 대한 고객들의 관심이 점점 높아지면서 프렛은 건강함의 기준을 더욱 높이라는 압력을 끊임없이 받고 있다.

그래서 2009년 6월에 어류 남획의 위험을 고발한 〈디 엔드 오브 더 라인The End of the Line〉이라는 다큐멘터리 영화를 보고 난 후, 줄리안 멧칼프는 위험에 처한 블루피시 튜나(참치의 일종-옮긴이)를 프렛에서 제공하는 모든 샌드위치와 초밥에서 즉시 사용하지 않기로 결정했다.[7] 마찬가지로 2010년에 몇몇 샌드위치에 함유된 포화지방 때문에 불만이 접수되자, 프렛은 칼로리 수치와 지방 함량을 포함한 기본적인 영양 정보를 모든 매장에 게시하기 시작했다. 그리고 추가적인 상세 정보들은 온라인으로 제공했다. 대부분의 패스트푸드 체인이 법이 정한 최소한의 수준으로 이런 일을 마지못해 하는 것과는 매우 대조적이다.

여느 위대한 수요 창조자들처럼, 프렛은 소비자의 말에 귀를 기울일 용기를 가지고 있다. 모든 프렛 매장에는 카드가 들어 있는 박스가 있는데[8], 각 카드에는 다음과 비슷한 내용의 글들이 씌어져 있다.

제 이름은 타미르Tamir 입니다. 저는 이 매장의 점장이죠.

저희 직원들과 저는 매일 아침 미팅을 합니다.

여러분이 '좋다, 나쁘다, 추하다' 라고 주신 의견에 대해 저희는 하나도 빠짐없이 토론합니다. 그 문제점들이 저희 스스로 처리할 수 있는 것이라면, 당연히 저희는 그렇게 할 겁니다.

만약 저희가 처리할 수 없다면, 저는 이 카드를 본사에 있는 줄리안 멧칼프에게 보낼 겁니다. 저는 그가 꼭 처리하리란 걸 잘 압니다.

잠시 시간이 있으면, 저나 저희 팀에게 지금 바로 말씀해 주십시오.

'본사에 있는 줄리안 멧칼프'라는 문구는 상투적인 말이 아니라 정말로 진심에서 우러나오는 말이다. 멧칼프의 전화번호가 모든 음식 포장지에 적혀 있을 정도이니 말이다(그는 매일 두 통 정도의 고객 전화를 받는다고 말한다. 헌데 겨우 두 통이다. 대부분의 사람들이 그 전화번호를 장난이라고 여기기 때문이다).

프렛의 점장들은 매일 아침 문을 열기 전에 모든 점원들과 함께 전날에 수집된 고객들의 의견을 모두 검토한다. 매장, 음식, 서비스를 개선해달라는 좋은 의견들은 즉각 실행에 옮겨진다. 예를 들어 뉴욕에 있는 매장들은 고객들의 피드백과 요청에 따라 제품의 구색이 끊임없이 조정되고 변화된다(패션의 중심지인 17번가에 위치한 매장은 베지터블 랩 샌드위치와 시저샐러드를 잔뜩 쌓아놓고 있다. 월스트리트에 있는 매장의 고객들은 치킨 베이컨처럼 고기가 푸짐하게 들어간 샌드위치를 좋아한다). 어떤 점장은 고객의 요청에 따라 매장 안에 아기 기저귀를 갈 수 있는 시설을 설치하자고 제안하기도 했다. 현재 모든 매장에 이 시설이 설치되어 있다.

이미 설정한 높은 기준을 지속적으로 올리려는 멧칼프의 집요함 덕분에, 프렛은 가장 근접한 경쟁자들보다 항상 몇 발짝 앞선 위치를 유지하고 있다. 어떤 비평가는 표면적으로 비슷한 매장을 개점하여 프렛과 맞서기로 한 '이트EAT(영국의 유기농 샌드위치 체인-옮긴이)'와 프렛을 이렇게 비교한 바 있다.

> 진부한 말로 느껴지지만, 두 체인 간의 주된 차이는 서비스에 있다. 이트는 충분한 게 아무 것도 없는 듯하다. 괜찮은 음식들이 오후 두 시만 되면 매진된다. 이트 사람들은 "저런! 내일은 더 많이 만들어야겠어"라며 바보스러운

반응을 보이지만, 절대 아무것도 하지 않는다. 또한 이트 매장에서는 항상 대기줄이 끝도 없이 길기만 하다. 이 모습을 프렛의 재빠른 서비스와 비교해보라. 프렛에서는 바쁜 점심 시간에도 진열대에 먹을거리가 떨어지는 일이 없다. (한번은 참치 샌드위치가 떨어져서 아쉬움을 표했더니 점장이 바로 하나를 만들어 주었다.) 이트는 좋은 의도를 가지고 재미있는 표시와 쾌활한 말투의 대사로 벽면을 꾸며놓았지만, 그곳의 점원들은 적갈색 오버롤을 입은 상대편(프렛의 점원들을 일컬음-옮긴이)보다 덜 훈련된 듯 보이고 덜 친절하며 의욕도 덜한 것 같다.

이처럼 고객 중심적인 사고방식은 조직의 윗사람들부터 시작되어야 한다. 프레타망제에서는 줄리안 멧칼프가 이 원칙을 극단의 수준까지 밀고 나간다.

2009년 8월에 멧칼프는 폴 맥크루덴Paul McCrudden이라는 고객으로부터 농담조의 편지를 받았다.[9] 편지에서 맥크루덴은 프렛 매장에서 줄 서서 기다리느라 낭비해버린 시간에 불만을 제기하며 손해배상을 청구했다. 줄리안 멧칼프는 그 편지를 휴지통에 처넣거나 상대방에게 판에 박힌 답장을 보내 대충 무마하려 하지 않고, 다음과 같은 답장을 직접 써서 보냈다.

친애하는 맥크루덴 씨께
우리 매장에서 낭비하신 시간에 대한 청구서를 보내주셔서 대단히 감사합니다. 저는 귀하의 시간이 귀중하다는 것을 잘 알고 있습니다. 그리고 저는 귀하가 우리의 경쟁사 매장에서 더 많은 시간을 보낼 수 없었다는 것을 정말로 죄송하게 생각합니다. 귀하는 절대적으로 옳습니다. 귀하가 우리 매장에서 보낸 시간은 우리 회사의 이익에 큰 도움이 될 것입니다.

저는 귀하가 너그럽게도 배상액을 깎아서 청구하신 것에 감사를 드리고 싶습니다. 저는 청구서에 오류가 있다고 생각합니다. 왜냐하면 귀하가 우리 매장에서 겪은 불편 때문에 발생한 22파운드 상당의 돈을 추가하는 것을 잊으셨기 때문입니다. 불편을 느끼셨기에 당연한 보상입니다. 그래서 저는 무례하게도 그 금액을 귀하가 우리에게 청구한 돈에 더하고, 이자를 충당할 만큼의 돈을 다시 더했습니다. 저는 귀하가 우리의 신속한 보상 노력을 인정해 주시기를 바랍니다. 저는 회계부서에게 오늘자로 수표를 발생하라고 요청했습니다. 귀하가 오랫동안 기다리지 않도록 하기 위해서입니다. 귀하에게 수표로 지불해드려서 죄송합니다. 저는 귀하가 수표를 은행에 제출하느라 시간과 노력이 추가로 든다는 사실을 알고 있습니다. 그래서 저는 우체통까지 걸어가는 수고를 보상해드리려고 다시 한 번 무례하게도 1파운드의 돈을 추가했습니다.

귀하께 이러한 모든 불편을 끼쳐드려서 대단히 죄송합니다. 바쁘신데도 불구하고 저의 답장을 읽어주셔서 감사합니다.

행복을 기원하며

줄리안 멧칼프

설립자

편지에는 62파운드짜리 수표가 동봉되었다.

이 이야기가 대중에게 퍼지면서(구글에서 '맥크루덴'과 '프렛'이라는 키워드로 검색해보면 얼마나 많은 링크가 뜨는지 직접 확인할 수 있다) 발생시키는 긍정적인 효과를 돈으로 따지면 62파운드보다 훨씬 가치가 크다. 맥크루덴은 프렛에 청구서를 보내면서 다른 몇몇 회사에도 동시에 청구서를 보냈는데, 그 회사들은 프렛과는 대조적으로 대응함으로써 여론으로부터 부정적인 평가를 받았다. 과일과 견과류를 주메뉴로 하는 프랜차이즈 체인 크랜베리Cranberry의 사장은 맥크루덴의 편지를 읽느라 내 소중한 12분의 시간을 낭비하고 말았다면서 오히려 맥크루덴에게 18.75파운드를 청구하는 답장을 보냈다.

맥크루덴에게 보낸 멧칼프의 답장은 인상적이었다. 하지만 더 인상적인 것은 품질에 대한 자신만의 고집을 고객과 직접 대면하는 직원들에게 고스란히 전달하고자 하는 그의 '투지'에서 찾아볼 수 있다. 그러한 투지는 비즈니스에서 흔하지 않다. 예외가 있다면, 바로 수요 창조자들이다. 그들은 조직 구성원 전체(집카의 모든 지역관리자들, TFA의 모든 봉사단 멤버들, 프레타망제의 모든 계산원들)가 오르막길에 동참하려는 열정적인 참여자가 아니거나 수요의 공동 창조자를 자처하지 않는다면 가파른 궤도를 창조하는 일이 사실상 불가능하다는 것을 잘 알고 있다.

CEO인 클리브 쉴레이Clive Schlee는 홍콩에서 17년간 다국적 기업인 자딘메더슨Jardine Matheson의 패스트푸드 브랜드(피자헛, 씨즐러, 타코벨)를 키우는 데 기여한 경험 많은 경영자이다. 그는 2003년에 멧칼프에 의해 프렛으로 영입됐다. 그는 멧칼프의 '집요한 정신'을 복제하고 전 세계의 모든 매장에 이식하기 위해 경영시스템, 조직시스템, 교육시스템 등을 구축해오고 있다.

그 과정은 독특한 인사시스템에서 시작된다. 프렛은 일자리를 원하는 청소년을 채용하는 패스트푸드 업계의 일반적인 관행을 따르지 않는다. 그렇게 하면 필연적으로 높은 이직률이 발생할 수밖에 없기 때문이다. 그래서 프렛은 신입 직원들을 선발하고 훈련시키고 보상하는 데에 상당한 자원을 투자하고 있다. 직원이 되고 싶어 하는 지원자들은 하루 동안 실제 프렛 매장에서 일하라는 지시를 받는다. 물론 급료를 받으면서 말이다. 그런 다음, 그와 같이 일해본 점원들이 그를 채용할지 말지를 투표로 결정한다.

어떤 회사가 독단적인 지시가 아니라 민주적인 절차에 따라 채용 결정을 내린다는 이야기를 언제 마지막으로 들어보았는가? 프렛은 진짜로 그렇게 한다. 클리브 셜레이는 그의 조카가 프렛의 일자리에 지원했다가 매장 점원들의 투표로 탈락되었다는 사실을 자랑스럽게 말한다. 한번은 이사회의 이사가 될 가능성이 큰 어떤 저명한 임원이 프렛 매장에서 하루 동안 일해볼 것을 요구받았다. 샌드위치를 만드는 점원들이 그 임원을 참을 수 없을 만큼 오만하고 게으르다고 평가하자 이사직 제안은 즉시 폐기되었다. 웨그먼스와 마찬가지로, 프레타망제는 '사회규범(사람을 배려하고 인정을 베풀어야 한다는 사회적 의무감을 말함-옮긴이)'이 '시장규범(주고 받는 가치를 금전으로 따져 거래해야 한다는 시장 규칙을 말함-옮긴이)'만큼이나 큰 역할을 한다는 것을 보여주는, 흔치 않은 기업 문화를 창달했다.

일선 매장과 본사와의 활발한 의사소통을 유지하기 위해 프렛의 모든 관리자들은 1년에 4시간씩 매장에서 직접 일을 해야 한다. 또한 매장 점원들은 자신들이 내린 최상의 판단에 따라 관리자의 허락 없이도 문제를 해결할 수 있는 권한을 위임받았다. 예를 들어 점원들은 불만스러워하는 고객에게 공짜 식사를 제공할 수 있다.

직원들에 대한 프렛의 보상 수준은 후한 편이다. 영국에서 일하는 점원들의 경우 시간당 급여가 7파운드에서 시작한다. 업계 평균보다 1파운드 높은 수준이다. 고객들로부터 우수 점원으로 선발된 직원들은 티파니Tiffany's사가 특별히 디자인한 '별 모양의 은 장신구'를 받는다. 또한 '미스터리 쇼퍼mystery shopper(손님을 가장하여 점원들의 서비스 품질을 평가하는 사람)'의 평가 결과를 바탕으로 매주 보너스가 지급된다. 또한 모든 직원들은 상당한 금액의 상금을 탈 수 있는 자격이 있다. 예를 들어 분기별 매출 실적에 따라 '최고의 매장'으로 선정된 매장의 점장들은 2~3만 달러에 달하는 수표를 받게 된다.

프렛은 인사 정책을 한마디로 이렇게 요약한다. "우리는 행복한 사람을 채용하여 그들에게 샌드위치 만드는 법을 가르칩니다." 고객의 반응에 따르면, 이 간단한 시스템은 놀랍도록 잘 돌아가고 있다.

최고를 유지하며 확장하는 법

프렛이 추구하는 궤도의 세 번째 차원, 즉 전 세계의 더 많은 사람들이 프렛이라는 제품을 편리하게 접근하도록 하기 위한 전략은 매장의 네트워크를 확장하는 일과 관련되어 있다. 런던에 있는 한 친구는 우리에게 이렇게 말한다. "내가 샌드위치를 원할 때마다 항상 프렛이 근처에 있어." 하지만 아직까지 다른 도시에서는 그렇지 못하다. 음식과 서비스의 품질을 유지하고 향상시키면서 빠르게 확장하는 일은 훌륭하게 조직화된 기업이라 할지라도 큰 부담이 되는 게 사실이다. 프렛이라고 해서 예외는 아니다.

영국에서의 조기 성공에 고무된 프렛은 2000년에 미국 시장으로 진출했다. 곧이어 더 많은 매장들이 일본, 홍콩, 싱가포르에 세워졌고, 네덜란드를 비롯한 유럽 본토 곳곳에 매장을 열겠다는 계획들이 수립되었다. 프렛은 10년 만에 글로벌화를 향해 착착 나아간 것이다. 그러나 톱니 몇 개가 엉키는 상황이 벌어졌다. 일본에서 프렛의 프랜차이즈가 너무 급속도로 확장된 것이었다. 품질은 나락으로 떨어져 일본의 프렛 매장들은 모두 철수하고 말았다. 일본에서의 실패는 2002년에만 2,000만 달러의 손실을 회사에 끼쳤다.

2003년에 멧칼프와 새로운 CEO 클리브 쉴레이는 프렛의 가장 가치 있는 자산인 매력적인 제품과 '가파른 개선의 궤도'를 더욱 잘 유지하고 통제하기 위해서 이후부터는 프랜차이즈 매장 확산을 삼갈 것임을 선언했다. "우리는 프랜차이징을 통해 원하는 모든 지역에 빨리 확장할 수 있었습니다. 하지만 우리는 차라리 일을 덜 하는 한이 있더라도 최고의 제품을 제공하기 위해서 노력하겠습니다."

뉴욕 브로드 가 매장의 트레이시 진젤은 프렛의 '인내가 완벽을 만든다'라는 독특한 확장 모델을 신이 난 듯 설명한다. "만일 당신이 누군가에게 프랜차이즈를 준다면, 점장이 한 상자에 5달러 하는 일반 닭고기 대신 한 상자에 35달러 하는 유기농 닭고기를 구매하도록 통제할 수 있을까요? 이것이 바로 우리가 프랜차이즈를 하지 않는 이유죠. 우리에겐 공급자가 하나뿐이라서, 우리가 닭고기를 주문하면 그것은 유기농 농장에서 생산된 것이 틀림없죠. 절차를 생략할 방법 따위는 없습니다."

현재 프렛은 신중하게 확장을 진행하고 있다. 2010년 기준으로 프렛은 전 세계에 250개 이상의 매장을 가지고 있다. 영국에 213개, 뉴욕에 26개, 워싱턴 D.C.에 2개, 시카고에 1개, 홍콩에 8개가 있다. 확장하더라도 고객의 니즈를 충족시키도록 프렛은 미래에 매장을 입점시킬 위치에 관한 대중들의 피드백을 적극적으로 반영하고 있다. 회사 웹사이트에는 이런 메시지가 떠워져 있다.

"아래에 나열된 소도시, 도시, 거리 중에서 프렛 매장이 입점해야 한다고 생각하시는 곳이 있으면, 저희에게 연락해주시기 바랍니다."

이 전략은 효과가 있는 듯하다. 2010년에 프렛의 전 세계 매출은 3억2천만 파운드로 추정되었다. 아마도 가장 의미심장한 것은 매장 당 연간 매출이 120만 파운드 수준에 달했다는 것이다. 이것은 가장 직접적인 경쟁자인 이트보다 50퍼센트나 높은 수치이고 그레그스Greggs나 스타벅스 등 다른 라이벌에 비해도 훨씬 앞서는 성과이다. 2009년에 프렛 체인은 동일 매장 매출same-store sales이 11퍼센트나 증가하는 성과를 맛보았다. 이는 식품업계에서 가장 높은 수치라 여겨지고 있다. 줄리안 멧칼프가 20년 전에 발견한 수요의 강도는 여전히 강력하다.

그러나 개선을 멈추지 말라는 압력 또한 강력하다. 프렛의 잠재적 경쟁자들은 지금도 셀 수 없이 많을뿐더러 매년 더 많이 나타나고 있다. 고객의 선호는 끊임없이 진화한다. 멧칼프와 직원들은 기존 고객의 충성도를 유지시키면서도 새로운 고객을 끌어들이기 위해 새로운 맛을 개발하는 일에 여념이 없다. 세계 경제의 침체로 인해 프렛은 가격을 인하하는 방법을 찾아야 했다(현재 영국에서는 1.99파운드짜리 햄 샌드위치가 판매 중이다). 또한 프렛이 새로이 입점되는 모든 도시의 매장은 지역의 입맛과 지역문화를 창의적으로 분석하고 수용해야 한다.

물론 엔트로피라는 위험은 머리 위에서 끊임없이 위협을 가하고 있다. 엔트로피는 느리고 미묘하지만, 궁극적으로 품질의 저하라는 치명상을 입히고 만다. 만일 수천 명의 직원들이 합심하지 않는다면 엔트로피가 치명적인 이빨을 드러내고 회사를 궁지로 몰아넣을 것이다.

그렇게 되면 가파른 개선의 궤도를 향해 가려는 도전 의지는 꺾이고 말 것이다. 프렛과 열성적인 고객들에게 다행스러운 것은 상상력이 풍부하고 집중력이 강한 줄리안 멧칼프가 낮이나 밤이나 엔트로피 문제를 해결하려고 애쓰고 있다는 점이다. 여기에 트레이시 진젤과 같은 수많은 직원들이 합세하여 멧칼프의 정신과 에너지를 퍼뜨리고 있다. 앞으로도 프렛이 세계의 점심시간을 차지하기 위한 경주에서 여러 경쟁자들보다 두 발짝, 세 발짝 혹은 그 이상의 걸음을 계속 앞서나갈지 귀추가 주목된다.

Demand

ADRIAN J. SLYWOTZKY WITH KARL WEBER

제6장

다변화
Variation

1. 서로 다른 유형의 고객들이 겪는 서로 다른 고충지도. 2. 고객
의 니즈, 선호, 행동에서의 차이를 존중하고 대응하는 기술. 3.
개별 고객의 다양한 니즈에 정확히 맞는 제품을 제공하기 위해 비
용효과적인 방법을 개발하는, 일종의 과학.

1. the different hassle maps experienced by different types of
customers 2. the art of respecting and responding to differences
in customer needs, preferences, and behavior 3. the science of
developing cost-effective ways to provide individual customers with
products that precisely fit their varying needs.

06

'교향곡을 팝니다'
_음악이 전부는 아니다

수요 창조자가 되고자 하는 사람들이 직면하는, 가장 감지하기 힘들면서도 가장 중요한 도전 중 하나는 '평균 고객average customer'이라는 잘못된 믿음이다.

예를 들어, 미국 어느 교향악단의 마케팅 담당 관리자의 업무를 생각해보자. 그의 업무는 꽤 힘들다. 높은 티켓 가격을 기꺼이 지불할 용의가 있는 고객들을 끊임없이 끌어오려면 어떻게 해야 하는지, 그리고 그들을 시내에 위치한 콘서트홀로 인도하여 클래식 음악의 라이브 공연을 듣게 하려면 어떻게 해야 하는지 밝혀야 한다. 알다시피 클래식 음악 공연은 대개 공짜로 제공되는 여러 가지 다른 형태의 오락거리들과 고객들의 시간과 관심을 놓고 경쟁을 벌여야 하기 때문이다.

이러한 도전은 오랫동안 험준한 오르막길이었다. 그러나, 이제 클래식 음악의 미래 수요를 열어젖힐 수 있는 비밀은 평균 고객이라는 잘못된 믿음을 폐기하고, 그 대신 사람들의 요구가 한없이 다양한 세상 속에 살고 있다는 현실을 수용하는 데 달려 있다.

대부분의 음악 공연 마케터들은 잠재적 신규 관객들에게 교향곡을 한 번이라도 들어보도록 설득하는 것이 수요를 증가시키는 핵심 열쇠라고 항상 생각해왔다. "사람들이 문지방을 넘도록 만들라!"라는 말은 사실상 모든 교향악단 마케터들이 반복적으로 읊는 주술문과 같다. 그들은 사람들이 한 번쯤 용기를 내어 콘서트홀 안으로 들어와 공연을 관람하기만 하면 음악의 순수한 아름다움이 사람들의 마음을 돌려세울 수 있다고 가정한다.

그러나 이러한 '이론'에는 단 하나의 문제점이 있다. 바로 '사실과 다르다'라는 것이다. 매년 수많은 잠재적 신규 관객들이 권유에 이끌려 생전 처음으로 클래식 콘서트를 관람한다. 콘서트홀은 아름답고, 공연은 환상적이며, 음악은 황홀하다. 그러나 클래식 콘서트에 한 번 와본 사람들 대부분은 다시 콘서트를 보러 오지 않는다. 그들은 다시 와달라는 권유에 무관심한 태도를 보이거나 노골적으로 적대적인 모습을 보이기도 한다.

결과적으로, 교향악단 마케터들은 고작 콘서트 한 번 보라는 말에 설득당할 가능성이 큰 수많은 고객들을 찾아내느라 허둥대며 매년 시간을 낭비해야만 한다. 어떻게든 돈을 마련하여 교향악단을 도산시키지 않으려면 말이다.

앞에서 살펴봤듯이 '체험'이라는 방아쇠는 네스프레소에 마술처럼 작용했다. 그러나 교향악단의 경우에는 그 방아쇠가 먹히지 않았다.

'평균 고객'은 없었다

이 문제는 바로 순식간에 지나가고 일관되지 않으며 신뢰할 수 없는 수요를 일컫는 말인 '고객 이탈'로 요약된다. 상대적으로 고액을 받는 연주자들과 유지비가 많이 드는 시내의 콘서트홀 때문에 교향악단은 생존을 위해서 강력하고 꾸준한 수요를 창출해야만 한다. 고객 이탈율이 항상 높다면, 수요를 창출하는 일은 밑 빠진 독에 물을 채워 넣는 게임과 다를 바 없다.

교향악단들이 한 번 찾아온 관객을 장기적인 서포터로 만드는 데 실패한다는 분명한 사실은 상당히 어려운 퍼즐을 제시한다. 위대한 교향악단에 소속된 명성 있는 연주자들이 관객에게 즐거움을 선사하기에 충분하지 못한 재능을 가진 걸까? 그럴 가능성은 적었다. 단순히 클래식 음악이 현대적인 음악에 익숙한 사람들에게 너무 고상하거나 구식으로 느껴지기 때문일까? 그렇다면, 교향악단의 궁극적인 종말이 불가피함을 이야기하며 '너무 어려우니까 포기하라'는 충고밖에는 할 말이 없다.

진짜 문제는 평균 고객이라는 환상이다. 전형적인 고객들에게 어필할 제품을 디자인하는 것은 항상 부질없는 일이다. 평균 고객이라는 개념은 과잉(많은 개인들이 원하지 않는 특성을 제공하는 것), 부족(사람들이 원하는 특성을 빼먹는 것), 부정확성(다양하고 실제적인 근거보다는 추측이나 근사치를 바탕으로 특성을 채택하는 것)을 야기한다.

수요 창조자들은 평균 고객이라는 개념 대신에 고객들이 서로 어떻게 다른지 그리고 그 차이에 자신들이 어떻게 대응해야 하는지에 관해 질문을 던지면서 항상 수요의 다변화에 초점을 맞춘다. 그런 다음, 수요 창조자들은 고객들을 여러 개의 하위 그룹으로 나눔으로써 고객들이 '평균적인 그룹'의 일원으로서가 아니라 독립적인 개인으로서 실제로 무엇을 느끼고 경험하며 원하는지를 파악하려고 가능한 한 가까이 다가간다. 이러한 '역(易) 평균화'의 과정은 복잡하고 어려운 도전과제지만, 동시에 거대한 기회가 되기도 한다. 이것이 바로 위대한 수요 창조자들이 다변화를 '사랑'하는 이유이다. 다변화는 수요 창조자들에게 종래의 '평균 고객' 접근방식보다 더 많은 사람들에게 더 정교하고 더 수익성 높은 서비스를 제공할 기회를 준다.

2007년에 9개의 교향악단들은 힘을 규합하여 자신들의 마케팅 방식이 처한 현실을 분석해줄 연구팀을 고용했다. 2008년 중반에 미국 전역의 교향악단에서 온 수백 명의 음악 전문가들이 덴버에 모인 가운데 '관객 확장 이니셔티브'라 명명된 이 프로젝트(비공식적으로 '고객 이탈 프로젝트'라고 불렸다)의 결과가 발표되었다.[1]

연구 결과는 고객 이탈이 컨소시엄에 참여한 9개 오케스트라의 주요 문제라는 점을 다시금 확인해주었다. 평균적으로, 교향악단 관객의 55퍼센트가 익년으로 넘어가면 다른 사람들로 바뀐다는 결과가 나왔다. 정말이지 중요하고 많은 비용을 야기하는 문제가 아닐 수 없었다. 생전 처음 콘서트를 보러 온 관객들의 이탈율은 더욱 심각해서 91퍼센트라는 상상조차 어려운 수치로 나타났다. 이른바 '사람들이 문지방을 넘도록 하라'는 마술은 전혀 먹히지 않았던 것이다.

그러나 연구자들이 평균 수치들을 옆으로 치우고 고객 다변화라는 관점에 초점을 맞춰 결과를 발표하자 실행 가능한 해결책이 드러나기 시작했다. 연구자들은 교향악단 관객들이 극명한 차이를 보이는 몇 개의 대조적인 그룹들로 나뉜다는 사실을 발견했다. 즉, 오랫동안 셀 수 없이 많은 콘서트에 매년 참석하는 '핵심 관객', 생전 처음 콘서트에 와서 공연 하나를 관람한 '시험적 관객', 어느 해에 두 번가량 콘서트에 오는 '비(非)열성적 관객', 매년 한두 번 정도 콘서트를 보러 오는 '특별 관객', 여러 해 동안 꾸준히 소규모 콘서트 회원권을 구매하는 '단골 관객', 많은 콘서트를 보러 오지만 회원권을 아직 구매하지 않은 '고(高)잠재력 관객' 등이었다.

이처럼 적어도 여섯 가지 고객 유형이 존재했고 각각의 특성은 서로 매우 달랐다. 예를 들어, 보스턴에서 '핵심 관객'에 해당되는 사람들은 전체 관객 중 26퍼센트 밖에 되지 않았지만 티켓의 56퍼센트를 구매하는 것으로 나타났다. 반면, '시험적 관객'들은 전체 관객 중 37퍼센트를 차지하지만 겨우 11퍼센트의 티켓을 구매했다. 아홉 개 오케스트라의 현황을 나타낸 통계수치들은 놀랍게도 비슷한 패턴을 보였다. 즉 '핵심 관객'이 '오늘의 수요'를 여는 열쇠를 쥐고 있었다. 그들은 전체 관객 중 4분의 1밖에 되지 않았지만, 미국에서 클래식 음악이 존속되는 데 필요한 매출 흐름의 대부분에 기여했다(매출 분석 결과, '핵심 관객'으로 이루어진 한 가정이 티켓 구매와 기부를 통해 5년 동안 오케스트라에 4,896달러의 매출을 창출하는 것으로 나타났다).

그렇기 때문에 '핵심 관객'을 만족시키는 일은 필수적이다. 다행스럽게도 이것은 가장 뛰어난 교향악단들이 이미 완전히 숙달한 스킬이다. 회원권 관련 데이터는 한 사람이 지역 교향악단의 고정적인 '서포터'가 되면 자신의 회원권을 해마다 갱신하는 습관이 있음을 보여준다. 이런 습관은 종종 수십 년 동안 지속된다.

그러나 '내일의 수요'는 어떠한가? 어떻게 미국의 교향악단들이 고객 이탈이라는 저주와, 끝없이 돌고 도는 다람쥐 쳇바퀴 같은 마케팅으로부터 빠져나올 수 있을까?

그 답은 '시험적 관객'에 있었다. 그들은 위대한 클래식 음악의 매력을 느끼는 데 실패한 자들로, 전체 관객들 중에서 상대적으로 큰 부분을 차지(매년 티켓 구매자의 3분의 1을 넘는다)했다. 하지만 그들의 이탈율은 끔찍하게도 91퍼센트에 달했다. 교향악단의 매출에 거의 5천 달러를 기여하는 '핵심 관객'들에 비해, 전형적인 '시험적 관객'들은 5년간 겨우 199달러밖에 기여하지 않았다.

그래서 문제는 단순히 '고객 이탈률을 줄이는 것'이나 '더 많은 고객을 확보하는 것'이 아니었다. 문제는 바로 '시험적 관객'을 '꾸준한 관객'으로 바꾸는 것이었다. 즉, 진짜 문제는 재미 삼아 클래식 공연을 한 번 보고 마는 '시험적 관객'을 '단골 관객'과 '고잠재력 관객'으로 전환시키는 것, 더 나아가 매우 가치가 높은 '핵심 관객'으로 바꾸어놓는 것이었다.

하지만, 어떻게 해야 할까? 이 질문에 답하기 위해 연구팀은 '시험적 관객'들이 실제로 무엇에 관심을 가지는지 규명해야 했다. 그래야 실체가 없는 '평균 고객'이 아니라 바로 그들에게 진짜로 매력적인 제품을 만들 수 있을 테니 말이다.

의외의 방아쇠

연구팀은 연구의 두 번째 단계를 진행했다. 그들은 교향곡을 즐길 때 고객 유형별로 어떤 고충지도를 가지고 있는지 밝히는 일부터 시작했다. 그들이 특별히 관심을 둔 고객은 '시험적 관객'이었다. '시험적 관객'들을 실망시켜서 다시 오지 않도록 만드는 요소가 무엇인지 규명하여 이를 제거하는 것이 내일의 수요를 여는 열쇠였기 때문이다.

연구팀이 사용한 테크닉은 '요소 분석법'이었다. 그들은 교향악단 마케터들의 도움을 받아 브레인스토밍을 통해 공연장의 건축 양식, 간이식당에서의 서비스, 콘서트를 이끄는 객원지휘자, 인터넷에서 티켓 정보를 얻을 수 있는지의 여부 등 클래식 음악 고객들이 경험하는 요소를 78가지로 구분해내었다. 사실 이런 요소들은 '시험적 관객'들의 경험에 좋거나 나쁜 영향을 미친다고 생각되는 것들이다.

그런 다음, 그들은 고객 행동을 검증하기 위해 온라인 설문조사 등 검증된 여러 가지 테크닉을 써서, 관객 유형별(특히 '시험적 관객') 고충에 가장 큰 영향을 미치는 요소를 16가지로 축약했다.

결과는 상당히 놀라웠고 직관에 반대되는 것들이었다. 지역 교향악단의 상대적인 명망과 연주 실력은 '시험적 관객'들을 다시 콘서트홀로 이끄는 데 그다지 중요한 요소가 아닌 것으로 판명됐다. 콘서트홀의 아름다움도, 현대음악을 들을 수 있는 기회도, 가벼운 다과를 골라 먹을 수 있는 즐거움도 아니었다.

그렇다면 무엇일까? 목록의 가장 꼭대기에 자리잡은 것은 바로 '주차'였다. 연구팀은 야단법석을 떨지 않아도 콘서트홀까지 편안하게 왔다가 편안하게 돌아갈 수 있는, 별 것 아닌 가능성이 관객의 재방문을 유도하는 단 하나의 강력한 요소라고 발표했다. 주차는 '시험적 관객'들에게 있어 핵심적인 수요의 방아쇠였던 것이다.

주차는 지금까지 어떤 교향악단도 신경을 쓰지 않았던 문제였다. "회원(회원권을 끊어 정기적으로 공연을 관람하는 관객-옮긴이)들은 절대 주차에 대해 불평하지 않았어요. 그러니 우리가 주차 문제를 걱정이나 했겠어요?"라고 어느 교향악단의 임원은 말했다. 하지만, 회원들이 침묵했다고 해서 주차 문제를 문제라 여기지 않았던 것은 아니다. '핵심 관객'들 중 오래된 회원들은 예전부터 자신들만의 이동수단을 확보함으로써 고충지도에서 주차라는 문제를 스스로 제거했다. 하지만 '시험적 관객'들에게 주차 문제는 자신들을 교향악단의 회원이 되지 못하게 막는, 충분히 큰 의미를 가진 고충이었다.

많은 교향악단에게 있어, 이러한 고충을 해결하는 일은 인근 주차장과 특별 요금을 협상하고 티켓을 발송하는 봉투에 상세한 주차장 위치를 그려주기만 하면 되는 문제였다. 하지만 이러한 단순한 조치가 강력한 수요의 방아쇠였던 것이다.

연구팀은 주차 이외에 몇 가지 방아쇠를 규명했는데, 그것들 역시 단순하다. 예를 들어, 지휘자가 잠깐 시간을 내어 연주곡에 얽힌 비하인드 스토리나 작곡가의 삶에 대해 개인적인 생각을 몇 마디 해줄 때 '시험적 관객'들은 공연을 보며 훨씬 큰 즐거움을 느끼는 것으로 나타난다(돌이켜 생각하면, 이 방아쇠는 당연해 보인다. 대부분의 미국인들은 클래식 음악에 익숙하지 않아서 그들이 듣는 곡에 의미를 부여해주는 전후 사정이나 맥락이 필요하기 때문이다. 하지만 78개나 되는 원래 목록에서 이 방아쇠를 골라낼 때는 당연해 보이지 않았다). 마찬가지로, 티켓을 빠르고 쉽게 교환할 수 있는 가능성도 '시험적 관객'들이 느끼는 만족에 엄청난 영향을 미친다. 그들에게 '환불 불가, 교환 불가'라는 고리타분한 정책이 잠재적으로 공연을 보지 않도록 만드는 고충인 셈이다.

최종적으로 연구팀은 어떤 것을 후속으로 제공해야 전형적인 '시험적 관객'을 유도할 가능성이 가장 큰지 결정하고자 했다. 낭만적인 작품을 공연 프로그램에 넣으면 효과가 있을까? 아니면 20세기 음악이 그들에게 더 매력적일까? 음악가들을 만나서 인사 나눌 기회를 주면 그들을 구름처럼 끌어모을 수 있을까? 성악가와 악기 연주자 중 누가 더 좋을까?

교향악단 감독과 마케팅 임원들은 그 답이 무엇인지 추측할 수 있었다. 사실 그것들 대부분은 수십 년 전부터 해오던 방법들이었기 때문이다. 대신, 연구팀은 특정 교향악단과 그 지역의 '시험적 관객'들의 취향과 선호에 꼭 맞는 일련의 '킬러 오퍼killer offers'를 발굴하고 테스트하기 위해 수백 가지나 되는 작은 규모의 실험을 실시했다. 예를 들어, 연구팀은 보스턴에 거주하는 확고부동한 '시험적 관객'들을 위해서 토요일 밤의 콘서트와 같은 '1회 관람권'을 판매할 것을 권고했다. 이 표를 구입하면 매우 인기 있는 작곡가의 친숙한 곡과 그렇지 않은 곡이 함께 선곡된 공연 프로그램을 즐길 수 있었고, 동반자 1인의 입장료가 무료였으며, 간이식당에서 무료 음료를 마실 수 있고, 티켓을 교환해도 수수료가 들지 않았다.

맞춤식 공연 프로그램, 동반자 1인 무료 관람, 편리한 주차, 그리고 안락한 휴식 등 공연이라는 제품의 모든 개선사항들은 결과적으로 '시험적 관객'들이 고충 없이 음악을 즐길 수 있게 해준다.

우리는 보통 수요의 다변화에 대응하기 위해 제품을 고객 개개인에게 맞춤화하는 일이 엄두를 못 낼 만큼 비용이 많이 들 거라 생각한다. 새빌로우^{Savile Row} (남성 맞춤 의류로 유명한 영국 런던의 거리-옮긴이)의 맞춤 정장이 백화점의 기성복보다 훨씬 비싼 것처럼 말이다. 교향악단에 대한 연구는 제품을 다변화하는 효과적인 방법이 존재함을 보여준다. 많은 수요 창조 조직들이 이미 그 방법을 알고 있듯이 말이다.

이러한 연구 결과가 미국 전역에서 온 교향악단 경영자들에게 공개되자 클래식 음악 마케팅에서 조용한 혁신의 불꽃이 일었다. 교향악단마다 수요의 다변화에 나름대로 대응할 방법을 채택하고 시험하기 시작했다. 초기부터 놀랍도록 희망적인 성과가 나왔다.

보스턴 심포니 오케스트라가 '시험적 관객'을 위해 특별히 디자인한 '킬러 오퍼'를 시험 판매하자, 티켓 판매가 34퍼센트나 늘었다. 이 증가율은 한 시즌 동안 5,100개의 티켓이 추가로 판매될 것임을 의미했다. 뉴욕 필하모닉의 경우, 킬러 오퍼가 스탠다드 오퍼보다 5대 1로 월등한 판매 성과를 거뒀다. 신시내티 심포니는 '썸머 팝스^{Summer Pops}' 공연 프로그램에 온 '시험적 관객' 중 절반에게 회원권을 권하고, 나머지 절반에게는 맞춤 설계한 콘서트 1회 관람권을 권했다. 그랬더니, 후자가 전자보다 20대 1로 더 많이 팔렸다.

이제 점점 더 많은 교향악단들이 다변화를 바탕으로 한 프로그램을 채택하여 주목할 만한 성공을 거두고 있다. 최근 1년 만에 전체 회원 중 7분의 1에 해당하는 100명의 회원을 잃은 펜사콜라 심포니는 2008~2009 시즌 동안 300명의 새로운 회원을 확보함으로써 티켓을 초과 판매했다. 캘리포니아의 스탁턴 심포니는 300명의 회원을 추가하여 그 시즌에만 4,000장의 티켓을 추가로 판매했다. 또한, 2003년에 파산 신청을 했던 샌 안토니오 심포니는 '클래식 시리즈' 공연을 통해 전년보다 27퍼센트 높은 티켓 판매량을 기록했다. 이러한 전면적인 수요의 증가는 가장 심각한 경제 위기에서 천천히 회복되던 중에 벌어진 일이라 특히 주목할 만하다.

몇몇 교향악단의 마케터들은 '고객 이탈에 관한 연구'가 자신들이 날카롭게 연마한 본능적 감각이 이미 알아차렸던 통찰을 확인해주었다고 말했다. 예를 들어, 보스턴 심포니 오케스트라[BSO]의 킴 놀테미[Kim Noltemy]는 오랫동안 수요 다변화의 중요성을 인식하고 있었다. 그녀는 수요가 가장 약한 고객 집단에 초점을 맞춘 특별 마케팅 프로그램을 개발한 적이 있다. 그 고객 집단은 40세 이하의 젊은 사람들로서 미래에 교향곡의 열렬한 애호가가 될 가능성이 높았다.

젊은이들로부터 클래식 음악의 수요를 신장시키기 위해 놀테미와 BSO는 그들의 독특한 니즈를 충족시킬 제품을 개발했다. 학교에 다니는 청소년과 그들의 부모를 위해 '보스턴 팝스 오케스트라의 방학맞이 팝스 콘서트'와 '봄 맞이 팝스 콘서트'를 가족들의 니즈에 맞게 다시 기획해서 캬바레 스타일로 좌석을 배치하고 음식을 서비스하여 한시도 가만히 있지 않는 아이들이 공연 도중에 식사를 할 수 있도록 했다. 놀테미는 아이들의 집중 시간이 상대적으로 짧다는 점을 감안하여 맞춤식 메뉴와 간소화된 프로그램을 제공하는, '어린이 특별 공연'의 신설을 추진했다. BSO는 10대 청소년들의 관심을 사로잡기 위해 버크셔에 위치한 탱클우드 뮤직 센터에서 펼쳐지는 한낮의 콘서트 입장권을 기부자들로부터 지원받아 18세 이하의 청소년에게 무료로 제공한다. 고등학교 학생들은 10달러만 내면 공개 총 리허설을 관람하며 연주자로부터 곡에 관련된 전후 이야기를 직접 들을 수 있다(앞에서 언급했듯이 이런 '설명'은 '시험적 관객'들이 가장 매력적으로 느끼는 제품 특성 중 하나이다). 대학생들은 25달러짜리 '대학생 카드'를 구입하면 매 시즌마다 심포니홀에서 열리는 수십 개의 콘서트를 골라서 관람할 수 있다(매일 밤 200명에서 400명 정도의 대학생들이 관람하러 온다). 또한, BSO는 40세 미만의 고객들에게 기부자들이 지원하는 공연 프로그램을 20달러 할인된 금액으로 판매한다.

"우리는 대학생과 30대 관객들이 콘서트홀에서 가장 좋은 자리인 무대 정면에 앉도록 합니다. 나이든 회원 관객들은 젊은이들이 거기에 앉아 있는 모습을 흐뭇한 표정으로 바라보죠. 자신들이 사랑하는 음악이 새로운 세대의 팬들을 끌어들이고 있음을 실감하면서 말입니다"라고 놀테미는 말한다(이것은 흥미로운 현상이다. 사람들은 자신이 좋아하는 상품이 더 많은 젊은이들에게 인기가 있기를 원한다. 이는 종종 무시되지만 아주 강력한, 수요의 '사회적' 요소이다).

이러한 전략을 추진한 덕에 BSO의 연간 관객 수는 현재 도심지역 인구의 12퍼센트를 넘는다. 이는 미국의 주요 교향악단들보다 높은

'고객 침투율'이다(샌프란시스코의 교향악단은 이 값이 6퍼센트 정도이고, 뉴욕의 교향악단은 3퍼센트에 불과하다). 놀테미의 관찰에 따르면, 가족 단위 회원의 수가 1만6,000 정도에서 4만5,000 이상으로 증가했다고 한다. 가장 인상적인 것은 다른 교향악단들을 괴롭히는 시대의 조류를 잘 견뎌내면서 회원고객의 평균 연령을 58세에서 48세로 현저히 떨어뜨렸다는 사실이다. 특별 맞춤 상품이 젊은 관객들로부터 클래식 음악에 대한 새로운 수요를 촉발시킬 수 있다는 점을 보여주면서 말이다.

'고객 이탈에 관한 연구'는 미국의 교향악단들이 풀어야 할 도전과제가 종결됐다고 말하지 않는다. 힙합을 즐기는 젊은 세대에게 클래식 음악을 한번 들어보라고 설득하는 일은 여전히 힘겨운 과제이다. 하지만 수요 다변화라는 개념은 희망을 준다. 만약 올바른 렌즈를 끼고 내일의 고객들이 가진 모든 다양성의 관점으로 그들을 바라볼 수 있다면, 그래서 무엇이 그들을 움직이게 만드는지 해독하고, 그들이 무엇을, 어떻게, 얼마의 가격으로 구입할지 알아낸다면, 그들은 저 바깥에서 발견되기를 기다리고 있을 것이다.

시애틀 오페라단,
한 번에 한 명씩 관객을 늘리다

클래식 음악의 미래 고객을 성장시키기 위해 수요의 다변화에 대응하는 가장 인상적인 조직은 아마 시애틀 오페라단The Seattle Opera일 것이다.[2] 이 막강한 회사는 훨씬 큰 도시의 거대하고 오래된 경쟁자와 달리 자신의 위치를 유지하려고 부단히 노력한다. (오페라 부감독인 레베카 초고 Rebecca Chawgo는 이렇게 말한다. "단순하게 도시의 크기로 본다면 시애틀은 시애틀 오페라단과 같은 오페라 회사를 가지지 말았어야 했다.")

시애틀의 비밀병기는 사람의 마음을 움직이는 데 놀라운 재능을 가진 전직 고등학교 교사가 개발한 여러 개의 공연 프로그램들이다. 페리 로렌조Perry Lorenzo에 관한 이야기는 어떻게 한 개인의 열정이 일종의 바이러스처럼 '한 번에 한 명씩' 전염되다가 결국 도시 전체를 감염시킬 수 있는지에 관한, 사례 연구의 대상이기도 하다.

시애틀 오페라단의 총책임자인 스파이트 젠킨스Speight Jenkins는

1980년대 후반에 로렌조를 처음 만났다. 그때 시애틀 오페라단은 수요를 생산해내는 '발전소'가 아니었다. 로렌조는 시애틀 교외의 뷔리엔Burien에 위치한 카톨릭계 학교인 케네디 고등학교에서 인문학을 가르치고 특별활동시간에는 토론팀을 지도했다. 로렌조는 어떤 팀의 학생들이 가상의 오페라 제작을 위해 세트와 의상을 가장 잘 만들었는지를 겨루는 연례행사에 젠킨스를 심사위원으로 초대했다. 젠킨스는 학생들이 수행한 프로젝트의 질과 세련됨에 크게 놀랐다. 로렌조는 젠킨스의 찬사를 점잖게 피하려 했지만, 그가 대단히 재능 있는 교사이고 커뮤니케이터라는 점은 감출 수 없었다.

'오페라가 학교에 간다'

젠킨스는 로렌조를 채용하여 신설된 '오페라 교육' 부서를 담당하도록 했다. 로렌조는 시애틀 오페라단에서 그가 향후 17년 동안 매진할 일을 발견했다. 2009년 12월에 폐암으로 갑자기 사망할 때까지 담당할 천직 말이다.

로렌조의 롤모델 중 한 명은 뉴욕 필하모닉의 마에스트로인 레오나르드 번스타인Leonard Bernstein이었다. 1958년에서 1973년까지 CBS 텔레비전을 통해 방송된 번스타인의 전설적인 〈젊은이들을 위한 콘서트〉는 기발한 연출기법을 선보이고, 생동감 있는 뮤지컬 음악을 사용했으며, 카리스마 있는 연주자가 열정을 가지고 미국 젊은이들에게 클래식 음악의 경이로움을 소개하는 프로그램이었다. '고객 이탈에 관한 연구'를 바탕으로 교향악단들이 '시험적 관객'에게 취한 조치와 흡사하게, 언제나 소년 같은 마음을 지닌 번스타인은 젊은이들을 위대한 음악으로 유혹하기 위해 기존의 관례를 깼다. 번스타인의 콘서트가 담긴 DVD가 나오자마자 로렌조는 연구를 하기 위해 전 시리즈를 사들였고 오페라 교육팀에 있는 동료들이 보도록 돌렸다.

번스타인의 사례에서 영감을 받은 로렌조는 고등학생 나이의 아이들이 오페라에 강한 매력을 느끼도록 특별히 디자인한 획기적인 뮤지컬 상품들을 개발했다. 그의 모토는 '준비하라, 경험하라, 반응하라'였다. 그는 상세한 정보 모음집을 교사들에게 제공함으로써 오페라를 보러 오기 전에 학생들이 사전학습을 하도록 했다. 예를 들어 이 정보 모음집은 〈토스카Tosca〉 공연을 보기 전에 사회교사가 학생들을 학습시킬 수 있도록 나폴레옹 시대를 거치는 동안 이탈리아 도시국가의 역사에서 오페라 속 이야기가 어떤 맥락을 지니는지 설명한다. 또한, 영어교사에게는 베르디Verdi의 오페라 〈폴스태프Falstaff〉와 셰익스피어의 원작(폴스태프가 허풍쟁이 기사로 등장하는 〈헨리 4세〉, 〈헨리 5세〉, 〈윈저의 즐거운 아낙네들〉을 말함-옮긴이)을 서로 비교한 자료를 제공한다. 로렌조는 교사들과 협력하여 학생들에게 오페라를 본 후 감상문을 쓰게 하거나(영어수업), 받은 인상을 그림으로 그리도록 하거나(미술수업), 오페라에서 묘사된 갈등의 사회적 의미에 대해 보고서를 작성케 함으로써(역사수업) 학생들이 오페라에 반응을 보이도록 했다. 현재 시애틀 오페라단 회원 중 많은 이들(그리고 시애틀 오페라단 직원들)은 총연습이 열리기 전 페리 로젠조의 말에 이끌려 열여섯 살의 나이에 오페라에 빠지게 됐음을 생생하게 기억하고 있다.

특히 놀라운 것은 로렌조가 더 어린 고객들, 즉 초등학생들을 위해 '오페라가 학교에 간다Opera Goes to School'라는 타이틀의 상품을 기획했다는 것이다. 가르치는 역할을 맡은 성악가, 연주자, 연기자 등의 예술가들이 선정된 학교를 방문해 1주일간 지내면서 60명의 5학년생들과 함께 특별히 구성된 한 시간짜리 오페라를 집중적으로 제작하기 시작한다. 그 오페라는 로렌조와 토니 커리Tony Curry가 모차르트의 원작을 개작한 〈마술 피리: 영웅의 탐험〉이거나, 로렌조의 후임이자 현재 시애틀 오페라단의 공공 프로그램 및 미디어 담당 임원인 조나단 딘Jonathan Dean 이 바그너 원작의 〈니벨룽겐의 반지〉를 개작한 〈황금 도둑〉이거나, 아니면 딘의 최신작인 〈지그프리트와 불의 반지〉이다. 젊은 음악가들(학생)들 중 몇몇은 감독의 지도 하에 악보 읽는 법을 배우고, 어떤 학생들은 합창을 연주하거나 메인 댄서 역을 맡고, 나머지 학생들은 조명, 세트 제작, 의상 등의 역할을 수행한다.

오페라 제작에 참여할 기회를 갖는다는 것은 학생들에게 대단히 좋은 경험이다. 〈돼지 3형제〉와 같은 아이들 이야기의 뮤지컬 버전이 아니라 '진짜 오페라' 공연 준비에 몰두하며 보내는 1주일의 시간은 5학년 학생들에게 결코 잊을 수 없는 기억을 선사한다.

1주일 후에 전교생뿐만 아니라 가족, 친구, 주민들이 함께 모인 자리에서 오페라가 공연된다. 여느 위대한 수요 창조자처럼 페리 로렌조는 수요 다변화를 통해 때로는 고객의 범위를 확장시킬 필요가 있음을 깨달았다. '오페라가 학교에 간다' 프로그램은 기존의 티켓 구매자들 너머에 존재하는 고객들에게 다가감으로써 사회 전체가 음악 애호가로 채워지도록 유도한다. 그렇게 되면 궁극적으로 티켓 구매자가 늘어날 테니 말이다.

시애틀 오페라단의 교육 부서는 현재 자신들이 개작한 오페라의 모든 악보와 대본뿐만 아니라, 젊은이들에게 오페라를 알려줄 때 악보와 대본을 어떻게 사용해야 하는지 알려주는 상세한 안내문을 덧붙여 출판할 계획이다. 이는 전국적으로 미래의 오페라 애호가를 육성할 수 있는 강력한 기폭제가 될 것으로 보인다. 미국 전역의 15개 상위 오페라단들이 아이디어와 자원을 공동으로 모아 매우 중요하고 결정적인 고객 유형(예를 들어 학생들)에 초점을 맞춰 수요를 창출할 공연 프로그램을 합동 제작한다면, 그들이 무엇을 해낼 수 있을지 상상해보라. 그들은 그러한 협력을 통해 자신들이 사랑하는 예술 형식(즉 오페라)을 더욱 발전시킬 수 있을 것이다. 이는 25개 상위 심포니 오케스트라, 상위 10개의 발레단, 15개 최상급 현대무용단에게도 마찬가지이다.

젊은 관객을 오페라로 끌어모으다

또한 로렌조는 성인들 중 특정 고객 유형들로부터 수요를 이끌어내기 위해 일련의 프로그램을 기획하기도 했다. 매번 새로운 오페라를 제작하기 전에, 그의 교육팀은 예술애호가, 대학생, 열혈 독서가 등에게 오페라를 알리기 위한 한바탕 이벤트를 벌인다. 예를 들어 2010년 1월에 시애틀 오페라단은 〈일 트로바토레^Il Trovatore〉(주세페 베르디의 오페라-옮긴이)〉를 새로이 제작하여 공연했는데, 초연하기 몇 주 전에 프라이Frye 아트 뮤지엄, 시애틀 대학, 여러 지역의 공공도서관에 이르는 시내의 여러 장소에서 '시사회 강좌'를 무료로 개설했다. 주요 클래식 전문 지역방송국 몇 곳에서 라디오를 통한 시사회가 몇 차례 방송되기도 했고, 감독인 스파이트 젠킨스가 시애틀에서 인기가 높은 엘리엇 베이 서점Elliott Bay Book Company에서 오페라에 관한 좌담회를 갖기도 했다. 이렇게 멀티미디어를 통해 연일 파상공세를 펼치니 〈일 트로바토레〉가 상연될 예정임을 모르고 시애틀에 산다는 것을 솔직히 상상할 수 없을 지경이었다.

또 하나의 중요한 고객 유형은 20대와 30대 젊은이들이다(앞에서 언급했듯이, 보스턴 심포니의 킴 놀테미도 그들을 목표고객으로 삼았다). 그들 대다수에게 클래식 음악의 '사회적인 측면'은 가장 매력적인 특성이다. 오페라에 미지근한 반응을 보이는 20대 풋내기라 할지라도 친구들과 함께라면 밤에 외출하여 오페라를 같이 즐긴다. 그렇게 되면 어느새 오페라에 푹 빠지게 된다. 시애틀 오페라단은 그들로부터 수요를 이끌어내기 위해 강력한 '사회적 도구' 몇 가지를 개발했다. 사회적 도구의 범위는 팟캐스트, 페이스북, 트위터, 유튜브 프로그램(수천 명의 젊은이들이 매일 접속한다)부터 700명 이상의 20~30대 젊은이들이 회원으로 가입 중이고 오페라를 불편없이 즐기도록 돕는 '브라보클럽Bravo Club'까지 다양하다. 시애틀 오페라단이 비제Bizet의 〈진주잡이The Pearl Fishers〉를 무대에 올렸을 때, 브라보클럽의 한 회원은 자신이 소유한 술집에서 '진주와 그물'이란 축하행사를 주최했다. 브라보클럽은 시애틀에의 유명한 레스토랑 '스페이스 니들Space Needle'에서 모금 행사를 벌인다든지, 밤새 인근에서 열리는 와인 시음행사들을 순회한다든지의 활동을 벌인다. 이러한 제품의 비용효과적인 강화를 통해 시애틀 오페라단은 수많은 젊은이들을 끌어모으고 있기에, 향후 젊은이들 상당수는 오페라에 열정을 느끼는 미래의 '핵심 관객'으로 성장할 것이다.

스파이트 젠킨스는 「오페라뉴스Opera News」의 기자, 비평가, 편집자로 수년간 활동하다가 1983년에 시애틀 오페라단의 총책임자가 되었다. 젠킨스는 미디어 사업을 개혁한 트레이더 마이크 블룸버그, 획기적인 전자기기를 개발한 온라인 상인 제프 베조스, 미국 공교육을 탈바꿈시킨 햇병아리 교육자 웬디 코프, 세계의 점심거리를 변화시킨 한때 공인건축사였던 줄리언 멧칼프처럼 외부인의 감수성을 가지고 대개혁을 준비하는 산업 안으로 들어왔다. 동일한 방식으로 젠킨스는 시애틀 오페라단이 관객 친화적인 변화를 포용하도록 했다. 예를 들어 1984년에 시애틀 오페라단은 가사와 대사를 쉽게 이해하도록 세계에서 '슈퍼타이틀(원래의 대사를 번역하여 무대 위쪽의 스크린에 비추는 자막-옮긴이)'이란 새로운 기술을 사용한 첫 번째 오페라단이 되었다. 젠킨스의 열정은 그 자신을 위대한 음악을 위한 지칠 줄 모르는 세일즈맨으로 만들었다. 그는 적어도 한 사람의 동승객에게 오페라를 보도록 설득하지 못하면 비행기를 절대 타지 않았다고 말한다.

스파이트 젠킨스의 리더십 하에 시애틀 오페라단은 예전보다 예산을 아홉 배 이상 증액(1983년에 300만 달러에서 2009~2010년에는 2,800만 달러로 증가)하는 등 매우 극적인 수요 성장을 달성했다. 또한 페리 로렌조가 만든 훌륭한 제품 다변화 전략을 사용하여 미국에서 가장 적극적인 오페라 관객층을 형성함으로써, 스파이트는 고객 기반을 구성하는 개인들의 복잡다양하고 계속 진화하는 니즈를 만족시키는 데 노력하고 있다. 매번 시애틀 오페라단의 공연이 끝난 후에 젠킨스는 관객들과 함께 '묻고 답하기 시간'을 갖는다. 이 시간은 긴 하루를 마감하는 늦은 밤에 열리지만, 젠킨스는 이렇게 말한다. "저는 절대로 빼먹지 않을 겁니다. 힘들지만, 관객들로부터 피드백과 아이디어를 얻을 수 있는 가장 좋은 기회이니까요." 회사의 성공 덕에 시애틀은 미국에서 가장 오페라를 사랑하는 도시로 변모했고, 스파이트 젠킨스는 시애틀의 이미지 형성에 가장 영향력 있는 150명 중 하나로 선정됐을 뿐만 아니라, 미국 오페라에서 가장 힘 있는 25명 중 한 사람으로 뽑혔다.

작은 기적

'오페라가 학교에 간다'에 관한 이야기에 깊은 인상을 받은 우리는 시애틀 오페라단의 '젊은 예술가 프로그램'의 멤버 중 한 명에게 아이들의 가족에게 끼친 영향을 설명해달라고 부탁했다. 그 젊은 소프라노는 5학년 학생들의 오페라 공연 후 자신에게 다가와 말을 걸던 어떤 부모에 대해 이야기해주었다.

그 엄마는 이렇게 말했다. "우리는 당신들이 무엇을 하는지 잘 몰라요. 하지만 당신들은 우리 딸이 믿을 수 없는 일을 해내도록 만들었답니다. 우리 딸이 며칠 전에 학교에서 돌아오더니 노래를 부르는 거예요. 노래를 말입니다. 우리 딸은 전에는 절대 노래를 부르지 않았거든요. 저는 딸에게 물었죠. "학교는 어땠어?" 딸은 보통 어깨를 으쓱하면서 "그냥 그랬어"라고 말하곤 하죠. 그런데 이번엔 아니었어요. 딸은 〈황금 도둑〉에 대한 이야기를 멈추지 않더군요. 자기 친구가 무대 준비를 위해 어떻게 함께 일했는지, 교향악단의 아이들이 각자 맡은 부분을 어떻게 연습했는지, 자기와 친구가 합창단에서 악보 보는 법을 어떻게 배웠는지에 대해서 말이에요. 딸은 이야기를 하고 또 했죠. 에너지가 넘쳤습니다. 저는 정말 믿을 수가 없었어요!"

"저는 당신들이 무엇을 하는지 알지 못해요." 그 엄마는 재차 강조했다. "하지만 당신들이 우리 딸의 삶을 바꿔놓았죠. 이건 정말이지 작은 기적과도 같아요."

그 젊은 소프라노는 오페라단 사람들이 무엇을 하는지 그 엄마에게 정확하고 상세하게 설명하기 시작했다. 그녀는 그 순간 '뮤지컬에 대한 열정'이라는 '유순한 바이러스'를 퍼뜨릴 수 있는, 또 하나의 기회를 포착했던 셈이다. 시애틀 오페라단 사람이라면 절대 지나치지 않을, 그런 기회를.

이러한 이야기들은 지금부터 20년 후에도 시애틀 오페라단이 계속 번창할 가능성이 매우 높음을 짐작하게 한다. 티켓 판매는 물론이고, 사람들의 삶을 변화시키면서 말이다. 그리고 그들은 어떻게 다변화에 대한 진정한 이해가 현재뿐만 아니라 미래 세대의 수요를 양성하는 데 도움이 되는지 똑똑히 보여준다.

수요의 다변화,
구멍가게에서
제8의 불가사의라는
유로스타까지

아마도 당신은 수요의 다변화가 주로 인구학적으로 다양한 세그먼트에서 수많은 고객들을 보유하고 있는 거대 기업만이 관심을 두는 것이라 생각할지 모른다. 그러나 거대한 라이벌과의 경쟁 속에서도 번창하는 소규모 기업들은 종종 다변화의 힘을 발휘하며 개별 고객들과 돈독한 '연결 관계'를 구축해가고 있다. 우리가 사는 매사추세츠 주 케임브리지에 위치한 세 개의 소규모 사업체가 이를 증명하는 확실한 사례들이다.

거대 기업의 틈바구니에서 살아남는 구멍가게들의 전략

프레쉬폰드마켓Fresh Pond Market은 1922년에 아르메니아 이민자인 니쉬 세모니언Nish Semonian이 창업한 업체다. 80년이 흐른 지금, 더 크고 더 편리하며 확실히 더 저렴한 대형 식료품점이 자동차로 몇 분 거리 내에 있음에도 불구하고 여전히 그 매장은 건재하다.

프레쉬폰드마켓은 따스하고 탁 트여 있으며 매력적으로 잘 정비되어 있다. 하지만 아주 청결하지는 않다. 그곳은 항상 분주하지만 그렇다고 해서 손님들이 꽉 들어차 있거나 초만원 상태인 적은 없다. 농산물 진열대는 구식이지만 과일과 채소는 항상 신선하고 아름답게 진열되어 있다. 통조림류는 슈퍼마켓보다 다양하지는 않지만, 손님의 흥미를 자극하기에 충분한 색다른 맛의 제품을 판매한다. 와인과 맥주 코너에서는 아르헨티나, 포르투갈, 뉴질랜드에서 생산된, 한번쯤 마셔볼 가치가 있는 낯선 제품들을 팔고 있다. 이 매장에 접하는 모든 시각적 이미지는 '이것이 인간적 척도의 음식이다'라는 분명한 메시지를 전달하고 있다. 프레쉬폰드마켓은 개별 고객들의 각기 다른 니즈를 만족시키기 위해 그 척도를 기회로 활용한다. 실제로 그들은 프레쉬폰드마켓을 개인들의 특별한 니즈와 희망에 꼭 맞춘 상품과 서비스를 제공하는 가게로 만들어왔다. 창업자의 손자인 마크 나자리언Marc Najarian은 하나의 사례를 이야기해주었다.

우리가 여기서 하는 일은 손님을 우리 가족의 일원처럼 대하는 것입니다. 우리는 손님을 알고, 우리는 손님을 돕죠. 예를 들어 손님이 원하는 제품이 있는데 어디에서도 그걸 구할 수 없다면, 전 이렇게 말할 겁니다. "우리가 도울 수 있는지 한번 알아볼게요." 윌슨 부인의 남편은 아몬드 버터를 좋아하죠. 우리는 아몬드 버터를 주문해서 지금 그에게 가져다 줄 겁니다. 우리는 몇 번이고 그렇게 해드린답니다. 손님들은 우리의 육류 코너도 좋아합니다. 고기 자체가 좋기도 하지만 손님들이 원하는 대로 정확히 썰어주기 때문이죠. 육류 코너는 손님들을 유인하기 때문에 우리에게 아주 중요합니다. 손님들은 고기를 사러 가게에 들어왔다가 다른 물건들도 구입하니까요.

어떤 식료품점 점장이 한 명의 손님을 위해 아몬드 버터 한 통과 스테이크 몇 덩어리와 같은 특정 제품을 주문하는 일이 그리 특별할 것은 없다. 하지만 마크 나자리언이 하듯이 그 점장이 그 제품을 정기적으로 주문해야겠다고 기억할 것 같지는 않다. 사업의 규모와 복잡성이 그런 일을 불가능하게 만들기 때문이다. 프레쉬폰드마켓은 '스탑앤드숍Stop & Shop(미국 북동부 지역에 주로 위치한 슈퍼마켓 체인-옮긴이)'과 같은 체인보다 강점이 적을지 모른다. 그러나 프레쉬폰드마켓은 개별 고객의 수준에서 다변화된 서비스를 제공할 수 있다. 바로 이것이 마크 나자리언이 구축한 경쟁우위이다. 우리는 마크에게 인근 식료품점에는 없는 특성인 대규모 와인 코너에 대해 물었다.

아, 그건 좀 웃긴 이야기예요. 저희 할아버지 니쉬는 주류 판매를 정말로 원하지 않았어요. 하지만 할아버지는 쿠너헌 판사에게 호의를 보이기 위해 결국 와인과 셰리주를 판매하기로 했답니다. 쿠너헌 판사는 이웃에 살던 사람인데 우리 매장에서 와인을 구입하기를 바랐죠. 그래서 와인 코너를 매장 뒤편에 작은 크기로 설치하게 됐습니다.

저는 1960년대부터 와인에 대해 배우고 와인 코너를 증설하는 데 무척 많은 시간을 보냈습니다. 현재 우리 손님들은 와인 코너를 좋아해요. 규모가 거대하지는 않지만, 훌륭한 셀렉숀^Selection (단일품종으로 단일포도밭의 포도로 만든 고급 드라이 와인을 말함-옮긴이)을 가지고 있기 때문이죠. 저는 손님들과 항상 이야기를 나누기 때문에 새로운 품종으로 무엇을 시험 삼아 가져다 진열할 만한지, 어느 나라 어느 지역의 기후가 고온인지 등을 토대로 제품 구색을 조정할지 파악합니다. 육류코너와 다를 바 없어요. 손님들은 와인을 사러 왔다가 다른 물건도 사게 되죠. 와인 코너는 우리 사업에 큰 기여를 한답니다.

모든 식료품 유통업체들은 매번 제품의 구색에 변화를 가한다. 프레쉬폰드마켓은 고객의 요청을 직접 반영하여 와인 코너의 셀렉숀, 허브차의 새로운 품종, 농산물 코너의 에얼룸 토마토^heirloom tomato (자연상태에서 수분(受粉)되어 열린 재래종 토마토-옮긴이), 계산대 옆의 고급 초콜릿 등 제품 구색을 변화시킨다. 변하지 않는 것은 손님들을 재방문하도록 끌어당기는 개별 고객과의 끈끈한 '연결 관계'이다. 개별 고객을 기반으로 한 접근방식은 프레쉬폰드마켓을 지역사회에서 없어서는 안 되는 곳으로 인식되도록 했다.

프레쉬폰드마켓에서 5분 거리에 포터스퀘어 서점^Porter Square Books 이 있다. 이 서점은 아마존과 거대 서점망이 시장을 쓸어버린 후인 2005년에 문을 열었다. 어떻게 그게 가능했을까? 그리고 왜 이 서점은 그 어느 때보다 잘나가고 있을까?

이 서점의 소유주 5명 중 3명인 데일 스체블로우스키(Dale Szczeblowski), 캐롤 스톨츠(Carol Stoltz), 제인 도슨(Jane Dawson)은 어느 화요일 아침에 우리와 이야기를 나누기 위해 서점 뒤편의 작은 사무실에 모였다. 직원들은 질문을 던지거나 고객 이슈를 해결하기 위해서 수시로 그 사무실을 들락거렸다. 그 서점은 항상 그렇듯 책을 훑어보는 사람들과 책을 구입하는 사람들로 가득했다. 바쁘지만, 그렇다고 정신 없이 돌아가는 것은 아니었다. 머물러 있기에 매력적인 장소였다.

"어떻게 그렇게 할 수 있습니까?"가 우리가 던진 유일한 질문이었다. 그들의 대답은 '서비스'라는 말로 시작됐다. 서비스란 단어는 너무 진부해서 대답하지 않는 것과 마찬가지였다. 그러나 그들이 상세한 내용을 설명하기 시작하자 그들의 서비스가 다양한 고객들에게 제공하는 것의 전부라는 사실이 분명해졌다. 고객들을 뭉뚱그려 다루지 않고 독자 개인 수준까지 내려가서 그들 각자가 특별히 가치 있게 여기는 도서 관련 제품과 서비스를 제공하는 것이다. 프레쉬폰드마켓과 마찬가지로, 그 서점은 고객들의 다양하고 매번 바뀌는 니즈를 기초로 구성하고 설정할 수 있는, 다양한 종류의 제품을 제공하는 플랫폼이 되었다. 도슨이 말했다.

"우리는 이곳에 들어온 고객들을 마치 집으로 초대한 손님인 것처럼 대합니다. 어떤 사람이 책을 찾아 달라고 부탁하면, 절대로 책 무더기를 가리켜서는 안 됩니다. 당장 계산대 바깥으로 나와서 그 사람과 함께 서가로 간 다음 그의 손에 책을 쥐어 주어야 합니다."

"만약 책이 없다면, 우리는 이틀 안에 손님에게 책을 보내줄 수 있습니다. 보통 이틀이면 충분하죠." 스체블로우스키가 덧붙여 말했다. "이 걸 기억하세요. 우리는 서점이라는 네모난 공간에 머물러 있지 않다는 걸 말입니다. 도심에서 컨퍼런스가 열릴 때면 우리는 그곳에 도서 판 매대를 설치하곤 합니다. 그리고 지역 학교들이 모금을 위해 책을 판 매하기로 하면 우리는 그들을 돕습니다." 스체블로우스키는 근처에서 책을 구입할 방법이 달리 없었을(혹은, 아예 사지 못했을) 컨퍼런스 참가자 들과 지역 학교 아이들의 가족들, 이 두 가지 고객 유형의 독특한 니즈 를 만족시키기 위한 서비스에 대해 설명했다.

이번엔 스톨츠가 말했다. "'책 읽어주는 시간'도 있답니다. 매주 수 요일 아침에 우리는 1.5세에서 4세까지의 유아들에게 책 읽어주는 시 간을 운영합니다. 도리아(이 서점의 점원)는 아이들에게 책을 읽어주는 일을 정말 좋아하죠. 물론 아이들도 그 시간을 매우 좋아한답니다."

"우리는 성인들을 위해 '작가와의 만남' 프로그램도 운영하죠." 도슨 이 말했다. "우리는 대형서점처럼 항상 대형 작가들을 모셔올 수는 없 습니다. 하지만 우리는 꽤 괜찮은 성과를 거뒀답니다. 우리는 지금까지 애니 라모트Annie Lamott, 트레이시 키더Tracy Kidder, 데이비드 세러리스David Sedaris, 알렉산더 맥콜 스미스Alexander McCall Smith(짐바브웨 태생의 스코틀랜드 작가-옮긴이)와 함께 '작가와의 만남' 시간을 개최했답니다. 맥콜 스미스 를 초대한 우리 서점의 바이어들은 사실상 그를 미국에 데뷔하게 도운 셈입니다. 그는 그 이후로 우리를 아주 좋아한답니다."

"이 서점에는 풀 타임 직원과 파트 타임 직원을 모두 합해 25명의 직원들이 일하고 있죠." 스체블로우스키가 말했다. "그들은 고객과 함께 책에 대해 이야기하기를 좋아합니다. '리뷰어들이 그 소설에 대해 뭐라고 평했나요? 논픽션 부문에서 어떤 책이 잘 나가나요? 신예 미스터리 작가 중 누가 최고인가요? 제 6살짜리 조카가 어떤 책을 좋아할까요?' 등등 손님의 질문들이 쏟아져도 직원들은 언제나 고객들에게 도움말을 하고 책을 추천해 주며 이야기하길 즐깁니다. 단골손님들도 좋아하지요. 그저 '들어와서 책을 찾아 구입하세요. 그리고 안녕히 가세요.'라는 식으로 고객들을 대하지 않습니다. 우리는 고객들과 끊임없이 대화하죠."

끊임없는 대화라는 개념은 프레쉬폰드마켓과 포터스퀘어 서점을 하나로 묶는 끈이다. 윌슨 씨가 좋아하는 아몬드 버터와, 수요일 아침의 책 읽어주는 시간에 『아멜리아 베델리아』에 푹 빠져버린 아이가 단적으로 보여주듯, 그들은 고객과 인간적인 관계를 조성하고 제품(또는 서비스)의 다변화를 통해 그 관계를 지속적으로 돈독히 하면서, '사회규범'과 '시장규범'을 동시에 추구하는 사업체들이다. 그들과 같은 소규모 사업체와 거대한 체인점이 구별되는 기준이 바로 이것이다.

세 번째 사례는 케임브리지 스트리트에서 수십 년간 영업을 해온 스켄데리언 약국Skenderian Apothecary이다. 현재 죠 스켄데리언Joe Skenderian과 그의 형제 밥Bob이 이 사업체를 운영 중이다.

스켄데리언 약국은 프레쉬폰드마켓과 포터스퀘어 서점에 비교해 조금 다른 형태의 '다변화 과제'와 씨름하고 있다. 스켄데리언 형제의 전략은 두 개의 다변화 방법에 초점이 맞춰져 있는데, 개별 고객에게 꼭 맞는 제품을 전달하기 위해 독점적인 정보를 활용하는 방법과, 특정 니즈를 만족시키기 위해 구조화된 해결책을 창출하는 방법이 바로 그 것이다. 물론 형제는 철저한 사람들이라서 이런 방법들이 전략이라고 진짜로 생각하지는 않는다. 단지 존중과 배려를 받아 마땅한 인간으로서 고객을 대하는 방법으로 생각한다. 죠 스켄데리언은 이에 관하여 우리에게 이렇게 말했다.

"자, 이 사업을 운영하는 데에 두 가지 방법이 있습니다. 하나는 환자가 들어와, 처방 받은 약을 들고, 돈을 지불한 후 걸어나가게 하는 방법이죠. 대부분의 손님들이 약국에서 이렇게 행동하죠. 두 번째 방법은 아주 다릅니다. 말하자면 '손님과 이야기 나누기'죠. 그들의 걱정거리가 무엇인지, 그들의 상황이 어떠한지, 손님이 자신들의 약에 관해 무엇을 알고 싶어하는지를 물어봅니다. 진짜로 묻고 싶은 질문을 충분히 하게 함으로써 그들을 편안하게 만들어주는 것이죠."

우리는 귀를 쫑긋 세웠다. 고객으로부터 수집한 독점적인 정보를 마케팅 도구로 활용하기 위해서가 아니라 고객이 진짜로 필요로 하고 원하는 것을 스스로 요구하도록 돕기 위해서라니! 스켄데리언은 간단한 사례를 말해주었다.

알다시피 고객과 이야기를 나누면 무엇인가를 발견할 수밖에 없습니다. 이곳 케임브리지에 거주하는 우리의 고객들은 대부분 힘든 일에 종사하는 블루칼라 가족들이죠. 저는 이 지역에 그런 블루칼라 가족들이 80퍼센트가 넘는다는 것을 몰랐습니다. 바로 얼마 전에야 알게 되었으니 참 이상한 일이죠.

며칠 전에 염색한 머리에 가죽잠바를 입고 코걸이까지 한 몇 명의 아이들이 약국으로 들어왔습니다. 우리는 그들의 말을 존중하는 마음으로 경청하고 그들의 질문에 답을 해줬죠. 모든 사람에게 하듯이 말입니다. 그 아이들은 블루칼라 가족들의 일원이었는데, 하고 다니는 행색 때문인지 다른 곳에서 항상 좋게 대접 받지는 못합니다.

글쎄요. 소문이 퍼졌는지, 그 아이들의 부모들이 찾아와 우리가 자기네 아이들을 친절하게 대해 줘서 정말 고맙다고 말하더군요. 그들은 예전부터 우리의 고객이었지만, 지금은 우리에게 믿을 수 없을 만큼 충성스러운 고객이 되었답니다. 그들은 다른 고객들에게 항상 우리 약국을 추천하죠.

큰 조직에서 '독점적인 정보'는 거대한 데이터베이스에 저장되고 복잡한 소프트웨어를 써서 분석되는 파일을 의미할지 모른다. 그러나 스켄데리언과 같은 소규모 사업체에서 독점적인 정보란 고객들의 얼굴을 기억하고 고객들이 대접을 받기 원하는 대로 대접해주는 것을 의미한다. 스켄데리언은 자신들의 시스템이 요구하는 구조화된 해결방식에 대해서 계속 설명을 이어갔다.

이런 방식('고객과 이야기 나누기')이 잘 돌아가도록 사업을 구축해야 합니다. 제 동생과 저는 교대로 약국에 나와 세 명의 약사와 함께 일합니다. 그래서 우리는 환자들에게 시간을 낼 수 있는 융통성이 있죠.

알다시피, 환자에 대해 진정으로 안다면 항상 차별화를 기할 수 있습니다. 오늘 배운 것이 어느 시점에 이르면 커다란 차별성으로 나타나죠. 환자는 이러한 차별화된 서비스를 누리기 위해 적어도 향후 5년 동안은 우리를 찾을 겁니다. 만일 당신이 환자들이 복용할 약 모두를 잘 알지 못한다면, 환자와 약에 관해 서로 얼굴을 붉힐 가능성이 정말로 클 겁니다.

환자에 주목하는 것은 장기적인 성공으로 이어지지만, 가끔은 즉각적으로 효과가 나타나곤 합니다. 지난 여름이었죠. 어떤 젊은 여자가 어린 두 아이를 데리고 약국으로 들어왔습니다. 그녀는 반바지를 입고 있었는데, 저는 그녀의 한쪽 다리가 다른 쪽보다 더 크다는 걸 알아챘죠. 저는 그녀의 부어 오른 다리를 가리키며 아프지 않는지 물었습니다.

"아파 죽겠어요"라고 답하더군요. 저는 그녀와 몇 분 이야기를 나눈 다음, 그녀에게 검사를 받아야 하니 곧장 응급실로 가라고 했죠. 케임브리지 시립 병원이 세 블록밖에 떨어져 있지 않으니까요.

두 시간 후 그녀가 돌아왔습니다. 그녀는 응급실에서 혈전 증상을 치료 받은 다음 혈액 희석제 처방전을 가지고 돌아온 것이었죠. 혈전이 다리에서 갈라져 나와 그녀의 폐까지 흘러 들어갔다면, 그녀는 폐색전(핏덩어리가 폐동맥을 막아 호흡곤란을 일으키는 증상-옮긴이)에 걸렸을지도 모릅니다. 아이들이 엄마 없이 지내야 할지도 모르는 상황이었습니다.

매일 환자를 도울 수 있는 기회가 찾아오지는 않습니다. 하지만 그들에 대해 알지도 못하는데도 그들에게 질문을 던지지 않는다면, 처음부터 시도할 기회조차 주어지지 않을 겁니다.

프레쉬폰드마켓, 포터스퀘어 서점, 그리고 스켄데리언 약국의 이야기가 시사하듯이, 여러 고객 유형에 대응하고자 할 때 소사업체의 규모와 범위는 훨씬 크고 훨씬 자금이 풍부한 기업 경쟁자들을 압도하는 독특한 강점으로 작용한다. 사실 '구멍가게' 점원은 문 안으로 들어오는 모든 손님들을 알고 손님들의 특별한 니즈에 꼭 맞는 제품을 제공할 가능성이 높다.[3]

그것이 바로 수요의 다변화를 위해 궁극적으로 추구해야 하는 가치, '한 번에 한 명의 고객을'이다.

유로스타의 첫 출발 '아무도 오지 않았다'

수요의 다변화는 동네 식료품점처럼 소규모로 '얼굴을 맞대는' 사업에서 거의 자연스럽게 일어난다('거의 자연스럽게'라고 표현한 이유는 앞에서 언급한 세 개의 소사업체와 달리, 고객에게 '개인화된 대접'을 하지 않는 소사업체들이 아주 많기 때문이다). 수요의 다변화는 수요를 창조하는 데 사람과 사람 사이의 일대일 상호작용이 중요한 다른 종류의 조직에서도 강력한 역할을 담당한다. 예를 들어, 티치포아메리카의 유나 킴이 학생들의 변화무쌍한 니즈에 자신의 교육 스타일을 조정하기 위해 95퍼센트의 노력을 쏟는다는 사실이 그러하다. 하지만 다변화는 세계에서 '제8의 불가사의'라고 불리는 기술적 경이로움을 이룩한, 어떤 거대하고 국제적인 비즈니스에서조차 강력한 수요 창조 도구가 될 수 있다.

사람들은 1802년부터 영국과 프랑스를 터널로 연결하자는 아이디어에 대해 이야기하곤 했다. 그러나 19세기 당시의 정치적, 군사적 우려 때문에 터널 건설 계획은 무산되었다. 영국인들은 나폴레옹과 같은 사람이 다시 나타나 터널을 통해 군대를 끌고 와 영국을 점령하리란 생각에 항상 안절부절못했다(터널에 대한 영국인들의 편집증은 빅토리아 시대가 끝난 이후에도 여전히 남아 있었다.⁴ 경영역사가인 로버트 소벨은 1803년에 영국 정부가 만든 일자리에 관한 이야기를 즐겨 말하곤 했다. 그 일자리는 작은 망원경을 들고 도버의 백색 절벽 위에 올라서서 바다를 감시하다가 나폴레옹 군대가 다가오면 종을 울리는 임무를 일컬었다. 그 일자리는 1945년에 가서야 없어졌다).

제2차 세계대전 후에 서유럽의 화해와 통합의 분위기가 무르익으면서 '해협 터널Channel Tunnel'에 대한 가능성이 다시 재기되었으며 마침내 1986년에 영국과 프랑스 합작 회사인 유로터널 S.A.Eurotunner S.A.가 이 아이디어를 현실로 만들기 위해 설립되었다. 8년 후에 프로젝트는 완료되었다. 이 프로젝트에는 초기의 예상보다 두 배 많은 금액인 95억 파운드(이 중 4분의 3은 차관으로 충당했다)가 소요됐다. 1994년 5월 6일, 엘리자베스 2세 영국 여왕과 프랑수아 미테랑Francois Mitterrand 프랑스 대통령은 '처널(Chunnel, Channel Tunnel을 줄인 말-옮긴이)'의 개통식을 주재했다.

처널은 매우 인상적인 기술적 개가였다. 세계에서 두 번째로 긴 철도 터널이며 해저터널로서는 가장 길었다(세계에서 가장 긴 철도 터널은 일본의 세이칸Seikan 터널로서 혼슈와 홋카이도를 연결한다. 길이가 거의 54Km에 달하여 처널보다 3Km가 더 길다. 태풍으로 인해 5대의 페리선이 가라앉아 1,430명의 승객이 사망하고 1년이 지난 1955년에 세이칸 터널 건설 계획이 시작되었다. 이 터널 건설에 건설 노동자 34명의 목숨이 희생되었고 거의 20년이 걸려 1988년에 개통되었다). 더욱 중요한 것은 처널을 운행하는 유로스타Eurostar 열차 서비스가 함께 시작되면서 거대 수도인 런던과 파리 사이에 새롭고 편리한 기차 여행 시대가 열렸다는 점이다. 엔지니어, 건설노동자, 사업기획자 등 많은 사람들이 거의 200년이나 된 오랜 꿈을 성공적으로 실현했던 것이다.[5]

그들은 그렇게 처널을 건설했다.

그러나, 아무도 오지 않았다.

물론 '아무도'란 말은 과장이다. 그러나 그리 지나친 말은 아니다. 유로스타 서비스가 시작되기 전에 전문가들은 1,500만 명의 승객들이 매년 이 노선을 이용하리라 예측했다. 하지만 서비스 개시 후 첫 1년 동안(1995년) 판매된 티켓은 고작 300만 장에 불과했다.

유로스타는 미래의 수요에 대해 위험과 비용 부담이 큰 '도박' 위에 자리를 잡은 셈이었다. 또한 많은 시간을 낭비하고 말았다. 유로스타의 경영진은 선택의 여지가 없었지만 자신들의 비즈니스를 재고하고 잃어버린 수요를 찾아내기 위해 새로운 전략을 개발해야 했다.

그들이 깨달은 하나의 문제는 수요를 예측할 때 사용하던, '블랙박스'와 같은 예측모델이었다. 이 모델은 거시경제 지표의 추정치들과 기타 여러 요소들의 가정치(예를 들어, 항공사와의 경쟁 요소)들을 복잡한 수학 모델의 한쪽에 입력하면, 다른 한쪽으로 승객수 값이 톡 튀어나오는 형식이었다. 그것은 복잡하고 정교한 시스템이고 의심할 여지 없이 다량의 지식과 노동력이 요구되는 시스템이었다. 하지만 블랙박스 예측모델이 내놓는 결과는 매우 부정확했다.

유로스타는 처음부터 다시 시작해야 한다는 걸 깨달았다. 유로스타의 수요가 (다른 제품과는 달리) 이질적이라는 것을 감안하여 수요를 분석하고 예측하는 시스템을 구축해야 했다. 블랙박스를 대체하여 새로이 만들어질 예측모델의 접근방식은 '유리 상자'였다. 그들은 유로스타 승객 및 잠재 승객과의 광범위한 인터뷰를 통해 고객들의 특징, 이력, 기대심, 선호, 가치 등에 따라 다양한 고객 유형의 목록을 작성했다. 이 과정에는 확실한 데이터뿐만 아니라, 과학과 수학 그리고 약간의 직감이 동원되었다.

거시경제와 경쟁 정보를 토대로 하여 각 고객 유형별로 새로운 승객수 예측치가 산출되었다. 그런 다음, 모든 개별 예측치들을 하나로 합산했는데, 이때 세그먼트 단위(고객 유형별)로 쉽게 접근하여 검토하고 수정할 수 있도록 유지했다. 그래서 '유리 상자'란 이름이 붙은 것이다.

유로스타의 고객 기반에 대해 다변화 원칙들을 적용하자 성공의 가능성이 눈에 보이기 시작했다. 기름이 잔뜩 낀 안경 렌즈를 말끔히 닦아내듯이, 유로스타가 예전에 고수했던 '평균 고객'이라는 모호하고 희미한 이미지가, 복잡하고 다양한 모든 상황에서도 노선의 잠재 승객수를 밝혀내는 명확하고 현실적인 그림으로 대체되었다.

첫 번째 깨달음은 유로스타 승객의 몇몇 카테고리가 다른 카테고리보다 수요에 대한 잠재력이 훨씬 크다는 것이었다(위대한 수요 창조자들은 모든 고객이 다 중요하긴 하지만 교향곡에 대한 '시험적 관객'과 같은 특정 고객 유형은 성장에 특히 중요하다는 것을 잘 안다).

예를 들어 '은혼 기념일 야간여행자'라고 불리는 그룹이 있었는데, 그들은 낭만적인 스타일로 특별한 날을 기념하기 위해 유로스타를 타고 하룻밤 동안 휴가를 빨리 다녀오려는 나이 든 커플들을 의미했다(추측하건대 이 세그먼트에는 자신들의 기념일을 위해 파리로 여행하려는 런던 거주자들이 그 반대의 경우보다 더 많다. '낭만적인 파리로!'가 '낭만적인 런던으로!'보다 좀 더 자연스러우니까 말이다). 이 세그먼트는 상대적으로 부유해서 유로스타의 마케팅이 목표로 삼아야 할 매력적인 대상이었다. 단, 기념일이 1년에 한 번밖에 없다는 사실, 그래서 커플들의 여행 횟수가 자연스레 제한된다는 사실만 제외하면 말이다.

또 하나의 고객 유형은 '해외여행자'들이었다. 그들은 유럽 대륙과 영국을 함께 묶어 여행하기 위해 유로스타를 이용하는, 미국 등의 지역에서 온 여행객들이었다. 이들은 수요의 성장 잠재력이 클 것처럼 보였다. 하지만 조사를 해보니 마케팅의 실현 가능성이 매우 낮은 것으로 나타났다. 미국 대륙 전역에 흩어져 있고 적절한 커뮤니케이션 매체도 공유되지 않은 상태에서 상대적으로 얼마 안 되는 미국 여행객들을 비용효과적으로 타겟팅하기가 어려웠기 때문이다. 결론은 이랬다. '해외여행자들은 유로스타를 위해 미래 수요의 원천이 될지도 모르지만, 접근이 어렵고 개발하기도 힘든 대단치 않은 그룹이다.' 회사가 성장을 바란다면 다른 곳을 탐색할 필요가 있었다.

유로스타의 직원들이 여러 수치를 점점 더 분석할수록, 동일한 잠재 고객 주위를 계속해서 빙빙 도는 듯했다. 그 잠재 고객은 '비즈니스맨'들이었는데, 그들은 고객을 만나거나 고객에게 무언가를 요청하고, 공급자를 조사하거나 경쟁사 동향을 살피려고 런던에서 파리까지(또는 반대로) 여행하는 사람들을 말했다. 이 비즈니스 여행자들은 쓸 돈이 제법 있고 자주 여행해야 할 이유가 있으며 유로스타의 최대 강점인 시간 절약에 최고 우선순위를 두었다. 교향곡 관객들의 다양성에 관한 연구가 '시험적 관객'의 중요함을 크게 부각시켰듯이, 비슷한 분석을 통해 비즈니스 여행자들이야말로 해협을 가로지르는 열차 여행의 성장에 핵심 열쇠를 쥐고 있음이 드러났다.

유로스타 직원들은 이러한 깨달음을 즉시 사업에 반영했다. 가지각색의 승객 유형에 부응하도록 종래의 2단계 티켓 판매 정책(일반석 편도 티켓(95파운드)과 식사 포함 1등석 티켓(195파운드))은 좀 더 다양한 티켓 정책으로 교체되었다. 가장 알맞은 가격에 그저 빨리 여행하려는 사람들을 위해 일반 티켓을 99파운드에 판매했다. 돈을 좀 더 지불하더라도 더 조용한 객차와 '단골 승객 포인트' 쌓기를 원하는 사람들(예를 들어, 예산에 민감한 비즈니스맨들)은 '이코노미 플러스'라는 티켓을 110파운드에 구입할 수 있었다. 175파운드짜리 '비즈니스 1등석'은 기업체 임원들을 위해 10분 내 체크인 완료, 택시 서비스, 전용 라운지 등 신속하고 편안한 비금전적 서비스를 제공했다. 그리고 호화 레저 여행객들은 여러 혜택과 함께 샴페인과 식사가 포함된 '프리미어 1등석' 티켓을 196파운드에 구입할 수 있었다.

새로운 티켓 시스템은 즉각적인 성과를 보였다. 1995년에 고작 승객수 300만 명으로 털털거리며 힘겹게 데뷔한 후, 총 승객수는 5년 동안 꾸준하게 증가했다. 1996년에 490만 명, 1997년에 600만 명, 그리고 2000년에는 마침내 710만 명이 되었다. 사람들은 자신들이 여행에서 진짜로 기대하는 바를 딱 맞추어주는, '여행의 경험'을 구매하는 것을 분명 좋아했다.

　수치는 희망적이었다. 그러나 여전히 손익분기점과는 거리가 멀었다. 고객 다변화 정책이 유로스타로 하여금 올라갈 수 없을 것처럼 보이는 수익성의 꼭대기로 온 힘을 다해 오르도록 할 수 있었을까?

얼굴을 맞대고 불만에 귀 기울여라

　'비(非)평균화 연구'로 드러난 엄청난 잠재력에도 불구하고, 유로스타는 운영을 시작한 지 10년 동안 내내 생존을 위해 몸부림을 쳐야 했다. 서비스의 실패와 열차 지연은 유로스타의 평판에 커다란 오점을 남겼다. 유로스타의 초대 사장인 리차드 에질리^{Richard Edgley}는 언론에 수습책에 관한 성명서를 내느라, 그리고 노선 운영 첫 해만 해도 열차 지연으로 30분 늦게 탑승한 승객들에게 200만 파운드 상당의 무료 티켓을 나눠주느라 많은 시간을 허송했다.

　에질리의 후임인 헤미쉬 테일러^{Hemish Taylor}는 그가 인계받은 상황을 '그야말로 자멸적인 상태'라고 묘사했다. 그는 서비스 개선 방침을 밀어붙였다. 이 방침에는 런던과 처널 간의 신규 고속철도망 구축이 포함되었는데, 그래야 노선 중 영국 쪽 구간에서의 열차 속도를 유럽 대륙 구간에서의 속도에 가깝게 하여 전체 여행 시간을 꽤 단축시킬 수 있었기 때문이다. 테일러가 1999년에 회사를 떠날 때 유로스타는 여전히 승객 한 명 당 10파운드 이상의 손해를 보고 있었지만, 그는 가까스로 매출을 조금 개선시켰다.

신임 사장인 고든 바이Gordon Bye는 세계적인 경제 불황, 이미 낡아버린 열차들, 더 심각해진 서비스 실패라는 일련의 문제에 봉착했다. 또한, 저가 항공사인 이지젯Easy Jet과 라이언에어Ryan Air는 공격적으로 여름철 휴가 여행자들을 목표고객으로 삼았고 2001년에 이르러 런던-파리 구간의 여행 수요를 상당 부분 차지해버렸다. 같은 해 9월에 뉴욕과 워싱턴 D.C.에 테러 공격이 발생하자 국제 비즈니스 여행은 거의 완전히 끊겼고 매출은 더욱 하락하고 말았다. 승객수는 2000년에 710만 명으로 피크를 이루었지만 그 후 2년 동안 뚝 떨어졌다.

당초 프랑스 정부와 벨기에 정부의 입장을 영국의 여러 가지 공적, 사적 관심사항과 연계할 목적으로 유로스타의 소유권이 까다롭고 이상하게 되어 있었는데, 이것이 문제를 더욱 복잡하게 만들었다. 2003년만 해도 14개의 서로 다른 독립체가 각자 자신들만의 이해관계를 주장하며 유로스타의 부분적인 소유권을 주장했다.

이것이 리차드 브라운Richard Brown이 사장으로 취임한 2002년 8월의 상황이었다. 30년 전 브라운은 대학을 졸업하자마자 돈 잘 버는 셸Shell과 모빌Mobil의 제의를 거절하고 영국철도회사British Rail에 입사했다. 그의 아버지는 이러한 결정에 심하게 반대했었다. 당시에도 철도 사업은 사양사업처럼 보였다(브라운은 "사람들은 '철도의 문제(The Rail Problem)'에 대해 이야기하곤 했죠. 그런 제목의 책까지 나올 정도였습니다"라고 회상한다). 그러나 브라운은 열차 여행에 흥미를 느꼈고 끝까지 영국철도회사에 남아 있기로 했다.

업계에서 높은 평가를 받고 있던 브라운은 유로스타에 믿을 만하고 실용적인 리더십을 발휘할 이상적인 사람으로 널리 인식되었다. 런던 「타임스Times」는 브라운의 프로필을 이렇게 묘사했다. "체구가 작고 대머리이며, 공손하고 커다란 얼굴에 '데스퍼럿 댄Desperate Dan(영국의 만화 〈The Dandy〉에 나오는 당당한 얼굴의 캐릭터-옮긴이)'처럼 돌출된 턱을 가진 브라운은 철도 사업 분야에서 가장 뛰어난 경영자이자 전략가 중 한 사람이라는 평판을 얻고 있다." 데스퍼럿 댄은 오래된 영국 만화에 나오는 옛 미국 서부의 캐릭터로 과도하게 큰 턱을 가졌고 한 손으로 소를 들어올릴 수 있으며 화염 토치로 턱수염을 면도할 정도로 매우 터프한 성격으로 유명했다. 브라운에게는 유로스타에서의 새로운 임무를 위해 그와 같은 터프함이 어느 정도는 필요할 터였다.

그러나 기업의 변화는 그렇게 쉬운 일이 아니다. 특히나 유로스타처럼 복잡한 조직 내에서의 변화는 도전에 가까운 일이다. "우리에게는 3개 국적의 인력이 있고, 브뤼셀, 파리, 런던에 각각 하나씩의 주요 운영 기지가 있으며, 기내 서비스를 제공하는 400명의 스태프가 있습니다." 브라운은 언급한다. "그래서 아주 작은 프로세스를 재설계하는 일조차 상당히 많은 사람들이 자신들의 행동을 변화시켜야 한다는 것을 뜻한답니다. 아침식사용 쟁반 위에 롤빵을 바꾸거나, 새로운 공급자를 찾거나, 스태프를 재교육시키는 일들이 놀랍도록 복잡할 수 있죠."

브라운은 소매를 걷어붙였다. 그는 먼저 전임자들이 남발했던 방어적인 미사여구를 떨쳐내기 시작했다. 그는 서비스 개선에 대한 절실한 필요성을 강조하고 그것이 자신이 추진하는 새로운 경영 방침의 최우선 순위가 될 것임을 약속했다. 또한 브라운은 수요 창조가 자신의 또 다른 주요 임무임을 받아들였다. "우리는 경쟁이 치열한 소비자 시장에서 사업을 벌이고 있습니다." 그는 과거의 유로스타 수장들이 거의 사용하지 않았던 고객 지향의 용어를 써가며 이렇게 역설했다.

가장 중요한 것은 브라운이 유로스타 성장의 가장 큰 열쇠를 쥔 비즈니스 여행자들의 관심을 끌려는 시도를 했다는 점이다. 이것은 단지 광고나 마케팅에 달린 문제가 아니었다. 기존의 유로스타 제품은 이 중요한 고객 유형(즉, 비즈니스 여행자)에게 문제가 되는 여러 고충을 해결하는 능력이 사실상 미약했다. 새로운 제품 특성이 디자인되고 구현되어야만 했다. 2002년 9월, 사장으로 취임한지 꼭 한 달 만에 브라운은 3,500만 파운드를 투자하여 '비즈니스를 위한 유로스타' 프로그램을 내놓았다. '15분 내 체크인 완료' 서비스를 제공하는 비즈니스 여행자 전용창구가 포함된 이 프로그램은 비즈니스 여행자들이 가진 고충을 직접적으로 공략하기 위한 조치였다.

비즈니스 여행자들의 니즈와 희망사항을 더 많이 알아내기 위해 브라운과 직원들은 설문조사와 포커스 그룹과 같은 전통적인 비즈니스 툴을 사용했다. 브라운은 1년에 수십 번 런던과 파리 사이를 여행하는 변호사, 은행가, 금융관리자 등과 개인적으로 친분을 쌓기도 했다(브라운은 "한쪽이 없으면 다른 한쪽이 빈약해지죠"라고 말하여 고객과 이야기를 나누는 공식적인 방법과 비공식적인 방법이 모두 중요하다고 강조한다). 유로스타를 정기적으로 이용하는 사람들이 모여 '클럽 180'이란 모임을 함께 결성했다. 유로스타를 타고 런던-파리 구간을 여행할 때 180분이 걸린다는 의미로 그렇게 이름이 붙여졌다. 브라운은 추가로 시간을 들여 이 클럽 멤버들로부터 많은 것을 배웠다. 그는 클럽 멤버들을 '황금 먼지'라고 표현했는데, 그들이 주는 피드백의 가치 때문이었다. 특히 여행의 고충에 관한 그들의 불만은 브라운의 '할 일 목록'에 많은 부분을 차지했다.

서비스의 실패는 계속해서 유로스타를 괴롭혔다. 2002년 10월에 날씨 관련 시스템의 고장으로 유로스타 운행이 3일째 중단되었을 때, 오도 가도 못하게 된 50여 명의 고객들(그들 대다수가 빈 열차나 터미널 바닥에서 불편하게 잠을 자야 했다)이 런던 워털루 역의 유로스타 사무실 바깥에 모여들었다. 경찰들이 긴급히 달려와 발을 구르고 박수를 치며 "사장 나와라!"를 연호하는 군중들을 통제해야 했다.

모든 위대한 수요 창조자들이 고객과 이야기 나누려는 용기를 보이듯, 브라운은 여러 유로스타 임원들을 함께 이끌고 그 자리에 곧바로 나타났다. 그는 한 시간 동안 터져 나오는 불만들을 모두 들어주었다. 그런 다음, 브라운은 사과의 표시로 발이 묶인 모든 승객들에게 유로스타의 새로운 고속 노선의 무료 탑승권을 제공하기로 했다.

이 경험을 계기로 브라운은 지극히 중요한 비즈니스 여행자들에게 더 나은 서비스를 제공하기 위해 노력을 배가했다. 2003년 6월, 그는 필리페 스타크Phillippe Starck가 설계한 새로운 최고급 1등석 객차의 제작 계획을 일반에 공개했다. 스타크는 이안 쉬래거Ian Schrager의 전설적인 부티크 호텔과 프랑스 대통령 프랑수아 미테랑의 개인 아파트 인테리어를 한 사람으로 유명하다. 이 새로운 객차는 기존의 '2+1' 좌석 배치를 버리고, 달걀 모양의 1인용 회전의자들로 내부를 채우기로 했다. 스타크는 이렇게 단언했다. "최고급 1등석 객차는 자가용 제트 비행기보다 더 좋을 겁니다. 승객에게 이 정도의 편안함을 제공하는 비행기는 세상에 없습니다." 한편, 1등석과 일반석의 모든 좌석은 편안함을 배가하기 위해 양쪽에 날개가 달린 머리받이와 노트북 컴퓨터 사용자를 위한 전원 콘센트를 좌석에 부착함으로써 업그레이드하기로 했다. 또한 열차당 2개의 식당칸을 새로 갖추기로 했다.

2004년에 브라운의 노력은 마침내 성과를 올리기 시작했다. 승객수는 4년 만에 처음으로 증가했다. 그리고 비즈니스 여행자들이 유로스타로 자연스레 몰리자, 다른 유형의 고객 중 상당수가 수요의 증가에 동참하기 시작했다.

다소 놀라운 점은 유로스타의 지속적인 성장에 있어 최상의 원천 중 하나가 'VFR(visiting friends and relatives의 약자–옮긴이)'이라는 라벨이 붙은 고객 유형이라고 판명되었다는 것이다. 이 유형의 고객들은 친구와 친척 방문을 목적으로 유로스타를 이용하는 사람들이었다. 유로스타 승객의 상당수는 국외 거주자였다. 즉 파리로 이주한 영국인들이거나 런던으로 이주한 프랑스인들이었다. 부분적으로 유럽의 경제적, 문화적 통합 덕에 VFR 세그먼트는 꾸준히 증가해왔던 것이다(어떤 사람은 런던이 '프랑스의 6대 도시'라고 말하기도 한다).

이 고객 유형이 레이더 화면에 나타나자마자 브라운과 직원들은 이 고객군을 성장시킬 목적으로 주중 티켓 할인과 특별히 디자인된 '단골 승객 보상 프로그램' 등 다변화된 제품을 실험하기 시작했다. 또한 인터뷰를 통해 VFR 고객 유형을 더 세분함으로써 그보다 하위 그룹의 고객을 규명하기도 했다. 예를 들어, 은퇴자 그룹이나 학교나 직장 때문에 이주한 젊은이들 그룹은 여행에 있어 서로 뚜렷이 다른 고충지도와 취향을 가지고 있었다. 그래서 이 그룹의 고객들을 위해 매력적인 제품 부가물add-on을 특별히 고안했다. 은퇴자들은 종종 자식들과 손주들을 데리고 여행한다. 그래서 유로스타는 파리 디즈니랜드 입장권처럼 아이들이 좋아할 만한 놀이 상품과 승차권을 묶어 할인된 가격으로 판매했다. 학생들과 젊은 직장인들에게는 콘서트와 같은 문화활동을 묶어 할인된 티켓을 제공했다. 유로스타의 승객은 계속 늘어났다.

완벽한 만족을 위한 기술 혁신

하지만, 미래를 향한 유로스타의 가장 큰 도약은 바로 코앞에 있었다. 사회기반시설 건설 분야에서 놀라운 위업(처널의 완공과 유로스타 노선 개통을 일컬음-옮긴이)을 달성했다는 회사의 기원으로 돌아가 수요 창조의 돌파구를 뚫어야 한다는 요구가 끊이지 않았다.

유로스타의 꼼꼼한 고객 조사는 겉보기에 작은 서비스의 개선(예를 들어, 여행시간 단축)이 수요에 엄청난 효과를 가져다 준다는 것을 보여주었다. 특히 비즈니스 여행자들에게 그랬다. 유로스타가 빠르다 해도, 편도에 소요되는 3시간은 여전히 승객의 일과를 상당히 잡아먹었다.

유명한 TGV(떼제베) 고속열차 노선을 보유한 프랑스는 초고속 열차의 선로를 구축하고 유지관리하는 데 오랜 경험을 가지고 있었다. 하지만 영국은 그렇지 못했다. 유로스타가 첫선을 보였을 때, 런던에서

켄트를 거쳐 영국측 처널 입구에 이르는 구간은 유로스타의 모든 구간 중에서 가장 느렸다. 이 구간의 여행시간을 조금 더 줄인다면 유로스타는 비즈니스 여행자들에게 위대한 '고충해결사'가 될 터였다. 파리에서 보낼 수 있는 일과시간에 추가로 50분을 더해 준다면, 곧바로 승객들은 느긋하게 점심을 먹을 수 있는 기회가 생기고, 오후의 업무 미팅이 조금 늦게 끝나도 집에 늦지 않게 도착하여 아이들의 잠자리를 봐준 다음 배우자와 함께 저녁 식사를 할 수 있을 테니 말이다.

선로 업그레이드에 대한 투자는 유로스타의 영국측 주주들이 주도했다. 프로젝트의 1단계 공사는 2003년에 완료되었지만, 서비스에 미치는 영향은 미미했다. 2007년 11월, 프로젝트의 나머지 공사가 마침내 완료되었다. 새로운 '하이스피드 1[HS1]' 노선은 영국측 구간 전체의 운행 속도를 기존의 프랑스 노선과 벨기에 노선 수준에 도달하도록 했다. 그래서 런던에서 파리 구간의 편도 여행시간은 3시간에서 2시간 15분으로 단축되었다.

승객들이 느끼는 심리적인 느낌은 매우 컸다. 저널리스트인 앤드루 마틴[Andrew Martin]은 첫 기념 운행을 경험하고 나서 기뻐서 어쩔 줄 몰랐다.[6] "우리는 30분 만에 처널에 당도했다. 마치 순간이동과 같았다. 이것은 현존하는 교통수단 중 가장 발달된 수단이다."

서비스 문제로 점철된 유로스타의 과거 역사에 비추어볼 때 더욱 놀라운 것은, 이런 변화가 문제를 거의 일으키지 않았다는 점이다. 리차드 브라운은 미소를 지으며 회상한다. "모든 것이 아주 부드럽게 이루어졌죠. 개통 후 2주일이 지나자 한 직원이 이렇게 말하더군요. '이젠

됐죠?'라고 말입니다. "

해협을 가로지는 여행시간이 40분 절약됨으로써 비즈니스 여행자들은 가장 소중하게 여기는 시간이라는 이득을 얻게 되었다. 브라운은 자랑스럽게 말했다. "불과 몇 년 전에는 파리까지 하루 만에 간다는 생각을 아무도 하지 않았을 겁니다. 우리는 유로스타를 어떤 수단으로 이용해야 할지에 관해 사람들의 시각을 확장시키고 있지요."

HS1의 출현은 그동안에 벌였던 그 어떤 시도들보다 유로스타의 매력을 더욱 배가시켰다. 그것은 또한 유로스타 내의 기업문화를 비관적이고 방어적인 문화에서 자신만만하고 자부심을 느끼는 문화로 전환시키는 주요 계기가 되기도 했다. 이 주목할 만한 기술적 개가는 유로스타 직원들에게 엄청난 에너지를 부양시킴으로써 브라운의 말처럼 위협이라기보다는 기회로 미래의 도전과제를 바라보도록 했다.

기반시설(선로)의 업그레이드는 중요한 이차적인 이득을 가져왔다. HS1 노선이 서비스를 시작함과 동시에 유로스타의 주요 발착지인 런던 터미널이 시의 남서쪽에 위치한 워털루 역에서 새로 단장된 런던 북부의 세인트 팽크라스 국제역으로 이전되었다. 겉보기엔 작은 차이였지만, 유로스타의 경영자들이 문제를 바로잡기 시작했다는 점에서 잠재적으로 매우 중요한 의미가 있었다.

고객 다변화 연구로부터 나온 또 하나의 발견은 철도라는 교통수단이 상대적으로 세밀한 지역까지 도달할 수 있다는 점이었다. 프랑스로 가기 위해 유로스타를 선택한 영국의 여행자들 중에는 런던 거주자들이 외딴 도시에서 온 사람들보다 압도적으로 많았다. 사실, 워털루 국제 열차 터미널과 가까운 런던의 특정 외곽 지역은 터미널까지 30~60분을 가야 하는 런던 변두리 지역보다 훨씬 나았다.

집카가 성장하면서 일찍이 직면했던 문제를 떠올려보라. 고객들이 가장 가까운 곳에 위치한 자동차로 가려면 오랫동안 걸어야 한다는 것 때문에 집카를 꺼려했던 그 문제 말이다. 집카는 특정 도심 지역에 자동차의 '밀도'를 증가시켜서 자동차까지 걸어가는 시간을 20분에서 10분으로, 그리고 마침내 5분으로 줄임으로써 이 문제를 해결했다.

2007년에 단행한 워털루에서 세인트 팽크라스로의 이전은 유로스타에게 비슷한 효과를 가져왔다. 여섯 개의 지하철 노선과 일곱 개의 국내 철도 노선이 교차하는 곳에 위치한 세인트 팽크라스 터미널은 파리까지의 기차 여행이 하트퍼드셔Hertfordshire, 베드퍼드셔Bedfordshire, 버킹엄셔Buckinghamshire와 같은 북쪽 지역뿐만 아니라 런던 변두리 거주자들에게 매력적인 대안이 되도록 만듦으로써, 유로스타가 고객을 끌어들일 수 있는 지역 범위를 확장시켰다.

세인트 팽크라스로의 이전은 유로스타의 잠재적인 고객 기반을 재정의했고 엄청나게 확대했다. 그리고 수요는 계속 성장했다.

성장이 성장을 견인한다

HS1이 개통된 후 몇 년 동안 유로스타는 비즈니스 여행자들에게 집중한다는 방침을 유지해왔다. 가장 성공적인 전략 중 하나는 티켓에 '임의성(optionality)'을 부여한 것이었다. 임의성이란 구매한 티켓의 환불 가능성과 탑승 시간의 유연성을 말한다. 이것은 특정 고객 유형으로부터 수요를 끌어내기 위해 세심하게 맞춤 설계한 제품의 힘을 보여주는 또 하나의 사례이다.

제한 없이 교환할 수 있는 티켓은 특히 비즈니스 여행자들에게 중요하다. 왜냐하면 그들은 종종 마지막 순간에 가서 계획을 변경해야 하는 경우가 많기 때문이다. 비즈니스 여행자들이 구매하는 티켓 요금은 회사가 지불하기 때문에 그들은 유연성(교환이 언제든지 가능한)에 대해 상당한 프리미엄을 지불할 수 있다. 반면, 휴가를 위한 여행자들은 그들의 여정을 훨씬 엄격히 통제할 수 있어서 임의성에 대한 니즈가 그렇게 크지 않고 돈을 추가로 내고 싶어 하지도 않는다.

고객별 니즈에 대해 다변화로 대응함으로써 발생하는 경제적 효과는 매우 현저하다. 임의성이 없는 런던과 파리 구간의 최저가의 왕복 티켓은 75유로 정도면 구매할 수 있는 반면, 임의성이 포함된 같은 구간의 '비즈니스 프리미어 티켓' 가격은 339유로에서 시작한다(이 상품은 유로스타에게 매우 큰 이익을 안겨준다).

임의성은 그저 유로스타가 자신들의 소중한 비즈니스 여행자들에게 제공하는 추가적인 제품 특성이 아니다. 유로스타는 터미널 내에 라운지와 모든 물품이 갖춰진 회의실을 홍보하면서, 고객이 티켓을 구매함과 동시에 그 시설을 손쉽게 예약할 수 있도록 한다. 이러한 시설들은 일분일초가 아까운 비즈니스맨들의 시내 이동 시간을 크게 절약해 줄 것이다. 또한 비즈니스 프리미어 여행자들은 열차 여행 후 대리운전 서비스, 무료 와이파이 접속 서비스, 휴대전화와 노트북 PC를 위한 전원 콘센트, 식사와 음료 서비스 등 여러 가지 편의 서비스를 즐길 수 있다. 심지어 열차 탑승 중에 택시를 예약할 수 있어서 도착역의 택시 정류장에서 길게 줄을 서야 하는 일도 피할 수 있다.

이렇게 고객 유형별 제품 다변화의 결과로 유로스타는 주요 경쟁자인 항공사(해협 횡단 페리 서비스가 있지만, 이용객이 상대적으로 극소수다)와의 경쟁에서 결정적으로 승리를 거뒀다(해협을 건너는 페리 서비스도 물론 있다). 대다수가 여전히 비행기를 선호하던 2003년부터 개선의 조짐이 나타나더니, 현재 비즈니스 여행자의 4분의 3은 런던과 파리 사이를 비행기로 다니기보다는 유로스타를 이용하고 있다(유로스타 열차의 90퍼센트 이상이 정시에 도착한다. 이에 비해 히드로 공항에 정시에 도착하는 비행기는 70퍼센트 미만이다). 더구나 비행기에서 유로스타로 전환되는 수요의 양상은 스스로 힘을 강화하는 상승의 소용돌이로 변하기 시작했다. 더 많은 비즈니스 여행자들이 유로스타로 바꿔 탈수록 항공사들은 비즈니스석을 더 적게 제공할 수밖에 없다. 그러면 이용할 수 있는 비즈니스석이 적어질수록 더 많은 비즈니스 여행자들이 유로스타로 발길을 돌리게 된다.

더욱 주목할 만한 것은 비즈니스 여행자들에게 고도로 집중하다 보니 다른 카테고리의 여행자들에게까지 유로스타의 매력이 증대되었다는 점이다. 고객 설문조사 결과, 그리고 브라운이 개인 승객들에 대해 끊임없이 집요한 관심을 기울인 결과, 비즈니스맨들은 독립된 좌석을 선호한다는 점이 명백하게 드러났다. 미팅을 하러 가는 동안 이메일을 처리해야 하거나 프레젠테이션 계획을 세우고자 하는 사람들은 디즈니랜드로 가는 아이들이나 신혼여행자인 듯 보이는 커플들과 바싹 붙어 앉기를 좋아하지 않는다.

그러나, 좀 불분명하긴 하지만 브라운과 직원들이 알아낸 바에 따르면 휴가 여행자들도 똑같은 심정이라는 점이다. 그들은 노트북 PC를 클릭하거나 휴대폰 통화로 거래를 협상하는, 핀 스트라이프 정장을 입은 여러 비즈니스맨들이 바로 옆에 앉아 있으면 휴가 분위기를 망쳐버린 듯한 느낌이 들 테니 말이다.

"정말 놀랐답니다." 브라운은 회상한다. "하지만 나중에 보니 극도로 명백했습니다. '왜 예전엔 그 생각을 못했을까?'라며 스스로를 책망할 수밖에 없었죠."

유로스타는 두 가지 유형의 승객들을 분리시키고 양쪽의 구미에 모두 맞춤으로써 여행에 대한 그들의 만족감을 향상시켰다. 예를 들어 2005년에 들뜬 분위기에 젖은 부유한 휴가 여행자들을 위해 특별히 '레저 셀렉트 티켓'이 만들어졌다. 비즈니스 여행자와 마찬가지로, 그들은 자신들만의 객차에서 신문과 잡지 등의 읽을거리, 자리로 서빙되는 음료와 식사 등 매력적인 여러 가지 특전을 누린다. 브라운은 말한다. "우리가 이런 변화를 시도하니 '비즈니스 프리미어'와 '레저 셀렉트' 양쪽의 티켓 판매량이 크게 증가했습니다." 이러한 맞춤식 제품 전략을 취한 결과, 다른 고객 세그먼트에서의 수요 성장은 비즈니스 여행자 세그먼트의 폭발적 성장과 어깨를 나란히 하게 되었다. 예를 들어, 현재 VFR 카테고리에 속하면서 해협을 횡단하는 여행자들 중 91퍼센트는 유로스타를 이용한다.

유로스타의 부활

조직이 수요의 다변화를 대응하기 위해 사용할 수 있는 다양한 기법들이 있다. 유로스타는 적어도 두 가지를 사용한다. 하나는 제품 다변화(비즈니스 여행자와 기타 고객 유형에게 꼭 맞게 설계된 특별 서비스)이고, 또 하나는 개인화될 수 있는 제품의 플랫폼(예를 들어, 마지막 순간에 교환할 수 있는 권리에 가치를 느끼는 고객들이 그 권리를 구입할 수 있도록 임의성을 제공하는 티켓)에서의 다변화이다.

여느 위대한 수요 창조자와 마찬가지로, 유로스타는 최종 수요자 너머에 있는 고객 유형의 니즈에 부응하기 위해 여러 시스템을 개발했다. 예를 들어, 유로스타는 기업의 출장 관리자들을 만나 협의하는, 약 15명의 대표자로 구성된 전담 인력을 보유하고 있다. 업계에서 흔치 않은 일이다. 유로스타는 또한 해외여행사에 대한 지원을 강화했다. 해외여행사는 영국과 유럽 본토를 방문하는 여행객들로부터 수요를 창출하는 데 큰 역할을 수행한다. 유로스타가 출범한지 첫 10년 동안 그 여행사들은 리차드 브라운이 '끈끈한 꿀 속을 헤치며 걷는 듯하다'고 표현할 만큼 여러 단계의 과정을 거쳐야만 고객의 유로스타 예약을 대행할 수 있었다. 2004년에 유로스타는 여행사들이 항공 티켓을 예약할 때 사용하는 시스템과 동일한, 전산화된 '글로벌 유통 시스템'을 구축했다. 이러한 '고충 해결'이라는 획기적인 조치 덕에, 유로스타가 너무 어려워서 직접 다가서지 못했던 해외여행자들은 이제 '수요의 웹'에 말려들었고(웹을 통해 직접 유로스타를 예약할 수 있게 됐다는 의미임-옮긴이), 유로스타를 이용하여 영국을 방문하는 미국 여행자의 연간 성장률이

50퍼센트를 넘을 정도가 되었다.

브라운이 고객들과 이야기를 나누는 공식적인 방법과 비공식적인 방법이 모두 중요하다고 강조했듯이, 그는 전통적인 마케팅 방법(광고, 프로모션, 홍보)과 고객의 입소문 모두 활용할 필요가 있음을 또한 강조한다. "만약 입소문 없이 광고만 하려 한다면, 또는 그 반대로 한다면, 획기적인 돌파구를 마련하지 못할 겁니다. 사람들이 선호하는 여행 방법에는 여러 가지가 있고, 사람들은 그 방법을 쉽게 바꾸지 않습니다. 그래서 대다수의 비즈니스 여행자들이 파리와 런던 사이를 날아서 이동하던 상황을 비행기를 이용하는 사람이 별로 없는 지금의 상황으로 전환시키는 데 5년이란 시간이 족히 걸린 겁니다. 사람들의 여행 방법을 변화시키는 일은 시간이 걸리고 많은 노력이 필요한 법이죠."

이제 변화가 벌어지는 중이다. 1995년에 300만 명에 불과했던 전체 연간 승객 수는 2000년에 710만 명으로 늘었다가 그 후 침체되어 3년 동안 700만 명 아래로 떨어졌다. 그러나 지금은 6년 연속 성장을 만끽하고 있다. 2010년에 950만 명의 여행자가 유로스타를 이용했다. 2012년에 드디어 1,000만 명을 뛰어넘으리라 예상되는데, 회사는 최초로 전사적인 수익성을 달성하리라 기대하고 있다.

당연히 리차드 브라운과 유로스타에 있는 그의 동료들은 이를 매우 기쁘게 생각한다. 하지만 영국의 납세자들도 마찬가지이다. 1994년에 처널 입구에서 거행된 개통식 이래로 매년 짊어져야 했던 경제적 손실이라는 부담으로부터 하루빨리 빠져 나오길 진정으로 바라기 때문이다. 또한, 제트기 여행보다 열차 여행의 오염물질 및 온실가스 배출량이 10분의 1에 불과하다는 것을 잘 아는 환경운동가들도 마찬가지로 기뻐할 일이다.

조금은 분명하진 않지만 유로스타의 부활로 인한 다른 이득도 나타나기 시작했다. 해협 횡단 여행에 있어 유로스타의 커지는 주도권 덕에, 리차드 브라운은 영국 정부 관리들에게 지방 공항들을 확장하려는 계획을 축소하라고 설득하는 중이다(유로스타는 현재 대략 25만 명 분의 근거리 항공여행 수요를 매년 대체하고 있다). 브라운은 말한다. "우리는 새로운 활주로가 전혀 필요 없다고 말하는 게 아닙니다. 하지만, 하나나 둘을 줄이는 일은 사소하지 않습니다." 재무적 문제, 환경적 문제, 그리고 소음 공해에 대한 염려 때문에 공항의 확장에 저항이 커지는 시대에 그것(공항 확장을 축소하자는 건의-옮긴이)은 전혀 하찮은 일이 아니다.

리차드 브라운의 집중력 있는 리더십과, 수요 다변화에 의해 산출된 여러 통찰을 기회로 삼으려고 10년 이상 노력한 끝에 축적된 장기적 효과 덕분에, 드디어 유로스타는 수요 창조를 위한 자신의 잠재력을 구현시켜낼 모양이다.

이것은 좋은 일이다. 이 회사는 완전히 새로운 비즈니스의 도전에 이미 직면해 있기 때문이다.

하나는 서비스 실패라는 오래된 악몽이 재현될 조짐이 있다는 것이다. 2009년 12월 크리스마스를 며칠 앞둔 어느 날, 유로스타 열차 5대가 장애를 일으켜서 승객 2,500명 이상의 발이 묶였고 10만 건 이상의 여행 계획이 차질을 빚었다. 이러한 낭패는 브라운을 새로이 통합된 '유로스타 인터내셔널 주식회사'의 회장으로 승진시키려던 계획을 지연시켰다. 동시에, 완전히 새로운 종류의 경쟁 위협이 나타나고 있다. 2010년 6월에 공정경쟁 확립을 담당하는 유럽 위원회의 시장 감시 단체가 유로스타를 하나의 통합된 사업체로 융합시키려는 오래된 계획을 승인했다. 하지만 런던과 유럽 간의 처널 노선을 경쟁사들이 사용할 수 있도록 개방해야 한다는 조건이 붙었다. 당장 네덜란드의 네드레일웨이스NedRailways, 에어프랑스Air France, 독일의 도이치반Deutsche Bahn이 유로스타와의 경쟁에 즉각 관심을 표명했다.

이 경쟁자들이 해협 횡단 서비스를 시작하려면 시간이 걸릴 것이다. 아마도 2012년이 되어야 상업적인 운행이 시작되리라 전망된다. 그러나 브라운이 이미 공격적으로 경쟁사의 위협을 밀쳐내고 있다. 그는 신규 경쟁자의 능력뿐만 아니라 고객들의 커가는 기대감보다 몇 발자국 앞서기를 바라면서, 유로스타가 가파른 개선의 궤도 위를 달리도록 일련의 새로운 전략들을 진두지휘하고 있다. 다양한 유형의 승객들을 위해 흩어진 점들을 하나로 연결하는 새로운 마케팅 및 영업 방침이 발표되었는데, 여기에는 버진아틀랜틱Virgin Atlantic Airways과의 제휴로 티켓을 자유롭게 묶어서 스위스까지의 연결편 항공 요금을 한 번에 구매할 수 있게 하는 '다이내믹 패키징'이 포함되었다.

브라운은 또한 영국 정부를 설득하여 잉글랜드 북부의 주요 산업 중심지인 버밍엄과 런던을 잇는 '하이스피드 2'의 계획 수립을 시작하도록 했다. 그리고 2010년 10월에 유로스타는 승객 수용력이 크며 더 고속인 10대의 신형 열차를 지멘스로부터 들여오고, 유럽 본토의 여러 지역으로 서비스를 확대하기 위해 11억 달러를 투자하겠다는 계획을 발표했다. 수요 창조자의 일은 결코 멈추지 않는다. 하지만 최고의 수요 창조자들은 시장을 평균화하지 않는 것(즉 다변화하려는 것)이 수요의 폭발을 발생시킨다는 점을 인식하고 있다. 유로스타가 다음에 벌일 '비평균화' 행동이 무엇일지 귀추가 주목된다.

다변화를 위한 5가지 전략

'공급자적 사고방식'에 익숙한 사람들은 고객 다변화를 싫어하는 경향이 있다. 고객 다변화의 과정은 그들의 삶을 더 복잡하게 만든다. 충족시켜야 할 니즈가 너무나 다양하고, 각각의 니즈는 특별한 사고와 집중을 요구하기 때문이다.

수요 창조자들은 다르다. 그들은 다변화를 사랑한다. 왜냐하면 다변화가 수요 창조자들에게 더 많은 고객들에게 더욱 정교하고 솜씨 좋게 더 우수한 제품과 니즈에 꼭 맞는 제품을 제공할 기회를 많이 주기 때문이다.

그러나 그들은 다변화에 대응하는 일이 쉽지 않다는 것을 또한 잘 안다. 복잡하고 까다로우며 돈이 많이 드는 일이다. 시간이 흐르면서 그들은 비용효과적인 다변화를 위해 다음과 같이 몇 가지 전략들을 마련해 냈다.

1. 제품 다변화: 애플의 아이팟(49달러짜리 아이팟 셔플부터 399달러짜리 최고 사양의 아이팟 터치까지 여러 가지 버전을 구비한 것)처럼, 비용을 지속적으

로 줄이기 위해 가급적이면 공통 요소의 비율을 높이 유지하면서 제품 다변화를 이루어라.

2. 플랫폼: 케어모어가 당뇨병부터 울혈성 심부전까지 환자 상태를 위해 공통적인 서비스 인프라와 다수의 '플러그-인' 서비스를 제공하듯이, 개인의 특정 니즈에 부응하는 부가물을 가진 플랫폼을 창조하라.

3. 조직적인 해결책: 블룸버그와 테트라팩이 맞춤 서비스를 제공하기 위해 전 세계에 고객들과 긴밀하게 일하는 수천 명의 전문가들을 보유하고 있듯이, 특정 니즈에 제품을 맞춰주고 제대로 작동되도록 보장할 능력이 있는 전담 인력으로 조직적인 해결책을 제시하라.

4. 독점적 정보: 아마존과 넷플릭스가 과거의 구매 패턴과 평가 점수를 바탕으로 움직이는 고유의 '추천 엔진'을 사용하듯이, 개인화된 제품을 제공하기 위해 독점적 정보를 활용하라.

5. 신규 부문 및 사업: 네슬레가 네스프레소를 통해 에스프레소 마켓에 뛰어들었듯이, 필요하다면 다른 유형의 고객을 위해 신규 부문과 신규 사업을 발족시켜라.

고객 다변화라는 다섯 가지 유형의 도전과제에 대응하기 위한 다섯 가지 전략들. 당신은 저 멀리 앞서가는 수요 창조자들로부터 이 다섯 가지 전략 외에 두루뭉실한 전략을 뛰어넘는, 다른 무엇이 있다고 생각하는가?

Demand

ADRIAN J. SLYWOTZKY WITH KARL WEBER

제7장

출시
수요의 아킬레스건

07

혁신의 결정체 '인사이트'는 왜 실패했을까

오늘날, 하이브리드 자동차와 그의 후예인 전기 자동차는 자동차 산업 혁신의 최전선에 서 있다. 연료의 효율성과 환경 친화적인 이미지 덕에, 이러한 대안적 교통수단의 출현은 전 세계 운전자들의 수요 증가를 꾸준히 유발시켰다.

그러나 현재 하이브리드 자동차의 열성적인 팬들 중에서 최초로 대량 생산되어 미국에 판매된 하이브리드 자동차의 이름이 무엇인지, 그리고 언제 그 자동차가 출시됐는지 정확하게 추측할 수 있는 사람은 별로 없다.

그 자동차의 이름은 혼다의 인사이트Insight다.[1] 이 자동차는 1999년에 출시되었는데, 미국 환경보호청에 따르면 고속도로에서 갤런당 70마일(1리터 당 약 29.6 Km-옮긴이)에 이르는 놀라운 연비를 자랑했다.

인사이트는 틀림없이 놀라운 기술적 개가였다. 그런데 인사이트에 무슨 일이 생긴 걸까? 왜 인사이트는 후에 나온 하이브리드 자동차들이 창출한 수요의 '혁명'에 방아쇠를 당기기 못했을까?

첫 번째로 드는 의문은 왜 1세대 인사이트가 2006년에 단종될 때까지 전 세계에서 1만7,000대밖에 팔리지 않았냐 하는 것이다. 그리고, 새로이 디자인된 인사이트가 2009년에 출시되어 일본에서의 판매가 첫 12개월 동안 랭킹 5위를 달성할 정도로 상당히 선전했지만, 왜 미국에서의 반응은 뜨뜻미지근했냐는 것이다(2010년에 2만1천 대 미만에 불과했다).

이 질문에 대해 몇 가지 대답이 있다. 우선, 2도어 해치백에 뒷좌석이 없는 1세대 인사이트는 실험실 바깥으로 나갈 준비가 덜 된, 일종의 과학 프로젝트처럼 보였다. 「뉴욕타임스」는 인사이트의 스타일을 이렇게 표현했다. "발목까지 내려온 치마를 입은 뽀빠이 친구 올리브를 보는 것 같다. 뒷 펜더의 밑부분은 정말 촌스럽다."(공기의 저항을 줄이기 위해 1세대 인사이트의 뒷 펜더는 뒷바퀴를 반쯤 가리고 있다─옮긴이). 혁신적인 자동차를 칭찬할 이유를 적극적으로 찾아낼 것 같은 에드먼즈닷컴 Edmunds.com(미국의 자동차 정보 사이트─옮긴이)의 자동차 분석가들조차도 수많은 불만을 쏟아냈다. "세차장에 들어가거나 펑크 난 타이어를 교체하기 전에 뒷바퀴를 덮고 있는 펜더 밑부분을 반드시 제거해야 하는 게 불편하다. 그리고 알루미늄으로 된 차체는 수리하고 교환하는 데 비용이 너무 많이 들고 그 때문에 보험 할증률도 높아진다. 산악지역 거주자들은 배터리 팩 충전량이 빠르게 감소하는 것을 탄식하며 낮은 출력의 휘발유 엔진(1000cc짜리 67마력-옮긴이)만으로 힘겹게 오르막길을 올라야 할 것이다." 에드먼즈닷컴의 주행 테스트 전문가는 이렇게 경고했다. "인사이트로는 추월은 시도할 일이 못 된다. 토요타의 코롤라Corolla조차도 인사이트보다 빠른 스피드의 귀재이다." 차량의 특성을 평가한 전문가는 이렇게 말했다. "시속 40마일이 넘는 바람이 몰아치면 인사이트의 바퀴에 연이 달려 있는 듯한 느낌이 든다. 큰 돌풍이라도 불어오면, 달리던 초경량급 인사이트를 진짜로 반대쪽 차선으로 날려버릴 것만 같다. 절대 농담이 아니다."

에드먼즈닷컴의 평가자들은 "우리는 혼다의 기술이 집약된 이 역작에 깊은 인상을 받았다"라고 말했지만, 그들의 논평 기사는 그 작은 차에 자비를 구하는 듯한 말로 끝을 맺었다. 이런 식으로 생각해보라. 인사이트는 자원을 보호하기 위한 자동차이다. 비록 신기원을 열지는 못했지만. 이후 혼다는 1세대 인사이트가 '실험적인' 자동차였다고 밝혔다. 하지만 그럼에도 불구하고 왜 인사이트를 모터쇼 행사장을 거쳐 현실세계의 시장으로 진입시켰는지 알 길이 없다.

혼다는 인상적인 혁신의 역사를 가진 뛰어난 회사다. 하지만 혼다의 가장 위대한 업적 중 하나가 될 수 있었던 인사이트는 아무리 낙관적으로 이야기해도 실망 그 자체였다. 이는 수요의 세계가 얼마나 예측 불가능한지를, 그리고 대부분의 신제품 출시가 성공보다는 실패를 더 자주 야기한다는 것을 그대로 드러내는 전형적인 이야기이다.

이처럼 '출시 실패'라는 고통스러운 현실은 1993년에 자체 하이브리드 자동차 프로젝트를 승인해줄 것을 요구받았을 때 토요타 이사회 멤버들의 마음 속에 자리잡고 있었을 것이 분명하다.

석유 공급이 예측 불가능하고 지속적으로 감소하는 세계에서, 극도로 효율적인 하이브리드 자동차라는 아이디어는 매우 매력적이었다. 그러나 개발하는 데 비용이 엄청나게 많이 들 터였다. 특히 인사이트가 표방한 것보다 더 높은 수준의 연료 효율을 달성하기를 바라는 토요타 엔지니어들에게는 더욱 그러했다. 개발 비용은 최소한 10억 달러가 될 것으로 예상됐다. 게다가 인사이트의 운명이 모습을 드러냄에 따라 낯선 기술을 채용한 자동차가 상업적으로 성공할 가능성은 낮았다. 토요타 하이브리드 자동차의 경우, 성공 가능성이 5퍼센트 정도밖에 안 되어 보였다.

태스크포스 팀의 리더인 다케시 우치야마다^{Takeshi Uchiyamada}에게 왜 그렇게 승산 없는 프로젝트에게 10억 달러라는 판돈을 걸었는지 물었을 때, 그는 과거에 이룬 가장 대범한 기술적 개가 중 하나를 예로 들면서 이렇게 대답했다. 미국인들이 달에 가는 데 성공했다면, 우리는 이 자동차로 성공할 수 있습니다.

달에 사람을 보낸 일은 결의에 찬 상대방(소련)이 촉발시킨 전 지구적 도전에 대한 대응 조치로서, 용감하고 젊은 대통령이 받아들인 승산 없는 게임이었다. 이토록 조직의 운명을 걸고 승산 없는 게임을 택하는 리더들은 별로 없다. 우치야마가 과연 일을 성사시킬 수 있었을까? 토요타가 혼다를 몰락시킨 운명을 피할 수 있었을까?

실패 연대기에 포함될 것인가, 성공의 스포트라이트를 받을 것인가

출시는 '아킬레스건'이다. 여기서 출시란, 신제품의 출시뿐만 아니라, 비영리 조직의 발족, 정부 정책의 시행, 교육 이니셔티브의 전개 등을 모두 포괄하는 개념으로서 프로젝트의 결과물이 시장에 첫선을 보인다는 의미이다. 모든 프로젝트의 출시는 현실을 '건드리고' 변화시키려는 시도이다. 그러나 그것들 대다수는 실패로 끝나고 현실은 여전히 바뀌지 않는다. 새로운 제품은 팔리지 않고, 높은 이상을 가진 비영리 단체는 목표에 미달하며, 정부의 정책은 의도했던 사람들에게 미치지 못하고, 교육 이니셔티브는 무시되고 만다. 그래서 출시 팀이 기대하고 희망하던 수요는 결코 실현되지 못한다.

세계에서 최고로 잘 관리되고 가장 큰 성공을 거둔 조직조차도 때때로 출시에 실패한다. 세계에서 가장 스마트한 회사 중 하나로 누구나 생각하는 영국의 유통업체 테스코^{Tesco}가 미국에 진출시킨 '프레쉬&이지 네이버후드 마켓츠^{Fresh & Easy Neighrhood Markets}'를 떠올려보라.[2] 테스코는 3년 동안 공을 들여 미국 남서부 지역에 신개념 매장 출시를 준비했고, 여러 가지 매장 디자인을 테스트하기 위해 완전한 '모델 매장(아파트 모델하우스와 비슷한 개념의 임시 건물-옮긴이)' 안에 별도의 창고를 짓기도 했다. 테스코는 쇼핑객들이 식료품 진열대를 돌아다니며 카트에 물건을 채워 넣는 모습을 주의 깊게 바라보며 고객의 행동을 철저하게 관찰했다. 테스코는 신선하고 건강에 좋은 제품을 매일 싼 가격으로 공급하고, 빠르고 편리한 셀프-서비스 계산대와 상대적으로 매장 규모가 작고(1만 평방피트) 쇼핑이 간편한 매장 형태를 완성하게 되었다.

언론이나 업계 사람들은 굉장한 성공을 예상했다. 테스코가 2007년 11월에 캘리포니아, 애리조나, 네바다에 새로운 체인을 출시했을 때, 2년 내에 200개 매장을 세우기로 계획되어 있었다. 목표 매출액은 1주일에 20만 달러였다. 그러나 실제 매출 평균은 1주일에 고작 5만 달러에 그쳤고, 테스코가 전략을 재고하기 위해 체인 확장 프로그램을 중단했을 때 오직 115개 매장만이 개점된 상태였다.

무엇이 잘못 되었을까?

집중적인 조사와 분석에도 불구하고, 테스코는 미국 소비자들을 근본적으로 잘못 해석하고 말았다. 소비자들은 '매일 낮은 가격'뿐만 아니라 쿠폰을 원했다. 또한 그들은 (자동화된 계산 머신보다는) 계산원과 대면하길 바랐고, 신용카드 사용을 원했고(프레쉬&이지는 신용카드 사용을 금했다), 기타 프레쉬&이지가 제공하지 않았던 여러 특성들을 기대했다. 고객이 무엇을 원할 것인지 테스코가 예상한 것과, 고객들이 실제로 원하는 것이 매우 다르다고 판명되었던 것이다.

테스코의 실패는 결코 예외적인 일이 아니다. 이것은 규칙이다. 위대한 기업이 겪은 '출시 실패의 연대기'에는 프레쉬&이지와 함께, 독일로 진출했던 월마트, 일본에 진입했던 이케아IKEA, 노키아의 '엔-게이지N-Gage' 게임 시스템, 애플의 1세대 맥북에어MacBook Air, 소니의 리브리, 그 밖에 수많은 회사의 수많은 제품들이 나열되어 있다. 물론 혼다의 인사이트도 마찬가지다.

출시 실패에 관한 실제 통계를 밝혀내는 일은 아주 어렵다. 하지만 산업에 정통한 전문가들이 제시하는 추정치만으로도 충분히 골치가 아프다. 전문가들은 할리우드 영화의 60퍼센트가 투자를 회수하는 데에 실패한다고 말한다. 기업 인수합병 건의 60퍼센트는 이익이 되기보다는 손실로 끝나버린다고도 한다. 컴퓨터 시스템 업그레이드와 같은 정보기술 프로젝트로 어림잡아 70퍼센트 정도, 벤처 캐피탈 투자는 80퍼센트 정도가 실패로 막을 내린다. 새로운 식품의 78퍼센트, 새로운 처방약의 90퍼센트 이상이 결실을 맺지 못하고 사라져버린다.

이렇게 일방적인 실패율을 바꿀 만한 방법은 없을까? 만일 당신이 수요 창조자가 되려고 한다면, 영리 기업이나 비영리 단체에서 일하든, 아니면 정부 기관이나 자선단체에서 근무하든, 당신의 다음 프로젝트 출시에 걸린 성공 확률을 20퍼센트에서 80퍼센트로, 아니 그 이상으로 끌어올릴 수 있을까?

아마 그럴 수 있을지 모른다. 그러나 성공하려면 일반적으로 이루어지는 출시를 관리하고 동시에 불행으로 이끌기도 하는 '생각 유전자'의 변화가 필요하다. 성공은 일상적인 비즈니스를 뛰어넘어 먼 곳으로 확장하기를, 독특한 조직 구조를 적용하기를, 자원을 색다르게 혼합하기를, '건강한 긴장감'을 가지기를 요구한다. 또한 성공은 외골수적인 마인드, 굳센 의지, 그리고 아폴로 프로그램을 추진하는 구성원들이 '인간을 달에 착륙시키고 무사히 지구로 귀환시키겠다'는 케네디의 목표를 달성케 하는 대담함을 필요로 한다.

가장 중요한 것은, 그리고 무엇보다 가장 어려운 것은, 성공이 '나 자신을 규정하는' 선천적 특성의 한계를 상당 부분 극복하기를 요구한다는 점이다.

사람들은 자기가 믿는 것을 본다

출시를 준비할 때, 사람들은 내심 성공 확률이 아주 높을 것이라 믿는다. 이것이 사람들이 처음에 프로젝트를 착수하는 이유이다. 하지만 틀렸다. 그 확률은 아무도 모르는데다가, 십중팔구 형편없이 낮기 때문이다. 경영자들은 일반적으로 자신감에 차 있다(그렇지 않으면 시도하려 하지 않을 테니). 그러나 종종 그 자신감은 환상이었음이 밝혀지고 나중에 커다란 부담으로 이어지곤 한다.

댄 로발로Dan Lovallo와 다니엘 카니먼Daniel Kaheman은 자신들이 2003년에 쓴 논문 「성공의 착각Delusions of Success」에서 왜 사람들이 프로젝트의 성공 확률을 과대평가하는지 설명한다.[3] 위험한 프로젝트의 결과를 예측할 때, 경영자들은 심리학자들이 말하는 '계획의 오류'에 너무나 쉽게 희생된다. 계획의 오류에 사로잡혀 경영자들은 이득, 손실, 가능성을 이성적으로 따져보지 않은 채 막연한 낙관주의에 근거하여 의사결정을 내린다.

바꿔 말하면, 성공할 진짜 확률이 10퍼센트일 때 사람들은 40퍼센트쯤 된다고 생각한다. 진짜 성공 확률이 5퍼센트라면 글쎄, 사람들은 그 확률을 믿으려 하지 않는다. 로발로와 카니먼은 이러한 인지 편향을 바로잡을 유용한 처방전을 제시한다. 그것은 '데이터를 찾아라'이다. 당신의 회사, 혹은 당신의 산업이나 다른 산업에서 벌어진 유사한 프로젝트의 실제 출시 실패율을 추적해보라. 그 수치들은 대단히 놀라워서 정신이 번쩍 들게 만들 것이다.

예를 들어, 로발로와 카니먼은 자신들 중 한 명이 이스라엘에 있는 고등학교를 위해 '신규 교과과정 수립 프로젝트'를 수행하던 때를 이야기한다. 여러 명의 존경 받는 교수들과 교과목 전문가들이 팀으로 참여했다. 프로젝트 초기에 팀원들은 프로젝트를 완료하는 데 필요한 시간을 각자 추정해보라는 질문을 받았다. 봉인된 추정치들을 모두 공개하니 18개월에서 30개월까지 의견이 다양했다.

팀원 중 한 명이 의문을 제기했다. 그는 단순하게 팀원들의 추정을 들어보는 것보다 데이터를 수집하는 게 낫다고 생각했다. 그는 비슷한 교과과정 프로젝트의 과거 기록들을 조사했고, 그 프로젝트들이 완료되기까지 예외 없이 모두 7년에서 10년 정도의 작업을 필요로 했다는 점을 발견했다. 팀원들이 대략 24개월로 합의를 이룬 추정치는 적어도 250퍼센트 정도를 빗나가버린 셈이었다(24개월의 250퍼센트는 5년. 그러므로 2년+5년=7년임-옮긴이).

데이터를 수집하는 목적은 부정적이거나 체념적인 분위기를 만들기 위함이 아니라, '출시 팀' 멤버들이 자신들을 막아선 장애물을 있는 그대로 바라보도록 독려하기 위해서다. 과정의 모든 단계에서 성공 확률을 향상시키는 시스템적인 접근방식을 통해 아킬레스건이 비밀 병기가 되도록 만드는 것이 데이터 수집의 목적이다. 또한 데이터 수집의 목적은 '재앙에 대한 상상력(비평가 수잔 손탁의 말)'을 함양함으로써, 재앙을 막을 수 있는 효과적인 전략을 광범위하게 수립하기 위해서이다.

데이터는 그 자체로 상황을 개선시키지 못한다. 그리고 아무도 당신이나 데이터를 믿지 않을 가능성이 크다. 이런 현상을 제멜바이스 반사Semmelweis Reflex라고 부른다. 이그나즈 제멜바이스Ignaz Semmelweis는 헝가리 출신의 의사로, 1840년대 비엔나에서 산욕열로 인해 산모들이 사망하는 경우가 매우 많다는 사실에 당혹해했다. 그가 혁신적인 통제실험을 통해 도출한 해결책은 환자를 접하기 전에 의사가 염소 소독제로 손을 씻으면 사망률이 크게 줄어든다는 것이었다.

제멜바이스에겐 불행한 일이지만, 그의 업적은 루이 파스퇴르^{Louis} ^{Pasteur}의 세균발생설 연구보다 앞서는 것이었다(제멜바이스가 파스퇴르보다 유명해질 수 있었지만 그렇지 못했다는 의미임-옮긴이). 제멜바이스의 아이디어는 의사들이 가진 기존의 생각과 충돌했고 어떤 의사도 그를 믿지 않았기 때문이다. 제멜바이스는 47세의 나이로 정신병원에서 사망했고 (규율 간호사에게 맞아 죽었다는 설이 있음-옮긴이), 그의 통찰은 폐기되고 말았다.

제멜바이스가 설득시키는 데 실패했던 의사들은 어느 면으로 보나 자신들의 생각을 반대하는 도전에 누구나 흔히 그렇게 하듯 반응한 것이었다. 오래 지켜온 규범에 반하는 새로운 지식은 인간의 본성에 의해 거부되는 경향이 있다. 굳게 지켜온 믿음과 데이터 간의 시합에서 데이터는 패배한다.

이런 말이 있다. "나는 내가 본 것을 믿을 것이다." 제멜바이스 반사는 이 문장을 이렇게 뒤집어버린다. "나는 내가 믿는 것을 볼 것이다." 출시의 성공 확률을 향상시키려 할 때, 제멜바이스 반사의 의미는 상당히 중요하다. 출시가 얼마나 취약하고 위험한지를 보여주는 데이터를 묵살하거나 무시하는 경우가 너무나 많다. 마치 자신감에 도취된 듯, 사람들은 셀 수 없이 많은 출시를 불행으로 이끈, 과거의 동일한 실수를 여러 번 저지르면서 앞으로 고꾸라진다. 그들은 결국 실패라는 통계에 하나의 사례를 추가하고 만다.

실패의 악몽을 미리 연습하라

그러면, 사람들이 보고 싶어 하지 않는 무언가를 보게 만들려면 어떻게 해야 할까? 출시 준비에 노력을 기울일 때 도움이 되는 한 가지 테크닉은⁴ 실패한 프로젝트에 대한 전통적인 '사후 분석'보다는 프로젝트가 시작되기 전에 '사전 분석'을 시도하라는 것이다. 그 방법은 다음과 같다.

만약 경험이 많은 리더 몇 명에게 왜 과거의 프로젝트들이 실패했는지 질문하면, 대답이 주저 없이 흘러나온다. 우리가 판단한 것보다 프로젝트가 더 컸다, 우리는 너무 느렸고 우리의 디자인에 결점이 많았으며 잘못된 가정 하에 운영하는 실수를 저질렀다, 시장이 변했고 우리는 엉뚱한 사람을 데리고 있었으며 기술은 먹히지 않았고 전략도 불분명했다, 비용은 너무 많이 들었고 조직의 생리는 우리를 방해했다, 경쟁은 우리의 생각보다 치열했고 우리는 재정비를 통해 대응했지만 결국 실패했다, 우리는 우리끼리 싸우느라 여념이 없었고 전략은 형편 없었다, 아니 전략은 좋았지만, 우리의 실행력이 엉망이었다, 우리는 예측하지 못한 병목에 직면했고 고객을 잘못 이해했다, 자원이 부족했고 자금 사정도 원활치 못했다, 우리는 내부적인 정치 때문에 희생되고 말았다…….

불행히도 대부분의 팀들은 결코 프로젝트를 시작하기 전에 이러한 실패 목록을 미리 만들어두지 않는다. 보통 그런 습관은 열렬한 낙관주의자(또는 열렬한 낙관주의자가 되길 바라는)인 혁신가들의 유전자 속에는 없다. 그러나 만약 팀에게 실패의 이미지를 미리 그려보라고 하고, 그리고 왜 그런 일이 일어날 것 같은지 물어본다면 어떻게 될까? 와튼 경영대학원의 데보라 미첼Deborah Mitchell, 코넬 대학의 J. 에드워드 루소J. Edward Russo, 콜로라도 주립대학의 낸시 페닝턴Nancy Pennington의 연구에 따르면, '예기적 사후 가정prospective hindsight(어떤 일이 이미 일어났다고 가정하고 결과를 예측해보는 행위-옮긴이)'이 미래에 발생할 일의 원인을 옳게 규명할 가능성을 30퍼센트가량 증가시킨다고 한다.

『권력의 원천Sources of Power』을 쓴 개리 클라인Gary Klein은 예기적 사후 가정에 관한 이론을 정립했다. 그는 '사전 분석(혹은 사전 연습)'을 통하면 '불충해 보이거나 팀의 확신을 훼손시키면 어쩌나' 하는 걱정 없이 사람들이 자유롭게 자신의 의견을 표현하게 한다고 말한다. 또한 클라인은 예기적 사후 가정이 프로젝트에 과도하게 투자한 사람들이 흔히 나타내는 무모한 태도를 줄여준다고 말한다. 사전 연습에 참여하는 사람들은 실패하기 전에 빨간 깃발을 흔들어댈지도 모른다.

그러므로 '악몽'을 미리 연습하고 재앙을 미리 그려보라. 그리고 왜 실패할 수밖에 없을지 물어보고 가능성 있는 모든 원인을 나열하라. 그런 다음, 그 실수들이 발생하기 전에 앞서 대응할 수 있도록 최선을 다하라. 대부분의 출시는 스스로 자초한 상처 때문에 실패로 끝을 맺는다. 만약 다음 번 출시를 좌초시키려고 음모를 꾸밀 것으로 보이는 모종의 힘을 똑똑히 바라보고자 한다면, 아마도 가장 강력한 요소들을 실질적으로 통제 하에 둘 수 있을 것이다.

출시의 달인들은 계획적으로 실패한다

출시라는 현실적인 문제를 잘 대응하고 잘 다루었던 사람들 중 최고는 토요타의 프리우스 프로젝트[5]를 이끌었던 다케시 우치야마다와 다케히사 야에가시Takehisa Yaegashi, 그리고 그들과 함께 했던 팀원들이다. 그들은 성공 확률이 5퍼센트보다 작다는 것을 잘 알고 있었다. 그들은 자신들을 의기소침하게 만드는 이러한 사실을 외면하려 하지 않았다. 대신에 그들은 '어떻게 하면 성공 확률을 바꿀 수 있을까?'란 매우 의미 있는 질문을 던졌다.

처음부터 그들은 새로운 자동차를 설계하기 위해 '회사 내의 회사'라는, 확연히 다른 조직 시스템을 구축했다. 그리고 물리적인 공간도 다른 조직과 다르게 운영되었다. 토요타 본사에 있는 방 하나를 프로젝트를 위해 확보했다. 그들은 그 방을 '오베야(일본어로 '큰 방'이라는 뜻)'라고 불렀다. 팀원들은 몇 대의 PC와 CADcomputer-assisted design용 워크스테이션을 두 대를 설치하고 매일 오베야에 모여 프리우스 프로젝트를 위해 함께 일했다. 이런 식의 프로젝트는 토요타에서는 처음 시도되는 것으로, 관련 인재들을 함께 일하게 함으로써 창의적이고 기발한 생각을 발산케 하고 동시에 그 생각들을 하나로 집중하게 하는 것이 성공 확률을 높인다는 아이디어에 기반한 조치였다.

오베야라는 물리적 공간을 보강하기 위해 가상의 공간도 함께 구축되었다. 우치야마다는 팀원들이 스스로 제기한 핵심 이슈와 문제를 빠르고 광범위하게 퍼뜨리도록 이메일 리스트를 만들어 사용했다. 통상적인 상명하달식 의사소통 모델로 이슈를 전파하기보다는, 직책이나 부서 업무에 관계없이 혁신적인 이메일 시스템을 통해 모든 사람들이 문제에 대한 해결책을 제안하도록 독려했다. 우치야마다가 전하려는 메시지는 분명했다. 토요타를 통틀어 최고의 마인드는 신제품 개발 프로세스와 관련된 모든 문제에 초점을 맞추는 것이다.

프로젝트가 진행됨에 따라 회사에서 가장 탁월한 사고력을 가진 사람들이 엔지니어링, 디자인, 생산, 유통, 마케팅 분야의 점차 흥미롭고 중요해지는 도전과제들을 해결하기 위해 프로젝트에 합류했다. 급기야 토요타 전체의 시작(試作, 자동차를 시험 제작하는 일-옮긴이) 인력 중 3분의 2가 프리우스 프로젝트에 관여하게 됐다.

우치야마다는 또한 프리우스 프로젝트에 초점을 맞추는 회사의 지적 역량을 강화하기 위하여 또 다른 혁신적 시도를 감행했다. 예를 들어, 새로운 자동차가 생산 라인에 오를 준비가 끝나면 토요타는 일반적으로 견습 엔지니어들을 생산 라인에 투입함으로써 그들이 생산 초기에 발생하는 문제를 충분히 처리할 수 있게 한다. 하지만 프리우스 프로젝트에서는 거꾸로 제조공장에 있던 견습 엔지니어들을 디자인 개발 프로세스에 참여하도록 배치했다. 이는 일종의 '사전 연습'으로서, 개발 단계 종료 후 조립 라인에 올라갈 준비를 마치기 전에 발생 가능한 생산 상의 작은 문제들을 미리 규명하기 위한 조치였다.

다른 위대한 수요 창조자들도 성공적 출시를 위한 '서곡'으로 조직 운영의 혁신적 조치가 필요하다는 점을 인식했다. 제프 베조스는 킨들 프로젝트를 아마존 내의 실행 조직에 넘기지 않았다. 대신에 그는 'Lab126'이란 조직을 만듦으로써 분명한 초점과 참신하고 독립적인 사고 방식을 지닌 사람들에게 독창적인 신제품 개발을 맡겼다. 이와 비슷하게, 네슬레의 헬무트 마우허는 1980년대에 가정용 에스프레소 머신의 시장성이 검증되지 않았다는 냉혹한 현실에도 불구하고 네스프레소 프로젝트를 이끌기 위한 독립적인 '비밀 실험실'을 만들었다.

성공 확률을 높이기 위해 토요타가 채택한 또 하나의 혁신은 '진화의 가속화'라는 개념이었다. 즉 여러 가지 변형된 대안('돌연변이')들을 일부러 과도하게 만들어내고, 그것들이 서로 치열하게 경쟁('외부 압력')하게 함으로써 가장 좋은 디자인 대안을 선택('자연 선택')해내자는 의미였다. 토요타는 프로젝트 초기에 무려 80가지나 되는 하이브리드 엔진 디자인을 테스트했다. 컴퓨터를 통한 대규모 테스트를 통해 토요타의 엔지니어들은 80가지의 가능성을 8가지로 좁혔고, 나중에는 4가지로 줄였다(이 과정에 여러 달이 소요됐다). 그런 다음, 4가지 디자인에 대해 집중적인 콘테스트를 벌였다. 이 인정사정 없는 비교 테스트에서 살아남은 엔진이 가장 진화되고 강인한 엔진으로 선정되었다.

동일한 '진화의 가속화' 과정이 자동차의 전체적인 스타일링에도 적용되었다. 토요타는 7개의 독립적인 스타일링 스튜디오를 운영하는데, 각각 스튜디오는 보통 소형차, 트럭, 미니밴 등 서로 다른 자동차 카테고리에 배속되어 일한다. 하지만 가장 큰 관심사인 프리우스를 위해

7개 스튜디오 모두 디자인을 제출하도록 요구받았고 다양한 연령대로 이루어진 50명의 사람들에게 디자인을 평가받았다.

성공 확률을 높이기 위한 이 모든 혁신적 과정들은 전례 없는 여러 가지 기술적 성과를 달성했을 뿐만 아니라 기록적이라 할 만큼 빠르게 계획되고 구현되었다(속도 그 자체는 성공 확률을 높이는 또 하나의 방법이다. 출시가 1개월 미루어진다는 것은 시장이 다른 방향으로 전환되고, 경쟁자가 선제적인 조치를 취하며, 기술이 변화되고, 고객들의 취향이 원치 않는 방향으로 진화할 만한 빌미를 제공하는 것이다).

개발을 시작한 지 만 2년이 흐르자 우치야마다와 그의 팀은 토요타의 신임 사장인 히로시 오쿠다Hiroshi Okuda에게 자신들이 예상하는 프리우스의 출시일이 1998년 말이나 1999년 초가 될 것이라고 보고했다. 오쿠다는 말없이 출시 계획을 기각했다. 프리우스는 1997년 말에 시장에 나와야 한다는 이유 때문이었다.

후에 우치야마다는 자신이 느낀 실망을 절제된 일본식 어법으로 이렇게 표현한다. "우리가 그 결정에 반감을 가졌다는 사실을 인정할 수밖에 없군요. 우리 팀은 그게 너무나 큰 요구라고 여겼죠." 그러나 그들은 오베야로 돌아와서 오쿠다의 요구를 실현해내기 시작했다. 마침내 프리우스 NHW10은 오쿠다가 요구한 불가능에 가까운 일정을 2개월이나 앞서서 1997년 10월에 일본에서 출시되었다.

프리우스 NHW11은 혼다의 인사이트보다 7개월 늦은 2000년에 미국 시장에 진출했다. 초기 판매는 지지부진했다. 토요타는 혼다가 경험했던 실패의 법칙에 똑같이 굴복할 것처럼 보였다.

그러나 토요타는 멈추지 않았다. 그들은 프리우스를 지속적으로 재설계함으로써 연료 효율을 향상시켰을 뿐만 아니라 기능적인 면을 뛰어넘어 감성적인 면까지 추구했다. 토요타는 코롤라 같은 스타일이 아니라 눈에 확 띄고 누구나 프리우스임을 금세 알아볼 수 있는 새로운 디자인을 창조했다. 프리우스의 디자인은 운전자가 가진 환경에 대한 관심과 진보적인 사고방식을 강조했다. 새로운 모델은 2004년에 출시됐고, 판매는 날개를 달았다. 현재, 전 세계의 프리우스 판매량 중 거의 절반이 미국 시장에서 판매된다. 개발이 시작되고 16년이 지난 2009년에 프리우스는 처음으로 일본에서 베스트셀러로 이름을 올렸다. 출시 프로세스를 차별적으로 관리함으로써, 토요타는 혼다가 찾아내지 못한 수요의 광맥을 발견한 셈이다.

토요타의 이야기는 모든 수요 창조자들이 인식하고 있는 진실 하나를 시사한다. 그것은 바로 '두 번째 기회의 힘'이다. 프리우스처럼 많은 신제품들이 처음 시장에 진출할 때 의미 있는 수요를 창출하지 못한다. 그러나 위대한 수요 창조자들은 고객과의 대화와 재설계를 멈추지 않는다. 결과적으로, 그들의 제품은 두세 번의 시도를 통해 '탈출 속도'에 이르게 된다.

위대한 제품 중 다수가 실패라는 단단한 기초 위에서 성장한다. 하지만 반드시 계획된 실패여야 한다. 토요타와 여러 '출시의 달인'들이 그 전형적인 예를 보여준다.

수요 창조자들의 7가지 습관

출시는 일종의 '마인드 게임'이다. 성공과 실패는 사람들이 어떻게 생각하느냐의 문제, 사업을 진행하며 어려운 일이 생겨도 평상시처럼 극복할 수 있느냐의 정도, 그리고 인간 본능의 선천적인 성향에 전적으로 달려 있다. 우치야마다(그리고 그의 팀원들)과 같은 위대한 수요 창조자들은 대부분의 출시 실무자들과는 다른, 일련의 독특한 정신적 습관을 갖췄다. 우리는 출시의 성공 확률에 가장 큰 영향을 미치는 것으로 나타난 수요 창조자들의 7가지 습관을 규명했다. 하나씩 알아보기로 하자.

1. 첫 번째 습관은 '치명적 결함을 찾아내려는 본능적인 욕구'다. 그들은 비즈니스 모델을 약화시키고 출시의 가치를 망쳐버릴 결정적 약점을 찾아내려는 본능을 가지고 있다. 그러한 치명적인 결함을 미리 발견하려고 토요타는 80가지의 하이브리드 엔진 디자인을 테스트하면서 엄청난 비용을 지출했고, 넷플릭스는 손상되고 부서지기 쉬운 DVD를 보호할 수 있는 봉투를 개발하려고 150가지나 되는 대안을 테스트했다. 반면, 프레쉬앤드이지는 자신들이 표방한 가격 정책('매일 낮은 가격')만 믿고 고객의 취향을 잘못 이해하는 오류를 범하고 말았다.

넷플릭스가 성공적으로 제품을 출시할 수 있었던 이유는 부분적으로 사고방식의 DNA가 이러한 본능을 포함하고 있기 때문이다. 그것도 아주 엄청나게 말이다. 이런 이유로 그들은 수십 가지나 되는 상당히 괜찮은 버전들을 시도하고, 테스트한 이후에도 배달 문제에 대한 최상의 해결책을 찾는 일에 강박적일 정도로 전력을 쏟은 것이다.

치명적인 결함을 일찍 찾아내는 일은 사실상 모든 성공적 출시에 있어 핵심적인 단계이다. 그것을 발견하고 고칠 수 있다면, 고쳐라. 발견하긴 했지만 고칠 수 없다면, 이렇게 물어라. '출시를 진행해야 하는가?' 만약 이 물음에 대한 정직한 대답이 '아니다'라면, 바로 그만두라.

불행히도 이러한 본능(치명적 결함을 찾아내려는 본능-옮긴이)은 사람들이 일반적으로 생각하는 방식과 반대된다. 일상적인 비즈니스의 유전자는 확실한 증거, 즉 우리가 올바른 길을 가고 있음을 알려주는 데이터를 찾도록 우리를 길들인다. 그것이 인간의 본성이다. 그렇지 않은가? 바로 제멜바이스 반사이다. 성공적 출시를 위해 우리는 이러한 반사를 인식해야 하고, 의식적으로 그것을 뒤집으려는 조치를 취해야 한다.

2. 위대한 '출시의 달인'들이 보이는 두 번째 습관은 '조직 내부에서 경쟁을 벌이는 것'이다. 이 아이디어는 단순하다. '진화의 가속화' 과정이 작동되도록 하면 된다. 의미 있는 여러 가지 변형된 대안을 만들고 내부 그룹끼리 각자 대안을 놓고 경쟁하게 하라. 그런 다음, 바깥 세상에서 경쟁하는 데 가장 강한 대안을 선택하라. 이것이 프리우스의 개발과 디자인을 위해 과도할 정도로 많은 대안을 마련한 토요타의 사고방식이다.

같은 방식으로, 애플의 디자이너들은 신제품을 개발할 때마다 모든 기능을 구현하며 세부 요소까지 완벽하고 확실한 실물 크기의 모형 10가지를 만든다. 그들의 목표는 매우 뛰어나고 차별적으로 구현된 아이디어들을 가능한 한 많이 찾아내는 것이다. 특화된 디자인 기준에 따라 이 아이디어들은 3개의 대안으로 좁혀진다. 이 3개의 대안은 수 개월 간 동시에 개발되어 완성된다. 그리고 궁극적으로 하나의 최종 대안이 생산을 위해 선택된다.

이는 애플이 디자인 결과물 중 90퍼센트를 내다버린다는 것을 의미 한다. 낭비라고 생각하는가? 그렇지 않다. 이러한 체계는 애플의 디자 이너들에게 과거부터 전통적으로 내려온 조직적 제약과 심리적 제약 을 깨뜨려도 된다는, 자유로운 창의력에 날개를 달아준다. 자신이 만든 디자인이 곧바로 최종안이 되는 게 아니라 10개의 대안 중 하나라는 것을 알면, 쓸모가 적은 것을 버리고 조금 더 과감한 것(아마도 좀 더 우수 한 것)을 기꺼이 시도하려는 마음이 더욱 커지게 된다.

내부적으로 경쟁시키려면 다수의 변형된 대안들이 필요하고, 경쟁 의 과정을 지나치다 싶을 정도로 반복해야 한다. 그러나 끝없는 반복 은 '완벽함'이란 가치를 가져다준다. 이러한 관점은 외부적으로만 경 쟁하려는 조직의 일상적인 비즈니스 유전자와는 매우 대조적이다.

3. 출시의 달인들은 '독특함을 위한 모방'의 가치를 잘 알고 있다. 이 말은 출시의 달인들이 추구하는 혁신의 초점이 '선택적'임을 의미한 다. 위대한 수요 창조자들은 모든 것을 혁신하지 않는다. 대신에 그들 은 가장 중요하고 결정적인 '변수'에 창의력을 아낌없이 쏟는다. 그들 은 부끄러움 없이 모든 곳으로부터 모방하고 훔쳐온다. 그들은 피카소 의 격언을 따른다. "뛰어난 예술가는 모방하고, 위대한 예술가는 훔쳐

온다."

그 이유는 간단하다. 출시 과정을 추진할 때, 의미 있는 수요 창출을 위해 수많은 세부사항을 분석하고 숙달하며 관리하는 데 필요한 시간, 돈, 역량, 감성적 에너지는 절대로 충분하지 않다. 토요타나 애플과 같은 주요 기업들도 예외는 아니다. 경영자들이 가능한 한 비용효과적이어야 한다는 압력과 감시를 받으며 운영하는 수많은 작은 예산('여기에 100만 달러, 저기에 50만 달러'라고 하듯)들로 이루어져 있다. 부부가 경영하는 문구점이나 아트갤러리, 혹은 종업원이 50명 정도인 공구 제조업체와 같이 작은 조직들도 마찬가지라서, 조금이라도 낭비의 여지 없이 자금을 최대로 건전하게 운영하려고 한다.

따라서 '있는 것을 다시 발명하려고' 자원을 투자하는 것은 실패로 직결된다. 이것이 바로 출시 계획과 자원 투자 계획을 수립할 때, 위대한 수요 창조자들이 무자비할 정도로 몇몇 결정적인 요소들에 우선순위를 두는 이유이다. 다른 영역에서도 그들은 창조적으로 재생하고, 재발명하며, 재사용함으로써 돈, 시간, 노력을 절약한다. 셰익스피어는 〈햄릿〉의 참신한 줄거리를 '새로 발명'하는 데 시간과 감성적 에너지를 투자하지 않았다. 그는 그 이야기를 13세기의 역사가인 삭소 그라마티쿠스Saxo Gramaticus로부터 빌려와 등장인물의 심리적 갈등과 그것들을 표현할 감동적인 시(詩)를 창조하는 데 자신의 에너지를 쏟았다. 오손 웰즈Orson Wells는 아주 적은 예산으로 자신의 첫 영화를 만들면서 무대장치, 소품, 가구 등 자신의 의도에 맞는 것들을 찾기 위해⁶ RKORadio Keith Orpheum(미국 영화사의 이름-옮긴이) 내의 옥외 촬영지를 샅샅이 뒤졌다.

그렇게 함으로써 그는 상대적으로 알려지지 않은 영화사임에도 불구하고 과감한 대본을 쓰고 색다르고 뛰어난 연기를 이끌어내는 데 혼신의 노력을 기울일 수 있었다. 그 결과, 비평가인 폴린 카엘Pauline Kael의 표현대로 '정상적인 예산의 극히 일부로 제작한 서사적 시대극'을 낳았다. 그 영화가 〈시민 케인Citizen Kane〉이다.

우치야마다와 그의 엔지니어링 팀은 프리우스를 디자인하며 거의 불가능에 가까운 여러 가지 기술적 문제들을 해결해야 한다는 사실을 잘 알았기에, '있는 것을 다시 발명하지 않는다'라는 원칙에 입각하여 처음부터 완전히 새로운 플랫폼을 만들기보다는 사람들에게 친숙하고 시장에서 성공을 거둔 코롤라 차체를 사용하기로 결정했다. 그들은 또한 중요 부품 중 하나인 배터리를 자체적으로 개발하기보다는 마쓰시타Matsushita와의 협업을 통해 설계했다. 넷플릭스도 비슷한 행보를 보였는데, 처음부터 새로 웹사이트를 디자인하기보다 아마존의 웹사이트를 모방했고, 새로운 비즈니스 모델에 대한 인지도를 높이고 고객 기반을 구축하기 위해 소니, 도시바, 파나소닉 등과 파트너십을 맺었다.

4. 위대한 수요 창조자들은 '제품에 감성을 불어넣어라'란 말을 항상 명심한다. 보통 우리는 고객들이 이성적으로 행동할 것처럼 생각한다. 그러나 진실은 감성, 충동, 욕구, 취향, 미적 감수성과 같은 '여리고 불분명한' 것들이 성공적인 제품과 '좋긴 하지만 그렇게 뛰어나지는 않은' 경쟁 제품을 가르는 요소로 작용한다는 것이다. 제품에 감성을 불어넣는 일은 '아주 좋다'를 '매력적이다'는 반응으로 바꿔놓는다.

집카는 처음에 '카-쉐어링' 서비스라는 이름으로 자신들을 홍보하기 시작했다. 하지만 문제는 아무도 자동차를 '쉐어링(공유)'하기를 원치 않는다는 데 있었다. 자신들이 최상의 편의성을 제공할 수 있다고 홍보하기 시작하면서 비로소 집카는 고객을 끌어당길 수 있었다. 누가 편리함을 싫어하겠는가? 혼다는 훌륭한 하이브리드 자동차를 만들어냈지만, 프리우스와 달리 아무도 인사이트와 사랑에 빠지지 않았다. 소니는 기술적으로 놀라운 이북 리더를 생산했지만, 킨들과 달리 사람들을 열광시키지는 못했다. 젠ZEN은 괜찮았지만 아이팟은 멋졌다. 노키아는 수년 동안 스마트폰을 만들었지만, 사람들의 관심을 스마트폰으로 돌려놓은 제품은 아이폰이었다.

제품 디자인은 강력한 '감성적 방어쇠'이다. 이것이야말로 삼성이 전자제품 업계에서 과거의 소니와 마쯔시타를 뛰어넘고자 제품 디자인에 전념할 디자이너 수를 세 배나 증원했던 이유이다. 더욱이 삼성은 공식적으로 디자이너들에게 엔지니어보다 우선하는 권리를 줌으로써 기술 본위의 회사로서 일대 돌풍을 일으켰다.

5. 다섯 번째 습관은 '독특한 조직 운영법'에 초점을 맞춘다는 것이다. 이 말은 위대한 수요 창조자들이 바로 '이 환경 하에서 이번에 출시할 이 제품'에 특별히 적합한 경영전략, 조직구조 전략, 의사소통 전략을 찾아 나선다는 것을 의미한다. 이것은 사람들이 대개 기존의 조직 구조를 '디폴트'로 여기고 유지하려는, 일상적 비즈니스 유전자를 바로잡아야 한다는 중요한 의미를 지닌다. 조직의 혁신이 전적으로 필

요한 출시 프로젝트가 한창 진행 중일 때도 예외는 없다.

토요타의 프리우스를 예로 들어보자. 여러 가지가 있지만 그중 오베야라는 프로젝트 공간을 설치한 것, 디자인 역량의 3분의 2를 프리우스 프로젝트에 쏟은 것, 디자인 단계에서 미리 생산 문제를 해결하기 위해 견습 엔지니어들을 거꾸로 불러들인 것 등이 바로 독특한 조직 운영법을 실행한 대표적인 사례이다.

준 로코프June Rokoff는 1990년대 초 로터스Lotus에서 전설적인 스프레드시트 프로그램이며 최초의 '킬러 앱killer app'이었던 '로터스 1-2-3 버전 3.0' 개발을 주도했다. 이 프로그램은 PC를 아이들의 멋진 장난감에서 비즈니스를 위해 반드시 구매해야 할 제품으로 바꾸어놓았다. 로코프는 데이터 입력, 실행 속도, 제품의 특성, 기술적 우위와 결점 등에 대해 아는 것이 많았다. 하지만 그녀는 그런 것들에 사로잡히지 않았다. 대신에, 모호하지만 매우 결정적인 질문, '내가 꼭 맞는 사람들을 꼭 맞는 규모로 데리고 있으면서 꼭 맞는 팀이 되도록 조직했는가?'에 사로잡혀 있었다. 그들이 올바른 목표에 집중하고 있는가? 일반적인 것이 아니라 특별한 목표에? 그리고 우리 직원들은 도움이 되는 피드백(날카롭고 단호한)과 함께, 성과에 상응하는 인정을 받고 있는가?

우리들 대다수는 이슈가 발생하자마자 기존의 조직이 최선을 다해 그 이슈에 대응하리라는 막연한 희망을 가지고 있다. 이와는 반대로, 준 로코프는 바위 아래에 감춰진 문제를 찾아내어 즉시 대응했다. 골치 아프지만 매우 중요한 '버전 3.0 프로젝트'를 수행하기 위해 그녀가 조직한 태스크포스 팀은 수개월간 고통스러운 사투를 벌이면서 규모가 300명까지 늘어났다. 그녀는 셀 수 없이 많은 양의 피자를 주문하면서 태스크포스 팀과 밤새도록 함께 일했다. 또한 그녀는 팀원들 모두 피자에 질려 할 때 CEO인 짐 맨찌^{Jim Manzi} 등 회사 임원들이 찾아와서 팀원들을 위해 직접 저녁 식사를 요리하는 '출장 요리사와 함께하는 밤'이란 행사를 벌이기도 했다. 로코프는 경영진과의 악수, 개인의 업적을 기리는 포스터, 그녀가 주문하고 팀원 전원을 주연으로 참여시킨 록 음악 비디오 등 개인적인 방식으로 프로젝트에 획기적으로 기여한 팀원들에게 보상했다. 로코프의 재촉과 지원, 회유와 격려 덕에, 불가능하게만 보였던 일정보다 일찍 버전 3.0이 완성되었고, 그것이 회사를 구해냈다.

로코프의 동료들과 그녀를 칭송하는 업계 사람들은 그녀에게 '철의 여인'부터 '성(聖) 준^{St. June}'에 이르는 애정 어린 별명을 여러 개 붙여 주었지만, 그 어떤 별명도 강인함과 사려 깊음이 복잡하게 혼합된 그녀의 독특함을 정확하게 포착하지 못했다. 로코프는 사람들의 말을 경청했다. 귀로만 듣는 게 아니라 마음과 직감을 통해 들었다. 그녀는 자신을 둘러싼 것들에 대해 진심으로 관심을 기울였다. 이러한 그녀의 기질은 결코 흉내 낼 수 없는 것으로서, 창의력이라는 놀라운 역량을 강화시키는 기질이기도 하다.

제품에 감성을 불어넣는 일은 매우 중요하다. 로코프는 프로세스에도 역시 감성을 불어넣었던 것이다.

6. 여섯 번째로, 출시의 달인들은 '자신감과 두려움 사이에서 교묘하

게 균형'을 잡을 줄 안다. 세계에서 가장 유명한 조각상 중 하나인, 피렌체의 델 아카데미아^{dell'Accademia} 미술관에 있는 미켈란젤로의 다비드 상을 떠올려보라. 그것은 젊음의 정점에 서 있는 한 남자의 아름다운 나체를 묘사하고 있다. 알다시피 다비드 상은 경험이 일천한 다윗이 새총만으로 중무장한 필리스티아 전사 골리앗에 도전하는 약자를 묘사하는 대표적인 조각이다.

이 조각상은 미켈란젤로가 어떤 관점을 가지고 다윗과 골리앗 간의 대치 상황을 들여다 보는지를 우리에게 드러낸다. 미술관에 들어설 때, 처음에는 조각상의 측면이 보인다. 이 시각에서 보면 실제보다 커 보이는 다비드 상으로부터 자칫 오만해 보이기까지 하는 충만한 자신감이 물씬 느껴진다. 하지만 다비드 상의 오른쪽으로 걸어 들어가면 다윗의 얼굴이 정면으로 마주 보인다. 이제 위로 향한 다윗의 눈을 볼 수 있는데, 다윗이 관람자가 서 있는 곳에서 40피트 정도 높은 허공을 바라보는 듯하다. 물론 다윗은 보이지 않는 적수인 골리앗을 응시하는 것이다. 이때 다윗의 눈에서 극도로 절망적인 두려움을 볼 수 있다.

비즈니스 세계부터 스포츠 세계에 이르기까지 많은 사람들이 가지고 있는 본능적인 낙관주의와, 다윗이 느끼던 두려움을 서로 대조해보라(아마 '너는 믿어야 한다'는 식의 리더십 조언이 머리에 떠오를 것이다). 자신감은 중요하다. 그러나 두려움 역시 대단히 중요하다. 두려움은 앞으로 일어날지 모를 재앙을 충분히 상상하도록 해준다. 두려움은 아드레날린을 뿜어내며 생존과 성공을 보장하는 모든 요소에 두 배의 노력을 기울이도록 사람들을 이끈다.

7. 마지막으로, 출시의 달인들은 성공적인 출시가 하루나 1개월에 끝날 일이 아니라는 현실을 잘 알고 있다. 그들은 1회성 이벤트로 그칠 것이 아니라 시장의 무관심에 대해 일련의 공격을 감행해야 한다고 생각한다. 당신은 다음의 시가 무엇인지 인식할 수 있는가?

> 사느냐 죽느냐, 아, 거기에 핵심이 있다
>
> 죽고 잠드는 것, 그것이 전부인가? 그래, 그러하다.
>
> 아니, 잠들고 꿈꾸는 것, 아, 결혼하고, 그렇게 가는 것,
>
> 그런 죽음의 꿈을 꾸는 동안, 우리가 깨어 있을 때,
>
> 그리고 영원히 변치 않는 심판이 내려지기 전에 태어날 때,
>
> 아무도 돌아오지 못할 곳으로부터,
>
> 발견되지 않은 나라, 그것을 보자마자
>
> 행복한 웃음을 짓는 사람, 그리고 저주 받아 지옥에 떨어진 사람들

당신은 아마도 '글쎄, 몇몇 문구는 조금 본 적이 있는 같은데, 대부분이 틀렸어. 사실, 이 시는 우스꽝스럽고 유치해. 시라고 보기도 어려워'라는 반응을 보일 것이다.

맞다. 당신이 방금 읽은 것은 연극 애호가들이 지금껏 씌어진 희곡들 중에서 가장 위대한 대사라고 종종 일컫는 것의 버전 1.0이기 때문이다. 당신은 다음의 버전 3.0을 친숙하게 느낄 것이다.

> 사느냐, 죽느냐 그것이 문제로다

가혹한 운명의 돌팔매와 화살을 맞고도 견뎌야 하는가,

아니면 고난의 바다에 대항하여 무기를 들고 싸워야 하는가?

어느 것이 고결한 마음인가?

죽는다는 것은 잠드는 것일 뿐

잠들면 마음의 고뇌와 육신이 지닌 수많은 고통을

끝낼 수 있다고 말하노니,

그것은 열렬히 바라마지 않는 생의 극치인 것이다

이것이 여러 세대가 지나도록 연극 애호가들을 사로잡은, 셰익스피어의 〈햄릿〉에 나오는 영원불멸의 독백이다. 그에 비해, 버전 1.0은 끔찍할 정도이다(이 버전 1.0은 '첫 번째 콰르토^{First Quarto}'라고 학자들에게 알려진 희곡의 초기 판(版)으로부터 발췌한 것이다. 이 콰르토는 당연하게도 '형편없는 콰르토'라 불리기도 한다). 하지만 그것이 시작이었다.

당신이 만든 제품의 첫 번째 버전은 셰익스피어의 것과 다를 바 없을지 모른다. 사실, 위대한 제품들은 모두 실패라는 기초 위에서 창조된다. 다행히 우리는 셰익스피어가 자신의 천재성을 드러내기 위해 사용했던 기법을 사용할 수 있다. 그 기법은 바로 끈질기도록 수정을 거듭하는 것이다.

프리우스의 첫 번째 버전은 아무런 감흥을 주지 못했다. 두 번째 버전만이 대중의 기대를 포착하는 데 성공했다. 킨들도 마찬가지다. 버전 2.0이 버전 1.0보다 훨씬 더 거대한 시장의 돌파구를 열었다. 그리고 2001년에 처음 시장에 첫선을 보인 이후 10년 동안 계속 출시된 애플의 아이팟 모델들이 어떻게 '하이-엔드'부터 '로-엔드'까지 시장의 모든 영역을 점차 차지했는지 떠올려보라.

지금까지 해부해본 일곱 가지 사고방식들은 위대한 수요 창조 조직에서 발견되는 '생각하는 방법의 DNA'에서 몇 가지를 골라낸 것일 뿐이다. 만약 당신이 장차 수요 창조자가 되려고 한다면, 자신의 경험과 자신의 팀에 대해 생각하라. 앞에서 언급한 일곱 가지 사고방식을 각각 염두에 두고 당신 자신을 '진화라는 척도' 상의 해당되는 위치에 놓아보라. 당신의 정신적 DNA는 일상적 비즈니스에 더 가까운가, 아니면 출시의 달인이 지닌 DNA를 닮기 위해 돌연변이를 일으켰는가? 그것도 아니면, 중간 어디쯤 놓여져 있는가? 이런 분석을 일곱 가지 사고방식별로 수행해보라. 당신은 그 분석 결과를 좋아하게 될까?

하지만, 수요 창조를 위해 출시의 과정에 착수할 때 조직이 얼마나 준비가 되었는지 체크하는 간단한 방법이 있다. 다음의 네 가지 질문에 답해보라.

1. 리더는 얼마나 강한가?
2. 팀은 얼마나 강한가?
3. 자원 조달은 얼마나 강한가?
4. 두려움은 얼마나 강한가?

좋은 대답일수록, 성공 확률은 높아진다.

기적은 없다

한 세대 전에 인구학적, 기술적, 사회적, 경제적 '카드'들이 매우 다른 모양으로 쌓여 있었을 때에는 대부분의 사람들이 프로젝트의 시작이 그토록 위압적인 도전이라는 점을 거의 알지 못했고, 어떻게 그런 도전에 맞서야 하는지조차 알지 못했던 세계에서도 우리는 삶을 영위할 수 있었다. 쇠약해가는 수요를 쟁취하기 위한 치열한 투쟁이 벌어지는 오늘날에는 실패한 프로젝트로 인한 엄청난 낭비를 더 이상 감당할 여유가 없다. 더욱 효과적으로 수요를 촉발시켜야 하고, 프로젝트의 성공 확률을 10~20퍼센트에서 60~80퍼센트로 끌어올리는 조치를 취해야 한다. 그렇게 하기가 쉬울까? 당연히 어렵다. 할 수 있을까? 당연히 할 수 있다.

이미 살펴봤듯이, 성공 확률을 20퍼센트에서 80퍼센트로 높이는 일은 생각하는 방식과 질문하는 방식을 변화시키는 것에서 시작한다. 또한 고객의 고충지도를 충분히 이해해야 하고, 제자리에 있어야 할 모든 배경스토리 요소를 규명해야 한다. 고객의 고충지도를 향상시켜 그들의 삶을 눈에 띄게 개선해주길 희망한다면 말이다. 그리고 가장 혁신적인 기업들이 제품을 디자인할 때와 마찬가지로, 사업과 조직을 설계할 때도 체계적인 프로세스를 지속적으로 적용해야 한다. 내부적인 경쟁을 통해 '진화를 가속화'시켜야 하고, 그다지 제품의 중요치 않은 요소를 대상으로 비용을 절감할 창의적인 아이디어를 창출해야 하며, 괜찮은 제품에서 반드시 소유해야 할 제품으로 바꾸기 위해 시간과 자원을 추가로 투자해야 한다. 관망하는 구경꾼을 고객으로 전환시키기 위해 제품의 감성적인 매력을 강화하면서 말이다.

무엇보다도 일상적인 비즈니스를 수행할 때 요구되는 에너지 수준과는 매우 다른, 정신적이고 감성적인 강인함이 필요하다. 어떻게 토요타가 성공 확률이 낮은 자신들의 프로젝트를 위해 아폴로 달 탐사 계획을 기준점으로 사용했는지 상기해보라. 나사^{NASA}의 관리자 진 크란츠$^{Gene\ Kranz}$가 쓴 책의 제목『실패는 선택이 아니다$^{Failure\ is\ Not\ an\ Option}$』가 성공적 출시의 '정신'을 대표적으로 나타내는 말이다..

아마도 당신은 영화 〈아폴로 13호〉에서 에드 헤리스$^{Ed\ Harris}$가 연기한 인물로 진 크란츠를 기억하고 있을 것이다. 크란츠는 우주선이 손상되어 달 공간에서 거의 고립된 세 명의 우주비행사를 구해내는 데 매우 중요한 역할을 수행했던, 휴스턴 우주 센터의 감독이었다. 그는 로켓 발사 시간과 부족한 에너지원 관리뿐만 아니라, 육감과 경험을 통해 손상된 공기 정화 시스템을 수리하라는 결정적인 명령을 내렸다. 이러한 결정들은 모두 극심한 압박 하에 내려졌다. 그런 결정 중 하나라도 잘못 내려지면 우주 비행사의 생명과 나사의 장기적인 과학적 미션 모두에 치명적인 영향을 미칠 수 있었다.

이처럼 다급한 상황에서 크란츠가 보인 행동은 육체적, 군사적, 정치적 영웅주의가 아닌 '조직적 영웅주의'로서, 어느 모로 보나 틀림없이 중요하지만 그다지 관심을 못 받는 영웅적 행동이었다. 고집, 상상력, 기민한 판단력, 자기 인식, 순수한 의지력 등이 하나로 합쳐진 것이 오늘날 절실하게 요구되는 영웅주의의 형태이다. 실패로 끝난 대부분의 출시는 특히 이러한 영웅주의가 부족했기 때문이다.

상을 받은 론 하워드^{Ron Howard}의 영화 덕에, 사람들은 아마도 〈아폴로 13호〉라는 임무가 나사의 최고 전성기를 상징하는 사건으로 인식할 것이다. 그러나 나사의 내부인들은 대부분의 시민들이 모르는 사실을 알고 있다. 진 크란츠의 전설이 아폴로 13호가 발사되기 수년 전부터 이미 만들어졌다는 것을 말이다. 1967년 1월, 발사대에서 비극적인 화재 사고가 발생하여 세 명의 우주 비행사가 숨지고[7] 우주탐사 계획이 거의 무기한 연기될 위험에 처했을 때(아폴로 1호 발사 때의 사고를 말함-옮긴이) 크란츠는 우주 센터에 모인 스태프들에게 전설로 기록될 연설을 한다. '크란츠의 금언'이라고 알려진 이 연설은 규율의 기준, 전문가 정신, 철저함을 강조하는 것으로 시작하며, 우주 탐사를 위해 나사가 미래에 집중적으로 노력할 것이 무엇인지에 대해 북극성처럼 길잡이가 되어주었다.

우주 비행은 앞으로 절대 부주의, 무능력, 관리 소홀을 용인하지 않을 겁니다. 어딘가에서 왠지 모를 이유로 우리는 일을 망치고 말았습니다. 그것은 설계, 제작, 테스트 과정 중에서 발생했을 겁니다. 그게 무엇이든, 우리는 그것을 잡아냈어야 했습니다. 우리는 일정 맞추기에 너무 허둥대느라, 일하면서 매일 목격했던 문제들이 밖으로 삐져나오지 못하도록 막는 데 급급했습니다. 계획의 모든 요소들이 곤경에 빠졌고 우리도 마찬가지였습니다. 모의비행 장치는 작동하지 않았고, 우주비행 관제센터는 사실상 모든 영역에서 뒷수습 하기에 바빴으며, 비행과 테스트 절차는 매일 변경되었습니다. 기한이 정해진 게 아무것도 없었습니다.

우리들 중 그 누구도 "빌어먹을, 멈추란 말이야!"라고 말하지 않았습니다. 저는 톰슨위원회(아폴로 1호의 사고 원인을 밝히기 위해 조직된 위원회, 플로이드 L. 톰슨$^{Floyd\ L.\ Thompson}$이 위원장을 맡았다-옮긴이)가 화재 발생 원인을 뭐라고 발표할지 아직 알지 못합니다. 그러나 저는 압니다. 바로 우리가 원인입니다! 우리는 준비가 돼 있지 않았던 겁니다!

우리는 우리의 일을 하지 않았습니다. 우리는 발사 당일에 모든 것들이 원활하게 이루어지길 빌면서 주사위를 굴리고 있었습니다. 가슴속에서 그것이 기적을 요구하는 일임을 알고 있었음에도 말입니다. 우리는 일정을 몰아붙였고 발사 기지가 순조롭게 준비될 거라고 내기를 걸었습니다.

오늘부터 관제센터는 '철저함'과 '능숙함'이라는 두 단어로 세상에 인식될 겁니다.

'철저함'은 우리가 한 일이나 우리가 하지 못한 일에 영원히 책임을 진다는 의미입니다. 다시는 우리의 책임을 절대로 타협하지 않을 겁니다. 우리가 우주비행 관제센터로 들어서는 매 순간, 우리는 우리 스스로 무엇을 의미하는지 알게 될 겁니다.

'능숙함'은 우리가 그 어떤 것이라도 절대 당연시하지 않겠다는 의미입니다. 우리는 지식과 스킬에 있어 절대로 부족함이 없어야 합니다. 우주비행 관제센터는 완벽해질 겁니다.

여러분이 오늘 이 미팅을 끝내고 사무실로 돌아가 가장 먼저 해야 할 일은 '철저함'과 '능숙함'이란 두 단어를 칠판에 써놓는 것입니다. 절대로 지워서는 안 됩니다. 사무실에 들어설 때마다 이 두 개의 단어가 여러분에게 그리솜^{Grissom}, 화이트^{White}, 채피^{Chaffee}(사고로 사망한 아폴로 1호의 승무원들-

옮긴이)가 지불한 대가를 상기시킬 겁니다. 이 두 개의 단어는 우주비행 관제센터에 들어오기 위해 지불해야 할 대가입니다.

인간을 달로 보냈다가 지구로 안전하게 귀환시키는 일은 믿을 수 없을 정도로 어려운 도전이었다. 성공 확률은 형편없이 낮았다. 우리가 참여하는 많은 프로젝트 역시 마찬가지이다. 다행히도 대부분의 경우, 인간의 목숨을 걸어야 하는 일은 아니다. 하지만, 기업이나 비영리 조직의 성공과 수많은 사람들의 생계가 걸린 문제다. 이런 문제는 절대 사소하지 않다.

그러므로, 다음 번에 어떤 프로젝트든 열정적으로 참여하게 된다면, 진 크란츠의 말을 항상 상기하라. "아마도 생각 없이 떠밀려 가다가 어느 순간 뒤돌아보며 우리는 출시 당일에 모든 것들이 함께 이루어지길 빌면서 주사위를 굴리고 있었습니다. 그것이 기적을 요구하는 일임을 알고 있었음에도 말입니다"라는 크란츠의 말을 떠올리며 후회하는 일은 생기지 않을 것이다.

그런 식으로 일해서는 안 된다. 주사위를 굴리고 기적을 바라지 말아야 한다. 대신에, 성공 확률이 진짜로 얼마인지 규명하는 용기를 길러야 한다. 그리고 그 확률을 높이기 위해 필요한 모든 일을 해야 한다.

Demand

ADRIAN J. SLYWOTZKY WITH KARL WEBER

제8장

포트폴리오
"아무도 모른다"

08

치명적인 실패의 징후 "괜찮군요"

성공적인 출시를 이끌어내는 일이 승산이 전혀 없는 내기에서 이기는 것과 같다면, 그러한 성공을 연속해서 이루어내는 일은 룰렛 게임에서 이길 숫자를 뽑는 것에 비유할 수 있다. 한 번이나 두 번이 아니라, 계속 되풀이해서 말이다. 당연히 많은 사람들은 그런 일이 쉽게 일어나지 않으리라 확신한다.

수십 년간 할리우드에서 박스오피스 흥행작과 실패작들이 어떻게 만들어지는지 관찰해 온 시나리오 작가 윌리엄 골드먼William Goldman은 자신의 믿음을 "아무도 모른다"라는 유명한 문구로 간단히 요약했다.[1] 엄밀히 말해, '골드먼의 법칙'은 논쟁의 여지가 없다. 영화 산업뿐만 아니라 그 어떤 산업에서도 마찬가지다. 어떤 제품이 수요를 창출할지 일관성 있게 예측하는 능력을 지닌 사람은 아무도 없다. 그러니, 그런 제품을 해마다 끊임없이 생산할 수 있는 능력은 말할 필요도 없다.

누구에게도 그런 능력은 없다. 거의 아무도.

1998년 12월, 픽사² 애니메이션 스튜디오Pixar Animation Studios의 영화 감독 존 래스터John Lasseter는 가족들과 함께 아시아에서 긴 여행을 즐긴 후 캘리포니아로 돌아왔다. 그 여행은 두 가지 목적을 충족시켰다. 하나는 가족들과 좀 더 많은 시간을 함께할 기회가 되었다는 점이고, 다른 하나는 픽사의 두 번째 만화영화인 〈벅스 라이프A Bug's Life〉를 전 세계 언론들에게 성공적으로 홍보할 수 있었다는 점이다.

당시 픽사는 자신감으로 충만해 있었다. 첫 번째 작품인 〈토이 스토리Toy Story〉가 비평가들의 찬사와 수요의 거대한 흐름이라는 두 마리 토끼를 한 번에 잡으며 크게 히트했다. 연이어 〈벅스 라이프〉 역시 〈토이 스토리〉와 비슷한 성공을 거뒀다. 처음 내놓은 두 개의 영화가 모두 히트를 친다? '아무도 모른다'란 격언이 지배하는 영화산업에서 아직 증명되지 않은 컴퓨터 애니메이션이라는 새로운 기술을 기반으로 시작한 신출내기 회사로서는 나쁘지 않은 출발이었다. 래스터와 그의 동료들은 우연이 아니라 자신들에게 정말로 흥행작을 규칙적으로 내놓는 능력이 있는 것은 아닐까 생각하기 시작했다.

그러나 래스터가 에머리빌Emeryville에 있는 자신의 사무실로 복귀했을 때 그의 마음은 바뀌었다.

그가 했던 첫 번째 일은 픽사가 새로 제작 중에 있던 〈토이 스토리 2〉의 작업 결과를 주의 깊게 살펴보는 일이었다. 장면이 펼쳐지는 동안, 그는 실망스러움을 감출 수 없었다. 훗날 래스터는 "마치 강력한 돌풍이 저를 때려 눕히는 듯한 느낌이었습니다"라고 회상했다. 그 신작 영화는 그저 그랬다. 1편에 등장해 어린이들로부터 많은 사랑을 받은 캐릭터인 우디, 버즈, 미스터 포테이토 헤드 등이 2편에도 등장했다. 앞서 내놓은 픽사의 두 히트작과 비교할 때, 〈토이 스토리 2〉는 줄거리가 뻔했고 독창적이지도 못했으며 심지어 지루하기까지 했다.

할리우드 전문가들은 영화의 속편들은 항상 원작에 미치지 못한다고 말하곤 한다. 그러나 애니메이션의 세계를 재편하기를 갈망하는, 재능 있고 야망에 찬 아티스트들과 존 래스터에게는 기존의 모습 그대로인 〈토이 스토리 2〉를 극장에 내거는 일은 단순한 실망 수준을 넘어 엄청난 실패일 것으로 느껴졌다.

픽사의 사업 파트너이자 1930년대부터 장편 애니메이션을 만들며 신망을 쌓아온 스튜디오인 디즈니는 래스터만큼 우려하지는 않았다. 그의 동료인 톰 슈마허Tom Schumacher는 디즈니의 한 임원이 〈토이 스토리 2〉의 미완성본을 보고 즉석에서 "음, 괜찮군요"라고 언급했다고 말한다. 수십 년간 영화산업에서 성공과 낭패를 여러 번 경험해온 디즈니의 경영진들은 그다지 훌륭하지 않은 영화를 내놓는다고 해서 엄청난 재앙으로까지 이어지지 않으리라 생각했다. 하지만 래스터는 무심한 듯 내뱉은 '괜찮군요'라는 말이 치명적인 실패의 징후라고 여겼다.

그러나 문제를 바로잡는 일은 간단치 않았다. 개봉 예정일까지 9개월밖에 남아 있지 않았다. 홍보 캠페인 계획은 벌써 완료되었고, 캐릭터 완구들이 생산 중에 있었으며, 그로 인한 매출이 이미 회사의 회계장부에 기록되고 있었다. 디즈니 측에서는 영화 자체를 포기하는 것은 물론이고 개봉을 연기하는 일조차 절대로 발생해서는 안 된다고 못을 박았다.

대부분의 스튜디오들이 취하는 기본적인 전략은 영화를 곧바로 비디오로 내놓는 것이다. 리스크가 작은 반면 수익률이 떨어지는 방법이지만, 애니메이션 분야에서는 때때로 속편 작품들이 극장을 거치지 않고 비디오로 출시되곤 한다(예를 들어, 〈알라딘Aladdin〉의 속편인 〈돌아온 자파 Return of Jafar〉는 비디오로 곧바로 출시된 바 있다). 그러나 래스터는 이런 발상을 강하게 거부했다. 그는 픽사가 수행하는 모든 영역에서 믿기 어려울 정도로 높은 기준에 도달함으로써 영화, 소프트웨어, 컴퓨터 그래픽스, 음악 등 여러 영역에서 뛰어난 젊은 인재들을 끌어모아 왔다. 그렇기 때문에, 몇몇 프로젝트에 느슨한 기준을 적용하고 뛰어난 인재들을 그런 상황에서 일하도록 방치하는 일은 그들의 사기를 떨어뜨릴 뿐만 아니라 팀의 단결력을 분열시키고 시기심과 정치적 내분을 촉발시킬 것이 뻔했다. 래스터는 그런 일이 일어나기를 바라지 않았다.

이처럼 골치 아프고 어려운 제약조건에 직면한 픽사에게는 뾰족한 대안이 없어 보였다. 그래서 그들은 불가능한 일에 도전하기로 했다. 처음부터 〈토이 스토리 2〉를 사실상 다시 제작하기로 한 것이었다. 게다가 통상 2년이 걸리는 제작기간이 아니라 개봉 예정일까지 남아있는 9개월 내에 완료하기로 했다.

래스터는 캘리포니아 소노마에서 줄거리를 구성하기 위한 이틀짜리 수뇌부 회의를 긴급하게 소집했다. "저는 그때 〈토이 스토리〉가 바로 우리라는 점을 깨달았죠. 즉 〈토이 스토리〉는 테이블 주위에 모여 앉은 우리 자신이었습니다"라고 그는 말했다. 리 언크리치^{Lee Unkrich}, 앤드루 스탠튼^{Andrew Stanton}, 애쉬 브래넌^{Ash Brannon} 등 〈토이 스토리 1〉 제작에 참여했기에 캐릭터들을 속속들이 잘 아는 픽사의 젊은 전문가들이 한 방에 모여, 속편 줄거리에 힘을 불어넣기 위한 아이디어에 대해 의견을 주고받기 시작했다. 그들은 시간 부족으로 버려야 했던 콘셉트들을 소생시키고 재현하여 새로운 줄거리 속에 실험적으로 통합시켰다. 테이블 주위에 앉은 사람들이 경쟁적으로 브레인스토밍을 벌이며 목소리를 높이는 과정 속에서 창의적인 줄거리의 뼈대가 만들어졌다. 회사의 모든 에너지는 즉각 하나의 목표, 즉 〈토이 스토리 2〉를 성공시켜야 한다는 것으로 집중되었다. 하지만, 그게 통했을까?

픽사 스타일 "그렇습니다, 그리고"

〈토이 스토리 2〉를 처음부터 다시 제작하겠다는 최종 결정은 할리우드에서 일상적으로 벌어지는 비즈니스의 방식과는 거리가 멀었다. 그러나 당시에도 픽사는 전형적인 영화 스튜디오와는 차원이 달랐다.

1979년에 루카스필름^{Lucasfilm}의 컴퓨터 사업부 중 한 파트로 설립된 픽사는 자신들의 핵심제품인 '픽사 이미지 컴퓨터^{the Pixar Image Computer}'를 마케팅하기 위해 애를 먹었다. 폐업 위험에 처한 픽사는 트로피카나, 리스테린, 라이프세이버와 같은 고객사를 대상으로 컴퓨터 애니메이션 광고를 제작하는 등 핵심적이지 않은 일에 매달리기 시작했다. 사람들은 픽사가 만든 광고를 마음에 들어 했다. 픽사가 이룬 작은 성공들은 마침내 세 편의 장편 컴퓨터 애니메이션을 제작하기로 디즈니와 체결한 2,600만 달러짜리 계약으로 이어졌다. 이렇게 해서 어린이들의 장난감을 소재로 한 만화영화인 〈토이 스토리〉가 세상에 나오게 됐다.

1995년에 〈토이 스토리〉가 개봉되자마자 비평가들과 관객들 모두로부터 큰 호응을 얻어 세계적으로 총 3억6,200만 달러라는 엄청난 흥행 수익을 벌어들였다. 픽사는 1998년에 〈벅스 라이프〉를 잇따라 내놓으면서 역시 거대한 수요를 창출했다. 연달아 두 편의 영화를 제작하는 과정 속에서 감독인 래스터, 픽사의 사장인 에드 캣멀Ed Catmull, 그리고 나머지 직원들은 픽사를 독특하게 만들어줄 기업문화와 제작 시스템을 구축하기 시작했다.

영화와 같은 창조적인 분야에서 성공의 비밀을 규정하고자 할 때 '천재'니 '영감'이니 '마술'이니 하는 모호하고 신비스러운 단어를 갖다 붙이기가 쉽다. 분명 픽사가 이룬 업적에는 형언할 수 없고 묘사할 수 없는 요소가 존재한다. 또한, 다른 영화사가 픽사처럼 견실하게 흥행작을 잇달아 내놓기 위해 적용할 수 있는 명확한 '공식'은 없다. 그러나 픽사라는 조직에는 전체 제품 포트폴리오가 관객들로부터 거대한 수요를 성공적으로 창출하도록 이끄는 특별한 전략과 경영의 특성들이 많다.

이러한 특성 중 몇 가지는 픽사의 세 번째 장편 영화이자 불운하게 보이던 〈토이 스토리 2〉를 살려내기 위한 일련의 조치에서 분명하게 드러났다.

성공적인 영화 제작자들은 모두 훌륭한 스토리의 중요성을 익히 알고 있다. 그러나 아무도 픽사와 같은 진지함을 가지고 이 도전에 응하지 않는다. 2009년 칸영화제에서 존 래스터는 연설을 통해 회사의 철학을 간결하게 설명했다. "우리는 스토리를 올바로 만들어내기 전까지는 제작을 중단할 것입니다. 픽사에서는 영화 한 편을 만드는 데 4년이 걸립니다. 그리고 그중 3년 반의 시간을 스토리에 쏟아붓죠."

불가능한 데드라인이라는 제약 하에서 픽사는 〈토이 스토리 2〉를 살려내기 위해 족히 30개월을 투자해야 할 스토리 개발을 9개월 내에 끝낼 방법을 찾아야 했다. 픽사의 해결책은 여러 분야의 인력들을 끌어모아 그들을 한 방 안에 격리시키고 그 '그릇'을 끓어오르도록 만드는 것이었다. 반응을 가속화하기 위해 화학혼합물에 열을 가하는 것처럼 말이다.

소노마에서 주말에 열린 긴급회의 내내 픽사의 제작팀은 수정된 스토리의 세부사항을 어떻게 구성할지 머리를 쥐어짰다. 새로운 줄거리는 더 박진감이 있었고 도덕적인 교훈이 더 강화됐으며 캐릭터들의 특성을 더 잘 표현해주었다. 주인공인 우디가 직면한 개인적인 딜레마를 명확하게 나타내고 고조시키기 위해 아카데미상을 수상한 작곡가인 랜디 뉴먼Randy Newman에게 비통한 사랑의 노래를 작곡하도록 요청했고 극중에서 요들송을 자주 부르는 카우걸 캐릭터인 제시가 그 노래를 부르도록 했다. 원래 스토리의 기본적인 요소 몇 가지는 그대로 두었지만, 수정된 스토리는 진부함이 상당 부분 사라졌고 더욱 매력적이었으며 심리학적으로 더욱 설득력을 갖추게 되었다.

이렇게 '초고속' 영화 제작방식은 일반적인 프로젝트(예를 들어, 테이블 주위에 앉는 모든 사람에게 영화의 주요 캐릭터들이 그다지 친숙하지 않은 상황)에서는 가능할 것 같지 않다. 픽사가 해낼 수 있었다는 점은 아주 인상적이다. 그러나 더욱 인상적인 것은 때가 늦었는데도 멋진 줄거리로 바꾸기 위해 적당하게 꾸며진 기존의 줄거리를 폐기하는 대가를 치르면서 스토리에 전력을 다했다는 점이다.

〈토이 스토리 2〉를 다시 제작하는 과정에서 픽사는 자신들의 독특한 팀워크 스타일을 보여주었다. 할리우드는 서열에 의해 움직이는 곳이라서 최고 임원의 말이 전능한 힘을 갖는다. 그러나 픽사는 열린 사고, 자기비판, 실험의 정신을 유지하며 몇몇 스튜디오에서 만연된 상명하복(上命下服) 식 규칙을 지속적으로 피하려 한다는 사실에 자부심을 느낀다. 존 래스터의 말처럼 어떠한 문서도 의무적이지 않다. 우리를 위한 표준 운영 절차는 아무것도 없다.

픽사의 전직 직원 중 한 사람은 '그렇습니다. 그리고[Yes, and]'란 원칙을 회사가 얼마나 철저히 지키는지 이야기한다. 대부분의 조직에서 창의적인 아이디어는 사람들이 그 아이디어의 약점을 지적하며 '왜 먹히지 않을지'를 설명하면 금세 무력해지는 경향이 있다. 픽사의 직원들은 참신한 아이디어에 '그렇습니다. 그리고'라는 대답을 하도록 배운다.

> 어떤 사람이 "우리는 풍선에 관한 영화를 만들어야 합니다"라고 말한다고
> 가정해보죠. 이 말에 "안 됩니다. 만화영화로 만들기가 너무 어려울 겁니다"
> 라고 대답하는 대신에 이렇게 말해야 합니다. "그렇습니다. 그리고 만약 우

리가 그 풍선을 동물 모양으로 만든다면 어떨까요? 그러면 우리는 '풍선 동물'에 관한 이야기를 만들 수 있겠네요." 이렇게 답하면, 회사 전체적으로 아이디어가 활발하게 창출되도록 건설적이고 협력적인 분위기가 조성되죠.

픽사 방식의 프로세스를 나타내는 또 하나의 단어는 '더하기plussing'로서, 가능한 한 모든 원천으로부터 무언가를 가져와 꾸준히 더해간다는 의미이다. "우리는 항상 모든 단계마다 개선시킬 방법이 존재한다고 가정한답니다"라고 감독인 피트 닥터Pete Doctor는 말한다. 존 래스터는 늘 이런 식으로 말하죠. "글쎄, 여기에 이런 작은 동작을 추가하면 어떨까?" 그러면 즉각 그 캐릭터는 말 그대로 생기가 넘쳐 살아 움직이기 시작하죠.

〈토이 스토리 2〉의 경우처럼 프로젝트가 탈선의 위험에 처할 때마다 팀워크의 힘은 매우 결정적인 역할을 수행한다. 픽사에서는 특정 프로젝트를 총괄하는 감독과 제작자가 도움이나 통찰력을 필요로 할 때면 존 래스터를 비롯하여 8명의 감독으로 구성된 '두뇌위원회Brain Trust'가 소집되는 경우가 일상적으로 벌어진다. 두뇌위원회는 진행상황을 면밀하게 살펴보고 영화를 개선하기 위한 아이디어를 제공한다. 하지만 중요한 것은 두뇌 위원회가 프로젝트를 총괄하는 감독과 제작자 위에 군림하지 않는다는 점이다. 에드 캣멀은 이렇게 설명한다. "이러한 불문율이 위원회 멤버들이 자유롭게 자신의 전문가적 의견을 있는 그대로 제시하도록 하고, 감독들도 자유롭게 도움을 요청하고 위원회로부터 받은 조언을 충분히 고려하도록 해줍니다."

이러한 정신에 입각하여, 〈토이 스토리 2〉를 뜯어 고치기 위해 모인 긴급 수뇌부 회의는 여러 가지 아이디어와 통찰을 도출해냈다. 기억하라. 래스터는 "토이 스토리는 바로 나였다"라고 말하지 않았다. 그는 "토이 스토리는 바로 우리였다"라고 말했다. 그 차이는 매우 중요하다. "우리는 그저 함께 모여서 스토리의 기반을 형성하는 모든 아이디어들을 신경질적으로 비웃어대기 시작했습니다"라고 그는 말했다

회의 참석 인원들은 완전히 탈바꿈된 스토리와 새로운 목적의식으로 무장하고 스튜디오에 돌아오자마자 1개월 만에 영화 전체를 고쳐 쓰고 다시 구성하기 시작하면서 일찍이 들어본 적 없는 놀라운 생산성이라는 목표에 매진했다.

〈토이 스토리 2〉는 계획된 예정일대로 개봉되었고 그 해의 가장 우수한 작품 중 하나로 인정받았다. 팝 가수 사라 맥라클랜Sarah McLachlan이 부른 새로운 주제가 '그녀가 날 사랑했을 때When She Loved Me'는 아카데미 영화주제가 부문의 후보로 오르기도 했다. 신문, 잡지, 방송 비평가들이 발표한 각종 리뷰를 수집하고 요약하는 웹사이트 로튼 토마토Rotten Tomatoes는 〈토이 스토리 2〉가 147명의 비평가로부터 147개의 호평을 받았다는 기사를 내놓았다. 놀랍게도 100퍼센트의 찬사를 받은 것이다! 〈토이 스토리 2〉는 픽사가 연속으로 흥행시킨 세 번째 작품일 뿐만 아니라 이전의 두 작품과 비교했을 때 가장 많은 돈을 벌어들인 작품으로 남게 되었다.

공동 작업에서 창의력과 통찰을 발휘하는 법

열린 사고, 팀워크, 스토리에 집중하는 외골수적인 노력. 이것들은 픽사가 역사상 어느 영화 스튜디오보다 더 '규칙적'으로 흥행작을 제작할 수 있게 한 결정적인 요소들 중 일부에 지나지 않는다.

또 하나의 결정적인 요소는 픽사가 특이할 정도로 독창성을 강조한다는 점이다. 픽사는 많은 스튜디오들이 취하는 '안전 전략play-it-safe strategy'을 의도적으로 피한다. 대신에, 그들은 가능한 한 맹렬하게 한계를 초월하고자 한다. 다른 애니메이션 스튜디오가 픽사의 음울하고 초현대적이며 사실상 대사가 필요 없는 환경 드라마인 〈월-E WALL-E〉(2008년작)의 콘셉트를 승인할 것이라고 상상하기란 어렵다. 캣멀이 적절하게 묘사했듯이, 〈월-E〉는 '쓰레기로 가득한 멸망한 지구에서 피어난 로봇의 러브 스토리'이다. 만화영화에 일반적으로 책정되는 요금이 아니었음에도 〈월-E〉는 총 5억3,400만 달러의 흥행을 이끌어냈고 아카데미 만화영화상을 수상했으며(당시까지 픽사는 모두 24개의 오스카상을 수상했다) 「타임」지가 뽑은 '지난 10년 간 가장 훌륭한 영화' 중 넘버원에 선정되기도 했다. 미국의 관객들은 〈라따뚜이 Ratatouille〉(2007년작)라는 제목을 읽는 데 애를 먹었고, 영화 업계 전문가들은 픽사가 심술궂은 노인 캐릭터를 중심으로 〈업 Up〉(2009년작)이라는 만화영화를 제작하겠다는 계획을 조롱했다. 그러나 두 영화는 모두 크게 흥행했다.

영화제작팀이 소재의 선택과 작품 제작 과정에 있어 다른 스튜디오에서는 찾아보기 어려운 자유를 누리기 때문에 독창성에 대한 확고부동한 고집은 강화되고 있다. 만약 픽사의 만화영화 제작자들이 줄지어

두 번이나 세 번 '값비싼 실패'를 경험했다면, 그들이 누리는 제작의 자유는 회사의 안정적 경영이라는 미명 하에 제한받기 시작했을 것이다. 그들은 자신들이 영화 시장에서 승자임을 계속 증명해 보임으로써 자유롭게 일할 권한을 확보하고 유지하는 셈이다. 그리고 이러한 자유로움은 다시 더 많은 '승리'를 낳는 원동력으로 작용한다.

이러한 정신에 의거하여, 픽사는 자신들이 설치한 '연구개발 부문'에 자부심을 느끼고 있다. 연구개발 부문은 다른 영화 스튜디오에서는 찾아볼 수 없다. 픽사는 예술가들에게 각자가 좋아하는 아이디어를 충분히 '가지고 놀도록' 권장하고(기이한 아이디어일수록 더 좋은 것으로 인정받는다), 그들이 만들어낸 아이디어를 저예산의 실험적인 단편영화로 구현해볼 것을 장려한다. 예술가들이 자신의 경력에 오점이 되리라 염려하지 않으며 회사에 과도한 금전적 리스크를 발생시키지 않는 범위 내에서 콘셉트를 시험해보고 자신들의 스킬을 확장할 수 있도록 그들에게 독특한 기회를 부여하는 셈이다. 흥행작들 중 몇몇은 연구개발 프로젝트에서 만들어진 단편영화를 토대로 제작되었다. 픽사의 경영진들은 원천 기술을 보유한 학계와의 관계를 적극 유지함으로써 컴퓨터 애니메이션과 프로그래밍에 관한 최신 기술과 아이디어에 뒤처지지 않으려고 노력한다.

또한 픽사는 자신들이 보유한 인재들과 장기적인 파트너십을 형성해 나간다는 사실에 자부심을 느낀다. 이것은 일군의 예술가들(배우, 시나리오 작가, 감독, 프로듀서)이 하나의 영화 제작을 위해 임시로 모였다가 제작이 끝나면 뿔뿔이 흩어지는, 통상적인 할리우드 제작 시스템에서는 찾아보기 힘든 또 하나의 요소다. 항구적으로 유지되는 팀(이합집산하는 팀이 아니라)의 일원인 픽사의 직원들은 다른 스튜디오와는 달리 단결심 유지를 위해 자신들의 창조적인 '자아'를 조절하는 경향이 있다. 예를 들어, 애니메이션 〈니모를 찾아서Finding Nemo〉의 제작에 중요한 역할을 담당했고 〈월-E〉를 감독했던 앤드루 스탠턴은 두 개의 대형 흥행작 제작(〈니모를 찾아서〉와 〈월-E〉를 말함-옮긴이)을 끝마친 후 기꺼이 평범한 스튜디오 직원의 역할로 돌아감으로써 다른 산업에서는 물론이고 영화산업에서는 좀처럼 찾아보기 힘든 겸손함을 보여주었다.

이런 흔치 않은 충성심에 대한 대가로 픽사는 직원들에게 장기적인 경력 개발을 보장해준다. 예를 들어, 픽사는 만화영화 제작자와 회계담당자부터 보안 요원에 이르는 모든 직원들이 1주일에 4시간까지 교육을 받도록 권장한다. '픽사 대학'은 110개 과목의 교육 프로그램을 직원들에게 제공하는데, 학장인 랜디 넬슨Randy Nelson에 의하면 대학교에서 가르치는 미술 및 영화제작 과정과 동일한 수준이라고 한다. "왜 회계담당자에게 그림을 가르칠까요?"라고 넬슨은 멋들어지게 묻고는 이렇게 답한다. "그림 수업은 사람들에게 그리는 방법만을 가르치지 않기 때문입니다. 사람들의 관찰력을 향상시켜서 혜택을 얻는 회사는 픽사 말고 지구상에는 없지요."

더욱 중요한 것은 픽사가 모든 직원들이 예술 분야에 기여하도록 독려하고 기여한 바에 대해 보상한다는 점이다. 이러한 철학은 평등주의라는 긍정적인 개념에 의해서가 아니라, 에드 캣멀이 일컫듯이 특출한 영화를 제작하기 위한 '길고 고된 과정'을 통해 강력한 수요가 창출된다는 현실적인 이해에 의해 힘을 얻고 있다. 그는 자신의 관점을 이렇게 말한다.

> 하나의 영화는 말 그대로 수만 개의 아이디어로 이루어지죠. 그 아이디어들은 모든 문장의 형태, 각 대사에 대한 연기, 캐릭터와 세트 그리고 배경 디자인, 카메라의 위치, 색깔과 조명 그리고 진행 속도(pacing) 안에 스며들어 있습니다. 감독과 여러 제작 리더들이 모든 아이디어들을 자력으로 만들어내지 않습니다. 200명에서 250명에 이르는 제작 그룹 멤버들 모두의 제안으로 그런 아이디어들이 창출되지요.

캣멀은 어떤 비평가가 '영화 제작은 중세의 대성당 건축 이래로 공동 작업의 진수를 보여주는 대표적 예술 형식'이라고 묘사했던 영화 제작의 진짜 모습을 정확하게 표현하고 있다. 전통적으로 몇몇 개인들에게만 '창조적'이라는 찬사를 보내며 떠받드는 영화 산업에서는 지위 고하를 막론하고 모든 직원들의 기여를 기꺼이 존중하고 예우한다는 솔직함은 그리 흔하지 않다(여기서 우리는 '위대한 수요 창조 기업'들이 다른 기업들과 마찬가지로 '시장규범'을 보강하고 강화하면서도 직원들과 가능한 한 좀 더 깊은 동반자 관계를 형성하고자 한다는, '사회규범'의 존재를 감지할 수 있다).

모든 직원들의 기여를 존중하려는 존 래스터의 열의는 아마 어느 정도는 그가 일찍이 경험한 참담한 실망에서 기인한 것인지도 모른다.[3] 평소 애니메이션에 열렬한 팬이었던 그에게 디즈니에 입사하고 싶다는 꿈이 대학을 졸업하자마자 현실로 이루어졌다. 하지만, 세계에서 날고 긴다는 만화영화 제작자들 밑에서 신참으로 일하는 동안 그는 그저 말없이 일만 열심히 해야 한다는 것을 깨달았다. 그가 컴퓨터 애니메이션이라는 최신 콘셉트를 바탕으로 영화를 제작해야 한다는 아이디어를 상사에게 설득하다가 끓어오르는 열정 때문에 대드는 상황까지 벌어지고 말았다. 그는 곧바로 해고되었다. 어찌나 고통스러운 사건이었는지 그 후로 몇 년이 흐르는 동안 어느 누구에게도 그 일을 털어놓지 않았다.

아이러니하게도 2006년에 래스터는 수십 년 전에 그를 해고했던 바로 그 스튜디오인 월트 디즈니 장편 애니메이션 부문의 최고운영책임자Chief Operation Officer로 임명된다. 제작팀 멤버 중 가장 어린 직원들에게서도 기꺼이 배우려는 픽사의 능력 덕분에 얻은 영예로운 자리인 셈이다. 래스터는 이렇게 말한다. "픽사에서 일하는 것은 공중곡예와 같다. 날 잡아줄 건너편 동료를 주시해야 하기 때문이다." 이러한 철학이 전례 없는 수준으로 팀워크를 끌어올리고 있다.

그러나 픽사 시스템의 가장 중심이 되는 뼈대와, 그들이 채택한 특정 크리에이티브 전략들을 하나로 묶는 것은 영화 제작 프로세스를 시작할 때 이처럼 단순한 질문을 던진다는 사실이다. "어떤 영화를 나와 나의 가족들이 즐겨 볼 것인가?"

번뜩이는 창의력을 지닌 사람이라면 이 질문에 통찰력 있고 잠재적으로 가치 있는 해답을 제시할 수 있을 것이다. 이것이 바로 픽사가 회사 내의 모든 사람들로부터 아이디어의 물줄기가 흐르도록 격려하는 이유다. 기회가 생길 때마다 그 질문을 던지고 어디에서 일하든지 상관없이 누군가가 내놓은 해답을 따른다는 것은 위대한 수요 창조자들이 공유한 습성의 '할리우드 버전'이라 말할 수 있다. 그 습성이란 고객들과 이야기를 나누고 고객들이 말한 바를 진지하게 받아들일 배짱을 가지고 있다는 것이다.

픽사는 이러한 원칙들을 실천에 옮김으로써 어떻게 수요가 발생하고 그것을 어떻게 발생시키는지 이해하기 위한 뛰어난 시스템을 구축했다.[4] 그리하여, 비평가들의 찬사와 상업적인 성공을 동시에 얻으며 11개의 흥행작을 연달아 내놓을 수 있었다(다음의 표를 보라).

픽사의 흥행 포트폴리오 (1995~2010년)

제목	개봉연도	미국 내 매출	세계 매출
〈토이 스토리〉	1995	$192	$362
〈벅스 라이프〉	1998	$163	$363
〈토이 스토리 2〉	1999	$246	$485
〈몬스터 주식회사〉	2001	$256	$525
〈니모를 찾아서〉	2003	$340	$865
〈인크레더블〉	2004	$261	$631
〈카〉	2006	$244	$462
〈라따뚜이〉	2007	$206	$624
〈월-E〉	2008	$224	$521
〈업〉	2009	$290	$415
〈토이 스토리 3〉	2010	$415	$1,063

(단위: 억 달러, 2009년)

픽사는 모든 직원들로부터 각자의 천재성을 끌어내고 활성화시키는 방법을 찾음으로써 '골드먼의 법칙'을 이겨내려고 무진 애를 썼다. 아무도 모른다. 그러나, 할리우드에서 가장 재능 있는 수백 명의 지성과 창의를 하나로 결합하면, 한 명의 천재가 창출할 수 있는 것보다 훨씬 강력한 통찰을 얻을 수 있음을 픽사가 증명해냈다.

불확실한 감을 과학적 시스템으로

연이은 성공적 출시, 즉 성공적인 제품들로 전체 포트폴리오를 구축하는 일은 경제적 상황이나 활용 가능한 기술, 혹은 기업이 생산하는 제품의 종류로 결정되는 함수가 아니다. 수요를 창조하도록 시스템을 구축하는 자에게 성공이 뒤따라온다.

'골드먼의 법칙'에 이끌려 대부분의 조직들은 잠재적인 미래 수요를 창출할 목적으로 여러 개의 프로젝트를 시작하곤 한다. 마치 복권을 사는 사람들이 한 장이 아니라 여러 장을 사는 것과 같은 이치이다. 동일한 전략이 영리사업이 아닌 부문에서도 실행되곤 한다. 재단들과 정부기관들은 의학 연구와 경제 개발과 같은 분야의 수많은 파일럿 프로젝트들을 후원한다. 예를 들어, 미국 교육부는 다양한 교육 방법론을 시험하도록 여러 공립학교들을 지원하고 있다. 그들은 각각 하나의 성공작이 상당한 수준의 수요를 이끌어내어 수많은 실패작들을 보상하기를 희망한다. 무엇이 성공작이 될지 예측 불가능하기 때문이다.

물론, 수백 번 내기를 걸어보는 전략이 향후에 수요 창조자가 되려는 사람들의 삶을 복잡하게 만드는 것이 사실이다. 하나의 프로젝트에서 여러 개의 프로젝트 전체로 인식을 확장시킨다면, 그 포트폴리오는 때때로 잡초가 무성해서 가장 가치 있는 식물과 그렇지 않은 것이 무엇인지 구별하기 불가능한 정원처럼 보인다. 병목들이 시스템을 틀어막는 바람에 결정적인 프로젝트에 자원을 공급하지 못하기도 한다.

질이 떨어지면 아무리 양이 많아도 소용이 없다. 정원의 비유로 돌아가보자. 수요 창조자가 될 사람들은 유망한 여러 프로젝트를 키울 필요가 있다. 하지만, 그 다음에는 질을 가려내는 날카로운 눈으로 잡초를 뽑고 솎아내야 한다. 전설적인 포트폴리오의 달인이라 칭해지는 워런 버핏Warren Buffett은 "투자자는 구멍을 스무 개 뚫을 수 있는 한 장의 천공 카드를 가진 듯이 행동해야 하며, 죽을 때까지 그런 행동을 지속해야 한다"고 말한다. 이 말은 투자할 때마다 심혈을 기울이라는 뜻이다. 말은 쉽지만 행동하기는 어렵고, 매번 일관성 있게 행동하기란 거의 불가능에 가까운 일이다. 그렇기 때문에 프로젝트마다 승자가 될 가능성을 극대화하려면 사고방식, 시스템, 문화를 모두 '협력 정신'에 기초해야 한다.

예를 들어, 제약업과 벤처 투자업처럼 서로 다른 산업에 속하면서 새로운 수요 창출에 도전하며 수십 년간 지속될 성공을 목적으로 시스템을 창조해온 두 개의 기업을 생각해보자. 픽사와 마찬가지로, 1980년대와 1990년대에 머크Merck와 클라이너 퍼킨스 코필드 앤드 바이어스Kleiner Perkins Caufield & Byers(미국의 벤처 캐피탈업체-옮긴이)가 40년간 꾸준하게 채용한 시스템들은 수많은 고품질 아이디어들을 쏟아낸 다음 그중 조직을 매료시킬 매우 훌륭한 아이디어를 골라낼 수 있도록 설계되어 있다.

이것은 단순한 발상이지만, 실행하기는 쉽지 않다. 픽사, 머크, 클라이너 퍼킨스와 같이 놀라운 포트폴리오를 가진 회사가 매우 드문 것만 봐도 그렇다.

바겔로스의 수요 창조 시스템

여러 메이저 제약회사들과 마찬가지로 머크는 새로 발명하고 특허를 획득한 약품을 통해 수요를 창출함으로써 매출을 올리고 있다.[5] 대형 제약회사에서 이러한 성공적인 약품들은 할리우드 스튜디오에서의 흥행작들과 동일한 역할을 담당한다. 그런 약품들은 여러 가지 제반 비용을 감당하고, 개발 중에 있는 다른 약품들이 효과가 없다고 판명되거나 기대했던 수요 창출에 실패할 경우에 발생되는 손실을 보전하는 역할을 한다. '블록버스터 약품들'은 제약회사들이 부채를 짊어지지 않도록 유지시키고 수많은 과학자, 엔지니어, 생산직 사원들의 일자리를 창출한다. 가장 중요한 점은 블록버스터 약품들이 수천 수백만 환자들의 수명과 삶의 질을 향상시킨다는 것이다.

외과의사이자 생화학자인 로이 바겔로스Roy Vagelos가 미국 국립보건원National Institutes of Health, NIH에서 연구원으로 경력을 쌓은 후에 1975년에 머크에 입사했을 때, 그는 전통적인 연구개발 프로세스가 효과적이지 못하고 불만족스러울 정도로 마구잡이임을 발견했다. 바겔로스는 이렇게 언급했다. "약품의 효과를 발견하기 위한 프로세스는 실증적인 방법에 의존하고 있었죠. 실험실에서 수행되거나, 아니면 사람들이 어떤 물질을 삼킨 후에 무슨 일이 일어나는지 단순하게 눈으로 관찰하거나 해서 말입니다. 아스피린, 모르핀, 디기탈리스^{Digitalis} (대표적인 강심제-옮긴이), 비타민 C가 쓰이게 된 것도 그런 실증적인 방식을 통해서였죠. 헌데, 이러한 실증적인 프로세스는 그런대로 잘 작동하지만, 행운을 기대해야 하고 결과를 내기 위해 엄청난 시간을 소모해야 한다는 단점이 있습니다."

바겔로스는 NIH에서 얻은 경험을 토대로 약품을 개발하기 위한 더욱 효과적인 방법을 구상해냈다. 그 방법은 질병이 진행됨에 따라 자연적으로 발생하는 특정 효소를 규명하는 것에 기초를 두고 있었다. 바겔로스가 말했다. "목표 효소가 규명되기만 하면, 약리화학자는 실험실에 있는 억제제를 찾기 시작할 거고, 미생물학자와 천연물화학자는 자연 상태에서 억제제를 찾으려 할 겁니다." 이러한 억제제들은 약용으로 쓰여 효소의 작용을 중단시키고 그렇게 함으로써 질병의 진행을 지연시키거나 역전시키게 된다. 바겔로스의 새로운 접근방식은 하루에도 수백 번의 실험을 수행하는 것이나 마찬가지였기에 전통적인 방법에 비해 일하는 속도를 크게 증가시켰다. 또한 그의 접근방식은 '분자 대 분자' 수준의 처치 방식이었기 때문에 특정 목표를 아주 정확하게 타격할 수 있었고, 부작용이 적은 약품을 생산해낼 수 있었다.

바겔로스가 머크에 있는 동료들에게 새로운 접근방식을 확신시키기까지 시간이 걸렸지만, 일단 그들이 그 방식을 수용하자마자 결과는 놀랍게 변했다. 마침내 바겔로스와 머크는 무작위적인 시행착오로 이루어지던 전통적인 제약 연구 방식을 일종의 '시스템'으로 전환시켰다. 시스템을 가졌다고 해서 성공이 보장되지는 않았지만, 성공 확률은 눈에 띄게 커졌다.

머크의 연구 총책임자로 근무(1976~1981년)하고 그 후 CEO로 활동(1985~1994년)하는 동안, 바겔로스는 자신의 연구 시스템에 의해 창출된 수요 창조의 우위를 보다 끌어올릴 수 있도록 또 다른 조치들을 취했다. 가장 중요한 조치는 뛰어난 인재를 채용하고 유지하여 그들에게 열정을 불어넣는 일이었다. 이것은 말이 쉽지, 사실 구현하기가 거의 불가능에 가까운 일이었다.

1970년대 초에는 가장 스마트하고 젊은 과학자들이 대학교로 몰려들었기에 사회적 통념상 그보다 떨어지는 인재들이 기업을 택한다는 시각이 있었다. 이러한 '패배주의적인 분위기'를 간파한 바겔로스는 변화를 위한 조치를 취했다. 그는 머크의 과학자들에게 연구논문을 저널에 발표하고 대학에서 자신들의 업무에 관해 강의할 것을 권장했다. 또한 바겔로스는 그들에게 기초과학에 대한 관심을 추구할 수 있고 여러 분야의 팀들과 협업할 수 있는, 다른 제약회사에서는 찾아보기 힘든 자유를 주었다. 그리하여 머크의 연구소는 창의력으로 들끓는, 매우 독특한 분위기가 형성되었다. 이런 조치의 목표는 젊은 과학자들에게 응용 연구가 지적으로 흥미진진한 분야일 뿐만 아니라, 신약을 개발하여 수많은 사람들의 삶을 향상시킨다는 개인적 성취감을 맛볼 수 있는 것임을 보여주기 위해서였다.

바겔로스의 이러한 활동은 수많은 젊은 과학자들이 머크에 매력을 느끼도록 만들었다. 의사이자 경험 많은 연구원인 바겔로스는 신규채용자들과 그들이 행한 연구 업적을 개별적으로 평가할 수 있었다. 잠재적인 채용 후보자들을 면접하고, 정기적으로 임상시험 결과를 살펴보며, 가장 재능 있는 연구원들을 격려하고, 종종 큰 이익이 되는 새로운 접근방식을 제안하면서 말이다.

아서 패체트Arthur Patchett 박사의 경우가 바겔로스의 시스템이 머크의 과학적 잠재력을 어떻게 드러내는가를 보여주는 생생한 사례이다. 패체트는 하버드에서 박사 학위를 취득한 후에 곧바로 머크에 입사했다. 뛰어난 연구원인 그는 합성화학 부문 전체를 총괄하는 자리로 빠르게 승진했다. 하지만, 관리자로서 그의 능력은 형편없었다. 그는 다 쓰러져가는 오래된 실험실로 쫓겨나고 말았고, 패체트의 상사는 그를 여러 펩티드(두 개 이상의 아미노산 분자로 이루어진 화학 물질-옮긴이)를 무작위로 혼합시키는 업무로 좌천시켜버렸다. 그는 바겔로스가 머크에 들어오기 2년 전부터 그 일을 수행하던 차였다.

어느 토요일, 바겔로스가 연구소 실험실들을 둘러보던 중에 패체트를 만나게 됐다. 패체트가 여러 연구 아이디어들을 자유로이 연상하고 화이트보드에 아이디어들 간의 연결을 그려나가는 모습을 경청하던 그는 패체트야말로 화학의 천재라는 사실을 깨달았다.

바겔로스는 자신이 주도할 프로젝트를 함께 설계해가자고 패체트에게 제안했다. 변화를 고대하던 패체트는 흔쾌히 동의했다. "몇 년 안에 패체트와 그의 팀은 새로운 고혈압 치료법을 성공적으로 개발함으로써 콜레스테롤 연구 분야에 없어서는 안 될 기여를 했다. 바겔로스는 후에 패체트에 대해 이렇게 말했다. "패체트는 머크에서 가장 혁신적인 화학자 중 한 사람이었다. 하지만 그에게 무엇을 하라고 지시를 내리기보다는 스스로 생산적으로 일할 수 있도록 유도해야만 했다." 이런 이야기들은 제약업계 전체로 퍼져나가기 마련이라서 바겔로스 휘하의 머크가 재능 있고 야망 있는 과학자들을 위한 공간이란 점을 인식시키는 데 도움이 되었다.

1988년에 머크는 매출의 11퍼센트를 모두 연구개발에 투자했는데, 이는 다른 회사에 비해 높은 비율이었을 뿐만 아니라 2퍼센트 미만에 머물던 1976년보다 다섯 배 이상 큰 투자율이었다. 머크는 지속적인 치료가 필요한 만성 질병, 기존 치료법이 별로 효과적이지 못한 질병, 많은 환자들이 앓고 있는 질병 등 잠재적 수요가 가장 큰 연구 분야에 특별히 투자를 집중했다. 과학자들은 종종 연구 계획을 수립할 때 수요를 감안하지 않는 경향이 있다. 하지만 바겔로스는 항상 수요를 고려했다.

머크는 이러한 원칙에 입각하여 심혈관 질환, 에이즈[AIDS], 암, 관절염, 알츠하이머 병, 골다공증에 집중했다. 모든 제약회사와 마찬가지로 머크는 수십 종의 개발 중인 약품들을 보유하고 있었다. 바겔로스는 가장 잠재력이 높은 약품 6~8개에만 초점을 맞추도록 조직의 역량을 성공적으로 결집시켰다. 그는 직원들이 가장 큰 니즈를 만족시킬 약품 개발 프로젝트에 매진하도록 했을 뿐만 아니라, 그들에게 지대한 관심을 쏟고 충분한 자원을 제공하였으며, 그들이 획기적인 목표를 달성하는 데 필요한 감성적 에너지를 계속해서 불어넣어주었다.

바겔로스의 접근방식 중 결정적인 부분은 신약이 시장에 출시되기 전에 승인 여부를 결정하는 미국 식품의약청Food and Drug Administration, FDA 에 대한 태도를 다르게 취한 것이었다. 대부분의 제약회사들은 FDA를 호의적이지 않은 적으로 여겼다. 바겔로스는 다르게 생각했다. "FDA 를 고객으로 취급하자. 아주 중요한 고객으로!"

머크는 정말로 그렇게 했다. 머크 내에서 FDA를 대하는 태도에 새 로운 변화가 형성되었다. 머크의 연구원들은 'FDA가 가능한 한 우리 를 성가시게 하지 않도록 하려면 우리는 무엇을 해야 할까?'라고 묻 기보다 '어떤 정보가 이 중요한 고객(FDA)이 결정을 내리는 데 필요할 까?'라고 질문하기 시작했다. 그리고 그들은 정보를 제공하기 위해 필 요한 모든 절차를 수행했다. 서류 제출과 프레젠테이션을 지나치다 싶 을 정도로 많이 준비한 덕에 FDA의 승인 절차는 예전보다 빠르게 흘 러가기 시작했다.

바겔로스의 혁신적인 포트폴리오 관리 시스템의 결과로 머크는 그 의 재임 기간 동안 가장 큰 경쟁 제약사 세 곳을 모두 합한 것보다 많 은 종류의 블록버스터 약품을 생산해냈다(다음의 표를 보라).[6] 바겔로스 는 유망한 프로젝트를 규명해내는 프로세스를 능률화시켰고, 인재들 을 확보하고 동기부여하는 것을 중요시했으며, FDA 승인 프로세스를 고객 서비스의 문제로 전환시켰다. 이렇게 함으로써 그는 신약 개발 프로세스를 막연한 '추측 게임'이 아니라 일관적이고 예상 가능한 결 과를 산출하는 '시스템'으로 탈바꿈시켰다.

아무도 모른다? 로이 바겔로스에게 이 말을 해보라. 그에게서 어떤 대답이 나올까?

바겔로스가 은퇴한 후, 20년간 잘 운영되던 시스템이 방치되고 위축되기 시작했다. 사람들은 만약 그 독특한 '수요 창조 시스템'이 계속 유지되어 진화했더라면, 머크의 수요 창조 결과가 지금 어떻게 달라졌을지 궁금해한다.

머크의 블록버스터 포트폴리오 (1978~1993년)

약품명	FDA 승인년도	효능	매출
티몹틱/XE(Timoptic/XE)	1978/1993	녹내장	$22.68
이버멕틴(Ivermectin)	1981	기생충 감염	$32.44
바소텍(Vasotec)	1985	고혈압	$141.12
프리막신(Primaxin)	1985	박테리아성 감염	$32.10
펩시드(Pepcid)	1986	궤양과 속쓰림	$58.82
메바코어(Mevacor)	1987	고 콜레스테롤	$69.96
프리니빌(Prinivil)	1987	고혈압	$27.35
프릴로섹(Prilosec)	1989	위산 역류	$100.01
조코어(Zocor)	1991	고 콜레스테롤	$144.90
프로스카(Proscar)	1992	전립선 비대	$21.75

* 이버멕틴은 가축병 치료제 종류라서 FDA 승인이 필요치 않다. 1981년은 이 약이 처음 출시된 해이다.

클라이너 퍼킨스 '원대한 도전 지도'

클라이너 퍼킨스에서 또 하나의 강력한 수요 창출 시스템이 진화를 거듭해오고 있다. 1972년에 설립되었고 미국에서 앞서가는 벤처 캐피탈 회사인 클라이너 퍼킨스는 '신생기업 투자'라는 매우 특이한 분야에서 수요 창조자로서 놀라운 성공을 거두었다.[7]

모두 알고 있듯이 기존 기업에 대한 투자는 어려운 것으로 악명 높다. 투자 대상 기업들이 충분히 성숙하고, 그들의 시장이 명확하며, 그 기업들이 수년 간 좋은 실적을 달성함에도 불구하고 활동 중인 투자 매니저들 중 거의 대부분은 시장수익률 평균에도 미치지 못하는 성과를 낸다.

이제 다른 투자 영역을 살펴보자. 실적이 없고 시장이 명확하지 않아서 제품 하나를 판매하기까지 앞으로 5년에서 10년 정도는 기다려야 하는, 그런 기업들을 대상으로 한 투자 영역 말이다. 시장을 개척하기 위한 힘겹고 긴 여정을 거치는 동안 대부분의 회사들은 낙오하고 만다. 그 이유는 셀 수 없을 만큼 많지만, 다음과 같은 네 가지 리스크가 가장 두드러지는 것들이다.

1. 기술이 먹히지 않았다.
2. 경영진의 경영 능력이 발휘되지 못했다.
3. 회사가 자금을 소진해버렸다.
4. 제품에 대한 수요가 없었다.

벤처 캐피탈은 매우 활력이 넘치는 비즈니스로 여겨지고 있다. 그러나 대부분의 벤처 캐피탈 회사들은 수익률을 좋지 않고, 성공을 거둔 극소수 회사들의 경우에도 수익률이 깜짝 놀랄 정도로 변덕스러운 것이 현실이다.

이처럼 극도로 낮은 성공 확률과 노골적으로 긴 투자 사이클이라는 두 가지 성질이 함께 존재하는, 이상한 '평행 우주' 속에서 클라이너 퍼킨스는 단연 돋보인다.[8] 이 회사는 지난 10년 동안 매년 투자자들에게 10억 달러 이상의 수익을 안겨줬고, 다음의 표에서 보듯, 벤처 캐피탈 업계가 얼마나 가혹한지 잘 아는 사람이라면 가히 마술이라 말할 수 있는 성과를 거두었다.

어떻게 그들은 이런 성과를 달성했을까?

클라이너 퍼킨스의 역사를 파고들어 분석한 사람들은 대개 이 기업의 성공을 직관과 느낌으로 설명한다. 어떤 사람들은 클라이너 퍼킨스를 지휘하는 파트너들의 개성에서 성공의 비결을 찾는다. 누가 봐도 매력적인 존 도어John Doerr는 흥미로운 인물이다. 라이스 대학과 하버드 경영대학원을 졸업한 후, 그는 1975년에 인텔에 엔지니어이자 프로젝트 매니저로 입사했다. 이후 시스템 영업 부문으로 자리를 옮겼는데, 그는 강력한 추진력과 도전성, 지기 싫어하는 열정과 무한한 듯 보이는 에너지, 찬사를 받으며 1위에 오르려는 열망 등을 영업 부문에서 마음껏 발휘했다. 일례로, 도어는 한때 거래 협상 도중 잔디 깎는 기계를 내던짐으로써 인텔의 마이크로프로세서를 구매할 신규 고객사를 확보한 적이 있었다.

클라이너 퍼킨스의 블록버스터 포트폴리오 (1972~2010년)

회사	시가 총액
구글(Google)	1470
제넨테크(Genentech)	470
아마존(Amazon)	360
세렌트(Cerent)	73
일렉트로닉아츠(Electronic Arts)	69
썬마이크로시스템즈(Sun Microsystems)	59
넷스케이프(Netscape)	42
로터스(Lotus)	35
AOL(America Online)	24
브리오테크놀로지(Brio Technology)	1.43
컴팩(Compaq)	250
인튜이트(Intuit)	137
LSI	26.5
매크로미디어(Macromedia)	34
퀀텀(Quantum)	3.16
탠덤(Tandem)	30

(단위: 억 달러, 2009년)

* 이 기업들 중 몇몇은 다른 기업에게 인수되었다. 제넨테크는 오프만라로셰(2009)에게, 세렌트는 시스코
시스템즈(1999)에게, 넷스케이프는 AOL(1998)에게, 로터스는 IBM(1995)에게, 브리오테크놀로지는
하이페리온(2003)에게, 컴팩은 휴렛패커드(2002)에게, 매크로미디어는 어도비(2005)에게, 탠덤은 컴
팩(1997)에게 각각 인수되었다.

한 잡지에서 도어를 "이마 아래로 머리카락을 내려뜨린 채 회의 참석을 위해 달려가면서도, 동시에 주위에 있는 세 명의 사람과 대화를 하다가 휴대폰으로 누군가와 통화를 하는, 구겨진 파란색 블레이저를 입은 깡마른 사람"이라고 묘사한 적이 있다. 그가 하이테크 벤처 캐피탈 업계에서 가장 영향력 있는 인사로 널리 인식된다는 사실을 거꾸로 뒤집어 상상하면 그에 대한 정확한 인상을 얻을 수 있다.

도어와 마찬가지로 주목할 만한 파트너로서 래이 래인^{Ray Lane}이 있다. 그는 세계에서 두 번째로 크고 고집이 센 것으로 유명한 소프트웨어 회사인 오라클^{Oracle}에서 COO와 사장을 지냈는데, 기술 혁신에 대해서는 남들의 이목에 신경 쓰지 않고 노골적으로 말하는 스타일을 지녔다. 래인과 도어는 각각 자신이 사업상 인맥을 가장 많이 축적할 수 있다는 우호적인 라이벌 의식을 가지고 있다. 최근의 집계로, 아이슬란드의 대통령인 올라푸르 라그나르 그림손^{Olafur Ragnar Grimsson}과 같은 기인들이 포함된 6,000명 이상의 연락처를 가지고 있는 래인이 1996년 이래로 도어를 앞서고 있다.

그리고 빌 조이^{Bill Joy}라는 파트너도 있는데, 그가 이룬 여러 가지 지적인 업적들이 사실인지 전설인지 헷갈릴 정도로 유명한 컴퓨터 신동이었다. 그는 세 살에 글을 읽었고 네 살에 체스를 둘 수 있었다. 또한 그는 박사학위를 위한 구술시험에서 즉흥적으로 '소팅^{sorting}(데이터를 차례대로 분류해내는 일-옮긴이) 알고리즘'을 제시했는데, 그 알고리즘이 너무나 탁월해서 나중에 시험관 중 한 사람이 '장로들을 당황케 한 예수'라고 비유할 정도였다. 조이는 「포춘」지가 그의 능력을 높이 사 '인터넷의 에디슨'이라는 별명을 붙여 표지 인물로 선정할 만큼 버클리 대학에서 전설적인 해커로 통하던 사람이었다. 그는 그 후 썬마이크로시스템즈를 공동창업하기도 했다.

도어, 래인, 조이는 클라이너 퍼킨스가 보유한 36명의 파트너 중 세 사람일 뿐이다. 유명 정치인이자 전직 부통령인 앨 고어Al Gore가 파트너로, 그리고 전직 국무장관인 콜린 파월Colin Powell이 '전략적 유한 책임 파트너'로 활동하면서 이 놀라운 조직(클라이너 퍼킨스)에 빛과 영향력을 더해주고 있다.

그러나 클라이너 퍼킨스의 성공은 도어의 영업력, 래인의 지적 능력, 조이의 기술적 탁월함, 혹은 그들의 인맥 이상의 것에 기초를 두고 있다. 외부인들은 이 기업의 성공 열쇠가 클라이너 퍼킨스라는 브랜드에 있다고 말한다. 클라이너 퍼킨스는 벤처 캐피탈 업계에서 최고의 평판을 얻고 있기 때문에 다른 캐피탈 업체에 비해 가장 유망한 사업계획들을 빠짐없이 받아볼 테니 말이다. 하지만, 클라이너 퍼킨스의 성공에 대한 이러한 이론들은 모두 직관과 느낌에 의한 것이라서 잘못된 결론을 이끌어낼 소지가 매우 다분하다.

맞다. 클라이너 퍼킨스는 강력한 브랜드를 가지고 있고 그 때문에 뛰어난 사업계획들이 쏟아져 들어온다. 하지만 이것은 한 가지 측면에 지나지 않는다. 어쩌면 클라이너 퍼킨스가 구축한 놀랍고도 다차원적인 수요 창조 프로세스 내에서 아마도 가장 덜 중요한 측면일 것이다.

클라이너 퍼킨스는 벤처 기업이 직면하는 4대 리스크(기술, 경영, 자금,

수요)를 잘 이해하고 그중 '수요 리스크'가 가장 어렵다는 점에 유의하면서 행동을 취한다. 그들은 신규 수요의 폭발로 이끌어줄 거대한 전환점을 찾기 위해 회사가 아니라 시장에 초점을 맞춘다. 처음에 그들은 반도체에서 그러한 전환점을 찾았고, 나중에는 인터넷에서, 그리고 요즘은 에너지와 수자원 쪽에서 전환점을 찾으려 한다.

클라이너 퍼킨스의 파트너들은 수백 개 이사회의 일원으로 활동하고 수천 명의 기업가들과 상호 교류하면서 수요가 어떻게 진화될 것인지에 관한 독특한 통찰을 발견하기 위해 그러한 모든 활동과 교류를 하나의 초점으로 결집시킨다. "우리는 썬마이크로시스템즈, AOL, 익사이트[Excite] 등에 이르는 모든 이사회의 일원입니다. 우리는 이사회에서의 모든 활동을 통해 시장 전문가들보다 먼저 미래를 예측할 수 있는 감각을 길러왔습니다"라고 전직 파트너인 비노드 코슬라[Vinod Khosla]는 말한다.

이러한 배경 하에, 그들은 고객 중심적 마인드를 가진 기업을 찾아 나선다. 존 도어는 인튜이트[Intuit]라고 불리는 신생 재무 소프트웨어 회사에 거대한 잠재력이 있다고 확신한 이유를 이렇게 설명한다. "제가 처음 참석한 인튜이트의 이사회 회의에서 저는 놀라움을 감출 수 없었습니다. 인튜이트의 기술지원센터에서 열린 회의의 절반 이상이 제품에 대해 고객이 제기한 질문에 기술직 직원들이 뭐라고 답하는지, 그리고 그 문제를 어떻게 해결할지 듣는 자리였으니까요. 설립자인 스콧 쿡[Scott Cook]이 고객의 행복과 1차 고객의 피드백에 얼마나 진지하게 초점을 맞추는지 저는 지금도 놀라움을 금치 못한답니다."

도어는 고객과 이야기를 나누며 불편한 진실에 대답할 배짱을 지닌 기업 리더들이 아주 드물다는 우리의 인식을 확인시켜준다. 스콧 쿡은 고객의 말을 경청할 뿐만 아니라 이사회 멤버들을 업무 프로세스에 참여시킴으로써 이사회에서 벌어지는 대화의 본질을 완전히 변화시켰다. 도어에게 그런 모습은 이 회사(인튜이트)가 거대한 신규 수요를 창출하기 직전에 있다고 판단할 만한 결정적인 단서였다.

수요에 집중하는 것은 필수적인 출발점이다. 그 다음 단계는 수요를 이끌어낼 좋은 아이디어를 최대한 많이 도출하는 것이다. 이 과정은 클라이너 퍼킨스의 네트워크 내에서 오고 가는 수많은 목소리를 경청함으로써 시작된다. 그러려면 뭐니 뭐니 해도 곧장 '현장으로 달려 나가는' 방법이 가장 좋다. 클라이너 퍼킨스의 파트너들은 미국 유수의 대학을 샅샅이 뒤지며 더 좋은 아이디어를 찾아 다닌다. 단순히 누군가가 소개하거나 추천해주기를 기다리기보다, 비리를 밝히는 기자나 CIA 분석가처럼 직접 구두를 신고 현장을 누비는 것이다. 도어, 레이 레인, 브룩 바이어스와 같은 파트너들은 대학교 실험실을 돌아다니는 일에 엄청난 시간을 쏟는다. 도어는 스탠포드 대학, 레인은 카네기 멜론 대학, 바이어스는 샌프란시스코에 있는 캘리포니아 주립대학에 주로 집중한다. 그들은 인맥을 활용하여 혁신적인 연구 프로젝트에 관해 배우고, 최고의 과학자들과 장기적인 관계를 구축하며, 뛰어난 사람들끼리의 협업과 인맥 형성을 도와주고 있다.

이러한 '현장 누비기' 전략은 과거부터 대학들에서 얻어온 정보의 원천을 확대시키고, 때로는 국경을 초월하기도 한다. 에너지 투자 부문의 지원으로 클라이너 퍼킨스의 파트너들은 메사추세츠, 플로리다, 텍사스, 펜실베이니아, 뉴욕, 뉴저지, 조지아뿐만 아니라, 이스라엘, 독일, 중국 등에서 귀중한 투자 아이디어를 발견했다.

추천자들도 나름의 역할을 담당하고 있다. 도어는 추천자들을 일종의 '품질 보증인'으로 여기고 있다.

> 보세요. 이것은 확률의 문제가 아니라, 복권 같은 것입니다. '질'의 문제죠. 여기에 핵심이 있습니다. 클라이너 퍼킨스는 250개가 넘는 벤처 기업에 투자했습니다. 거의 모든 경우, CEO, 엔지니어, 변호사, 친구, 다른 벤처 캐피탈리스트 중에서 해당 벤처 기업과 우리의 파트너들을 모두 잘 아는 누군가가 파트너십을 맺으라고 추천해줘서 프로젝트가 성사됐답니다.

그러므로 100개의 내기에 돈을 거는 일이 필수적일지 모른다. 그러나 그 100개의 내기는 복권을 100장 구입해서 1등에 당첨되길 바라는 것처럼 무작정 돈을 거는 도박이 아니다. 클라이너 퍼킨스는 하나의 아이디어에 투자를 결정하기 전에 매우 어렵고 까다로운 일련의 기준들을 적용한다. 전체적인 투자 결정 방식은 다음과 같이 간단하다.

뛰어난 아이디어의 최대 개수 x 선별 능력의 최대치

= 최고의 성공 확률

예를 들어, 소프트웨어에 투자할 때, 클라이너 퍼킨스가 잠재 제품을 평가하기 위해 사용하는 투자 결정 기준들은 다음과 같다.

- 즉각적인 고객 가치: 첫 사용만으로 문제를 해결하거나 가치를 창출하는가?
- '바이럴Viral'적인 특성: 밀어내기보다는 고객을 끌어당기는 특성이 있는가? 직접판매 인력이 필요 없는가?
- 고객의 IT 공간을 최소화하거나 아예 없애주는가? 소프트웨어서비스Saas, Software as a Service로 호스팅이 가능한가?
- 단순하고 직관적으로 구성되어 있는가? 별도의 교육 훈련이 필요한가?
- 사용자 환경을 개인화할 수 있는가?
- 어플리케이션이나 사용 템플릿을 기초로 쉽게 설정할 수 있는가?
- 상황 인식Context Aware이 가능한가? 위치, 그룹, 선택사항, 기기 등을 조정할 수 있는가?

이러한 기준들의 엄격함과 명확함은 워렌 버핏이 가지고 있는 단순한 투자의 원칙을 다소 연상케 한다. 버핏은 '(a)비용은 1센트밖에 안 드는데 (b)1달러에 팔 수 있는 제품을 가지고 있고 (c)그 제품의 수요가 영원히 지속되면서도 (d)남들이 못 들어오게 그 주위에 거대한 해자(垓子)가 둘러쳐져 있고 (e)뛰어난 경영진이 이끄는 사업체'를 찾아 투자한다.

혁신적인 소프트웨어들은 대개 클라이너 퍼킨스가 적용하는 기준들 중 2~4개 정도를 만족하곤 한다. 7개 모두를 만족시킨다는 것은 거의 불가능하다. 이것이 바로 핵심이다. 이제 막 떠오르는 시장에서 제안되는 100개의 뛰어난 아이디어들 중에는 단 하나의 '진짜 좋은 것'이 숨어 있기 마련이다. 그것이 바로 클라이너 퍼킨스의 투자 대상이 된다. 만일 그 아이디어가 충분히 유망하다면 여러 건의 투자를 진행하기도 한다. 예를 들어, 클라이너 퍼킨스는 현재 '녹색 자동차 기술'에 세 건, 연료전지에 세 건, 태양광 발전 시스템에 다섯 건, 배터리와 바이오 연료에는 여러 건의 투자를 진행하고 있다. 수요가 정말로 존재함에도 불구하고, 예상과 달리 기술 개발, 경영 관리 혹은 자금조달이 여전히 제대로 이뤄지지 않을지도 모른다. 엄격한 정밀 조사를 통과한 투자 건에 대해서는 투자 금액을 오히려 두 배로 올리는 결정은 클라이너 퍼킨스 시스템의 또 다른 핵심 요소이다.

이 시스템을 완성하는 퍼즐의 마지막 조각은 가장 독특하다고 말할 수 있다. 아이디어 개수를 최대화하고 선별 능력을 최대 수준으로 높이는 것만으로는 충분하지 않다. 클라이너 퍼킨스는 모든 투자의 긍정적인 잠재력을 관리하는 데에도 탁월한 능력을 보인다. 이 회사는 다양한 방식의 '특별한 개입'을 통해 투자 대상에 가치를 더한다. 그들은 투자 대상 기업들이 성과를 한 단계 높이는 데 기여할 마케팅 담당 임원, 기술 책임 임원, 재무 전문가, CEO 등 꼭 알맞은 경영진을 확보하는 데 도움을 준다. 또한 투자 대상 기업들을 중요한 고객들과 연결시켜주기도 한다(클라이너 퍼킨스가 투자 중인 다른 벤처기업을 포함해서).

만일 비즈니스 모델을 구현하는 과정에서 예상치 못한 기술적인 문제가 발생하면, 클라이너 퍼킨스의 파트너가 다른 회사에서 비슷한 문제를 해결하려고 씨름했던 전문가들을 투자 대상 기업에 소개해줄 수도 있다. 클라이너 퍼킨스는 비저블패스Visible Path(구성원들 간의 인적 관계를 분석해주는 소프트웨어를 만드는 기업-옮긴이)라는 기업에 투자를 했는데, 부분적으로 소셜 네트워킹 툴을 쓰면 신출내기 회사들이 '클라이너 퍼킨스 네트워크' 내에서 서로 인맥을 유지하는 데 도움이 되고, 스스로 날아오를 잠재력을 갖추는 데 도움이 되리라 판단했기 때문이다.

클라이너 퍼킨스의 시스템은 계속 진화하고 있다. 만약 훌륭한 아이디어가 있지만 그걸 구현할 기업이 없다면, 클라이너 퍼킨스의 파트너들은 '우리의 일은 밖으로 나가 그런 기업을 만들도록 도와주는 것이다'라고 믿고 있다. 그리고 그들을 실제로 그렇게 한다.

파트너인 빌 조이의 주도로 클라이너 퍼킨스는 '원대한 도전 지도Map of Grand Challenges'라고 불리는 거대한 매트릭스를 만들었다. 이 매트릭스는 에너지 저장, 수자원, 전력 생산, 운송 등 여러 분야에서 수요 성장을 이끌 미래의 주요 기회를 의미하는 40개의 칸으로 이루어져 있다. 이 매트릭스 상에는 빈칸이 많은데, 그 빈칸들은 반드시 이뤄져야만 하고 시장에서 긍정적이고 거대한 변화를 창출해야 하는(또한 창출할 수 있는) 아이디어를 가리킨다. 이 매트릭스의 한 가지 목적은 바로 클라이너 퍼킨스의 파트너들에게 무엇을 탐색해야 하는지 알려준다는 것이다. 존 도어는 "지금껏 누구도 벤처 캐피탈 사업을 이런 방식으로 행한 사람은 없다고 생각합니다"라고 말한다.

차별적이며 더 나은 방식을 꾸준히 찾으려는 노력은 유례 없는 여러 가지 성과를 달성했다. 클라이너 퍼킨스의 포트폴리오에 속한 기업들은 모두 더해 25만 개 이상의 일자리를 창출했고 매출은 1,000억 달러를 상회했으며 시가총액은 6,500억 달러에 달했다. 이것은 독특한 방식을 가진 하나의 기업이 자금과 창의적 인력을 지원함으로써 보기 드물게 엄청난 신규 수요를 창조한 대표적 사례라 말할 수 있다.

지금까지 살펴봤듯이 존 래스터, 로이 바겔로스, 존 도어 등 모든 포트폴리오의 달인들은 오랜 시간에 걸쳐 여러 제품들의 성공적 출시를 통해 독특한 '수요 창조 시스템'을 각자 개발했다. 헌데 그 시스템들은 모두 공통적으로 핵심적인 관점 몇 가지를 공유하고 있다.

그 시스템들은 모두 실험적으로 단편 영화를 만들어본다든지, 목표를 정확히 타격할 요소를 탐색한다든지, 아니면 미래의 잠재 수요가 충분하고 빠르게 진화하는 시장을 찾아낸다든지 하면서 뛰어난 제품으로 이어질 아이디어들을 최대한 많이 유입시키려고 한다. 그렇게 후보 제품들로 이루어진 풍부한 풀pool을 구축한 후에, 픽사가 매년 한 편의 블록버스터 영화를 제작하고, 머크가 상위 6~8개의 후보 약품에 초점을 맞추며, 클라이너 퍼킨스가 '복권'보다는 '질'에 집착하듯이, 매우 면밀하게 선별 과정을 진행한다.

지속적이고 광범위한 수요 창조에 관심이 있는 조직들이 새겨야 할 교훈은 바로 다음과 같이 두 개의 간단한 질문에 초점을 맞춰야 한다는 것이다. '우리가 보유한 '아이디어 포트폴리오'의 전체 크기와 질은 얼마나 되는가?' 그리고 '투자를 위해 우리의 포트폴리오에서 가장 좋

은 후보를 선별해내려면 어떻게 해야 할까?'

이러한 사고방식이 대부분의 사람들이 가진 생각과 얼마나 근본적으로 다른지 주목하라. '골드먼의 법칙'이 옳다고 믿는 세상에서 대부분의 사람들은 성공은 복권과 같아서 내기를 많이 거는 것이 중요하다. 높은 성과를 거두려면 높은 리스크를 감수해야 한다고 말하며 '불가지론'의 입장을 취하곤 한다.

위대한 수요 창조자들은 다르게 생각한다. 그들은 '복권'이 아니라 '질'의 관점으로 세상을 바라본다. 그들은 도박을 원하지 않는다. 그들에게는 각각의 영화, 약품, 투자 건들이 모두 소중하다. 그들은 '구멍을 20개 뚫을 수 있는 한 장의 천공 카드를 가진 것처럼 행동하라'는 워렌 버핏의 방식처럼 포트폴리오를 관리한다. 또는, 투수가 던진 나쁜 공은 과감하게 흘려보내고 치기에 딱 좋은 곳에 공이 들어올 때만 방망이를 휘두른다는 원칙으로 4할대 타율을 기록했던 전설적인 야구 선수 테드 윌리엄스^{Ted Williams}의 방식처럼 포트폴리오를 다룬다.

여러 조직들이 존 래스터, 로이 바겔로스, 존 도어와 같은 사람의 등장으로 이득을 누릴 수 있었다. 하지만 꾸준한 수요를 이끌어내려면 '승리할 제품'을 골라내거나 만드는, '마법의 손'을 가진 외로운 천재의 출현을 고대해서는 안 될 일이다. 그것보다는 사고방식과 시스템을 정립해야 한다. 꾸준한 수요 창출은 래스터, 바겔로스, 도어가 보여준 공통적인 방법을 모방하여 상황에 맞게 조정한 다음 현장에 적용하는 것으로부터 시작한다. 하지만 종국에는 자신만의 독특한 기법들을 개발해야 한다.

연이어 거대한 수요를 창조한 기업들(연이어 10개 이상의 블록버스터 제품을 성공시킨 조직들)의 목록은 지금까지 예로 든 세 개 회사에 국한되지 않는다. 디즈니는 1940년대와 1980년대에, 화이자Pfizer는 1990년대에 연이어 거대한 수요를 창조했다. 토요타와 애플의 경우는 현재진행형이다. 당신은 이들 기업들의 '수요 창조 시스템'으로부터 모방할 부분을 찾을 수 있을 것이다.

다른 이들도 필적할 만한 성과를 달성하기 위해 자신만의 기법을 고안했다. 130억 달러의 누적 매출을 올린, TV와 영화감독 제리 브룩하이머Jerry Bruckheimer는 자신의 오래된 공동 제작자인 돈 심프슨Don Simpson과 함께 일하면서 관객들이 좋아할 영화를 제작하기 위해 자신만의 시스템을 창조했다. 그에게 가장 중요한 일은 무엇이었을까? 바로 고객을 관찰하는 것이었다. 브룩하이머는 영화관에 가서 스크린은 쳐다보지도 않은 채 관객들이 언제 울고 웃는지, 언제 딴청을 피우다가 조는지, 혹은 언제 의자 끝에 걸터앉는지 등을 자세히 살핀다. 만일 관객들에게 무엇을 좋아하고 좋아하지 않는지를 질문한다면, 그들의 답변에 진실이 그대로 담겨 있을 가능성은 별로 없다. 때로는 관객의 행동이 말보다 더 많은 것을 전달해주는 법이다.

'고객과 이야기를 나누는 배짱'이 중요하다. 브룩하이머는 이보다 한발 더 나아가 고객들을 관찰할 배짱을 지녔던 것이다.

수요를 창조하려는 모든 사람들은 이와 같은 교훈들로부터 뭔가를 배울 수 있다. 기업의 관리자나 기술자뿐만 아니라, 한두 곳 말고 세 개의 카운티에 12개의 매장을 열겠다는 꿈을 가진 소사업체의 소유주, 앞으로 10년 간 모든 시즌에 히트작을 올릴 수 있기를 희망하는 영화관의 관리자, 연이어 성공작을 출시하기를 열망하는 어플리케이션 개발자도 마찬가지이다.

만약 그들이 포트폴리오의 '질'을 개선하고, 가장 우수한 잠재력을 지닌 '승리 제품'을 엄격히 선별하여 집중 지원하며, 사고방식, 문화, 시스템을 개발하려 노력한다면, 열정을 가진 모든 수요 창조자들은 '골드먼의 법칙'을 극복하고 강력한 신규 수요의 흐름을 멋지게 창조할 것이다. 한두 번이 아니라, 수십 년 넘도록 여러 차례 그런 '굿 샷'을 날릴 것이다.

Demand

ADRIAN J. SLYWOTZKY WITH KARL WEBER

제9장

거대한 불꽃
과학적 발견과 수요

09

수요의 에베레스트

지난 20년 동안의 위대한 수요 창조의 성과를 돌이켜보면, 우리는 시작했을 때 던졌던 질문으로 되돌아온다. '내일의 수요는 어디로부터 오는 걸까?'

우리에게 미래를 들여다 볼 '수정 공crystal ball'은 없다. 그러나 고충은 그 크기가 가지각색이라는, 명확하지만 흘려보내기 쉬운 사실 속에 결정적인 단서가 있다.

몇몇 고충들은 규모가 작다. 리드 해스팅스가 넷플릭스를 통해 제거한 비디오 대여의 고충들, 혹은 줄리안 멧칼프가 런던의 다운타운에서 제대로 된 점심거리를 찾는 데 애를 먹는 바람에 프레타망제의 설립까지 이르게 만든 고충이 그러하다.

하지만 그 밖의 고충들은 규모가 크다. 이런 고충들은 범위 면에서 전국이나 전 세계에 이르고, 끊임없이 지속되며, 돈, 시간, 에너지, 사람들의 삶 등 여러 측면에 큰 피해를 끼친다. 케어모어가 바로잡으려고 고군분투하고 있는 미국 헬스케어 시스템의 기능 장애와, 미국의 학교들이 위험한 환경에 처한 아이들을 올바로 교육시키는 일에 실패하여 이를 극복하려고 애쓰는 티치포아메리카, 이 두 개의 사례가 가장 대표적이다.

'작은 고충'을 종결시키는 자들은 수요라는 작은 산을 오른다. 그들은 수천이나 수백만 명의 사람들을 위해 수수한 방법으로 삶의 질을 개선시킨다. 그리고 때때로 그러한 과정 속에서 성공적인 조직들을 구축하기도 한다.

그러나 거대한 고충을 해결하는 자들은 수요에 있어 에드먼드 힐러리Edmund Hillary(1953년에 에베레스트를 최초 등정한 영국의 산악인-옮긴이)와 텐징 노르가이Tenzing Norgay(힐러리와 함께 에베레스트에 오른 셰르파-옮긴이)에 비견될 만한 사람들이다. 그들은 사회 전체의 삶을 근본적으로 향상시키는 불가능해 보이는 업적을 달성하고, 때때로 수십 년간 경제 성장을 이끌 산업들을 발견해내며 '수요의 히말라야'를 정복한다.

하지만 오늘날 지평선 위에 아직 정복되지 않는 '수요의 에베레스트'들이 존재하는가? 많은 사람들이 믿듯이, 수요 창조의 거대한 기회들은 이미 모두 발견돼버린 건 아닐까?

이 질문에 대한 하나의 대답은 덜 알려졌지만 매우 우수한 정보원으로부터 나온다.

2008년에 미국의 국립 공학 아카데미National Academy of Engineering는 2만

5천 명의 기술자들을 대상으로 투표를 실시하여 '21세기에 달성해야 할 가장 야심 찬 도전과제들'을 목록으로 만들었다. 사실, 그들은 세계에서 가장 큰 미해결 과학기술 문제, 즉 셀 수 없이 많은 일상적인 고충(돈 낭비요소, 시간 낭비요소, 리스크 증가요소 등)들 중에서 가장 큰 전 지구적인 고충들을 선정하려 한 것이다. 다음은 투표에서 상위 14위에 오른 과제들이다.

1. 경제성 있는 태양 에너지 생산

2. 핵 융합 에너지 개발

3. 깨끗한 물에 대한 접근권 확대

4. 인간 두뇌의 역설계 및 모방

5. 개인화된 학습의 진보

6. 탄소 격리법(이산화탄소를 격리시켜 온실가스를 줄이는 방법-옮긴이) 개발

7. 과학적 발견의 도구 설계

8. 도시 인프라의 회복과 개선

9. 건강정보학(의료정보학이라고도 불림-옮긴이)의 진보

10. 핵 테러 방지

11. 더 나은 의약품 개발

12. 가상현실의 강화(보통, '증강현실'이라 불림-옮긴이)

13. 질소 순환(자연계에서 질소가 비생물환경으로부터 생산자, 소비자를 거쳐 다시 비생물환경으로 되돌아오는 순환-옮긴이) 관리

14. 사이버공간의 안전 확보

위의 문제 중 어느 하나를 풀기 위한 진지한 노력은 수백, 수천 개의 새로운 과학기술 콘셉트를 창조해낼 것이다. 경쟁이라는 압력과 프로토타입 개발이라는 도전을 통해 걸러지는 최상의 아이디어가 거대한 신규 수요와 고임금의 일자리를 창출하는 새로운 메이저 산업의 발전을 이끌 수 있다.

가장 중요한 점은 그러한 획기적인 돌파구들이 수억 명의 사람들과 전 세계의 모든 사회가 직면한 고충들을 경감시킨다는 것이다. 그 고충들은 일상적인 것(불안정한 유가, 의료 진단의 지연, 신원 도용)들로부터 파멸적인 것(기후 변화로 인한 '물 전쟁', 세계적 유행병, 사이버 테러리즘)들까지 다양하다.

과학기술적 혁신이야말로 수요 창조의 기초이다. 훌륭한 수요 창조자들은 훌륭한 재료를 필요로 한다. 처음부터 점들이 거기에 존재하지 않는다면, 점들을 연결할 수 없는 법이다.

바로 이것이 수십 년간 지속되며 거대한 신규산업의 출현과 경제 활동의 엄청난 폭발을 이끄는 '수요의 급등 현상'이 기초 과학의 발견과 기술적 돌파구에서 비롯되는 이유이다.

그렇다면, 또 하나의 중요한 질문이 떠오른다. '그러한 발견과 돌파구는 실제로 어떻게 일어나는 것일까?' 이 질문의 답은 확실하지 않다. 그러나 만약 다가올 수십 년의 시간에도 우리 모두가 경제 성장과 생활 수준의 향상을 누리고자 한다면 옳은 답을 찾는 일은 필수적일 것이다.

변두리 연구소에서 열어젖힌 혁명적 수요의 세계

1948년 7월 1일 「뉴욕타임스」의 1면에 오른 여러 개의 헤드라인에서 드러나듯, 2차 세계 대전 후의 세상에는 많은 일들이 일어났다. 마지막 영국 부대가 팔레스타인을 떠난다는 기사는 새로 국가를 선포한 이스라엘이 독립과 생존을 위해 이미 첫 번째 전쟁에 돌입했다는 소식을 알렸다. "트루먼 대통령, 2월 1일을 '자유의 날'로 정하다"라는 기사는 '냉전'의 도래로 민주주의의 혜택을 홍보하기 위해 새로운 국경일을 제정할 필요가 생겼음을 전했다. "한밤중의 인상"이란 기사는 뉴욕시 지하철 요금이 오랫동안 5센트였다가 10센트로 최초로 인상됐음을 사람들에게 알렸다(2010년 말 현재, 지하철 요금은 2.5달러이다).

그러나 돌이켜 생각해볼 때 가장 크게 났어야 할 소식은 1면 어디에서도 찾아볼 수 없었다. 그 소식은 라디오에 관한 뉴스 "여름 시즌에 CBS의 신규 쇼프로그램 2개가 '라디오 극장'을 대체할 것이다"란 제목이 붙은 칼럼으로 46페이지의 하단에 다음과 같이 조그맣게 실렸을 뿐이다.

기존의 진공관을 대체하여 몇몇 무선기기에서 사용되는, 트랜지스터라는 장치가 웨스트 스트리트 463번지에 있는 벨 전화 연구소Bell Telephone Laboratories에서 어제 처음으로 공개 시연되었다.

진공관 없이 트랜지스터로 라디오 수신기가 작동되는 광경이 시연됐고, 전화기와 아래 단의 수신기로 통제되는 텔레비전 수상기에도 트랜지스터가 사용되어 돌아가는 모습이 선보여졌다. 라디오 전파를 일으키고 송출할 수 있는 오실레이터^{oscillator}로 트랜지스터를 사용할 수 있다는 주장이 있지만, 어제 시연에서 트랜지스터는 증폭기 용도로 사용되었다.

새로운 기술의 탄생을 알리는 기사 치고는 밋밋한 면이 없지 않지만, 이 풋내기 기술은 다음에 다가올 60년 동안 '소비자들이 원하는 것', 즉 수요를 완전히 변화시킬 터였다.[1] 1950년대 중반에 트랜지스터는 10대 청소년들 사이에서 갈망의 대상이었던 포켓 사이즈 라디오에 사용되었는데, 달라스에 위치한 텍사스인스트루먼츠^{Texas Instruments}란 회사가 처음으로 포켓 사이즈 라디오를 출시했고, 당시에는 별로 유명하지 않았던 일본 기업인 소니가 뒤를 따랐다. 1960년대에 소니는 트랜지스터를 채용하여 컬러 TV를 생산하기 시작했다. 이것은 미국 전자산업의 쇠퇴와 머지않아 세계를 석권할 일본의 급부상을 알리는 신호탄이었다. 과학자들은 수백 개, 아니 수천 수백만 개의 트랜지스터를 '집적 회로'라 불리는 작은 실리콘 조각에 빽빽이 채우는 기술을 곧바로 개발했다. 1971년에 이러한 회로들이 가지는 모든 기능들은 '마이크로프로세서'라 불리는 반도체로 결합되었다. 그 후 수십 년이 지나 실리콘 칩의 성능은 크게 향상되었고 그 크기와 제조비용이 비약적으로 감소된 덕에 여러 가지 신제품들이 잇달아 시장에 쏟아졌다. 전자계산기, 퍼스널 컴퓨터, 휴대폰, 인터넷이 대표적인 예이다. 「뉴욕타임스」가 1948년의 기사에서 그저 '몇몇 무선기기에서 사용된다'고 소박하게 말했지만, 트랜지스터는 수많은 제품에 응용되고 발전되어 기술, 경제, 사회적으로 아직까지 큰 영향력을 발휘하고 있다.

신문 편집자들이 처음 나온 트랜지스터를 잠깐 쳐다보고서 그것의 중요성을 잘못 평가한 것은 어찌 보면 그리 놀랄 일은 아니다. 이 위대한 기술적 혁신은 원자폭탄을 개발할 목적으로 정부가 주도한 '맨해튼 프로젝트'처럼 거대한 프로젝트가 아니라, 장난스럽게 벨연구소Bell Lab를 '우라질 연구소Hell's Bells Laboratory'라는 별명으로 불러대며 한쪽 구석에서 일하던 몇몇 과학자와 기술자들이 땜질하듯 만들어낸 조잡스런 결과물에서 출현했다.

윌리엄 쇼클리William Shockley라는 똑똑하고 젊은 이론 물리학자는 전쟁 중에 레이더 개발을 위해 반도체 연구를 진행하라는 과제를 부여받았다. 그는 실험 물리학자 월터 브래튼Walter Brattain과 이론 물리학자 존 바딘John Bardeen을 포함한 연구팀을 조직하고 미네소타주립대학을 통해 필요한 인력을 충원했다. 덩치 크고 말썽을 자주 일으키는 유리 진공관을 대체할 '반도체 증폭기'를 만들려던 쇼클리의 첫 번째 시도가 실패로 끝나자, 그는 브래튼과 바딘에게 원인을 규명하라는 지시를 내렸다.

그들은 2년 내내 프로젝트에 매달렸다. 뉴저지의 작은 실험실 작업대 위에 항상 면도날, 테이프, 납땜 인두 따위를 어지러이 늘어놓고 일하기 일쑤던 그들은 다양한 금속으로 된 실린더와 실리콘으로 얇게 코팅된 금속판을 사용하여 조그만 장치를 만들었다. 그들은 수분이 신호의 증폭에 도움이 되는지 살펴보려고 그 장치를 물이 담긴 통에 담가보기도 했다. 마침내 1947년 12월에 바딘은 그 기기 표면 위의 결정층이 전자의 흐름을 방해한다는 사실을 발견했다. 브래튼과 바딘은 마지막 실험 방식을 변경하여 플라스틱으로 된 삼각형 모양 위에 금박 조각들을 씌워 1인치 길이의 장치를 만들었다. 그런 다음, 구리선으로 배터리와 연결시키고 게르마늄 판과 접촉하도록 손으로 압력을 가했다. 그들은 그 장치를 '점 접촉 트랜지스터'라고 불렀는데, 이 트랜지스터는 전기 신호를 거의 100배나 증폭시킬 수 있었다.

브래튼과 바딘이 쇼클리에게 자신들이 거둔 성과를 알렸을 때, 쇼클리는 겉으로는 기뻐했지만 한편으로는 그들을 질투의 시선으로 바라보고 있다는 걸 느끼고 스스로 깜짝 놀랐다. 그는 후에 이렇게 회고했다. "8년이 넘게 노력했음에도 불구하고 의미 있고 독창적인 성과를 내지 못했다는 사실에 저는 솔직히 좌절하고 말았답니다."

자존심에 일격을 당한 쇼클리는 창의적인 결과를 내기 위해 박차를 가했다. 그는 과학 컨퍼런스 행사에 참여하고 있던 동료들과 신년 전야제 파티를 함께 즐기는 것도 잊어버린 채 펜과 종이를 가지고 시카고의 어느 호텔 방에서 4주 동안 은거했다. 마침내 그는 브래튼과 바딘이 만든 것보다 견고하고 제조하기 쉬운, '접합 트랜지스터'라고 불리는 개선된 장치 설계도를 가지고 나타났다. 이것이 바로 벨연구소에서 1948년 6월 30일에 몇몇 기자들 앞에서 선보인 트랜지스터였다. 이 트랜지스터는 1956년에 쇼클리, 브래튼, 바딘 모두에게 노벨 물리학상을 안겨주었음은 물론이고 컴퓨터 시대의 서막을 열었다.

시간이 흘러 '트랜지스터의 아버지들(세 명의 과학자를 말함-옮긴이)'은 각자의 길로 흩어졌다. 브래튼과 바딘은 학교로 자리를 옮겼다. 바딘은 일리노이 주립대학에서 초전도성에 관한 연구 업적을 달성한 공로로 두 번째 노벨상을 수상했다. 쇼클리는 벨연구소를 떠나 자신의 고향인 캘리포니아 주 팔로알토에 '쇼클리반도체Shockley Semiconductor'라는 회사를 차렸다. 이 회사는 사람들에게 실리콘밸리라고 곧 알려지게 될, 살구나무가 많은 한적한 지역에 세워진 첫 번째 기업이었다. 쇼클리가 고용했던 과학자와 기술자들은 차차 독립하여 페어차일드반도체와 인텔 등 자신들만의 회사를 설립했다.

우리가 발견한 바에 따르면, 항상 눈에 보이지 않는 많은 요소들이 수요 창조를 이끌어낸다. 그러나 가장 중요한 요소를 하나만 꼽으라면 그것은 '과학적 발견'이라 말할 수 있다. 과학적 발견이야말로 신규 산업의 성장을 주도하고 동시에 새로운 제품에 대한 수요를 형성하며 그 제품을 구매하도록 고임금의 일자리를 창출한다. 쇼클리의 '작은 아기(그의 트랜지스터를 말함-옮긴이)'가 이제 텔레비전과 컴팩트디스크, 전자계산기와 휴대폰, 컴퓨터와 인터넷에 이르기까지 실로 엄청난 자손들을 낳았고, 지구상의 거의 모든 나라에서 수천 개의 기업과 수천만 개의 일자리를 창출했으며, 수조 달러 가치의 수요를 이끌어냈다.

쇼클리의 발견 후 60년이 넘는 시간이 흐르고 세대가 네다섯 번이나 바뀌었지만, 쇼클리의 아기가 낳은 자손들은 벨연구소의 개척자들(쇼클리, 브래튼, 바딘)이 결코 상상할 수 없었던 여러 혜택을 창출하면서 전 세계적으로 새로운 형태의 수요를 계속 불러일으키고 있다.

이 책의 서두에서 세계에서 가장 잘 팔리는 소비자용 전자기기인 노키아1100을 소개한 바 있다.[2] 이 휴대폰은 저렴하고 견고하며 다양한 기능을 제공함으로써 수천만 인도 농민들의 삶을 변화시키고 있다. 노키아1100은 휴대폰은 개발도상국에서 비즈니스를 할 때 인도 농민들이 느끼는 고충들을 극복하게 하고, 가난으로부터 탈출할 기회를 높이는 수십 가지 방법을 제공하면서 인도 농민들에게 다면적인 '비즈니스 도구'로 자리를 잡았다.

2009년 1월에 실시된 농업 관련 조사에 따르면, 휴대폰 서비스가 인도 농민 개개인에게 미치는 영향은 상당한 수준이다. 조사 대상 중 '자그디쉬Jagdish 씨'라고만 알려진 한 농부는 파키스탄 접경지대인 라자스탄Rajasthan의 한 마을에 살며 가축 사료로 쓰이는 곡물인 구아guar(인도에서 주로 자라는 콩과 식물-옮긴이)를 재배하고 있다. 자그디쉬는 휴대폰을 통해 구아 재배 방법을 배운 덕분에 1년 소출이 25퍼센트나 증가했다. 인도 중부에 위치한 마하라쉬트라Maharashtra의 화훼 재배자들은 도시로 꽃을 운송하는데, 시들기 쉬운 꽃의 양을 조절하기 위하여 일일 시장 리포트를 사용하기 시작했다. 그렇게 함으로써 폐기물을 줄이고 작물의 가치를 극대화할 수 있었다.

개발도상국을 위해 견고하고 단순하며 비싸지 않은 플라스틱 몸체로 100여 가지의 잘 설계된 기능을 가진 전형적인 휴대폰을 만든 것 외에, 노키아는 방금 언급한 정보 서비스의 개발을 활발하게 지원하고 있다. 그렇게 함으로써 지역 주민(농어민)들이 체감하는 휴대폰의 유용성을 확대하기 위해서이다.

예를 들어, '노키아 라이프 툴Nokia Life Tool'은 개발도상국가 주민들의 관심을 끌도록 설계한 여러 가지 어플리케이션을 탑재하고 있다. 로이터와의 협업을 통해 이 툴은 기상 리포트, 다양한 일상품과 영농 자재

(종자, 비료, 농약 등)의 시장가격, 영어 레슨, 학생들을 위한 시험 준비 프로그램뿐만 아니라, 점성술, 크리켓 점수, 벨소리 다운로드와 같은 오락 기능도 선별하여 제공한다.

'메일 온 오비^{Mail on Ovi}'는 노키아가 제공하는 또 하나의 혁신적 서비스이다. 이것은 노키아의 광범위한 웹서비스 포털인 '오비^{Ovi}(애플의 아이튠즈에 대응하는 포털임)'에 기반을 둔 이메일 어플리케이션이다. '노키아 클래식2323'과 같이 인터넷 접속이 가능한 휴대폰 사용자들이 '메일 온 오비'를 설치하면, 컴퓨터를 켜지 않아도 이메일 계정을 사용할 수 있다. 현재 50달러 정도인 노키아클래식2323의 가격이 일반적인 인도 농민들에게 약간 비싸게 느껴지겠지만, 이 휴대폰은 여러 개발도상국가에서 실시되는 '공동 소유 휴대폰(한 대의 휴대폰을 여러 사람이 공동 소유함-옮긴이)' 정책에 꼭 맞는 제품이다.

노키아는 '오보페이^{Obopay}'라 불리는 휴대폰 송금 시스템에도 투자하고 있다. 사용자가 이 시스템을 사용하면 은행 계좌에 접속하여 청구서를 지불하고, 대출을 하거나 대출금을 갚을 수 있다. 캘리포니아 레드우드 시티^{Redwood City}에 본사가 있는 오보페이는 인도에서 휴대폰 소프트웨어나 문자 메시지 프로그램을 통해 적은 수수료로 한 계좌에서 다른 계좌로 돈을 이체할 수 있도록 서비스한다.

한편, 노키아는 휴대폰 자체에 대한 혁신을 계속 진행하고 있다. 그 중 한 가지 방법으로 노키아는 오픈 스튜디오^{Open Studios}라 불리는 곳을 인도의 뭄바이, 브라질의 리우데자네이루, 가나의 아크라 빈민가에 각각 설립했다. 그곳에 초대된 사용자들은 노키아의 디자이너들과 함께 이상적인 휴대폰을 위한 자신들만의 콘셉트를 창조하도록 요청받는다. 200명 이상의 지역 주민들이 독특한 휴대폰 디자인들을 개발했는데, 수질을 테스트할 수 있는 센서, 물리적 충돌을 완화시키는 방법으로 화면에 '피스Peace'라는 단어가 반짝이도록 하는 기능 등 새로운 기능들이 다수 제안되었다.

인도 농업에서의 정보 혁명은 완전히 새로운 계층의 수요를 형성했는데, 그 기원을 따지면 쇼클리의 발명까지 거슬러 올라갈 수 있다. 휴대폰에 대한 수요는 물론이고 자동차, 학교 교육, 개선된 주거생활과 식생활에 대한 수요도 마찬가지다. 또한, 새로이 힘을 얻은 인도의 농민들이 점점 누리고 있는 중산층 삶의 모든 혜택들도 쇼클리의 발명으로부터 나온 것이다.

쇼클리의 발명 후 60여 년의 시간이 흐른 지금, 우리가 던져야 할 질문은 바로 이것이다. 현재 어떤 연구기관들이 '제2의 트랜지스터'를 이끌어낼 '발견의 문화'를 발전시키고 있을까?

사라져가는 발견의 엔진들

얼마 전까지만 해도 미국의 핵심 역량은 새로운 산업을 창조하는 데 있었다. 그리고 그와 동시에(시기가 완전히 일치하지는 않지만) 미국은 세계에서 가장 크고 가장 빠르게 성장하는 경제를 자랑했다. 1920년대부터 1960년대까지 미국에서 이루어진 과학과 기술의 성과는 이제껏 보지 못했던 신규 산업들과 제품들을 꾸준히 창출했다. 이러한 산업들은 소비자의 수요를 자극했고 고임금의 일자리를 제공함으로써 다시 수요로 이어지게 했다.

과학과 기술 분야의 기본적인 발견들은 스스로 자금을 마련하여 뒷마당 차고에 실험실을 차린 천재들에 의해서가 아니라, 발견과 혁신에 집중하는 매우 독특한 체계에 의해서 계속 이어졌다. 그 체계란, 계획적으로 설립되어 조직을 갖춘, 과학기술 분야의 여러 통찰에 '연료'를 공급할 목적으로 운영되는 연구기관들의 네트워크를 말한다. 벨연구소, 제록스의 PARC연구소, RCA연구소, DARPA 등과 같은 전설적인 기관들을 포함한 이 네트워크는 공공기관과 사기업, 비영리 활동과 영리 활동이 서로 조화를 이루고 있었다.[3] 상업적인 잠재력이 뚜렷한 연구계획은 '순수과학' 활동과 함께 지원받으며, 서로 상생의 관계를 유지했다. 이러한 발견과 혁신의 체계는 소위 '국가에게 좋은 것'으로 여겨지는 즉시 활용 가능한 응용기술과는 별도로, 과학 발견을 지원하던 비즈니스적이고 정치적인 문화로 인해 존재할 수 있었다.

수많은 고임금 일자리를 창출하고 신규 산업을 창조하는 등 이 연구기관들이 과학, 기술, 경제에 끼친 공헌은 실로 막대해서 수치로 나타내기가 어렵다.

벨연구소를 예로 들어보자. 이 연구소는 연구책임자였던 프랭크 주이트Frank B. Jewett의 주도로 벨 시스템Bell System의 전화 회사들이 사용할 장비를 개발하기 위해 AT&TAmerican Telephone & Telegraph와 웨스턴일렉트릭Western Electric의 합작투자를 통해 1925년에 설립되었는데, 뉴저지, 시카고 등 여러 곳에 연구시설들을 보유할 정도로 성장했다. 벨연구소는 순수과학 연구와 통신에 즉각 응용 가능한 기술 개발을 모두 후원함으로써, 20세기 기술의 역사에서 중심적 역할을 담당했던 수많은 과학적 성과들을 창출하거나 지원했다. 그런 성과들은 수많은 고임금 일자리를 가진 신규 산업들을 창조하기도 했다. 쇼클리, 바딘, 브래튼이 발명한 트랜지스터는 벨연구소의 가장 극적이고 중요한 사례 중 하나이다. 다음과 같은 사례들이 더 있다.

-일반 대중을 대상으로 최초로 팩스^{fax} 전송 시연 (1925년)

-동시음$^{synchronous\ sound}$ 영화 시스템 최초 발명 (1926년)

-스테레오 신호 최초 송신 (1933년)

-최초의 전자 음성 합성기 (1937년)

-광전지 개발을 뒷받침하는 연구 (1941년)

-레이저에 대한 최초 언급 (1958년)

-금속 산화물 반도체 '전기장 효과 트랜지스터' 개발

  (현대의 정보기술을 가능케 한 고밀도 집적회로의 기초가 됨) (1960년)

-UNIX(유닉스) 운영 시스템의 개발 (1969년)

-이동 전화를 위한 셀룰러 네트워크 기술의 개발

  (1960년대 말에서 1971년까지)

-프로그래밍 언어 'C' 개발 (1973년)

무려 일곱 개의 노벨 물리학상이 벨연구소에서 완성된 업적에 수여되었다. 그리고 벨연구소가 깔아놓은 기반 위에 설립된 기업들의 수는 셀 수 없을 정도다.

그러나 지난 20년 동안 벨연구소의 자금과 인력은 크게 줄어들고 말았다. 3,400명이었던 연구원의 수는 1,000명 미만으로 떨어졌다. 2008년 8월에 모(母)기업인 알카텔-루슨트Alcatel-Lucent는 재료물리학 연구와 반도체 연구와 같이 마지막까지 남아 있던 몇몇 기초과학 분야를 철수시키고 더욱 즉각적인 수익을 약속하는 프로젝트에 집중하겠다고 발표했다.

재무적인 압박 때문에 이러한 결정은 불가피했다. 하지만, 그런 결정은 우리의 경제 시스템이 말 그대로 막대한 가치를 가진 독창적인 자산을 포기하도록 만들었다. 순수과학 연구는 때때로 예상하기가 불가능한 장기적 이득을 가져오기 때문이다.

여기에 하나의 사례가 있다. 오늘날 현대 정보이론의 창시자로 널리 인정받는, 벨연구소의 과학자 클로드 섀넌Claude Shannon은 1948년에 '커뮤니케이션의 수학적 이론'이라는 제목의 논문을 「벨 시스템 테크니컬 저널Bell System Technical Journal」이란 잡지에 발표했다. 당시에 이 논문은 즉각 실현 가능한 수익으로 명확하게 연결되지 않는 순수과학의 산물이었다. 몇 년이 흐른 후에 데이터 전송에 관한 수학 분야에 섀넌의 아이디어를 응용한 물리학자들이 구리선을 통해 매우 빠른 속도로 디지털 정보를 송신하는 방법을 발견했다. 그리하여 DSLDigital Subscriber Line('디지털가입자망'이란 뜻으로 기존의 전화선을 이용하여 고속의 데이터 통신을 가능하게 만드는 기술을 말함-옮긴이) 접속이 가능하게 됐다. 오늘날, 이 통신 기술은 160만 가구에 고속 인터넷 서비스를 제공하는 데 사용되고 있다.

그렇기 때문에 벨연구소의 연구 분야 축소는 단순히 지식 그 자체에 관심을 가진 과학자들만의 문제가 아니다. 벨연구소의 다운사이징은 실용적인 잠재적 혜택을 지닌 새로운 콘셉트와, 그것을 추구하기 위한 강력한 메커니즘을 제거해버린 것이나 마찬가지다.

비슷한 이유로 RCA, DARPA, PARC 등 20세기에 미국에서 가장 컸던 연구기관들 역시 다운사이징을 감행하고 연구 방향을 재설정했다.

1935년에 설립되고 1946년부터 뉴저지 주 프린스턴에 자리를 잡은 RCA연구소(과거에는 '데이비드 사노프David Sarnoff 연구 센터'로 알려졌었음)는 벨연구소보다 무선통신 분야에 더 집중했다. RCA 연구소는 흑백 TV와 관련한 과학 분야에 완벽을 기했고, 컬러 TV 방송 네트워크와 제반 시스템을 위해 기술적 기반을 닦았다. 이 신규 산업은 엄청난 수요를 만들어냈을 뿐만 아니라, 프로그래밍, 광고, 제조, TV방송국 운영 등의 영역에서 수백만 개의 일자리를 창출했다. 뿐만 아니라, RCA연구소는 우주 통신, 위성, 디스크 레코딩, 저전력 MOSFET(금속산화막 반도체 전계효과 트랜지스터. '모스펫'이라고 부름-옮긴이), CMOS(상보형 금속산화 반도체-옮긴이) 기술, 액정 디스플레이 등 여러 가지 과학적 성과들을 계속 달성해냈다.

RCA연구소는 근본적인 측면에서 경쟁자들과 궤를 달리 했다. 이 연구소의 성장은 강인한 정신력을 갖춘 리더였을 뿐만 아니라, 20세기를 이끈 주요 산업들의 생성과 발전에 지대한 역할을 담당했던 데이비드 사노프David Sarnoff에 의해 주도되었다. 1916년 11월 당시, 마르코니 무선전신 회사Marconi Wireless Telegraph Company에 다니던 25세의 사노프는 그의 상사인 E. J. 날리^{E. J. Nally}에게 라디오로 음악, 뉴스, 스포츠를 방송하는 일이 언젠가 수많은 사람들에게 즐거움과 정보를 주게 될 것이라고 말하면서 마르코니도 '라디오 뮤직 박스' 제조 사업에 시급히 뛰어들어야 한다고 주장했다. 마르코니 사가 이 아이디어를 거부하자 사노프는 제너럴일렉트릭^{General Electric}에 'RCA에 투자하여 프로토타입 개발에 자금을 지원해 달라'고 설득했다. 1921년에 그는 '뎀프지 대 카펜티어'의 헤비급 복싱 챔피언 결정전을 생중계하겠다는 계획을 실행에 옮겼다. 수십만 명의 청취자를 끌어모은 이 생방송 덕에 라디오가 스포츠와 연예 분야의 메이저 매체로 자리 잡았고 사노프는 1923년에 RCA의 사장으로 고속 승진할 수 있었다.

사노프는 기초과학의 장기적인 가치를 깊이 신뢰했다. 일개 회사라 할지라도 기초과학 개발에 매진해야 한다고 생각했다. 사노프는 비용을 감당하기 위해 정부가 발주한 여러 계약에 응찰했고, 한편으로는 특허와 라이센스를 취득하는 일을 공격적으로 추진했다. 이러한 양방향의 조치를 통해 RCA는 기초과학 연구 수행에 필요한 직접비용을 충당할 만한 강력한 매출 흐름을 창출할 수 있었다. 또한, TV 부품과 기타 제품의 제조에서 거둔 성과는 모두 긍정적으로 나타났다(만약 이익을 목적으로 기초 연구를 수행하는 비즈니스 모델이 벨연구소나 제록스의 PARC 연구소에 적용되었다면 그 결과가 어떻게 나타났을지 궁금하다).

사노프는 '기술이 곧 힘'이라는 자신의 비전을 오랫동안 유지했다. 1950년대 중반에 그는 "바이오테크놀로지, 수경재배, 컴퓨터가 언젠가 세계를 변화시킬 것"이라고 예상했다. 1970년대 중반(사노프가

1970년에 은퇴했음에도 불구하고)에 RCA연구소는 규모가 더 큰 벨연구소만큼 특허를 출원 중이라고 자랑스럽게 발표했다. 하지만, 그 후 RCA연구소는 서서히 쇠퇴하기 시작했다. 1986년에 RCA는 GE에 매각되었고, RCA연구소는 SRI^{Stanford Research Institute} (스탠포드연구소) 산하로 편입되었다.

미국 방위고등연구계획국^{The Defense Advanced Research Projects Agency, DARPA}는 원래 소련이 첫 번째 인공위성인 스푸트니크 호를 발사한 데 따른 대응 조치로 1958년에 설립되었다. DARPA는 주로 군사 분야의 수요를 만족시킬 프로젝트에 초점을 맞췄지만, 다행히도 그러한 수요는 국가뿐만 아니라 세계를 위해 가능한 한 넓게 설정되었다.

DARPA의 정보기술(IT) 연구부문의 초대 책임자였던 J. C. R. 리클리더^{J. C. R. Licklider}의 리더십 하에, 이 기구(직접 혹은 자금을 지원받는 프로그램을 통해)는 우리가 현재 당연한 일로 여기는 여러 가지 놀라운 정보기술들을 선보였다. 타임셰어링^{time-sharing} (시간을 분할하여 CPU를 효과적으로 활용하는 방법을 말함. '시간 분할 처리'라고 부름-옮긴이), 컴퓨터그래픽스, 마이크로프로세서, VLSI^{very large-scale integration, LSI} (고밀도 집적회로)의 집적도를 더욱 높여 10만~100만 개의 소자가 집적된 회로를 말함-옮긴이) 설계, RISC^{Reduced Instruction Set Computer} (컴퓨터의 실행속도를 높이기 위해 복잡한 처리는 소프트웨어에 맡기는 방법-옮긴이) 프로세싱, 병렬 컴퓨팅, LAN^{Local Area Networks}) 등과 같은 획기적인 성과가 바로 그것들이다.

셀 수 없이 많은 상업적 응용제품들의 기원을 추적해보면 DARPA 프로젝트들과 직접적으로 이어진다. 작은 사례를 하나 들어보면, 썬마이크로시스템즈의 워크스테이션은 DARPA가 자금을 대고 관리 감독한 대학과 기업에서 6가지 주요 기술을 개발하지 않았더라면 존재하지 못했을 것이다. 그렇다면, 거대한 사례 하나를 들어보자. DARPA에서 운영한 정부기관 간의 정보 공유 네트워크는 인터넷을 위한 초석이 되었고, 인터넷은 폭발적으로 성장하여 1995년경에 완전히 발달된 하나의 산업으로 자리를 잡았다. 지금껏 미국에서 창조된 메이저 신규 산업 중 가장 마지막인 인터넷은 하나의 산업이 우뚝 선 지 이제 15년이 되었다.

현재 DARPA의 집중 연구 분야와 연구 방법은 크게 바뀌고 말았다. 부분적으로 9/11이라는 '트라우마' 때문에 DARPA는 광범위한 과학 연구로부터 단기적이고 군사적인 응용기술로 연구의 초점을 변화시켰다. 자금 지원 대상도 대학에서 군납업자로 이동했고, 관련 분야의 여러 사람들이 각자 기여할 수 있도록 공개한 연구 프로젝트는 비밀리에 수행하는 기밀 프로젝트에게 자리를 넘겨주어야 했다.

이-잉크, 킨들 등 여러 제품의 원천 기술을 잉태한 제록스의 PARC^{Palo Alto Research Center}는 현재 미국의 '발견과 혁신 체계'가 당면한 도전과제 중에서 조금은 다른 사례를 보여주고 있다.

1970년대에 PARC는 제록스 창립자와 후원자들의 넉넉한 자금 지원 덕에 번창했다. 연구소 운영에 일체 개입하지 않는다는 철학도 즉각적인 응용 여부에 구애받지 않고 독립적으로 선제적인 과제를 수행하도록 연구원들을 독려했다. PARC가 1970년에 코네티컷 주 노르워크^{Norwalk}에 위치한 제록스 본사로부터 3,000마일이나 떨어진 곳에 설립되었다는 사실에 주목하라. 이는 연구소 나름의 방향성을 확고히 고수할 수 있는 자유를 사실상 인정하는 상징적인 조치였다.

전성기를 구사하던 시절에 PARC는 280명의 연구원을 보유하고 있었다. 이 연구소는 가장 똑똑하고 창조적인 인재들을 자기네들의 영역으로 끌어당기는 강력한 자석과 같았다. 벨연구소와 마찬가지로 PARC가 이루어낸 여러 가지 발견과 업적들은 서로 연구 성과를 주거니 받거니 하면서 독특한 가치를 지닌 창조력과 혁신의 상승효과를 일으켰다. 1960년대에 DARPA에서 프로젝트를 수행하며 성장한 우수인재들이 가세하면서, PARC는 역사상 가장 짧은 시기에 가장 뛰어난 발견을 이루어낸 혁신의 엔진으로 자리 잡았다. 그래픽 유저 인터페이스 GUI, 퍼스널컴퓨터, 마우스, 이더넷Ethernet, 위지윅WYSIWIG, what-you-see-is-what-you-get) 디자인 소프트웨어, 레이저프린팅 등이 대표적인 예이다.

결과적으로, 스티브 잡스, 빌 게이츠, 실리콘 밸리의 벤처 캐피탈 업체들이 산파 역할을 담당하면서 그러한 발견들(PARC가 이루어낸 발견들-옮긴이)은 컬러 TV보다도 더 거대한 다차원적인 수요의 폭발로 이어졌다. 또한 동시에 그 발견들은 'PC 혁명'으로 촉발된 수요에 돈을 지불할 능력이 되는 고소득자들의 폭발적인 증가(수백만 개의 고임금 일자리)를 가져왔다.

하지만 현재 PARC의 연구원 수는 165명으로 감소되었다. 현재 PARC의 축소된 인지도와 예전에 비해 보잘것없는 연구 목표는 한때 미국과 세계 경제의 수요를 이끄는 주요 동인이었고 거대하고 자금이 넉넉했던 연구기관들의 운명을 대표적으로 보여준다. 비록 소규모 기

업연구소들이 계속 운영 중이지만, 선견지명을 갖춘 자유분방한 과학
자들이 모인 거대한 연구 인프라는 크게 축소되고 말았다.

지도 없이 떠나는 탐험, 그리고 거대한 수요

벨연구소 등 20세기를 주름잡던 '발견의 엔진들(연구기관들)'의 쇠퇴
를 바라보면서 의문이 들지 않을 수 없다. 어떤 과학적 성과가 미래 수
요를 이끌 신규 산업을 창조할 것인가, 또 그 과학적 성과는 누가 이뤄
낼 것인가?

희망적인 소식은 벨연구소에서 한때 형성된 창조의 불꽃이 여전히
타오르고 있다는 것이다. 비록 그때보다 작은 규모지만, 과학 발견과
기술 혁신을 위한 새로운 접근방식을 개척 중인 몇몇 연구기관들이 어
느 때보다 강렬하게 창조의 불꽃을 발하고 있다.

그 첫 번째 위치에 있는 한 연구기관은 벨연구소의 21세기 축소판
이라 말할 수 있는 기업 소속 연구소인데, 상업적 실현가능성과 단기
적 수익이 분명한 프로젝트가 아니라, 이런저런 제약을 두지 않고 다
양한 기술적 도전과제를 탐구하는 데 초점을 맞추고 있다.

그 연구기관이 가장 자부심을 느끼는 창조물 중 하나는 여러 가지
놀라운 능력을 자랑하는 휴머노이드humanoid (인간을 닮은) 로봇인 '아시모
ASIMO'이다. 아시모란 이름은 아이작 아시모프Isaac Asimov ('로봇공학의 3법칙'
을 창안하여 여러 세대 동안 미래학자들에게 영감을 준 SF 작가)와는 관련이 없고,
'혁신적인 기동성에 한걸음 진보했다Advanced Step in Innovative Mobility '라는 말

의 앞 글자를 따서 만들었다. 아시모는 걷다가 회전하고 멈췄다가 계단을 오를 수 있을 뿐만 아니라, 쇼핑 카트를 밀거나 쟁반을 운반할 수 있고, 전등 스위치를 올리거나 문을 열 수 있으며, 움직이는 물체를 감지하여 장애물을 피해갈 수 있다. 아시모는 얼굴 표정을 인식하고 음성 명령에 복종하는 능력도 있다. 2002년에 처음 일반에 공개되었지만 여전히 세계에서 가장 진보된 휴머노이드 로봇인 아시모는 스위스의 스키 슬로프에서 모습을 드러냈고, 로즈볼Rose Bowl(미국 대학 미식축구 선발경기-옮긴이) 퍼레이드에 참여했으며, 선댄스Sundance에서 할리우드 명사들과 어울리는 등 국제적인 여행자이자 유명인사가 되었다.

아마 아시모가 실리콘 밸리에 위치한 어느 신생기업의 장난기 많은 박사들이 만들어낸 제품이라고 생각할지 모른다. 그러나 아시모는 미국, 일본, 유럽에 설비를 보유한 자동차 회사의 여러 부문 중 하나인 혼다연구소가 발명한 로봇이다. 왜 자동차 회사가 이런 프로젝트에 참여했을까? 로봇 프로젝트가 수요와 어떤 관련이 있을까?

첫 번째 질문에 대한 대답은 이렇다. 사람들은 보통 혼다를 자동차 회사라고 생각하지만, 혼다는 항상 잔디 깎는 기계부터 초경량 제트기에 이르는 모든 제품들의 엔진을 생산하는 '엔진 회사'였다. 혼다의 과거가 100년이나 된 자동차 산업에 의해 대부분 형성됐지만, 혼다의 미래(모든 회사와 마찬가지로)는 아직까지 틀을 갖추지 못했다. 이것이 바로 혼다가 어떻게 로봇 사업에 뛰어들었는지를 설명해준다. 대규모 신규 수요를 창조하길 갈구하는 혼다로서는 로봇 사업이야말로 차세대 거대 산업을 발전시킬 신흥 기술들을 탐험하는 방법 중 하나였다.

부분적인 이유이지만, 기동성에 관한 혼다의 강한 관심 덕에 이 회사의 기술자들은 1986년에 인간의 복잡한 움직임을 모방하는 '직립보행 로봇'을 만드는 일에 착수했다. 그들은 동물들이 어떻게 걷는지 연구하기 위해 동물원으로 달려갔다. 또한 딱정벌레의 다리가 어떤 구조와 기능을 가졌는지 관찰하며 인간의 팔다리 관절과 비교해보기도 했다.

　혼다가 처음으로 완성한 휴머노이드 로봇인 P1은 6피트2인치의 키에 몸무게가 386파운드(약 175Kg)나 나가는 프로 미식축구의 라인맨과 같은 체구를 가지고 있었다. 대부분의 무게는 여러 배선과 대형 배터리를 내장한 배낭 모양의 장치 때문이었다. 그 다음에 나온 모델들은 점차 날씬해지고 우아해졌다. 아시모는 '로봇 소년왕'이라는 별명을 가질 만큼 4피트3인치의 자그마한 키에 무게가 119파운드(약 54Kg)밖에 나가지 않아서 1시간에 3.7마일(시속 5.95Km)의 속도로 걸을 수 있다. 현재 세계적으로 100대 가량의 아시모 로봇이 활동 중인데, 혼다의 연구 역량을 시연하며 혼다의 홍보 대사 역할을 톡톡히 담당하고 있다.

　기초연구는 혼다의 문화 속에 깊이 뿌리 박혀 있다. 창립자인 소이치로 혼다Soichiro Honda는 "연구개발의 진정한 가치는 지도에 없는 물을 찾아나서는 탐험에 있다"고 한때 말한 적이 있다. 그래서인지 역사적으로 혼다의 CEO들은 R&D 부문에서 선발되었다. 예를 들어, 혼다의 현 사장이자 CEO이면서도 R&D 부문의 임원을 겸직하고 있는 다카노부 이토Takanobu Ito는 처음에 혼다에 매력을 느낀 이유를 항공과 로봇

공학 분야에서 혼다가 추진한 야심 찬 연구 때문이라고 말한다.

현재 혼다 연구소[4]는 '사회에 공헌하자'라는 명쾌한 목표 하에 이런 저런 제약을 두지 않고 다양한 기술적 도전과제를 탐구하는 데 집중하고 있다. 혼다 연구소는 정상급 연구원들을 채용하여 그들이 자신들만의 프로젝트를 수행할 수 있도록 여러 가지 자원들을 제공한다. 비록 그들이 회사의 현 제품 라인이나 이익에 직접적인 가치를 주지 못한다 해도 말이다. 혼다 연구소에서 중요한 것은 미래이다.

혼다 연구소의 제약을 두지 않는 연구 방식은 다수확 쌀 유전자, 강력한 연료전지, 알루미늄보다 가벼운 합성 플라스틱 동체를 가진 비즈니스용 제트기 디자인 등 다양한 혁신을 통해 혼다의 여러 신규사업으로 이어졌다. 혼다는 한때 오하이오 주에서 유기농 콩 생산자 중 최고라는 이름을 얻기도 했는데, 부분적으로 이 사업은 미국에 자동차를 수출하고 나서 텅 비어버린 컨테이너를 다시 채워 일본으로 돌아오기 위한 목적으로 시작되었다. 이 사업은 혼다로 하여금 혈전을 용해하는 데 도움이 되는 발효콩 판매사업에 진출하도록 이끌었다.

이러한 사례에서 보듯이, 기초연구는 '일직선적인 프로세스'가 아니다. A를 찾아다니던 과학자들이 B를 발견하고 그 과정에서 공공의 혜택과 기업의 이익 모두에 기여하는 C라는 진보를 이루어내는 것이다. 이것이 바로 '지그재그 모델'이다. 루이 파스퇴르가 우유를 매개로 한 질병을 근절시킬 방법을 찾다가 면역 시스템과 백신 기술에 관한 이론을 발견했던 것처럼 말이다.

동일한 방식으로, 로봇의 움직임을 모니터링하고 통제하기 위한 아시모의 시스템들은 현재 혼다가 늙고 허약하거나 장애를 가진 사람들의 이동을 도와주려고 개발 중인, '보행 보조 기기'에 적용되는 여러 기술들을 낳았다. 예를 들어, '골반 패드'는 보행자가 보내는 신호에 반응하여 필요할 때마다 지지력을 전달한다. 75세 이상의 인구가 얼마나 될지 헤아려보라. 그러면 그 잠재력의 규모를 짐작할 수 있을 것이다.

아시모는 또한 '디고로^{DiGORO}'라는 로봇으로 이어졌는데, 이 로봇은 머리에 달린 카메라로 사람의 동작을 인식하고 모방해서 청소와 같은 집안일을 하는 법을 배울 수 있다. 자동차 산업에서도 마찬가지다. 아시모의 기술은 여러 카메라와 조향 장치를 사용하여 차가 차선을 이탈하지 못하도록 도와주는, 혼다의 '차선 이탈 방지 어시스트 시스템'으로 이어졌다.

이와 같이 아시모뿐만 아니라 혼다 연구소에서 진행 중인 여러 프로젝트들은 고객들이 느끼는 고충과 전 세계 인류의 문제를 해결할 잠재력을 지니고 있다. 그리고 혼다에게 21세기 수요의 거대한 흐름을 연달아 열어젖힐 잠재력을 선사하고 있다.

누가 내일의 수요를 창조할 것인가

기초과학에 투자하고 있는 이 다국적 기업(혼다를 지칭함-옮긴이)은 벨 연구소와 RCA 연구소의 영광스러웠던 시절을 떠올리게 한다. 하지만 이 기업의 연구 모델이 21세기에 효과적으로 작동하는 유일한 '발견-생산 모델(기초과학의 발견을 토대로 매력적인 제품을 생산하는 방식을 말함-옮긴이)'은 아니다. 두 번째 모델은 명성이 자자한 MIT 미디어랩[5]이 대표적으로 보여주는 '시연 아니면 폐기Demo or Die'라는 연구 모델이다.

미디어랩은 어렴풋이 빛나는 신축 유리 건물 내의 어느 곳에서나 수백 개의 연구 프로젝트가 돌아가는 모습을 볼 수 있을 정도로 혼돈이 통제되지 않는 것 같은 광경을 연출한다. 이곳에서는 어떤 사람이 언덕을 쉽게 오르고 먼 거리를 다닐 수 있도록 바퀴 중심에 배터리가 장착된, '그린휠GreenWheel'이라 불리는 전기 자전거를 타고 횡 하고 지나간다. 그린휠은 자전거를 정상적으로 타지 못하는 사람들을 위한 것이다. 근처에 있는 두 명의 학생들은 시티카CityCar의 프로토타입을 찍은 커다란 사진 아래에서 접을 수 있는 로보 스쿠터Robo Scooter를 용접하느라 여념이 없다. 로보 스쿠터는 포개어 쌓을 수 있고 접을 수 있는 2인승 자동차로서, 인구밀도가 높은 도심지역에서의 공동 이용을 목적으로 디자인된 스쿠터이다. 이 자동차는 도시 전역에 걸쳐 배터리 충전소에 전기자동차들을 배치하는, '주문형 이동수단Mobility on Demand'이라 불리는 새로운 자동차 이용 방식을 위해 디자인되었다. 사용자는 그저 가장 가까운 충전소로 걸어가서 회원카드를 긁고 자동차 이용 후 다른 충전소에 가져다 놓으면 된다.

박사과정 학생인 라이언 친Ryan Chin은 이렇게 설명한다. "우리는 오늘날 극도로 높은 도시의 인구밀도를 대처하기 위해 모든 종류의 도시 이동수단을 디자인합니다. 가장 중요한 문제는 '라스트 마일, 퍼스트 마일last-mile, first-mile 문제'입니다. 집에서 기차를 타러 나올 때의 거리와 기차에서 내려 목적지까지 갈 때의 거리가 문제죠. 바로 이것이 사람들이 차를 운전하는 이유입니다. 대중 교통수단으로 갈아타는 것이 너무나 불편하고 융통성이 없기 때문이죠. 하지만 '주문형 이동수단'은 이 문제를 해결하기 시작할 겁니다."

도시의 지형을 바꾸려는 '스마트 도시' 연구그룹의 새로운 비전에 의하면, 배터리 충전소는 기차역과 같은 교통 허브와 인접한 공용 생활공간의 역할을 담당한다. 기차역에서 내린 승객이 자동차나 자전거 혹은 스쿠터를 걸이선반에서 끌어내려 급속 충전한 다음에 최종 목적지까지 이동할 수 있게 된다.

MIT 건축대학의 전임 학장이자 미디어랩의 '스마트 도시' 연구 그룹의 장을 맡고 있는 윌리엄 미첼William Mitchell이 언급했듯이, 미디어랩이 혁신에 이르는 방식은 나무가 아니라 숲을 보려는 전체론적인 관점이다. 시티카가 단순한 자동차가 아니라 4개의 거창한 아이디어들이 융합된 계획이란 것만 봐도 그러하다. 4개의 아이디어란, 내연기관에서 전기 모터로 자동차의 동력을 변화시키는 것, 자동차가 엄청난 양의 데이터를 처리하도록 무선 인터넷을 활용하는 것, 재생 에너지를 사용하는 '스마트 그리드'와 자동차를 통합시키는 것, 전력, 도로 공간, 주차공간, 자동차 공동 이용 등 다이내믹하게 가격이 매겨지는 거래시장을 대상으로 실시간 시스템을 구축하는 것을 말한다. 이처럼 수요 창조자가 마음껏 활동할 수 있도록 고도로 정교한 '빅 픽쳐big picture 아이디어들'을 육성하는 것이 미디어랩의 특징이다.

위대한 연구소들은 모두 고유의 문화를 가지고 있다. 미디어랩의 신축 유리건물 내에서 자동차, 로봇, 생체기계전자적biomechatronic 관절, 초

(超)악기(인체에 컴퓨터와 연결된 센서를 부착해 몸의 움직임을 소리로 바꿔 음악을 연주하는 악기-옮긴이), 조기 교육 프로젝트 등의 분야에서 일하는 연구원들은 모두 서로를 관찰하면서 상호작용할 수 있다. 이런 방식을 '물고기 비늘 모델'이라 부르는데, 여러 학문을 물고기 비늘처럼 서로 중첩시킴으로써 학제간 연구를 권장하는 연구소의 특성을 더욱 강화시키는 방식이다.

3,000만 달러의 예산으로 40여 명의 교수, 수석 연구원, 객원 연구원, 그리고 140여 명의 학생들이 연구를 수행하는, 상대적으로 작은 미디어랩의 규모를 감안하면 이 연구소의 성과는 엄청나고 광범위하다. 25년 동안 80개의 신생 기업이 이 연구소로부터 분리되어 나왔다. 예를 들어, 1997년에 이루어진 '이-잉크'의 독립은 글씨가 또렷하고 전력 소모가 적은 이북 리더의 탄생에 결정적인 계기가 되었다. '어린이에게 랩탑 컴퓨터를One Laptop Per Child, OLPC'이란 비영리 단체 역시 미디어랩에서 분리되어 나와 아수스테크Asustek(대만의 컴퓨터 제조회사-옮긴이)가 '이 넷북Eee Netbook'을 생산하도록 촉발시켰다. 센스네트웍스Sense Networks라는 또 다른 독립기업은 현실 세계를 지도로 옮기기 위해 휴대폰 데이터를 사용한다. 구글이 인터넷 전체를 색인으로 만들고 있는 것처럼 말이다. 하모닉스Harmonix(록 밴드 비디오 게임 관련 음악 기술 개발과 태그센스TagSense, RFID 및 무선 인식 기술 개발) 역시 미디어랩에서 분리돼 설립되었다. 그 밖에 여러 제품과 프로젝트가 기존 업체와의 협업으로 공동개발되었다. 수십억 페이지에 달하는 IBM의 문서를 분석하기 위해 웹파운틴WebFountain이라는 아키텍처가 개발되었고, 노텔Nortel을 위해 무

선 메쉬 네트워크가 개발되었다.

이런 기술적 혁신 중 어떤 것이 수백만 개의 일자리를 창출할 신규 산업의 기초가 될까? 아직 말하기엔 이른 감이 없지 않지만, 미디어랩은 자신들을 그런 방향으로 이끄는 질문에 초점을 맞춘다.

"미디어랩은 앞으로 다가올 10년 동안 사회를 뒤바꿔놓을 힘에 주목하고 있습니다"라고 2005년부터 2011년까지 연구소장을 역임한 프랭크 모스Frank Moss는 말한다. "우리의 연구가 과학이냐 공학이냐, 응용연구냐 순수연구냐 하는 질문은 우리에게 별로 중요하지 않습니다. 우리가 던지는 질문은 '우리의 연구가 사람들과 사회에 영향을 미칠 중요한 그 무엇으로 귀결될 수 있을까?'입니다. 미국에서 혁신을 위한 비즈니스 모델은 고장 나 버렸습니다. 우리가 이곳에서 가지고 있는 것은 새로운 사고방식의 뼈대입니다. 미디어랩에서의 연구는 매우 독창적이지만 산업을 통해 세상으로 나아갈 길을 찾고 있지요."

미디어랩의 다음 개척 영역은 인간과 디지털 기계 사이에 강한 연결과 동기화를 구축하는 것이다. 현재 350개 이상의 프로젝트가 진행 중인데, 환경을 감지하여 교통 상황의 실시간 데이터를 서로 제공하는 자동차, 사교적이고 감정적인 신호를 읽어낼 수 있는 똑똑한 보조장치, 불을 켜고 음악을 듣거나 토스터를 다루는 등 집안에서 일어나는 일을 통제하는 대화형 벽지 등이 대표적인 프로젝트 주제이다. 그리고, 몸에 걸칠 수 있고 사람의 동작을 인식하는 '식스센스SixthSense'라 불리는 장치가 있는데, 이 장치는 손가락으로 카메라 모양을 만들면 사진을 찍을 수 있고, 손목 위에 동그라미를 그리면 시간을 확인할 수 있으며, @

표시를 손가락으로 그리면 이메일을 볼 수 있는 등 어떠한 물체라도 터치스크린 컴퓨터 노릇을 하도록 만들 수 있다.

미디어랩은 여러 측면에서 기업의 R&D연구소와 대조된다. 미디어랩은 인간의 니즈에 초점을 맞춘다. 그러나 한쪽만 보도록 강제하는 '눈가리개' 따위는 없다. 시간적 제약이나 마감일도 없고, 만족시켜야 할 주주도 없다. 이 연구소는 개방성과 서로 다른 학문과 단체 간의 협업을 찬양한다. 그러나 미디어랩은 프로토타입 구축을 통해 콘셉트를 시험해볼 것을 강조하기 때문에 여러 아이디어 중에서 쭉정이를 버리고 '실한 놈'을 재빨리 골라낼 줄 안다. 효과가 있는 아이디어들은 세상으로 나아가는 자신만의 길을 찾아낸다. 이-잉크처럼 말이다.

수요 창조자가 되려는 사람들은 차세대 거대산업을 일구어내기 위해 얼마 안 되는 가능성을 여기저기 끌어모으며 부(富)를 창조할 아이디어를 탐색하다가 오류에 빠질 수 있다. 그러느니 미디어랩 주위에서 몇 개월을 어슬렁거리며 여러 통찰을 빨아들이고 자유분방한 혁신을 찬양하는 문화를 흡수하는 것이 더 나을지 모른다.

연구소는 획기적인 아이디어를 창출하기 위해 좋은 장소이다. 그러나 연구소가 항상 자신들의 아이디어를 제품으로 전환시키는 역할을 훌륭히 수행하는 것은 아니다. 대부분의 연구소들이 그러하다. 하지만 SRI 인터내셔널은 다르다.

1946년에 캘리포니아 멘로파크에서 설립된 SRI는 현재 미국에서 가장 큰 민간 연구소로서 정부와 기업들로부터 약 5억 달러 상당의 자금을 지원받으며 프로젝트를 진행하고 있다. 미디어랩과 마찬가지로 SRI는 일반적으로 기업들이 전망하는 3~5년보다 더 먼 미래로 R&D의 지평을 확장하고 있다. 그러나 SRI는 아이디어의 상업화 시스템으로 무장한 연구소도 연구소와 시장을 갈라놓는, 소위 '죽음의 계곡'을 성공적으로 건널 수 있음을 보여준다. 그 죽음의 계곡이란 여러 개의 제품을 만들었지만 고객의 니즈를 절대 만족시키지 못했음을 나타내는, 한 번도 읽힌 적 없는 서류들과 오랫동안 잊혀진 특허들이 어지럽게 흩어져 있는 곳을 말한다.

아이폰을 위한 가상의 개인 비서인 시리[Siri]는 SRI가 최근에 분리 독립시킨 것 중 하나이다.[6] 사용자가 아이폰에 대고 말하면, 시리는 사용자의 질문이나 명령을 알아듣고 검색을 진행하거나 질문에 답을 한다. 시간이 흐를수록 시리는 사용자의 개인적 선호에 적응함으로써 사용자에게 맞춤 정보를 제공하고 충직한 심부름꾼을 고용한 듯한 경험을 선사한다. 시리를 통해 사용자는 자신과 가장 가까운 곳에 위치한 현금인출기를 찾거나 동네 재즈 클럽에서 누가 놀고 있는지 찾을 수 있으며, 항공편과 목적지의 날씨를 조회하거나 다가오는 농구 경기의 표를 구매할 수 있다. 시리는 근처의 레스토랑을 검색하고, 레스토랑 평가를 훑어보며, 테이블을 예약하고, 같이 갈 친구를 다른 사람으로 변경하며, 참석자들에게 잊지 않도록 상기할 것을 부탁하는 등 저녁 식사 예약하기와 같은 복잡한 단계의 과제도 빈틈없이 수행한다.

이 고도로 영리한 가상 비서의 개발은 DARPA가 25개가 넘는 대학의 인공지능 연구 프로젝트에 2억 달러의 자금을 지원하지 않았더라면 이루어지지 않았을 것이다. 각 대학의 서로 다른 연구 결과는 SRI의 CALO^{Cognitive Assistant that Learns and Organizes} 프로젝트의 보호 하에 하나로 결집되었다. 이 연구 프로젝트에서 유래한 하나의 응용기술이 대그 키틀로스^{Dag Kittlaus}에 의해 시장성 있는 제품으로 탄생하게 됐다. 모토로라의 연구원이었던 키틀로스는 거대기업의 느린 상업화 속도에 염증을 느끼다가 SRI야말로 선도적인 제품을 위한 빠르고 효과적인 '발사대'라는 점을 알게 됐다. SRI에서 대략 반 년 정도 일한 후에 키틀로스는 2009년에 벤처 캐피탈 회사로부터 2,400만 달러의 벤처 자금을 지원 받아 시리를 독립시켰다. 그리고 1년 후 이 회사는 애플에게 매각되었는데, 정확한 매각금액은 공개되지 않았지만 대략 2억 달러 정도로 추정된다.

SRI는 시리의 지분을 가지고 있는데, 시리의 투자이익률은 지금까지의 기록 중 가장 높은 축에 속한다. 이것은 연구소 조직으로서는 찾아보기 쉽지 않은 자금조달 모델이지만, SRI는 이 모델을 완벽히 구사해왔다. 지난 15년간 SRI는 40개가 넘는 회사를 스핀오프^{spin-off}(분사)하여 신규 산업을 창출하고 수십억 달러의 시장 가치를 생성했다. 스핀오프된 회사 중 세 곳인 뉘앙스^{Nuance}, 인튜이티브서지컬^{Intuitive Surgical}, 오키드 셀마크^{Orchid Cellmark}는 기업을 시장에 공개했는데, 시가 총액의 합계가 거의 200억 달러에 이르렀고 직원은 6,000명을 넘었다.

그들은 어떻게 하는 것일까? 그 자신이 훌륭한 기술 혁신가인 CEO 커티스 칼슨^{Curtis Carlson}은 조직의 분위기를 잡는 데 영향을 미치고 있다. 1999년에 SRI에 입사하기 전, 그는 RCA 연구소의 이미징 부문의 물리학자로 일했다. 그곳에서 칼슨은 미국의 표준이 된 HD TV 시스템을 개발한 팀을 이끌었고 그 공로로 그의 팀은 에미상$^{Emmy\ Award}$을 수상하기도 했다. 현재 그는 빠른 성장을 위해 수요 창조의 잠재력이 가장 큰 것을 탐색할 목적으로 유망한 과학적 콘셉트들을 솎아내는 SRI의 경영 시스템, 지적 시스템, 사회적 시스템을 주도하고 있다. 칼슨은 이렇게 말하기를 좋아한다. 당신은 혼자 힘으로 발명할 수 있습니다. 하지만 그런 방법으로는 혁신할 수 없습니다. 훌륭한 아이디어가 결실을 맺으려면 SRI와 같은 훌륭한 연구기간이 제공하는 지도와 지원이 필요하다.

각 분기마다 SRI의 '상업화 위원회'는 시장에 나갈 준비를 가장 잘 갖춘 수백 개의 아이디어들을 주의 깊게 고찰한다. 이 과정에서 위원회는 시장성에 지장을 주는 요소가 무엇인지 살피고, 가치 창출에 관한 SRI의 기준을 만족하는 '황금 같은' 해결책이 무엇인지 탐색하며, 팀을 구성한 경험이 있는 적임자를 선발한다. 하나의 아이디어가 채택되면 SRI는 시리의 키틀로스처럼 직원들 중에서 3개월에서 8개월 동안 현장에 상주하며 자금 조달과 스핀 오프를 위해 벤처기업을 준비할 '사내 기업가'를 뽑는다. 그 기간 동안 SRI의 엔벤션^{nVention} 자문위원회는 실리콘 밸리의 벤처 캐피탈 펀드들과 밀접한 유대관계를 형성하도록 도와준다. 그러한 인맥의 가치는 아무리 강조해도 지나치지 않다. 상업화위원회는 수많은 후보 아이디어들 중에서 1년에 10개 정도의 기회를 파이프라인을 통해 흘려보내고 체를 치고 다시 체를 쳐서 결과적으로 2~4개의 기업을 시장에 내보낸다.

SRI의 상업화 과정에서 나온 가장 큰 성공 중 하나는 인튜이티브 서지컬이다. 이 회사는 병원 의사들이 비디오 게임용 조이스틱과 같은 도구로 조종할 수 있는 붙박이 수술용 로봇 '다 빈치the da Vinci' 시스템을 생산한다.

인튜이티브서지컬은 모건 스탠리 딘 위터, 매이필드, 시에라 벤처 등으로부터 자금을 조달받아 1995년에 SRI로부터 스핀오프되었다. 1999년에 첫 번째 '다 빈치' 시스템이 시장을 공략할 준비가 되었음을 선언했고, 2000년 7월에 미국 식품의약청FDA은 복강경 수술용으로 다 빈치를 승인했다. 다 빈치의 첫 번째 교두보가 된 고객은 비뇨기과 전문의들이었다. 그들은 로봇 수술이 전립선 수술에 효과적이고 환자의 회복기간을 단축시킨다는 것을 알아차렸다. 허나 다 빈치 시스템은 심장 수술과 같이 흉부나 복부의 다양한 수술에도 활용되고 있다. 현재 전 세계적으로 1,600대가 넘는 다 빈치 시스템이 사용 중이고, 인튜이티브 서지컬의 시장 가치는 130억 달러를 상회한다.

실리콘 밸리의 비즈니스 문화 속에는 창업에 관한 2개의 서로 다른 이야기가 오랫동안 공존해왔다. 그중 사람들에게 잘 알려진 이야기는 뒷마당 차고에서 사업을 시작해 IPO(기업 공개)를 목적으로 벤처 자금을 조달 받는 사업가에 관한 것이다. 그리고 이제는 오래 되어 많이 잊혀진 이야기는 PC, 네트워킹, 인터넷을 주도한 DARPA의 프로젝트처럼 정부의 자금 지원을 통해 사업을 펼친다는 것이다. SRI는 이 두 경로를 모두 따르는 기업을 구축하는 데 힘을 기울여 왔다. SRI야말로 21세기에 그 두 경로를 하나로 섞어 일관성 있고 잠재적으로 더욱 강력한 혁신의 이야기를 만들어 갈 첫 번째 연구기관임에 틀림없다.

때때로 칼슨은 이러한 SRI 방식이 처할 먼 미래를 걱정한다. 그 이유 중 하나는 새로운 과학 인재를 공급하는 미국의 능력이 쇠퇴하고 있다는 것이다. "만약 외국 태생의 연구자들이 없었더라면, 미국의 성장은 멈췄을 겁니다"라고 그는 말한다. 또한 그는 현재 중국이 미국보다 더 많은 우수학생을 보유하고 있음을 지적한다. 결과적으로, 혁신을 위한 미국의 전략은 부적당하고 불충분하다. "태양 전지는 이곳에서 발명되었습니다. 하지만 그 가치의 대부분은 중국으로 흘러가고 있지요. 미국에 비해 중국은 태양 전지 제조 장비를 41배나 더 많이 구입하고 있습니다"라고 그는 말한다.

이러한 칼슨의 반응은 부분적으로 국가의 이민 정책에 있어 변화를 요구하는 것이다. "저는 제가 찾을 수 있는 가장 똑똑하고 학식 있는 인재라면 언제든 들어오게 할 겁니다. 그리고 요리사들도 말입니다."

미국 학교에서 육성된 젊은 과학자들의 수가 줄어듦에도 불구하고, 칼슨과 SRI는 계속해서 과학의 상업화를 추진하고 있다. SRI의 비즈니스 모델은 과학 발견에서부터 시장 진출을 위해 자금을 조달 받기까지 위태위태한 '계곡을 횡단하는 데'에 걸리는 시간을 단축시켜 주는 강력한 도구이다. SRI의 궁극적인 목표를 칼슨의 말로 표현하면 '인간의 지적 능력을 증가시키고 확장시킴으로써 세계를 더 좋은 곳으로 만드는 것'이다.

비즈니스 모델을 가진 연구소라고? 데이비스 사노프의 RCA 연구소가 연상되지 않는가? 비즈니스 모델을 가진 연구소는 다양한 쌀 품종을 개발하는 자동차 회사만큼이나 희귀하다. 또한 그런 연구소는 미래 수요를 성장시킬 새로운 아이디어를 잉태할 가능성이 큰, 뜻밖의 원천이다.

듀엘의 미신

오래된 전설에 따르면, 미국 특허국장이었던 찰스 듀엘Charles Duell은 1899년에 이렇게 말했다고 전해진다. "발명될 수 있는 모든 것들이 다 발명되었다"라고. 하지만 연구자들은 듀엘이 그렇게 말했다는 증거를 규명하는 데 실패했다. 사실 그는 20세기의 기술 혁신 가능성에 대해 꽤 낙관적으로 전망했던 것으로 알려져 있다. 알다시피 그의 전망대로 됐다.

하지만 '듀엘의 미신'에서 이것만큼은 진실이다. 바로 위대한 수요 창조자들의 눈부신 업적에도 불구하고, 우리는 주로 물려받은 부(富)에 의지해 살고 있다는 것이다. 오늘날의 수요가 기반을 두고 있는 획기적인 성과들 중 상당수는 RCA 연구소, 벨연구소, DARPA, PARC 등 4개의 원천으로부터 나왔다. 오늘날의 수요 중 많은 부분을 떠받치고 있는 트랜지스터의 발명은 1947년으로 거슬러 올라간다.

민간기업이 이루어낸 발견이 얼마나 예측 불가능할 수 있는지 앞에서 이미 살펴보았다. 그러나 우리가 벨연구소, RCA 연구소, PARC 연구소를 가지고 있었을 때, 사회의 일원으로서 우리는 성공 가능성을 엄청나게 향상시키는 강력한 발견 도구에 우리가 가진 자원을 십시일반 투자했다.

우리가 그것과 동일하거나 더욱 큰 힘을 지닌 새로운 발견의 '엔진'을 구축해야 할까? 혼다 연구소와 같은 곳이 12개나 존재하는 미래를 우리는 감히 상상할 수 있을까? 혹은, 20개의 미디어랩이나 여러 개의 SRI는 어떤가? 이러한 연구기관의 확대가 신규 산업을 창조해낼 발견의 빈도에 어떤 영향을 미칠까?

인간, 사회, 경제에 광범위한 영향을 미치는 도전과제가 부족한 경우는 없다. 또한, 진정한 과학자처럼 도전에 기꺼이 응하기로 선택한 사람들에게 인생을 걸만한 흥미로운 일거리를 부여하는 도전과제가 사라져버리는 경우도 없다. 국립 공학 아카데미가 선정한 21세기의 '야심찬 도전과제' 목록이 그것을 증명하고 있다. 하지만 정확히 언제 어디에서 미래의 거대한 돌파구가 마침내 나타날까? 해답은 여전히 알 수 없다. 부분적이긴 하지만, 그 시기와 장소는 새로운 산업을 견인할 발견의 엔진을 재구축하는 일과, 미래의 신규 산업과 미래의 새로운 수요를 이끌어낼 기초적 발견을 이루기 위해 최고의 인재들에게 오직 그들만이 대적할 수 있는 도전을 받아들이도록 용기를 불어넣어 줌으로써 과학을 다시 일류의 학문으로 끌어올리는 일에 우리가 얼마나 준비되어 있는지에 달렸다.

내일의 수요는 무엇이 창조하는가

수요의 근원이 매우 중요한 것임에도 불구하고 심각하게 오해 받고 있다는 사실이 계기가 되어 우리는 호기심과 함께 '과연 그럴까'하는 의심을 가지고 수요 창조의 공식을 발견하겠다는 희망으로 연구를 시작했다. 수년간의 연구 끝에 우리는 인간의 창의력 자체를 표현하는 공식이 없는 것과 마찬가지로 수요를 위한 공식도 존재하지 않는다는 점을 깨달았다. 우리가 이 책에서 설명하고 예시했듯이, 수요 창조에 관한 이야기 대부분이 공통적인 요소와 분명한 패턴을 공유한다는 말은 옳다. 그러나 삶을 복잡하게 만드는 고충들이 매우 다양한 것처럼 수요 창조의 기저를 형성하는 '고충 처리'의 예술가적 기교 역시 다양하다. 이것이 바로 우리의 주제가 경제적, 사회적 진보에 지극히 중요할 뿐만 아니라 매우 흥미로운 까닭이다.

기쁘게도 우리는 위대한 수요 창조자들 또한 가지각색이라는 사실을 발견했다. 그들은 구멍가게 주인, 야망을 가진 기업가, 중간 규모의 기업과 비영리 조직에서 일하는 일선 직원들뿐만 아니라, 「포춘」지 선정 500대 기업의 CEO와 노벨상을 수상한 과학자들에 이르기까지 다양하다. 수십억 달러의 비즈니스로 성장할 영화 대여의 새로운 방식을 꿈꾸었던 리드 해스팅스, 할렘의 교실에서 아이들에게 오각형의 둘레길이를 계산하는 방법을 가르치는 유나 킴, 치즈 담당 매니저를 유럽으로 파견하여 맛있는 제품 판매를 위해 더 많은 것을 배우도록 한 대니 웨그먼스, 노인 환자의 집을 방문하여 낙상을 야기할 수 있는 작은 깔개가 있는지 살펴보는 케어모어의 임상의들, 수많은 사람들이 비싸고 불편하고 환경에 나쁜 영향을 끼치는 자동차를 소유하지 않고서도 운전의 자유를 즐기는 세상을 꿈꾸었던 로빈 체이스, 자신이 점장으로 있는 프레타망제 매장의 샹들리에가 청결함의 까다로운 기준을 충분히 만족할 만큼 반짝이는지 확인하려고 사다리를 타고 올라간 트레이시 진젤, 네스프레소 커피머신을 그저 빠르고 사용이 용이한 기계가 아니라 우아하고 섹시한 머신으로 만들기 위해 디자이너들을 고용한 헹크 크바크만, 젊은 아기엄마의 부어오른 다리를 발견하고 잠재적으로 위험한 혈전을 치료 받도록 도운 죠 스캔데리언, '지그프리트와 불의 반지'의 제작을 지도함으로써 5학년 학생들에게 오페라의 매력을 일깨워 준 조나단 딘, 거의 10년 동안 이북의 비전이 현실화되도록 돌파구를 마련하는 데 애쓴 러스 윌콕스 등이 바로 그들이다.

이 조용한 영웅들의 이름이 적힌 명단을 들여다보고 있노라면, 이보다 더 다채롭게 멤버가 구성된 그룹을 상상하기가 어렵다. 그들 모두 자신들과 동시대를 사는 사람들의 삶을 크고 작은 방법으로 개선시키고 무수히 많은 방식으로 경제적 성장과 사회적 진보에 박차를 가하는 데 도움을 준, 놀라운 수요 창조자라는 사실만은 공통분모이다.

그래서 다음에 케이블 TV나 지역신문에서 실망스러운 뉴스를 접하고 전전긍긍하며 국가를 성장시키고, 부(富)를 확대시키고, 다음 세대에게 우리가 향유했던 삶을 즐길 기회를 줄 수요를 어디에서 발견할 것인가 하는 의심이 든다면, 이 책에서 소개한 수요 창조자들을 떠올리고 그들을 본받기 바란다.

위를 쳐다보지 마라. 거울을 들여다보라.

이 책에 소개된 각 이야기는 아래에 나열하는 책, 기사, 웹사이트 등을 통해 얻은 상당한 정보를 토대로 했다. 각 참고문헌들은 출판되거나 발행된 날짜 순으로 정리하였다. 그리고, 독자 여러분이 관심 있어할 그 밖의 상세한 사실, 인용, 아이디어들에 대해서는 본문 해당 부분에 숫자로 표시함으로써 각각의 출처를 살펴볼 수 있게 했다.

'저자의 인터뷰Author Interview'라고 적힌 출처는 저자들 중 한 명이나두 명이 인터뷰했거나, 우리의 조사팀원들이 인터뷰했다는 것을 의미한다. 조사팀원들의 이름은 '감사의 글'에 명시되어 있다. '올리버와이만의 소비자 인터뷰Oliver Wyman consumer interview'라고 적힌 출처는 올리버와이만이 소비자들의 행동, 선호, 의견을 지속적으로 연구하는 과제에 우리의 조사팀원들이 참여하면서 수행한 인터뷰를 뜻한다. 올리버와이만은 세계적인 경영 컨설팅 업체로서 저자인 에이드리언 J. 슬라이워츠키가 파트너로 있다.

서문_수요의 미스터리

1 넷플릭스 이야기: "Netflix CEO Reed Hastings Profile", interview with Lesley Stahl on 〈CBS 60 Minutes〉, reprinted by 「Technology Wire」, December 4, 2006, online at http://www.accessmylibrary.com/coms2/summary_0286-28805727_ITM. 또는 '제4장 방아쇠' 부분을 참조.

2 노키아1100 이야기: Kevin Sullivan, "For India's Traditional Fishermen, Cellphones Deliver a Sea Change", 「Washington Post」, October 15, 2006. 또는 제9장 '거대한 불꽃' 부분을 참조.

제1장_매력

1 집카 이야기: Fed Bayles, "A Hot Import: Communal Cars for Congested Streets", 「USA Today」, 21 July 2000; Kit J. Nichols, "A New Option for Drivers Who Don't Want to Own", 「Consumers Research」, 1 August 2003; Shawn McCarthy, "Zipcar a Vehicle for Thrifty Urban Existentialism", Globe and Mail (Toronto), 11 April 2005; Brian Quinton, "Zipcar Goes the Extra Mile", 「DIRECT」, 15 September 2005; Stephanie Clifford, "How Fast Can This Thing Go Anyway?" Inc., 1 March 2008; Mark Levine, "Share My Ride", 「New York Times Magazine」, 8 March 2009; Paul Keegan, "The Best New Idea in Business", 「Fortune」, 14 September 2009; Zipcar website, online at http://www.zipcar.com/

2 미시간 앤아버에 거주하는 저널리스트 메어리 모건은: Mary Morgan, "MM Does Zipcar", 「Ann Arbor Chronicle」, 9 March 2009

3 2000년에 풍자적인 매체인 어니언(Onion) 지에 실린 헤드라인은: 「The Onion」, online at http://www.theonion.com/articles/report-98-percent-of-us-commuters-favor-public-tra,1434/

4 비영리 목적의 카-쉐어링 서비스는 당시 서유럽의 도시들과 오래곤 주 포틀랜드 시와 같은 미국의 몇몇 지역에서 이미 시행되고 있었다: See 「Bringing Carsharing to Your Community」, City Car Share, online at http://www.citycarshare.org/download/CCS_BCCtYC_Short.pdf

5 어떤 얼리어답터는 이렇게 언급했다. "제가 회사 사무실에서……: Carpundit blog, 11 April 2005, online at http://carpundit.typepad.com/carpundit/2005/04/zipcar_a_review.html. Other user comments in this paragraph from Insiderpager, online at http://www.insiderpages.com/b/3715573336/zipcar-incorporated-cambridge

6 집카 2.0은 사람들이 선택하는 라이프 스타일 그 자체가 되어야 합니다: Quoted in Lisa van der Pool, "Scott Griffith: Zipping Ahead", 「Boston Business Journal」, 27 August 2007

7 어떤 집카 회원은 우리에게 이렇게 말했다: Oliver Wyman consumer interviews

8 갑자기 수많은 사람들이 집카의 매력을 알아차리고 친구, 가족, 친척들과 함께 집카에 대해 이야기하기 시작했다: Comments in this paragraph and the four that follow from Oliver Wyman consumer interviews

9 한 집스터는 "저는 집카 이용이 곧 '녹색이 되어가는 것'이라는 생각에 동의합니다. 하지만: Oliver Wyman consumer interviews

10 고객이 미리 예상하지 못한 고충도 집카를 사용하면 용이해지곤 한다: Stories in this paragraph and the three that follow from Oliver Wyman consumer interviews

11 웨그먼스 이야기: Beverly Savage, "Want a Wegmans? Many Shoppers Do", 「New York Times」, 27 April 2003; Matthew Swibel, "Nobody's Meal: How Can 87-Year-Old Wegmans Food Markets SurviveAnd ThriveAgainst the Likes of Wal-Mart?", 「Forbes」, 24 November 2003; "Wegmans Tops Fortune's '100 Best Companies to Work For' List", 「Progressive Grocer」, 11 January 2005; Matthew Boyle, "The Wegmans Way", 「Fortune」, 24 January 2005; Warren Thayer, "Wegmans Still Rules", 「Refrigerated & Frozen Foods Retailer」, 16 May 2008, online at http://www.rffretailer. com/Articles/Cover_Story/2008/05/16/Wegmans-Still-Rules; Joe

Wheeler, "Wegmans Food Markets: How Two Halves Make More Than a Whole", 「Progressive Grocer」, 11 August 2009; Wegmans website, online at http://www.wegmans.com/

12 만약 당신이 우리의 친구인 스티븐을 만날 기회가 있다면: Oliver Wyman consumer interviews

13 1950년에서 1976년까지 월터 웨그먼의 아들인 로버트 웨그먼의 지휘 아래, 느리지만 꾸준히 매장수가 늘었다: See "Robert B. Wegman: A Great Merchant 1918-2006", Wegmans website, online at http://www.wegmans.com/webapp/wcs/stores/servlet/ProductDisplay?storeId=10052&partNumber=UNIVERSAL_2706&catalogId=10002&langId=-1

14 사회심리학자들이 '사회규범(social norm)'이라고 언급하는 개념과 대부분의 직장인들이 추구하는 '시장규범(market norm)' 사이에는 차이가 존재한다.: See Dan Ariely, Predictably Irrational: 『The Hidden Forces That Shape Our Decisions』 (New York: Harper Collins, 2008). Chapter 4, The Cost of Social Norms, pages 67-88

15 2008년 초에 웨그먼스는 고객들의 편의를 위해 '온라인 쇼핑 툴'을 오픈했다: See "Wegmans Revamps Online Shopping Tool", 「Brandweek」, 5 February 2009, online at http://www.brandweek.com/bw/content_display/news-

and-features/shopper-marketing/e3id425eb6001d58ee74c7da4827b5af
cc3

16 웨그먼스는 또한 기술 이상의 분야에서도 혁신을 추구한다: See "Wegmans
Reverses Supermarket Supply Chain, Starts Organic Farm", GreenBiz.
com, 12 September 2007, online at http://www.greenbiz.com/print/1498

17 웨그먼스가 어떻게 재무적으로 성공을 거두는지에 대한 설명은 기본적으로 아
주 간단하다: See William J. McEwen and John H. Fleming, "Customer
Satisfaction Doesn?t Count", 『The Gallup Organization』, 13 March 2003,
online at http://www.adobe.com/engagement/pdfs/gmj_customer_
satisfaction.pdf

제2장_고충지도

1 1908년의 뉴욕-파리간 자동차 경주 이야기: Julie M. Fenster, 『Race of the
Century: The Heroic True Story of the 1908 New York to Paris Auto
Race』 (New York: Crown, 2005)

2 2000년대 초에 여러 사람이 '고충 발생 제품' 중 하나를 신랄하게 질타했다는 사
실을 떠올려보자: "Steve Jobs Speaks Out: On the Birth of the iPhone",
Fortune website, online at http://money.cnn.com/galleries/2008/
fortune/0803/gallery.jobsqna.fortune/index.html

3 블룸버그 이야기: Ken Auletta, "The Bloomberg Threat", 「New Yorker」, 10 March 1997; Davis S. Bennahum, "Terminal Velocity", 「Wired」, February 1999; Felicity Barringer and Geraldine Fabrikant, "Coming of Age at Bloomberg L.P.", 「New York Times」, 21 March 1999; Michael R. Bloomberg, Bloomberg by Bloomberg (Hoboken, N.J.: Wiley, 2001); Ken Kurson, "Emperor Mike", 「Money」, 1 October 2001; Carol J. Loomis, "Bloomberg's Money Machine", 「Fortune」, 5 April 2007; Jon Meacham, "The Revolutionary", 「Newsweek」, 3 November 2007; Ian Austen, "The New Fight for Financial News", 「New York Times」, 23 June 2008; Seth Mnookin, "Bloomberg Without Bloomberg", 「Vanity Fair」, December 2008; Bloomberg website, online at http://www.bloomberg.com/

4 케어모어 이야기: Author interviews (18 August 2010 and 28 October 2010) with CEO Alan Hoops, Dr. Charles Holzner, Nurse Practitioner Peggy Salazar, Dr. Balu Gadhe, Dr. Ken Kim, Dr. Henry Do, and Dr. Sheldon Zinberg. Other sources: "Delivering Integrated Patient Care for Seniors", CareMore, November 2008; Gilbertson Milstein, "American Medical Home Runs", 「Health Affairs」, September/October 2009; Bonnie Darves, "Physicians Who Work With Health Plans Are Testing a Wide Range of Post-Discharge Innovations", 「Today's Hospitalist」, February 2010; "The Way Healthcare Should Be Delivered", CareMore, 25 February 2010; "Palliative Care Extends Life Study Finds", 「New York Times」, 18 August

526

2010; CareMore website, online at http://www.caremore.com/

5 포괄치료사의 가장 중요한 목표 중 하나는 불필요한 입원이나 내원을 방지하는 것

이다.: Lisa Girion, "Keeping Tabs on Patient Can Cut Costs", 「Los Angeles

Times」, 20 September 2009

제3장_배경스토리

1 이-잉크와 킨들 이야기: Author interviews (17 December 2009) with E

Ink CEO Russ Wilcox and E Ink team members Pete Valianatos, Harit

Doshi, Joanna Au, Lynne Garone, Karl Amundson, and Jenn Vail. Author

interview (27 February 2010) with Yoshitaki Ukita of Sony. Other sources:

Iddo Genuth, "The Future of Electronic Paper", 「The Future of Things」,

15 October 2007; David Talbot, "E-Paper Comes Alive", 「Technology

Review」, 20 November 2007; Erich Schwartzel, "E Ink Writes a New

Chapter", 「Boston Globe」, 1 September 2008; Maureen Farrell, "Is E

Ink Publishing?s Savior?" Forbes.com, 15 September 2008; "Insight Into

E Ink", 「Printed Electronics World」, 25 September 2008; Wade Roush,

"Kindling a Revolution: E Ink?s Russ Wilcox on E-Paper, Amazon, and the

Future of Publishing", 「Xconomy Boston」, 26 February 2009; Michael V.

Copeland, "The End of Paper?" 「Fortune」, 3 March 2009; Julia Hanna, "E

Ink?s Wild Ride", 「HBS Alumni Bulletin」, September 2009

2 그는 자신의 사업전략을 이렇게 요약한다: Julia Kirby and Thomas A. Stewart, "The Institutional Yes: The HBR InterviewJeff Bezos", 「Harvard Business Review」, October 2007

3 아마존의 이러한 원칙은 매출에 나쁜 영향을 주더라도 흔들리지 않는다.: Alan Deutschman, "Inside the Mind of Jeff Bezos", 「Fast Company」, 19 December 2007

4 어떤 리뷰어는 2007년에 이렇게 썼다: Nate Anderson, "Down With Paper: A Review of the Sony Reader", Ars Technica website, online at http:// arstechnica.com/hardware/reviews/2007/11/sony-reader-review.ars/3

5 테트라팩 이야기: "Tetra Pak and Chef Creations Whip Up Solution for Creamy Gourmet Specialties", Culinary Concepts Inc.com, May 2004, online at http://www.culinaryconceptsinc.com/new_1_popup.htm; Clara Carlsson and Johan Rasmusson, "Control and Synergies in the Outsourced Supply Chain: Recommendations for How to Improve and Organize Tetra Pak's Supply Chain", Lund Institute ofTechnology, Industrial Management and Logistics, Lund University, Lund, Sweden, 17 January 2005; Jon Bonne, "Wine in a Box, One Serving at a Time", MSNBC, 19 April 2006, online at http://www.msnbc.msn.com/id/12374800/; Joel Stein, "New Wine in . . . Uh, Juice Boxes", 「Time」, 30 August 2007; Finn

Hjort Christensen and Torben Vilsgaard, "Churning Out Cold Treats", 「Asia Food Journal」, 1 August 2008, "The History of an Idea", Tetra Pak, February 2009, online at http://www.tetrapak.com/Document%20Bank/About_tetrapak/the_history_of_an%20_idea.pdf; "MJR Media Crafts a Striking Vendange Wine Rendering on Tetra Pak's Aseptic Prisma?" 「Package Design」, April 2009; Kelly Kass, "Tetra Pak Gives Employees a Programme To LiVE For", Simply Commiunicate website, 17 September 2009, online at http://www.simply-communicate.com/news/tetra-pak-gives-employees-programme-live; "All That Is Fluid Becomes Solid", Meijling.net, online at http://meijling.net/fluid_solid.html; "Tetra Pak Expands Support for School Milk Programmes Around the World", company press release, 29 September 2009; "Turnaround at Tetra Pak Converting Technologies (CT)", 〈Dilipnaidu's Blog〉, 21 March 2010; Tetra Pak website, online at http://www.tetrapak.com/Pages/default.aspx

6 1964년에 유럽 이외의 지역으로는 처음으로 레바논에서 테트라팩 포장 시스템이 운영되기 시작했다: "Tetra PakDevelopment in Brief," Tetra Pak, June 2008, online at http://www.tetrapak.com/Document%20Bank/About_tetrapak/9704en.pdf

7 가장 중요한 요소는 미국에서 냉장고가 조기에 보급되었고 1930년대 초에 이르러서 많은 미국 가정의 필수품으로 자리 잡았다는 사실이다: David Landes, 『The

Unbound Prometheus: Technological Change and Industrial Development in Western Europe from 1750 to the Present』(Cambridge: Cambridge University Press, 1969), page 438-439

8 어떻게 테트라팩의 독특한 비즈니스 모델이 기업고객들의 배경스토리를 풍부하게 했는지 관련된 사례를 살펴보려면: See "Tetra Harmony Together With the Dairy Industry Chain", Frbiz.com, 4 December 2008

9 그중 하나는 소비자들의 고정관념이나 선입견이 형성되지 않은 제품류에서 테트라팩이 성공할 수 있는 발판을 찾는 것이다.: "See History of Soy Products", Soyfoods Association of North America website, online at http://www.soyfoods.org/products/history-of-soy-products

10 그 후에 곧이어, 「뉴욕타임스」의 기자인 케이트 머피(Kate Murphy)는 자신의 시식 결과를 이렇게 전했다.: Kate Murphy, "Thinking Outside the Can: A Fresh Look at Food in a Box", 「New York Times」, 14 March 2004

11 와인 수입업체 'J. 소이프(J. Soif)'의 설립자이자 사장인 매튜 캐인(Matthew Cain)은: See "Yellow + Blue Make Green: A New Organic Malbec in TetraPak", 〈Dr. Vino's Wine〉(Blog), 21 April 2008, online at http://www.drvino.com/2008/04/21/yellow-blue-make-green-a-new-organic-malbec-in-tetrapak/

12 사실 잠시 동안이었지만 테트라팩을 비롯한 몇몇 회사들은 무균팩을 재활용하는 시스템이 없다는 이유로 환경주의자들의 공격을 받기도 했다.: Dennis Jonsson and Warren Tyler, "Thinking Out of the Box: Competitors Join Forces To Save an Industry", 「Chief Executive」, June 1997

제4장_방어쇠

1 넷플릭스 이야기: Author interviews (8 March 2010 and 11 January 2011) with Steve Swasey of Netflix. Other sources: Jim Cook, "Five Customer Focused Lessons from the Netflix Startup Story", 「Allbusiness」, 25 July 2006, online at http://www.allbusiness.com/operations/3878629-1.html; "Reference Guide on Our Freedom & Responsibility Culture" [The Netflix Culture Pack], slide presentation, Netflix, 2009, online at http://www.slideshare.net/reed2001/culture-1798664; Christopher Borrelli, "How Netflix Gets Your Movies to Your Mailbox So Fast", Chicagotribune.com, 4 August 2009; Daniel Roth, "Netflix Inside", 「Wired」, October 2009; "An Evening With Reed Hastings, in Conversation With Michael Eisner", video, 25 February 2010, online at http://www.youtube.com/watch?v=gKba6FWYSz4

2 넷플릭스는 자동으로 컨베이어 벨트에 의해 처리되도록 독특하고 독창적인 우편 봉투를 디자인하는 데 공을 들였다.: See G. Pascal Zachary, "The Evolution of the Netflix Envelope", 「Business 2.0」, 21 April 2006, online at http://

money.cnn.com/2006/04/20/technology/business2_netflixgallery/index.
htm

3 고객 리뷰를 전문으로 다루는 웹사이트 '기즈모도(Gizmodo)'는 이러한 프로그램 변경을 분석한 후에...: Jason Chen, "Blockbuster Gimps Total Access Plan, Now Only 5 Free Exchanges a Month, $1.99 Each After", 「Gizmodo」, 27 July 2007, online at http://gizmodo.com/#!283286/blockbuster-gimps-total-access-plan-now-only-5-free-exchanges-a-month-199-each-after

4 네스프레소 이야기: Author interviews (9 February 2011) with former Nespresso CEO Henk Kwakman and CEO Richard Girardot. Other sources: Thyra Porter, "Nespresso's Caffe Battle," 「Business and Industry」, 9 February 1998; Joyce Miller, Innovation and Renovation: The Nespresso Story (Lausanne, Switzerland: International Institute for Management Development, 2000); Reg Butler, "The Nespresso Route to a Perfect Espresso", 「Tea & Coffee Trade Journal」, 20 May 2000; Richard Tomlinson, "Can Nestl Be The Very Best?" 「Fortune」, 13 November 2000; "Planet Nestl . . . and the Seven Commandments You Need To Observe To Live There", 「Facts」, 12 May 2004; Jennifer White, "Something's Brewing", 「Business and Industry」, 21 March 2005; Jennifer White, "Pouring It On", 「Business and Industry」, 9 October 2006; Edouard

Tintignac, Nespresso, What Else? Nespresso's Customer Profile and Behavior (Geneva, Switzerland, IFM University, 2007), online at http://www.zamaros.net/Nespresso_What_Else.pdf; Rob Sharp, "The Cult of Nespresso", 「Independent」, 4 October 2007; John Gapper, "Lessons from Nestles Coffee Break", 「Financial Times」, 2 January 2008; Matthew Saltmarsh, "A Cup of Coffee, Enriched by Lifestyle", 「New York Times」, 20 February 2009; Viviane Mentrey, Jean-Paul Gaillard: 'I Do Not Copy, I Innovate'" 「Le Matin」, 14 March 2010; Christina Passariello, "Nestle Stakes Its Grounds In a European Coffee War" 「Wall Street Journal」, 28 April 2010

5 이러한 특성 덕에 가장 입맛이 까다로운 에스프레소 마니아들조차 네스프레소 머신이 인상적이라 평하면서 이렇게 언급했다.: Comments from Oliver Wyman consumer interviews

6 가이야르는 크게 심호흡을 하고 네스프레소 클럽의 개설을 선언했다: Enrollment numbers cited in Luca D. Majer, "Clooney's Clones", Foodservice.com, 2 April 2010

7 프랑스의 네스프레소 고객들을 대상으로 한 설문조사에서: Oliver Wyman consumer interviews

제5장_궤도

1 소설가이자 사회비평가이면서 『멋진 신세계』의 저자이기도 한 올더스 헉슬리 (Aldous Huxley)가 가장 좋아하던 좌우명이 있다.: Quotation from 『Island』 (New York: Harper Perennial, 2009), chapter 9

2 넷플릭스상 이야기: Dan Frommer, "No Winner Yet in Netflix $1 Million Coding Contest", 「Silicon Valley Insider」, 10 December 2008; Jordan Ellenberg, "This Psychologist Might Outsmart the Math Brains Competing for the Netflix Prize", 「Wired」, 25 February 2008; Steve Lohr, "A $1 Million Research Bargain for Netflix, and Maybe a Model for Others", 「New York Times」, 22 September 2009; Farhad Manjoo, "The Netflix Prize Was Brilliant", 「Slate」, 22 September 2009; "Netflix Prize: Top Eight Facts", Telegraph.co.uk, 22 September 2009; Eliot Van Buskirk, "How the Netflix Prize Was Won", Wired.com, 22 September 2009; Stephen Baker, "Netflix Isn't Done Mining Consumer Data", MSNBC.com, 22 September 2009; Ian Paul, "Netflix Prize 2: What You Need To Know", 「Network World」, 23 September 2009; Michael V. Copeland, "Tapping Tech's Beautiful Minds", 「Fortune」, 12 October 2009

3 티치 포 아메리카 이야기: Author interviews with TFA team members Amanda Craft (8 July 2010), Elissa Clapp (13 August 2010), and Lauren LeVeen (16 February 2011), and with teaching corps members Yoona

Kim, Parker Rider-Longmaid, and Pilar Landon (15 February 2011).
Other sources: Wendy Kopp, One Day, All Children . . . (New York:
Public Affairs, 2001); Adam Bryant, "Charisma? To Her, It?s Overrated",
「New York Times」, 5 July 2009; Steven Farr, Teaching As Leadership:
The Highly Effective Teacher's Guide to Closing the Achievement Gap
(San Francisco: Jossey-Bass, 2010); "Eight Questions for Wendy Kopp",
「Economist」, 3 April 2010; Brendan Lowe, "Mind the Gap", 「Good」, 2
July 2010; Naomi Schaefer Riley, "What They're Doing After Harvard",
「Wall Street Journal」, 10 July 2010; Michael Winerip, "A Chosen Few Are
Teaching for America", 「New York Times」, 11 July 2010; Dana Goldstein,
"Does Teach for America Work?" 「Daily Beast」, 25 January 2011; Teach
for America website, online at http://www.teachforamerica.org/

4 저널리스트인 아만다 리플리[Amanda Ripley]는 교사의 교수능력에 관한 TFA의 전례없
는 연구를 검토한 적이 있다.: Amanda Ripley, "What Makes a Great Teacher?"
「Atlantic」, January/February 2010

5 프레타망제 이야기: Author interview with Pret store manager Tracy
Gingell (16 July 2010). Other sources: Jamie Doward, "Between a Big
Mac and a Hard Place", 「The Guardian」 [UK], 4 February 2001; Christian
Broughton, "Bread Winners", 「Independent」, 29 February 2004; Todd
Benjamin, "Julian Metcalfe: A Hunger for Success", 「CNN」, 28 November

2005, online at http://www.cnn.com/2005/BUSINESS/11/25/boardroom.

metcalfe/; Sonia Kolesnikov-Jessop, "Spotlight: Julian Metcalfe, founder

of Pret A Manger", 「International Herald Tribune」, 26 January 2007; Neil

Gerrard, "The Rise of the Healthy Fast-Casual Chains", Caterersearch.

com, 2 September 2010, online at http://www.caterersearch.com/

Articles/2010/09/02/334899/the-rise-of-the-healthy-fast-casual-chains.

htm; Rebecca Smthers, "Pret a Manger Chief Is Stacking Up Healthy

Profits in Lean Times", 「The Guardian」 [UK], 8 October 2010

6 프렛 매장 중 서로 똑같은 곳은 하나도 없지만 모든 매장은 하나의 정교한 미적 감

각을 공유하고 있다: Description by member of Oliver Wyman research

team. The other day, our friend James made his first visit to Pret: Account

provided by John Mahaney, our editor at Crown Business

7 2009년 6월에, 어류 남획의 위험을 고발한 〈디 엔드 오브 더 라인(The End of the

Line)〉이라는 다큐멘터리 영화를 보고 난 후에 줄리안 멧칼프는 …… 즉시 사용하

지 않기로 결정했다: Christopher Leake, "〈End of the Line〉 for the Pret Tuna

Sandwich", 「Mail Online」, 6 June 2009

8 모든 프렛 매장에는 카드가 들어있는 박스가 있는데: 〈Coachbarrow〉(blog),

14 June 2010, Online at http://www.coachbarrow.com/blog/2010/06/14/

pret-a-manger-2/

9 2009년 8월에 멧칼프는 폴 맥크루덴(Paul McCrudden)이라는 고객으로부터 농담 조의 편지를 받았다.: See Jon Swaine, "Man invoices Pret A Manger and EAT for time spent waiting in shops", The Telegraph, 27 August 2009

제6장_다변화

1 오케스트라의 '고객 이탈 프로젝트'이야기: Author interviews with Partha Bose (21 January 2010) and Kim Noltemy (10 February 2010) of Boston Symphony Orchestra, and with Jesse Rosen, League of American Orchestras (1 February 2010). Other sources: Maureen Dezell and Geoff Edgers, "They Can Also Conduct Business: It?s a Bad Time for American Orchestras But BSO Inc. Is Thriving", 「Boston Globe」, 10 August 2003; Alan S. Brown and John Bare, "Bridging the Gap: Orchestras and Classical Music Listeners", The John S. and James L. Knight Foundation, June 2003; Martin Kon, "Custom Churn: Stop It Before It Starts", 「Mercer Management Journal」 17, June 2004; Ed Cambron, "Creating an Environment for Exploration", ⟨Engaging Art⟩(blog), 19 June 2007, online at http://www.artsjournal.com/league/2007/06/creating_an_ environment_for_ex.html; "Audience Growth Initiative: Summary", Oliver Wyman website, 2009, online at http://www.oliverwyman.com/ow/9673. htm; "Opening to a Packed House", Oliver Wyman website, 2009, online at http://www.oliverwyman.com/ow/9034.htm; Rebecca Winzenried, "Into

Thin Air", 「Symphony」, January-February 2009; Rebecca Winzenried, The Price Is Right, Symphony, January-February 2010

2 시애틀 오페라단의 이야기: Author interviews with General Director Speight Jenkins and with team members Jonathan Dean, Seneca Garber, Rebecca Chawgo, and Rian Kochel (4 February 2010), and with performer Vira Slywotzky (25 January 2010). All see Seattle Opera website, online at http://www.seattleopera.org/

3 '구멍가게' 이야기들: Author interviews with Marc Semonian, Dale Szczeblowski, Carol Stoltz, Jane Dawson, and Joe Skenderian

4 터널에 대한 영국인들의 편집증은 빅토리아 시대가 끝난 이후에도 여전히 남아 있었다.: Story cited in David Ogilvy, Confessions of an Advertising Man (London: Southbank Publishing, 2009), page XX

5 유로스타 이야기: Information from Oliver Wyman analysis. Other sources: Paul Mungo, "Why Eurostar Has Failed To Make the Grade", 「Daily Mail」, 19 August 2002; Andrew Davidson, "The Friendly Controller", 「Sunday Times」 [London], 11 January 2004; Michael Harrison, "Richard Brown Chief Executive of Eurostar", 「Independent」, 16 April 2005; Katie Silvester, "Richard Brown, Chief Executive of Eurostar", 「Rail

Professional」, February 2008; Andrew Cave, "Eurostar Feeding on Hunger for Travel", 「Telegraph」, 12 April 2009; Dan Milmo, "Eurostar Faces Rivals for Cross-Channel Route", 「Guardian」 [UK], 8 June 2009; Karl West, "Rail Chief Has the Inside Track on His Rivals", 「Daily Mail」, 23 July 2009; Alex Carlilse, "Richard Brown Eurostar's Debyshire Resident Chief Executive", 「Derbyshire Life」, 12 March 2010

6 저널리스트인 앤드루 마틴(Andrew Martin)은 첫 기념 운행을 경험하고 기뻐서 어쩔 줄 몰랐다.: Andrew Martin, "St Pancras Is a Start, But It Takes More To Stop Us Flying", 「Independent」, 18 November 2007

제7장_출시: 수요의 아킬레스건

1 혼다의 인사이트 이야기: "Long-Term Test: 2000 Honda Insight", 「Edmunds Inside Line」, 1 January 1999, online at http://www.insideline.com/honda/insight/2000/long-term-test-2000-honda-insight.html#article_pagination_top_0; Phil Patton, "Once Frumpy, Green Cars Start Showing Some Flash", 「New York Times」, 15 July 2007

2 테스코 이야기: Mark Ritson, "Tesco Finds US Not So Easy", 「Marketing」, March 4, 2009; George MacDonald, "Don't Write Off Fresh & Easy", 「Retail Week」, Feburary 27, 2009; William Kay, "Tesco Admits: We Got It Wrong in US", 「Sunday Times」(London), Feburary 22, 2009; Kerry Capell, "Tesco:

WalMart's Worst Nightmare", 「BusinessWeek」, December 30, 2008

3 2003년에 쓴 논문 「성공의 착각」에서 …… 설명한다: Dan Lovallo and Daniel Kahneman, "Delusions of Success: How Optimism Undermines Executives' Decisions", 「Harvard Business Review」, July 2003

4 출시 준비에 노력을 기울일 때 도움이 되는 한 가지 테크닉은.: See Gary Klein, "Performing a Project Premortem", 「Harvard Business Review」, September 2007

5 토요타의 프리우스 이야기: Author interview with Toyota executive Takeshi Uchiyamada (26 September 2006) Other sources: James B. Treece, "Prius Got Top Support", 「Automotive News」, 23 February 1998; Ikujiro Nonaka and Noboru Konna, "The Concept of 'Ba': Building a Foundation for Knowledge Creation",「California Management Review」Spring 1998; Jeffrey K. Liker, The Toyota Way: 14 Management Principles From the World's Greatest Manufacturer (New York: McGraw-Hill, 2003); Peter Fairley, "Hybrids' Rising Sun", 「MIT Technology Review」, 1 April 2004; James Mackintosh, "Cost cuts are key to success of the Prius", 「Financial Times」, 16 June 2005, page 28; Chester Dawson, "Why Hybrids 'Are Here to Stay'", 「Business Week Online」, 20 June 2005, online at http://www.businessweek.com/print/magazine.content/05_25/b3938029.htm?chan=gl; Chester Dawson,

"Takehisa Yaegashi: Proud Papa Of The Prius", 「Business Week」, 20 June 2005; David Welch, "What Makes a Hybrid Hot", 「Business Week」, 14 November 2005; Alex Taylor III, "The Birth of the Prius", 「Fortune」, 24 February 2006

6 아주 적은 예산으로 자신의 첫 영화를 만들면서 무대장치, 소품, 가구 등 자신의 의도에 맞는 것들을 찾기 위해: See Pauline Kael, "Raising Kane", in 『The Citizen Kane』(Boston: Atlantic Monthly Press, 1971), pages 53-54

7 1967년 1월, 발사대에서 비극적인 화재 사고가 발생하여 세 명의 우주 비행사가 숨지고: See Gene Franz, 「Failure Is Not an Option: Mission Control from Mercury to Apollo 13 and Beyond」 (New York: Simon and Schuster, 2000)

제8장_포트폴리오: "아무도 모른다"

1 시나리오 작가 윌리엄 골드먼(William Goldman)은 자신의 믿음을 "아무도 모른다"라는 유명한 문구로 간단히 요약했다.: William Goldman, 『Adventures in the Screen Trade: A Personal View of Hollywood and Screenwriting』(New York: Warner Books, 1983)

2 픽사 이야기: Author interview with former Pixar team member Lizzi Weinberg (3 November 2010). Other sources: Karen Paik, 『To Infinity and Beyond! The Story of Pixar Animation Studios』(San Francisco: Chronicle

Books, 2007)

3 모든 직원들의 기여를 존중하려는 존 래스터의 열의는 아마 어느 정도는 그가 일찍
이 경험한: See Alex Ben Block, "Animator John Lasseter Making Disney a
Top Draw", 「Hollywood Reporter」, 23 October 2008

4 픽사는 이러한 원칙들을 실천에 옮김으로써 어떻게 수요가 발생하고 그것을 어떻게
발생시키는지 이해하기 위한 뛰어난 시스템을 구축했다: Box office data in Pixar
blockbuster chart from www.boxofficemojo.com

5 머크의 이야기: Roy Vagelos and Louis Galambos, 『Medicine, Science, and
Merck』(Cambridge: Cambridge University Press, 2004); Fran Hawthorne,
『The Merch Druggernaut: The Inside Story of a Pharmaceutical Giant』
(Hoboken, NJ: Wiley, 2005); Gordon Bock, "Merck's Medicine Man:
Pindaros Roy Vagelos", 「Time」, Feburary 22, 1988; Joseph Weber, "Merck
Needs More Gold from the White Coats", 「BusinessWeek」, March 18,
1991; "Merck Provides Update on R&D Pipeline; Sets 2010 Targets", 「HIS
Global Insight」, December 12, 2007, online at http://www.ihsglobalinsight.
com/SDA/SDADetail11208.htm

6 바겔로스의 혁신적인 포트폴리오 관리 시스템의 결과로 …… 많은 종류의 블록버스
터 상품을 생산해냈다: Data in Merck blockbuster chart from Drugs J. Rubin

and P.A.Brooke, "Merck: Merck Quarterly Sales Model, 1993-2004E", New York: Morgan Stanley Dean Witter, August 7, 1998, and October 22, 1999

7 클라이너 퍼킨스 코필드와 바이어스의 이야기: Roger Taylor, "Shaping the Future With Nothing But Ideas", 「Financial Times」, 19 July 1999; Rodes Fishburne and Michael S. Malone, "Founding Funders: Two Venerable VCs Talk About Then and Now", 「Forbes ASAP」, 29 May 2000; Katherine Campbell, "Venture Capital: Entry Is by Invitation Only", 「Financial Times」, 13 September 2000; Laura Rich, "Investment Eneginesin Search of Their Next Moves", 「New York Times」, 3 May 2004; "Q&A with Kleiner Perkins Caufield & Byers", Silicon Beat, 「San Jose Mercury News」, 13 November 2004, online at http://www.siliconbeat.com/entries/2004/11/13/qa_with_kleiner_perkins_caufield_byers.html; Jim Carlton, "Kleiner's Green Investment Machine", 「Wall Street Journal」, 14 December 2006; Jon Gertner, "Capitalism to the Rescue", 「New York Times Magazine」, 5 October 2008

8 이상한 '평행 우주' 속에서 클라이너 퍼킨스는 단연 돋보인다: List of companies in Kleiner Perkins blockbuster chart from http://www.kpcb.com

제9장. 거대한 불꽃: 과학적 발견과 수요의 미래

1 트랜지스터 이야기: Michael Riordan and Lillian Hoddeson, 『Crystal Fire: The Invention of the Transistor and Birth of the Information Age』 (New York, W. W. Norton, 1998)

2 노키아1100 이야기: Sascha Segan, "Nokia 1100"(Review), Pcmag. com, 31 March 2006, online at http://www.pcmag.com/print_ article2/0,1217,a%253D174758,00.asp; Kevin Sullivan, "For India's Traditional Fishermen, Cellphones Deliver a Sea Change", 『Washington Post』, 15 October 2006; Jack Ewing, "How Nokia Users Drive Innovation", 『Business Week』, 30 April 2008; Sanjay Gandhi, Surabhi Mittal, and Gaurav Tripathi, "The Impact of Mobiles on Agricultural Productivity", 『Moving the Debate Forward』 Policy Paper Series, Vodafone Group, January 2009; Eric Bellman, "Rural India Snaps Up Mobile Phones," 『Wall Street Journal』, 9 February 2009; "OPK, Indiana Jones and 4.6 billion other people", 〈Nokia Coversations〉(corporate blog), 8 January 2010, online at http://conversations.nokia.com/2010/01/08/opk-indiana-jones-and-4-6-billion-other-people/

3 DARPA 이야기: Steven LeVine, "Can the Military Find the Answer to Alternative Energy?" 『Business Week』, 23 July 2009; Duncan Graham-Rowe, "Fifty Years of DARPA: A Surprising History", 『New Scientist』, 15

May 2009; John Markoff, "Pentagon Redirects its Research Dollars", 「New York Times」, 2 April 2005

제록스 PARC 연구소 이야기: www.parc.com

RCA 연구소 이야기: Kenyan Kilbon, Pioneering in Electronics: A Short History of the Origins and Growth of RCA Laboratories, Radio Corporation of America, 1919 to 1964, David Sarnoff Library, online at http://www.davidsarnoff.org/kil.html; Ross Basset, To the Digital Age: Research Labs, Start-up Companies, and the Rise of MOS Technology (Baltimore: Johns Hopkins University Press, 2002)

4 혼다 연구소 이야기: "All too human: Honda's walking, talking robot, Asimo, leads automaker into uncharted territory", 「Automotive News」, 28 January 2002; "Art and Science of Crash Survival", 「Globe and Mail」, 25 October 2005; "Inside Honda's Brain", 「Forbes」, 7 March 2008; "Honda's New CEO Is Also Chief Innovator", 「Business Week」, 27 July 2009; "Researchers Given Freedom to Explore", 「Nikkei Weekly」, 16 September 2003; "Pragmatic Path To Globalization: Honda's Maverick Culture", 「Nikkei Report」, 2 April 2009; "Interview with Masato Hirose-'Falling down, getting up, and walking on'", 「TechOn」, 2001; "Honda R&D Facility To Study Future Auto Power Systems", 「Nikkei Report」, 14 January 2004; "Trumpets vs. Crumpets In a Robot Duel", 「New York Times」, 9 March 2008

5 MIT 미디어랩 이야기: Author interviews (2 March 2010) with Frank Moss, Tanya Giovacchini, John Moore, Ryan C.C. Chin, Alex "Sandy" Pentland, Deb Roy, Tod Machover, Cynthia Breazeal. Other sources: Media Lab 25th Anniversary celebration, October 15, 2010; Media Lab webpage, online at www.media.mit.edu

6 SRI 인터내셔널 이야기: Author interviews (9 December 2009) with Doug Kittlaus, CEO; Norman Winarsky, vice president, Ventures, Licensing, and Strategic Programs; Bill Mark, vice president, Information & Computer Sciences; Alice Resnick, vice president, Corporate and Marketing Communications; Tom Low, director of medical devices and robotics program; Harsha Prahlad, research engineer; Kristin Precoda, director of Speech Technology and Research Lab; Doug Bercow, director of business development. Other sources: SRI International Corporate Overview Packet, National Science Foundation, Division of Science Resources Statistics; Pollack, Andrew, "Three Universities Join Researcher To Develop Drugs", 「New York Times」, 31 July 2003; "What Your Phone Might Do for You Two Years From Now", 「New York Times」, Nov 2009

감사의 글

이 책은 대부분 올리버와이만의 고객 컨설팅 성과물과, 모든 종류의 상품(소비자 상품과 비즈니스 서비스 모두), 고충, 새로운 기회에 관하여 수백 명의 고객들과 나눈 심층적인 대화로부터 우리가 얻은 통찰과 지혜를 기본으로 쓰여졌다.

우리는 현재의 어려운 경제 상황에서 새로운 수요를 창조하기 위해 골치 아픈 도전과제와 씨름하고 있으면서도 우리에게 공개적으로 혹은 비공개적으로 자신들의 경험을 공유한 여러 경영자들에게 진심으로 감사의 말씀을 드린다. 우리는 그들로부터 많은 것을 배웠고 그들과 함께 일할 수 있었던 것을 영광이라고 생각한다.

우리는 저자들과 올리버와이만의 동료들에게 아낌없이 자신들의 시간과 에너지를 할애하여 의견을 제시해준 고객들에게 감사의 뜻을 전한다. 수요 자체와 수요가 어떻게 창조되는지에 관해 우리가 배운 대부분의 내용들은 고객들, 특히 제품을 더 좋게 만들기 위해 애쓰는 사람들이 가르쳐주었다.

아마도 우리가 이 책을 쓰며 가장 흥미진진했던 순간은 고객들을 아주 가까이에서 보고 들은 사람들, 즉 지금 언급할 수요 창조자들을 만나서 그들에게 배울 기회를 가졌다는 점이다. 그들은 우리가 지금껏 영광스럽게도 만났던 사람들 중 가장 창의적이고 사려 깊으며 영감을 주는 사람들이다. 그들은 우리의 사고방식을 바꿔주었고 그들의 사례는 매우 인상적이었다. 그들의 이야기를 매우 비범한 것으로 승화시킨 숨겨진 메커니즘을 우리가 볼 수 있도록 허락한 그들에게 깊은 감사의 말씀을 전한다. 우리가 이 책을 위해 인터뷰한 뛰어난 수요 창조자는 다음과 같다. 케어모어의 앨런 홉스, 찰스 홀츠너 박사, 페기 살라자르, 발루 가드헤 박사, 켄 킴 박사, 헨리 도 박사, 셸든 진버그 박사, 이-잉크 사의 러스 윌콕스, 피트 발리아나토스, 헤릿 도쉬, 조안나 오 린 개론, 칼 애먼드슨, 젠 발리, 바이른데어리의 필 마짜와 닉 마르셀라, J. 소이프의 매튜 캐인, 넷플릭스의 스티브 스와지, 네스프레소의 헹크 크바크만과 리차드 지라도트, 티치포아메리카의 아만다 크래프트, 엘리사 클랩, 로렌 레빈, 스티븐 파, 그리고 교사봉사단 멤버인 유나 킴과 데이비드 파커-롱메이드, 프레타망제의 트레이시 진젤, 보스턴 심포니 오케스트라의 킴 놀테미, 리그 오브 아메리칸 오케스트라스의 제시 로젠, 시애틀 오페라의 조나단 딘, 세네카 가버, 레베카 차우고, 라이언 코첼, 비라 슬라이워츠키, 유로스타의 리차드 브라운, 토요타의 타케시 우치야마다, MIT 미디어랩의 프랭크 모스, 타냐 지오바치니, 존 무어, 라이언 C. C. 친, 알렉스 '샌디' 펜틀랜드, 뎁 로이, 토드 마코버, 신시아 브레질, SRI 인터내셔널의 커트 칼슨, 노먼 위나르스키, 빌 마크, 앨리스 레스닉, 톰 로우, 하르샤 프라호라드, 크리스틴 프레코다, 덕 버코우, 엘리 자바디, 대그 키틀로스.

우리는 이북 리더의 초창기 역사에 관하여 자신의 통찰을 공유해준, 소니에 있는 우리의 친구 요시타카 우키타에게 특별히 감사의 말을 전한다. 그는 현재 기술 분야의 컨설턴트라는 새로운 경력에 자신의 전설적인 재능을 쏟고 있다.

그 밖의 많은 이들이 이 책의 탄생에 구체적인 방식으로 기여했다. 올리버와이만에 있는 우리의 연구팀은 수백 개의 중요한 상세 사항과 데이터를 발굴하고 검증했을 뿐만 아니라, 우리가 새로운 방식으로 우리의 주제를 바라볼 수 있도록 참신하고 도발적인 아이디어를 제공해주었다. 버나드 지프리치Bernard Zipprich, 섀넌 모너헌Shannon Monaghan, 카라 컬리건Kara Culligan, 라리사 드 리마Larissa de Lima, 사이먼 히우드Simon Heawood, 헤써 캡테인Heather Kaptein, 맥스 캐스리얼Max Kasriel, 지미 리Jimmy Li, 첼시 리치Chelsea Rich, 앤나 로젠블라트Anna Rosenblatt, 제이 샤퍼Jay Schafer, 잉 왕Ying Wang, 엘리자베스 와이즈Elizabeth Wise, 자니 우즈-웨버Janee Woods-Weber, 쳉 지앙Cheng Zhang은 우리의 연구에 상당히 기여한 자들이다. 이들은 모두 끈기, 통찰력, 상상력, 그리고 프로젝트에 대한 전염성 강한 열정을 보임으로써 이 책이 더욱 좋고 알차며 흥미로운 책이 되도록 해주었다.

좋은 친구이고 예전 동료이기도 한 찰리 호번Charlie Hoban은 많은 시간과 에너지를 들여 이 책의 초고를 읽은 후에 책의 주요 서술 방향을 변화시키는 데에 도움을 주었다.

올리버와이만의 고위 경영진(존 드르지크John Drzik와 경영위원회)은 책 저술 과정 전반에 걸쳐 결정적이고 조직적인 지원을 아끼지 않았다. 그들은 지적 자산을 신봉하고, 의뢰인을 위해 좋은 결과를 창출하리라 믿으며, 목표 달성을 위해 기꺼이 투자하고 있다. 올리버와이만의 많은 파트너들은 특정 이야기뿐만 아니라 이 책의 주요 개념에 대해 실질적으로 조언해주었다. 쟈크 세자르Jacques Cesar, 폴 베스위크Paul Beswick, 매트 해모리Matt Hamory가 소매업에 대해, 올리비에 팽실베르Olivier Fainsilber와 질 루콜Gilles Roucolle이 유로스타와 열차 운송에 대해, 톰 메인Tom Main이 케어모어와 헬스케어 산업에 대해, 마틴 콘Martin Kon과 에두아르드 포르텔레테Edouard Portellete가 클래식 음악 비즈니스가 처한 도전에 대해 조언했다. 브라이언 릭스너Brian Rixner와 존 마샬John Marshall은 여러 번의 대화를 통해 우리의 생각과 아이디어에 의문을 제기하며 책의 내용을 흥미진진하고 실용적인 방향으로 다듬어 주고 진화시켜 주었다. 모두 그들의 지식과 이 프로젝트에 대한 그들의 아낌없는 지원 덕택이다.

올리버와이만에 있는 나머지 사람들은 이 책의 초고를 읽고 자신의 견해를 피력함으로써 원고를 수정하도록 도와주었다. 우리의 친구이자 회사 동료인 파르타 보스Partha Bose, 스티브 쟈라쯔Steve Szaraz, 크리스 쉬미트Chris Schmidt, 아일린 로체Eileen Roche, 피터 에드먼스턴Peter Edmonston, 리쯔 이건Riz Egan, 니콜라스 설리번Nicholas Sullivan이 그들이다. 이들의 냉정하고 매우 정교한 비판은 책의 서술 방향을 다시 조정하게 한 두 번째 방아쇠 역할을 했다. 특히 크리스 쉬미트는 온갖 노력을 다하여 우리가 무엇을 해야 할 필요가 있는지 보여주었다. 파르타 보스의 항상 정확한 판단은 우리로 하여금 모든 주요 결정을 충분히 생각하도록 했다. 스티브 쟈라쯔의 명민한 충고는 책을 저술하는 동안 죽 우리의 수정 방향을 가이드해주었다. 이 책을 저술하면서 우리가 우리의 작업으로부터 얻은 가장 큰 이득 중 하나는 이처럼 특출한 개인들로부터 배울 기회를 가졌다는 것임을 확실하게 깨달았다.

발레리 사체타Valerie Sachetta는 항상 놀랍도록 지적이고 개념적이며 정신적인 지원을 아끼지 않았고, 누가 봐도 편안하고 흔들림 없으며 쾌활한 자세로 복잡한 행정상의 문제와 조직운영상의 문제를 매번 해결해 주었다. 필리스 그린힐Phyllis Greenhill은 우리의 인터뷰를 빠르고 정확하게 기록해주었다.

크라운 출판사에 근무하는 존 매허니John Mahaney의 주의 깊은 검토와 사려 깊은 조언, 그리고 재빠르고 실용적인 제안은 책의 내용을 크게 개선하는 데 도움이 되었다. 우리는 편집팀의 나머지 멤버들의 지원에 대해서도 감사의 뜻을 전한다. 출판인인 티나 컨스터블Tina Constable, 마케팅 담당 이사 메레디스 맥기니스Meredith McGinnis, 수석 홍보 담당자 덴넬 캐틀릿Dennelle Cattlett, 홍보 담당 이사 타라 길브라이드Tara Gilbride, 편집자 크리스틴 타니가와Christine Tanigawa가 그들이다. 특별히 디자인 담당 이사인 데이비드 트랜David Tran에게 큰 감사를 드린다. 그는 인내심을 가지고 우리와 함께 일하며 책이 전하고자 하는 메시지와 의미를 표현하기 위해 번뜩이는 창의력뿐만 아니라 자신의 독창적인 통찰력을 발휘하여 표지를 디자인했다.

우리는 저작권 대리인인 윌리엄 모리스 인데버 에이전시William Morris Endeavor Agency의 멜 버거Mel Berger와 함께 일하게 되어 기뻤다. 우리의 책을 대한 그의 열정은 책을 쓰는 동안 우리를 지탱해준 힘이 되었다.

칼 웨버와 나는 5권의 책을 함께 썼다. 이 책은 그 책들 가운데 가장 도전적이었다. 하지만 가장 큰 보람을 느꼈다. 우리는 수요의 미스터리를 탐험하며 우리가 경험한 흥미진진한 이야기들을 독자들에게 성공적으로 전달하기를 희망한다.

당신이 겉보기에 풀리지 않을 것 같은 미스터리를 해독하고자 하면, 그 과정에서 막막하게 느껴지는 때가 많을 것이다. 당신이 자신의 발견을 글로 기록하고자 한다면, 더욱 막막해질 것이다. 어두울 때나 밝을 때나 또렷하게 볼 수 있는 파트너를 가진다면, 모든 것이 달라질 것이다. 나의 아내 크리스틴Christine은 검토, 편집, 이의 제기, 제안 등은 물론이고 항상 명료한 비전을 제시해주었다. 이 책은 그녀가 없었더라면 불가능했을 것이다.

메사추세츠 케임브리지에서
에이드리언 J. 슬라이워츠키

세상의 수요를 미리 알아챈 사람들

디맨드

초판 1쇄 발행 2012년 3월 20일
초판18쇄 발행 2022년 4월 22일

지은이 에이드리언 슬라이워츠키, 칼 웨버
옮긴이 유정식
펴낸이 김선식

경영총괄 김은영
콘텐츠사업1팀장 임보윤 **콘텐츠사업1팀** 윤유정, 한다혜, 성기병, 문주연
편집관리팀 조세현, 백설희 **저작권팀** 한승빈, 김재원, 이슬
마케팅본부장 권장규 **마케팅2팀** 이고은, 김지우
미디어홍보본부장 정명찬
홍보팀 안지혜, 김은지, 박재연, 이소영, 이예주, 오수미 **뉴미디어팀** 허지호, 박지수, 임유나, 송희진, 홍수경
경영관리본부 하미선, 이우철, 박상민, 윤이경, 김재경, 최완규, 이지우, 김혜진, 오지영, 김소영, 안혜선, 김진경
물류관리팀 김형기, 김선진, 한유현, 민주홍, 전태환, 전태연, 양문현

펴낸곳 다산북스 **출판등록** 2005년 12월 23일 제313-2005-00277호
주소 경기도 파주시 회동길 357 3층
전화 02-702-1724 **팩스** 02-703-2219 **이메일** dasanbooks@dasanbooks.com
홈페이지 www.dasanbooks.com **블로그** blog.naver.com/dasan_books
종이 (주)한솔피엔에스 **출력·제본** (주)갑우문화사

ISBN 978-89-6370-779-2 (03320)